La cuisine "inspirée" des grands chefs français

Carline Arnaud

Dès l'enfance, Carline Arnaud est à la fois attirée par les arts (danse classique, piano, peinture, écriture) et par les astres au travers d'ouvrages ésotériques.

Après des études secondaires, elle entre comme mannequin dans le monde de la haute couture, crée deux collections de mode féminine, ouvre deux boutiques de mode (à Cannes et à Paris), puis pose comme modèle pour la photo de mode et de publicité. Elle participe durant sept années à la sélection et au contrôle des exposants au *Salon du prêt-à-porter féminin.* Mais son goût pour la table l'oriente tout naturellement vers la gastronomie. Elle crée et exploite alors successivement trois restaurants (Fontainebleau, Pithiviers et Saint-Germain-des-Prés), puis décide de se consacrer à la promotion de l'art culinaire. En 1978, elle devient relation-publique et relation-presse indépendante pour des produits haut de gamme (Yves Saint-Laurent, Charles Jourdan, Gérovital, vins Drouhin, champagne Gosset, station touristique de Val d'Isère, le Fit-Club…) et assure la promotion et le lancement d'une quinzaine de restaurants parisiens et même d'un hôtel à Marrakech.

Chroniqueuse gastronomique, elle se spécialise parallèlement dans la création d'actions promotionnelles de prestige axées sur le mélange des arts, telles que l'exposition « Peinture et arts culinaires », « La cuisine du futur par les grands chefs », « Photos, modes et sculptures culinaires »… Remettant au goût du jour les salons du XVIIIe siècle, elle crée *le Cercle infini,* association qui se réunit une fois par mois sous forme de cocktails promotionnels. Mais toutes ces manifestations ont toujours pour but de valoriser la cuisine française et les grands cuisiniers.

Sa vie est aussi faite de recherches spirituelles, et certaines révélations l'amènent à progresser dans ce domaine. Une vie nouvelle et méditative à la campagne l'incite à s'intéresser à certains peuples défavorisés, d'où sa présidence au sein d'une association humanitaire : « France-Viêt-nam développement ». Toutefois, elle n'oublie pas le monde de la gastronomie car, en 1992, elle imagine un nouveau concept : la « Gastralogie » (marque déposée), alliance de l'art culinaire et de la science astrologique, cette étude ayant pour objectif d'aider à l'acquisition de la maîtrise des goûts.

Aujourd'hui, se sentant investie d'une certaine mission, Carline Arnaud écrit cet ouvrage afin de promouvoir à travers le monde les grands chefs français et leur cuisine. Le lien entre la nourriture et l'« ailleurs » est ici mis en lumière par un langage à travers lequel elle entend délivrer essentiellement un message d'amour.

Carline Arnaud

La cuisine "inspirée" des grands chefs français

"Portraits-vérité" de 35 grands chefs
Avec 110 recettes "coup de cœur"

Editions Dangles
18, rue Lavoisier
45800 St-Jean-de-Braye

Editeur-conseil : Aline Apostolska

ISSN : 1160-3380
ISBN : 2-7033-0453-6

Les Editions Dangles et Carline Arnaud tiennent à remercier vivement les chefs, leurs épouses, leur famille et leur équipe pour leur charmant accueil.

Carline Arnaud tient également à leur témoigner toute sa gratitude pour avoir répondu avec autant de gentillesse à ses questions parfois un peu indiscrètes et intimistes, ainsi que pour lui avoir dévoilé quelques-unes de leurs recettes préférées :

Ghislaine **Arabian** -- *Jean* **Bardet** *et Sophie* -- *Georges* **Blanc** *et Jacqueline* -- *Gérard* **Boyer** *et Elyane* -- *Philippe* **Braun** -- *Jacques* **Cagna** *et Anny Logereau* -- *Edouard* **Carlier** *et Mick Ramayet* -- *Jean-Paul* **Duquesnoy** *et Françoise* -- *Roland* **Durand** -- *Alain* **Dutournier** *et Nicole* -- *Gilles* **Etéocle** *et Monique* -- *Pierre* **Gagnaire** *et Chantal* -- *Louis* **Grondard** -- *Marc* **Haeberlin,** *Paul, Marie et Danièle* -- *Bernard* **Joinville,** *René Lasserre et Monsieur Louis* -- *Philippe* **Jousse** *et Suzanne Chapel* -- *Emile* **Jung** *et Monique* -- *Jean-Paul* **Lacombe** *et Fabienne* -- *Jacques* **Lameloise** *et Nicole* -- *Jacques* **Le Divellec** *et Micheline* -- *Philippe* **Legendre,** *Jean-Claude Vrinat et Valérie Vrinat* -- *Bernard* **Loiseau** *et Dominique* -- *Jean-Michel* **Lorain,** *Brigitte et Michel* -- *Guy* **Martin** -- *Marc* **Meneau** *et Françoise* -- *Georges* **Paineau,** *Michèle et Georges Corlouer* -- *Alain* **Passard** -- *Alain* **Reix** -- *Olivier* **Roellinger** *et Jane* -- *Michel* **Rostang** *et Marie-Claude* -- *Guy* **Savoy** *et Danièle* -- *Michel* **Trois-gros,** *Marie-Pierre et Pierre* -- *Francis* **Vandenhende** *et Denise Fabre* -- *Marc* **Veyrat**...

ainsi que :

Paul **Bocuse** *(pour la préface), Alain* **Senderens** *(pour la postface), Lionel* **Poilâne** *(pour le pain), Jacques* **Puisais** *(pour le vin), Joseph* **Olivereau** *(pour* Relais et châteaux*), Jean-Pierre* **Haeberlin** *(pour* Traditions et qualité*), Monique* **Maine,** *Eventhia* **Senderens**...

Paul Bocuse.

Préface par Paul Bocuse

Voici une idée très originale de considérer la cuisine et tout ce qui s'y rattache comme étant liés au spirituel.

Vous allez découvrir tout au long de cet ouvrage des témoignages personnels, parfois émouvants, sur la façon de chacun d'entre nous d'appréhender la cuisine.

Les souvenirs d'enfance ressurgissent, éclairant d'un jour nouveau chaque personnage, imprimant sa spiritualité originelle.

Excellente démarche de la part de l'auteur, qui nous invite à cette promenade de l'autre côté du miroir, nous laissant entrevoir des êtres plus contrastés aux pleins et déliés plus sensibles.

La réflexion de chacun d'eux suggérera aux jeunes qui se destinent à ce métier une marche à suivre : « Etre honnête avec soi-même et avec les autres, surtout aimer ce que l'on fait, le faire bien et le faire savoir. »

Si ce livre est lu avec attention, une mine d'informations nous est révélée, qui bouscule les idées reçues. Une vision nouvelle nous est donnée, qui nous permettra peut-être de prendre un peu de hauteur par rapport au langage traditionnel trop fréquemment utilisé…

Paul Bocuse.

"Paul Bocuse" (Traditions et qualité)

50, quai de la Plage – 69660 COLLONGES-AU-MONT-D'OR

Tél. : 04 72 42 90 90 – Fax : 04 72 27 85 87

Du sommet de la colline de Fourvière, Notre-Dame veille toujours sur Lugdunum. Sublimation la plus parfaite, elle est la conscience de la totalité manifestée. Sur le sommet des Monts d'Or, un être, au terme de son ascension, reçut de notre Mère divine, par le pont flottant du ciel, l'énergie créatrice et l'âme d'un souverain.

L'écoulement des eaux de la Saône a le reflet doré du scintillement des étoiles. Son courant est à la fois celui de la possibilité universelle et du monde phénoménal qui paraît devenir le monde des sens à travers l'éclat du jeu subtil des couleurs verte et rouge de l'auberge, accouplement du rouge « mâle » et du vert « femelle ». Le « rouge des gueules » est essentiellement le symbole d'une libido non différenciée qui hante les rêves des gourmets. Le vert, couleur de la connaissance, prend une valeur mystique, celle du Paradis et de la jeunesse éternelle promise aux élus. Le rouge, couleur du feu central de l'homme, est celui de la terre, du ventre et de l'athanor du cuisinier dans lequel il transforme les fruits du sol pour l'immortalité.

La maison recèle un soleil en ses murs, source de chaleur et de vie. Tel un archevêque qui transmet, à travers les cordons verts et entrelacés de sa toque de sinople, le rayonnement éminemment sacré et secret, issu de son âme et de son cœur, Paul Bocuse, détenteur du mandat, s'établit au centre de l'empire. A l'origine, une province centrale et, autour d'elle, les zones spatiales se développent comme des carrés emboîtés. Sa vertu diffuse selon les quatre directions cardinales, ses pieds reposant sur la terre et sa tête affleurant le dais du ciel. Le monarque répartit sur son royaume les jours et les saisons, le rythme et l'harmonie des produits célestes, devenant ainsi « le moteur immobile de l'art culinaire ».

PREMIERE PARTIE

La cuisine spirituelle

« Le jour des pains sans levain, où l'on devait immoler la Pâque, arriva. L'heure venue, Jésus se mit à table et les apôtres avec lui. Il leur dit : "J'ai désiré vivement manger cette Pâque avec vous avant de souffrir." Il prit une coupe, rendit grâces. Ensuite, il prit du pain et, après avoir rendu grâces, il le rompit et leur donna en disant : "Ceci est mon corps qui est donné pour vous, faites ceci en mémoire de moi." De même, il prit la coupe après le repas et la leur donna en disant : "Cette coupe est la nouvelle alliance en mon sang qui est répandu pour vous." »

Luc, II, 2.

« Nous ne formons avec le Christ qu'un seul être. Sa chair et son sang spirituels sont l'aliment ou la teinture dont se nourrit le véritable homme intérieur, car chaque principe se nourrit de son analogue. Le corps mortel se nourrit de la terre, le corps sidérique se nourrit du firmament et l'âme vit par l'esprit du Seigneur. »

Passage de Madathanus (1).

1. Nom initiatique du médecin alchimiste allemand Hadrian Vonmynsicht, début XVIIe siècle.

1. « Au commencement était la faim »

(Brihad-Aranyaka-Upanishad)

a) La Préhistoire

Entièrement issue d'une même souche, l'humanité est d'origine animale. Le passage de notre état ancestral de « singe » à celui d'homme se fait à travers le premier comportement maladroit, mais presque humain, de ce petit singe : l'*Australopithecus afarensis,* né il y a trois millions d'années. Sa nourriture se compose de larves, de vers, d'insectes. Il fouille à l'aide d'un petit bâton pour trouver ses proies dans le sol. Il lèche les feuilles, mange l'humus, les baies et les fruits qu'il écrase dans sa bouche pour inonder sa gorge de chaleur. Sa mastication est lente, mais puissante.

L'évolution sera progressive jusqu'à la naissance, voici cinquante mille ans, de l'*Homo sapiens néanderthalensis,* suivi de l'*Homo sapiens sapiens,* il y a trente cinq mille ans. Sa taille fut estimée à 1,70 m, et on le nomma « l'homme de Cromagnon ».

> *« Il est dit, chez les Yakoutes, qu'au centre de la terre se dresse un arbre florissant à huit branches… Quand le premier homme, lors de son apparition dans le monde, désira savoir pourquoi il était là, il se rendit près de cet arbre gigantesque dont la cime traverse le ciel, et s'abreuva du liquide divin, d'un jaune écumant, issu de la couronne. Sa fatigue se dissipa et sa faim disparut. Il vit alors dans le tronc de cet arbre merveilleux une cavité d'où sortit une femme qui lui fit savoir qu'il était venu au monde pour être l'ancêtre du genre humain. »*
>
> Jean-Paul Roux.

b) Le feu

Le feu constitue le premier bouleversement de l'humanité, le départ de la culture humaine. Faire du feu, maîtriser le feu, entretenir le feu… Au début, il apparaît comme un acte magique. Les feux naturels ont appris aux hommes ses caractéristiques.

L'*Homo erectus* a commencé à créer du feu par frottement de bois, puis il a appris à le conserver. C'est autour de ce feu que la tribu se réunit pour se réchauffer, faire cuire ses aliments, être ensemble : la convivialité est en train de naître. On assure la garde du feu, car il est aussi une protection contre les attaques.

Héphaïstos, maître des arts du feu, combat les flammes. Il est l'élément igné dans l'éclat de sa force irrésistible, à la fois céleste et terrestre ; il a l'aspect trépidant de la flamme.

Le feu est du ciel, car il monte tandis que l'eau est de la terre, car elle descend en pluie. Il est le symbole divin essentiel, purificateur et régénérateur. Les innombrables rites de purification par le feu sont caractéristiques de cultures agraires. Ils symbolisent les incendies des champs qui se parent ensuite d'un manteau vert de nature vivante.

Mais le feu présente aussi un aspect négatif et destructeur… Sa maîtrise devient ainsi une fonction diabolique. Les « chaudières du diable » ont pour but de transformer l'ordre divin. Magiciens et sorciers se servent du « vaisseau de métal » qui n'est autre que le chaudron, pour faire bouillir ou cuire. Cuisine magique ou démoniaque, cette cuisson est alors une opération

destinée à conférer à celui qui subit cette épreuve, des vertus diverses, à commencer par l'immortalité.
Toutefois, le feu reste un élément essentiel de la cuisine, car griller, rôtir, fumer… contribuent à la transfiguration de saveurs initiales.

2. La cuisine à travers les âges

« Ô vous qui avez soif, venez vers les eaux,
Même celui qui n'a pas d'argent!
Venez, achetez et mangez.
Venez, achetez du vin et du lait.
Sans argent, sans rien payer!
Pourquoi pesez-vous de l'argent
Pour ce qui n'est pas du pain,
Pourquoi paieriez-vous
Pour ce qui ne rassasie pas?
Ecoutez-moi donc,
Et mangez ce qui est bon
Et vous vous délecterez de mets succulents. »
Esaïe, 55, 1-2.

a) L'Antiquité

Dans l'Antiquité, la mythologie joue un rôle important dans l'élaboration de la cuisine. Les hommes destinent les effluves chargées d'aromates aux dieux et aux anges. Dionysos, dieu de la végétation et de la vigne, en est le premier exemple avec ses extraordinaires fêtes mystiques qui symbolisent en profondeur l'Energie de la vie tendant à émerger de toute contrainte et de toute limite.
Archestrate, né en Sicile entreprend de parcourir le monde pour étudier les aliments et, cent ans avant Jésus-Christ environ, deux personnages romains vont promouvoir l'art culinaire : Marius Gavino Apicius, avec la première école de cuisine et son ouvrage dans lequel les recettes données associent le « salé-sucré », et Lucullus qui, célèbre par ses somptueuses réceptions, va donner son nom à de nombreux mets à base de truffe et de foie gras.

Pour cuire et garder la chaleur qui est le centre du cœur, on utilise désormais des pierres chauffées à blanc dans le feu, que l'on plonge dans l'eau pour la porter à ébullition.

b) Le Moyen Age

Au Moyen Age, c'est le règne de Taillevent. On cuit les aliments dans des poêlons sur le feu de la cheminée. L'alchimie du cuisinier commence à se révéler; on la nomme alors « l'art royal » et seuls les nobles possèdent des fours à pain.
Les épices sont reines; on les utilise toutes et à toutes les sauces. Très onéreuses, il est de bon ton de s'en servir.

c) La Renaissance

Avec la Renaissance, c'est l'arrivée de la fourchette, du grill et du tournebroche, et les habitudes vont être bouleversées. C'est à Catherine de Médicis que nous devons le privilège de ne plus manger avec nos doigts. La fourchette vient d'Italie et les pâtissiers italiens sont maîtres en la composition des confitures qui sont très prisées à cette époque.
Nostradamus s'y intéresse vivement, et publie un superbe *Traité sur les confitures.*

d) Du XIVe au XVIIIe siècle

Aux XIVe et XVe siècles, les convives sont plus sensibles à l'abondance des mets qu'à leur qualité. Toutefois, laissons-nous porter par certaines « divagations de bouche » qui ramènent vers un juste équilibre :

« Lave ta main, qu'elle soit belle et nette,
Réveille-toy, apporte une serviette :
Une salade amasson et faison
part à nos ans des fruits de la saison. »
Ronsard.

Ce poème, intitulé *la Salade,* oppose la simplicité de la vie à la campagne aux grandes pompes de la cour. Ronsard avait coutume de sauter un repas dans le but d'aiguiser son appétit du lendemain et pratiquait parfois le jeûne pour conserver sa vigueur au service du corps ou de l'esprit. Il préférait manger sain, plus bellement et moins, que manger plus souvent.

La cuisine fait ensuite des progrès considérables. Le cuisinier va devenir sensible à la magie du fourneau transformé en athanor. Il part, selon Menon, à la conquête de « l'or potable » et le langage culinaire devient alchimique. Vers la fin du XVIIIe siècle, Menon transcrit de manière ésotérique le déroulement de la préparation des mets : *« La cuisine subtilise les parties grossières des aliments, dépouille les miettes qu'elle emploie, des sucs terrestres qu'ils contiennent. Elle les perfectionne, les épure et les spiritualise pour en faire ressortir la quintessence. »*
Et Fabre de renchérir : *« En consommant ces sauces sublimes, cet* or liquide, *l'humanité se transforme elle-même. »*

L'athanor est une matrice en forme d'œuf, symbole du creuset des transmutations. L'œuf philosophique y est enfermé comme l'œuf du monde ou l'embryon d'or dans la caverne cosmique. Et la fonte des ingrédients dans le creuset symbolise, en effet, le retour à l'indifférenciation primordiale. L'ouverture supérieure de l'athanor est d'ailleurs assimilée à celle dont est symboliquement percé le sommet de la tête.

e) La Révolution

Les restaurants ouvrent leurs portes sous la Révolution, les premiers grands écrivains gastronomiques et la critique culinaire font leur apparition. Parmi les plus célèbres, on note Antoine Beauvilliers, Jean Anthelme Brillat-Savarin, Alexandre Balthazar Grimod de la Reynière... Les institutions alimentaires sont désormais en pleine mutation.

Les premiers fourneaux en fonte et les premières glacières vont alors faciliter le développement de la science culinaire. On parle aussi de l'*osmazone,* qui est un mixage de chimie et d'alchimie au niveau des cuissons.
Les grands s'y intéressent : Antonin Carême, Jules Gouffé, Urbain Dubois, Joseph Favre, Charles Monselet... Paris devient le centre du monde de la gastronomie.

f) Le XXe siècle... et demain

A la veille du XXe siècle, c'est la naissance de l'industrie hôtelière et du tourisme. En 1900, un événement international se produit avec la création du petit livre rouge : *Le Guide Michelin.* Le talentueux Auguste Escoffier va encore aider à la transformation du monde culinaire en préconisant la simplification et l'allégement des mets pour les adapter aux impératifs de la vie moderne.
C'est le début de la *nouvelle cuisine,* appuyée par les écrits du « Prince des gas-

tronomes » : Maurice Edmond Sailland, dit Curnonsky.
Aujourd'hui, à l'aube du XXIe siècle, c'est la recherche des vraies valeurs. Les êtres ont un besoin viscéral de retour aux sources et la cuisine voit apparaître une nouvelle approche de l'utilisation des produits.

Le produit devient la « star ». Traité avec un profond respect, consolidé par une base classique, il est toutefois plus que jamais épuré et valorisé à l'extrême.

La cuisine du futur verra naître l'alliance des attaches du terroir et de la spiritualité. Sa définition pourrait en être :

la **« cuisine vérité ».**

3. L'art de se nourrir

« Savoir manger, savoir boire, savoir aimer : c'est l'heureux partage de quelques élus. »
André Saint-Georges.

a) Manger est un acte sacré

Se nourrir est un acte d'amour. Chaque partie du corps humain est un réceptacle d'énergies cosmiques. La nourriture spiritualise la matière et la matière spiritualise l'esprit, et si l'homme comprend l'importance de la nutrition il sera éclairé au niveau de ses pensées et de ses actes.
Paul a dit : *« Buvez, mangez et remerciez. »*
Toute cuisine est sacrée. Manger est un acte sacré. La nutrition permet à l'homme de bâtir un univers réunissant le monde visible et invisible. Avant de commencer un repas, on doit bénir la nourriture, et cette bénédiction devient le lien entre la matière et l'esprit.

Se nourrir est une communion avec l'âme des aliments. En mangeant, l'homme doit établir un lien entre le Créateur de ces produits, le producteur qui les soigne et les fait pousser, le cuisinier qui les épure, les prépare et les embellit pour arriver jusqu'à lui ; cela devient une « chaîne d'amour ».

En recevant cette énergie, l'organisme est régénéré. Il faut ensuite remercier. C'est l'alimentation initiatique : rassasiement matériel et satiété spirituelle.

« Il considéra : voici les mondes et les protecteurs des mondes ; pour eux, je vais émettre de la nourriture.
« Il couva les eaux, des eaux couvées une forme naquit, c'était la nourriture. Une fois émise, elle tenta de fuir. »
Aitareya-Upanishad, III, 1.

b) Transmutation alchimique

Le repas est une transmutation alchimique capable de dégager des essences subtiles et d'opérer des alliances susceptibles d'évoluer dans le domaine spirituel. Pour être en bonne santé, il faut consommer des produits purs et sains. *« Que l'aliment soit ta seule médecine »* (Hippocrate).

« La bonne chère dispose à l'indulgence, fait voir la vie sous de riantes couleurs et vous insuffle mille idées gracieuses. »
Brillat-Savarin.

La nourriture transforme l'homme et c'est pour cette raison qu'il faut l'éduquer : *« Vous devez mastiquer la boisson et boire la nourriture »* (Gandhi).

L'appétit est un déclencheur, un démarreur. Brillat-Savarin disait aussi dans la *Physiologie du goût* : *« Le Créateur, en obli-*

geant l'homme à manger pour vivre, l'y invite par l'appétit, et l'en récompense par le plaisir. »

c) Gourmand et gourmet

L'appétit peut révéler chez certains la gourmandise. L'amour de la connaissance de la bonne chère est nommé par Montaigne « *la science de gueule* ». Il y a le gourmand qui mange avec excès et le gourmet qui connaît et sait apprécier les mets et les bons vins.

L'un des sept péchés capitaux, condamné depuis des siècles par l'Eglise, est la gourmandise. Il est alors essentiel, pour devenir un gourmet, de pratiquer « la dégustation ». A l'Institut français du goût on y apprend le goût.

d) Le goût et la dégustation

Revenons à la dégustation, qui est une évaluation sensorielle. Le goût est la résultante d'un ensemble de sensations : il permet de connaître le « langage » de nos aliments et de nos boissons.

Prenons un exemple de dégustation avec le fromage : le fromage est, à l'image du vin, un des fleurons de la gastronomie française. Le fromager affineur sollicite les cinq sens. Chaque fromage est un individu. Il y a différents crus, des petits, des grands et de très grands fromages. Comme le vin, il est court ou long en bouche.

Affiner consiste à surveiller dans le temps l'évolution d'un fromage pour l'amener à maturité et dégager le maximum de ses saveurs. Avant de consommer, il faut :
– Regarder (stimulations visuelles) : la forme, l'état, l'aspect, la couleur.
– Tâter (stimulations tactiles) : le contact.
– Flairer (stimulations olfactives) : les odeurs.
– Ecouter (stimulations auditives) : au cours des dégustations, les sons émis sont graves, aigus. Il y a des craquements...

> « La faim et la soif lui dirent : *"Pour nous aussi, engendre une résidence."*
> « Il leur dit : *"Je vous donne part à ces divinités (les pouvoirs sensoriels divinisés). Je fais de vous les participants de ces divinités. C'est pourquoi, quelle que soit la divinité à qui l'oblation est offerte, c'est la faim et la soif qui en sont les participants."* »
>
> Aitareya-Upanishad, II, 5.

Lorsqu'il mange, l'homme entraîne les énergies, les sensations, la réflexion.

e) Les cinq sens

La vue, l'ouïe, l'odorat, le goût, le toucher et, selon Brillat-Savarin, un sixième sens existe : le sens génésique ou amour physique, le génésique étant la place sensuelle.
La vue s'enrichit aux dépens du toucher, car elle réagit en fonction de sensations enregistrées antérieurement.
Le tact, lui, agit souvent seul et ne laisse rien à l'imagination visuelle.
Les sons et les odeurs communiquent sans se mélanger avec les couleurs.
L'odorat et le goût se confondent, mais si l'œil peut être trompeur, le goût, lui, est infaillible.

f) Les saveurs

Les saveurs affectent avec plus de force que les odeurs et davantage que les sons harmonieux.
Le besoin de nourriture rend à l'homme les saveurs nécessaires, car la faim lui fait apprécier les saveurs propres à l'apaiser et

leur souvenir provoque violence et désir. Mais il ne faut pas laisser le goût prendre le pas sur les autres sens à cause du désir violent de rassasiement.

« Pour la bonne bouche. » La bouche est la plus belle des formes parce qu'elle est complètement ronde. Elle est aux saveurs ce que le nez est aux odeurs et l'oreille au bruit.

Les saveurs sont au nombre de quatre : le sucré, l'acide, l'amer et le salé. La sensibilité varie considérablement d'une personne à l'autre.

L'astrologie attribue à chaque signe du zodiaque des couleurs, des sons, des odeurs, des goûts... A l'inverse, il est possible de définir le caractère d'un individu en fonction de son choix et de l'ordre de ses préférences concernant les saveurs. Cette étude fait partie d'une autre démarche, mais n'en est pas moins intéressante.

Toutes les saveurs réunies ne paraissent qu'une seule, on ne peut les distinguer que dans la succession. Le secret est de manger lentement, en conservant longtemps les aliments dans la bouche pour pouvoir concentrer son esprit sur leur goût et les savourer avec amour.

4. Le symbolisme des produits

> *« Mieux vaut un morceau de pain sec avec la tranquillité, qu'une maison pleine de viande. »*
>
> Proverbes, XVII, 1.

a) Le pain

Le pain est le symbole de la nourriture essentielle. L'esprit de l'homme doit être en harmonie avec l'univers. L'homme ne se nourrit pas uniquement de pain, mais aussi de la Parole divine qui est le pain du ciel, et pour nourrir son âme il doit apprendre à nourrir son corps, car le corps est le temple du Saint-Esprit.

Jésus dit : *« Le pain de Dieu est celui qui descend du ciel et qui donne la vie au monde. »* Et, selon Jean (VI, 31), la nutrition est la première initiation sur le chemin du développement intérieur : *« Nos pères ont mangé la manne dans le désert, selon ce qui est écrit : il leur donna à manger le pain venu du ciel. »*

La nourriture est le premier des êtres, car le souffle est fondé sur le corps. Le pain possède en lui l'énergie cosmique propre à entretenir la vie. L'initiation culinaire passe par le pain, car il faut savoir goûter et déguster le pain avant tout autre aliment.

b) Le vin

> *« Le vin est au pain ce que la vie contemplative et la gnose sont à la vie active et à la Foi. »*
>
> Clément d'Alexandrie.

Le vin est le symbole de tous les dons que Dieu fait aux hommes. Il représente aussi le mystère. *Yain* (vin) et *sod* (mystère) ont la même signification chez les Hébreux, et les soufis disent : *« On leur donnera à boire un vin parfumé et scellé »* (Coran, 83-25).

Dans les Vedas, le soma – symbole de l'ivresse sacrée – a été rapporté aux hommes par l'aigle. Le vin est lié au feu céleste.

Le vin est un caméléon. Le caméléon est l'animal qui monte au sommet des plus grands arbres et cela lui permet d'être le plus proche de Dieu, à l'image du vin qui peut faire monter très haut l'esprit. Lié à l'arc en ciel, frère du soleil, le caméléon est le chemin du ciel et de la terre.

Le vin et le caméléon ont des propriétés identiques. Elles sont au nombre de sept :
– ils changent de couleur;
– ils sont sociables;
– ils sont pleins de tact;
– ils sont agréables avec chacun;
– ils s'adaptent à toutes les circonstances;
– ils adoptent les coutumes de chaque milieu;
– ils vivent en « courtisan » dans le vestibule des puissants.

c) L'œuf

L'arc en ciel aux sept couleurs apparaissant au-dessus de l'arche réunit les deux moitiés de l'œuf du monde, signe de la restauration, de l'ordre cosmique et de la gestation d'un cycle neuf.

L'œuf est le sujet de toutes les transmutations. Foyer de l'univers, l'œuf cosmique renferme dans sa coquille les éléments vitaux ainsi que le vase fermé contenant l'œuvre.
La chaleur de la couvaison est entretenue dans un athanor, et des produits du compost doit naître l'enfant de la philosophie : l'or, la sagesse...
L'œuf, symbole universel, est lié à la genèse du monde. Pour toutes les civilisations, il représente l'Esprit premier. Chacune de ses parcelles est une mutation permanente à l'image du monde, de la naissance à la mort. Il contient en son sein toutes les possibilités, il est le germe des premières différenciations.

Pour les mystiques et les religieux, l'œuf est essentiellement le symbole de la renaissance. Chez les bouddhistes, la poule qui couve est le symbole de la concentration de l'esprit. Silésios dit : *« L'œuf est dans la poule, la poule est dans l'œuf. »*

En Inde, l'œuf cosmique né des eaux primordiales est couvé par l'oie Hamsa et se sépare en deux pour donner naissance au ciel et à la terre. La quantité impressionnante d'œufs d'un poisson en fait un symbole de fécondité, de vie et de sagesse.

d) Le poisson

De rivière ou de mer, le poisson est l'aliment le plus propre à stimuler l'amour par sa teneur en phosphate et en iode.

En Extrême-Orient, les poissons vont par couple et sont un symbole d'union. En Islam, ils représentent prospérité et fertilité.

Le boddhisattva Avalokiteshvara, au Cachemire, reçut la révélation du yoga après s'être transformé en poisson.

En Egypte, les poissons sont sacrés. Mais pour de nombreux peuples, le poisson représente la chance.

C'est sous la forme d'un poisson que Vishnou tue deux démons en un combat sous-marin.

Le poisson est le symbole du repas eucharistique et figure à côté du pain. Les chrétiens sont des poissons car leur élément est l'eau du baptême, et Jésus est représenté comme un pêcheur. Le repas de Jésus ressuscité se compose de poisson :

> *« Avez-vous ici quelque chose à manger ?*
> *Ils lui présentèrent un morceau de poisson grillé.*
> *Il le prit et le mangea devant eux. »*
>
> Luc, XXIV, 41-43.

Le poisson nous ramène naturellement à la mer, lieu des naissances, des transformations et des renaissances. La mer représente aussi le monde et le cœur humain.

Dans les ports du monde entier règne le mystère de l'alliance à la mer avec les hommes. Le marché de Bombay est extraordinaire : les éventaires débordent les uns sur les autres d'impressionnantes pyramides faites de poissons, de poulpes, de calamars, de fruits de mer… et la fécondité divine n'est pas ici liée à la terre, mais sort tout droit de la mer.
Cet encens sauvage fait de ce lieu un sanctuaire dédié au dieu de la mer : Vischnou, transformé en poisson pour remorquer l'arche de Manu, le Noé indien inexpérimenté dans l'art de la navigation.

e) Le sel

Mais la mer c'est aussi le sel et, selon saint Martin, le sel est un feu délivré des eaux.

> *« Car tout homme sera salé de feu. Le feu est une bonne chose; mais si le sel perd sa saveur, avec quoi l'assaisonnerez-vous ? Ayez du sel en vous-même, et soyez en paix les uns avec les autres. »*
>
> Marc, IX, 49-51.

Le sel est le condiment essentiel et physiologiquement nécessaire à la nourriture. Il est aussi le conservateur des aliments.

Devoucoux dit que le sel s'applique à la loi des transmutations physiques comme à la loi des transmutations morales et spirituelles.

Le sel est purificateur et protecteur, il est, selon Matthieu, sel de la terre et lumière du monde :

> *« C'est vous qui êtes le sel de la terre. Mais si le sel devient fade, avec quoi le salera-t-on ? Il n'est plus bon qu'à être jeté dehors et foulé aux pieds par les hommes. »*
>
> Matthieu, V, 13.

Le sel de l'alliance est une alliance que Dieu ne peut briser :

> *« Tu mettras du sel sur toutes tes offrandes en oblation, tu ne laisseras pas ton offrande manquer du sel de l'alliance, de ton Dieu : sur toutes les oblations tu présenteras du sel. »*
>
> Lévitique, II, 18.

« Tu saleras du sel » : le sel semble avoir été employé par les nomades pour des repas à l'occasion d'une alliance. Le dosage s'adapte aussi à la parole.

> *« Que votre parole soit toujours accompagnée de grâce, assaisonnée de sel, afin que vous sachiez comment vous devez répondre à chacun. »*
>
> Colossius IV, 6.

Il est fréquent de répandre du sel sur le seuil des maisons pour en éloigner les importuns, mais le sel est, dans de nombreuses civilisations, le symbole de l'amitié et de la parole donnée.

f) La viande

Le gros sel est utilisé pour assaisonner certaines grillades et certains mets tels le célèbre « bœuf gros sel ». D'innombrables variétés de viandes nous sont offertes, que l'on peut manger rôties, poêlées, bouillies ou grillées tel le *chiche kebab* des Orientaux.

Dans l'Ancien Testament, on utilise la viande pour les bénédictions et les sacrifices. Rebecca dit à son fils : *« Va me prendre [les chevreaux]. Il alla les prendre et les apporta à sa mère, qui fit un régal comme son père l'aimait»* (Genèse, XXVII, 13-14).

L'offrande du gibier pour la bénédiction :

> *« Celui-ci vint vers son père et dit : Me voici! Qui es-tu, mon fils ? Jacob répondit à son père : Je suis Esaïe, ton fils aîné, j'ai fait ce que tu m'as dit.*
> *« Lève-toi, je te prie, assieds-toi et mange de mon gibier, afin que tu me bénisses toi-même. »*
>
> Genèse, XXVII, 18-19.

Les sacrifices de communion :

> *« Si l'oblation de quelqu'un est un sacrifice de Communion : s'il offre du gros bétail mâle ou femelle, il l'offrira sans défaut devant l'Eternel. »*
>
> Lévitique, III, 1.

Il peut offrir également un agneau ou une chèvre.

Les sacrifices pour le péché :

> *« Si c'est le sacrificateur ayant reçu l'onction qui a péché et qui a rendu par là le peuple coupable, il offrira à l'Eternel, pour le péché qu'il a commis, un jeune taureau à l'entrée de la tente de la rencontre. »*
>
> Lévitique, IV, 3-4.

Il peut aussi offrir brebis et pigeons. Pour la culpabilité, ce sera un bélier sans défaut.

Citons une préparation « holocausto-culinaire » : *« Toute offrande cuite au four, préparée sur le grill où à la poêle, sera pour le sacrificateur qui l'a offerte »* (Lévitique, IX, 2).

On trouve, dans toutes les religions, l'opposition entre le pur et l'impur. Dans l'Ancien Testament, la loi sur les animaux purs et impurs. L'Eternel parle à Moïse :

> *« Parmi tous les animaux qui sont sur la terre, voici ceux dont vous mangerez.*
> *Vous mangerez de tout animal qui a le sabot fendu, le pied fourchu et qui rumine.*
> *Mais voici parmi ceux qui ruminent ou qui ont le sabot fendu, ceux dont vous ne mangerez pas : le chameau, le lièvre, le porc. »*

Ces interdictions visent aussi les volatiles, les crustacés, etc.

Mais depuis la Préhistoire on grille toutes les viandes, et qui n'a pas un jour posé un morceau de beurre sur une viande venant d'être léchée par les flammes ?

g) Le beurre

La cuisine moderne a presque entièrement occulté un des produits les plus importants du monde culinaire : le beurre.

Au VIIIe siècle, les Irlandais invoquaient le forgeron Goibniu pour la conservation du beurre qui était considéré comme de l'énergie vitale fixée. Il avait une forte valeur religieuse primitive si l'on se réfère à l'onguent ou à l'onction.
Il était, dans les opérations magiques, le substitut du miel et de la cire.
Avec l'*amann* (beurre) en Bretagne, on pratiquait certaines fixations.

Et, selon Pline, il était un mets délicieux chez les barbares. Divinité primordiale, en Inde, le beurre avait une valeur sacrée. Le beurre est la coulée de la vie, l'élément essentiel du sacrifice. Réunissant toutes les énergies, il régénère Agni, les dieux, l'âme et les hommes.
Le beurre rend fort et amoureux.

h) L'huile

L'huile est aussi un symbole de lumière et de pureté.

Le fournisseur d'éclairage et de nourriture des peuples méditerranéens est l'olivier. Il est l'arbre central en Islam et symbolise l'homme universel. L'huile d'olive alimente les hommes pour augmenter leur pouvoir de procréation, mais aussi les lampes.

Avant sa mort, Moïse bénit les Israélites :

> *« Béni soit Aser parmi les fils !*
> *Qu'il soit en faveur à ses frères*
> *Et qu'il plonge son pied dans l'huile. »*
>
> Deutéronome, XXXIII, 24.

L'huile de l'onction est un symbole de l'Esprit de Dieu. David oint par Samuel :

> *« Samuel prit la corne d'huile et l'oignit au milieu de ses frères.*
> *« L'esprit de l'Eternel s'empara de David à partir de ce jour et après Samuel se leva et s'en alla à Rama. »*
>
> I Samuel, XVI, 13.

Et Jésus, ouvrant le livre du prophète Esaïe, trouva le passage où il était écrit :

> *« L'esprit du Seigneur est sur moi, parce qu'il m'a oint.*
> *Pour guérir ceux qui ont le cœur brisé, pour annoncer la bonne nouvelle aux pauvres, il m'a envoyé pour proclamer aux captifs la délivrance.*
> *Et aux aveugles le recouvrement de la vue.*
> *Pour renvoyer libres les opprimés.*
> *Pour proclamer une année de grâce du Seigneur ! »*
>
> Luc, IV, 18.

i) Les épices

Les Hébreux se servaient de la cannelle dans la fabrication de l'huile sainte. Maintes fois citée dans la Bible, elle portait le nom de cinnamome. Elle est, parmi toutes les épices, la plus anciennement connue. Importée d'Orient, on lui attribue des qualités antiseptiques et digestives. Elle est la nourriture des immortels et purifie les corps.

Madras, Java, Sumatra, les Moluques... les épices ont entraîné les hommes dans de grandes aventures maritimes ainsi que sur la voie du rêve. Les mille et une saveurs envoûtantes, les couleurs chaudes et sensuelles de l'épice en font une femme qu'il faut conquérir, aimer, dorloter et valoriser.

Hissée à son plus haut niveau, sûre de son pouvoir, elle peut alors rendre l'homme heureux, amoureux et ivre de sensations puissantes.

Le roi Salomon s'exprime ainsi :

> *« Tu es un jardin clos, ma sœur, ma fiancée.*
> *Une fontaine close, une source scellée.*
> *Tes ruisseaux arrosent un verger de grenadiers*
> *Aux fruits exquis*
> *Avec des troènes et du nard.*
> *Du nard et du safran, du roseau aromatique et du cinnamome.*
> *Avec tous les arbres qui donnent de l'encens :*
> *De la myrrhe et de l'aloès.*
> *Avec tous les meilleurs aromates. »*
>
> Cantique des Cantiques, IV, 12-14.

La reine de Saba fit présent au roi Salomon de cent vingt kikkar d'or et d'aromates. C'était une marchandise de luxe, recherchée par les puissants et par le clergé.

Au VIIe siècle, le prophète Mohamed propage son message par des commerçants musulmans, de l'Espagne à l'Insulinde, du Soudan à l'Asie Centrale. Pratiquant la

médecine, le prophète faisait appel aux épices : la cardamome, le gingembre, le poivre, le camphre, la maniguette, le coriandre...
En 1434, débute la guerre des épices.

Mais «les épices», c'est tout simplement l'histoire du monde et chaque épice, chaque aromate, chaque plante et chaque herbe a ses vertus particulières.

j) Les plantes et les herbes

> *«Et Dieu dit : voyez, je vous ai donné toutes les herbes avec leurs semences et tous les arbres avec tous les fruits et les semences des arbres productifs ; ils seront pour vous comme la chair.»*
>
> Genèse, I, 29.

L'histoire de l'humanité est accompagnée depuis ses origines par les plantes et les herbes. Considérées comme ayant des propriétés miraculeuses, les prêtres syro-babyloniens en connaissaient les pouvoirs. Magiciens et sorciers s'en servaient pour modifier l'apparence des hommes.
Pour Grillot de Givry, le sorcier et la sorcière sont prêtre et prêtresse de l'église démoniaque mais, néanmoins, n'omettons pas que la frontière entre la science et la magie passe par la conscience morale.
Les Egyptiens maîtrisaient parfaitement la magie des plantes et cherchaient les arbres qui leur procuraient l'encens, sous le règne de la reine Hatshepsout.

> *«A l'origine étaient les eaux et les plantes du ciel : les plantes qui appartiennent à tous les dieux, les redoutables. Celles qui donnent vie aux hommes... Puissent les plantes aux mille feuillages me délivrer de la mort, de l'angoisse!»*
>
> Athana 8-7, *in* Vedu, 177-178.

La plante symbolise l'énergie solaire condensée et manifestée. Toutes les plantes captent les forces ignorées de la terre et reçoivent l'énergie solaire. Elles accumulent cette puissance, d'où leurs propriétés guérisseuses ou vénéneuses et leur emploi dans la magie.

Vitamines et antibiotiques se trouvent cachés dans une feuille, un fruit ou sous une pelure. Nous devons vivre à travers les plantes et les herbes, car elles sont nos amies les plus sûres. Les herbes sont synonymes de santé, de virilité et de fécondité.
«Ô herbes, Ô vous mères, c'est vous que je salue comme des déesses!»

Manger est un rite sacré. Il faut apprendre à respirer en mâchant afin de recevoir l'énergie créatrice.

Le monde végétal contient des protides, lipides, glucides, enzymes, vitamines, toutes les substances minérales... et les aromates sont de puissants désinfectants.
Jean Rostand disait : *«Tout menu est une ordonnance.»*

Citons trois arbrisseaux dont les feuilles, fleurs, lombes, fruits, gousses et graines ont fait l'objet de rituels et cérémonies :
– La cérémonie du thé qui relève de l'esthétique, de la pureté du décor, mais aussi d'un exercice spirituel. Le théier, disent les adeptes du zen, est né des paupières de Bodhidharma qui les avait coupées et jetées au loin pour s'interdire la somnolence pendant la méditation. A l'endroit où ses paupières étaient tombées poussa un théier dont les feuilles avaient leur forme. La cérémonie du thé rétablit la paix par le dépouillement de l'acte dont le but

est d'atteindre au dépouillement de l'individualité.

– L'Islam procède à la cérémonie du café dont les propriétés sont de dégager l'esprit, d'éviter la somnolence, de transcender la matière. Le caféier est originaire d'Afrique équatoriale, et les deux graines enfouies dans la drupe sont le don d'Allah à ses disciples.

– Originaire du Mexique, le cacao est la boisson rituelle des Mayas. Elle était servie à l'empereur puis aux célébrants. Le chocolat symbolise la naissance et la mort.

Les plantes (rhizomes, arbustes, fleurs de lotus) expriment la manifestation du cosmos.

Le symbolisme du lotus est très puissant. Elle est la première fleur qui éclôt sur les eaux primordiales. En Extrême Orient, le lotus a une signification alchimique, car la fleur d'or est blanche.

> *« Nos fils sont comme des plantes qui croissent dans leur jeunesse… »*
>
> Psaumes, 144, 12.

Les plantes portent leurs semences. La plante, premier degré de la vie, symbolise la naissance perpétuelle, le flux incessant de l'énergie vitale. Les plantes sont les dons du ciel.

> *« Mieux vaut un plat de verdure, là où règne l'amour, qu'un bœuf engraissé, si la haine est là. »*
>
> Proverbes, XV, 17.

5. La sociologie de la table

a) Le repas communiel

Les douze apôtres se réunissaient autour de la table du cénacle. La table est le symbole universel du repas communiel. La Table ronde des chevaliers devait recevoir en son centre le « Graal ». Elle joue un rôle de principe d'ordre, d'union, de vie pour la société et les individus.

> *« Mais les incrédules persistent à crier au mensonge, alors que Dieu les tient à sa merci. Ceci est, au contraire, un Coran glorieux écrit sur une table gardée ! »*
>
> Coran 85, 19-22.

La table représente l'hédonisme par excellence. Aristippe et ses disciples faisaient, selon l'école de Cyrène, de l'impression subjective un plaisir souverain. C'est de cette table que naît la vie. Elle reçoit la nourriture mystique aussi bien que la nourriture biologique du sang maternel.

C'est autour d'elle que s'organise l'état, l'évolution biologique, l'ascension spirituelle d'où surgissent les formes nouvelles et le cosmos organisé.

Considérée dans son horizontalité comme une image du monde, un microcosme contenant toutes les virtualités de l'univers, et dans sa verticalité comme un lieu de passage, elle devient le cénacle des initiations, la voie entre les niveaux céleste, terrestre et infernal du monde.

b) La convivialité

La table est le seuil de franchissement et le point de la plus grande intensité, le lieu de la décision, la ligne de partage.

> *« Lorsqu'on prend la nourriture, il faut partager avec d'autres. »*
>
> Yogakun Delinî-Upanishad, 4.

La table représente aussi la convivialité. Elle est refuge et protection assurée dans ses limites. C'est le symbole unificateur : la cohabitation du rationnel et de l'irrationnel, de l'intellect et de l'imaginaire, de l'idéal, du concret et de l'abstrait, le lieu où chaque personne s'épanouit dans sa totalité.

La table rassemble les diverses manifestations sociales et mystiques à introduire parmi nous, car elle facilite l'harmonie progressive de l'esprit : l'amitié, l'amour, la famille, les affaires... Elle réalise l'unité principale, signe d'harmonie.

La table est un stabilisateur maintenant la cohésion entre le corps et l'âme. La table conviviale réunit l'univers matériel et spirituel ainsi que la dynamique des relations qui les unissent. Elle est une concentration du multiple sur l'un, le moi intégré dans le tout, le tout intégré dans le moi. Elle peut conserver l'ordre psychique, s'il existe déjà ; le rétablir s'il a disparu et, dans ce cas, elle exerce une fonction stimulatrice et créatrice.

c) La famille réunie

Au-dessus de la table familiale est une divinité penchée sur la création dont elle produit, règle et ordonne la vie.

Régulièrement, la famille se réunit, occultant le passé et le futur, ne laissant place qu'à l'instant, à l'échange. Leur union mutuelle devient alors plus intime dans un circuit fermé assuré dans ses limites.

Symbole de la vie ascendante, la bougie est l'âme des anniversaires fêtés autour de cette table. Autant de bougies, autant d'âmes éteintes d'un souffle sans commencement ni fin pour manifester la persistance d'un souffle de vie.

Le plat du dimanche, principe actif, tel le « bouillon d'armoise », est un mélange équilibré de substances et de saveurs. Il devient ainsi le symbole de l'harmonie universelle et de l'union en vue d'une purification dans la maison des influences pernicieuses et protection contre la pénétration de celles-ci.
La table familiale est le symbole des perpétuels recommencements des générations.

d) L'amour à la table

Les poèmes mystiques empruntent le langage érotique et le Cantique des Cantiques de Salomon est un hymne à l'amour, aux saveurs et aux senteurs :

> *« Le nard sur moi exhalait son parfum.*
> *Mon bien-aimé est pour moi comme un bouquet de myrrhe qui repose entre mes seins. »*
> Cantique des Cantiques, I, 12-13.

> *« Comme un pommier au milieu des arbres de la forêt*
> *Tel est mon bien-aimé parmi les jeunes hommes*
> *A son ombre, j'ai désiré m'asseoir*
> *Et son fruit est doux à mon palais. »*
> Cantique des Cantiques, II, 3.

> *« Soutenez-moi avec des gâteaux de raisins.*
> *Rafraîchissez-moi avec des pommes :*
> *Car je suis malade d'amour*
> *Que sa main gauche soit sous ma tête*
> *Et que sa main droite m'embrasse ! »*
> Cantique des Cantiques, II, 5-6.

L'amour à table devient une perversion de la joie de vivre et des forces vitales. Ils sont là, réunis, le masculin et le féminin, la matière et l'esprit. Attraction de deux êtres, irrésistible, magnétique et mystérieuse.

Autour de la table, l'harmonie va contribuer à libérer l'esprit. Se concentrant sur ce qui les entoure, les sens vont alors béer pour recevoir, et tout va devenir un don, une offrande.

Enveloppés par les éclats de lumière, l'émanation est si forte qu'ils deviennent, l'espace d'un instant, parfaitement semblables à l'éther illimité. Libérés des sentiments, l'âme dissoute, ils sont le néant et n'ont plus d'âme temporelle.

Au centre, la table irradiante est comme un soleil. Nappée de blanc, elle agit : ainsi le silence absolu qui devient la première phase rayonnante avant l'envol.

Aspirant avec ardeur à l'unité, ce qui avait été dérangé entre dans l'ordre, ce qui avait pu être sombre s'embellit et resplendit de toute la lumière d'une pleine et sainte vie. Le rayonnement des flammes fait voguer les images comme dans un rêve et accentue la transparence du cristal. Nuée rouge et or arrivant sur l'argent passif, féminin, lunaire, et l'or actif, mâle et solaire.

Imprégné de mille parfums grisants, fait de fleurs et de fruits, transcendé par la musique des anges, pris par les effluves des vins voluptueux, la rencontre de l'unité et l'épanouissement de la tension, l'amour est à son apogée.

La chair nacrée, l'œil voilé, la bouche de la femme à elle seule est un mets. Le vin de l'amour est de l'or aux formules magiques. Par lui, la vie devient une bulle, un fantasme, une rapsodie éternelle.

La gastronomie et son environnement sont un prélude à l'amour, une mise en bouche essentielle pour le plaisir des sens et de l'esprit.

6. Le fruit de l'amour

Le plus beau fruit né de cet amour ne peut qu'être d'essence divine.

« Des êtres de la terre est le suc, de la terre les eaux, des eaux les plantes, des plantes les fleurs, des fleurs les fruits, des fruits l'homme, de l'homme le sperme. »

Brihad-Aranyaka-Upanishad, VI, 4.

Pour un brahmane, l'acte amoureux doit atteindre sa plus grande fécondité. Le fruit suprême doit être la procréation d'un fils instruit. Le rituel doit comporter un repas de viande, une libation de beurre fondu et les deux partenaires deviennent des réalités cosmiques. Les rites de l'enfantement, de l'accueil de l'enfant et du remerciement de la mère se placent ainsi dans la juste ligne spirituelle. La mère joue la dialectique de l'être libre et de l'être enchaîné.

L'éducation alimentaire commence dès l'instant de la naissance, car la première nécessité du bébé est la nourriture, c'est sa réalité immédiate. Une fois rassasié, il s'endort jusqu'aux prochains tiraillements de la faim.

Ses rapports futurs avec la nourriture vont être mis en mémoire en fonction de la manière dont l'allaitement va lui être prodigué. Son goût va se développer selon l'image sensorielle qu'il aura reçue de la part de sa mère.

Il lui est alors essentiel, pour son épanouissement, de recevoir caresses, tendresse, chaleur physique, amour et de vivre dès ses premiers jours dans un environnement harmonieux. Ainsi, sa relation avec la nourriture sera **amour.**

La bouche, la main et l'odorat vont le diriger pour sucer, palper, sentir le sein, objet de ses désirs les plus violents de sensualité et porteur de lait, premier breuvage, symbole de l'immortalité. Héraclès suce le lait de l'immortalité au sein d'Héra.

Et les paroles intelligibles de Dieu sont comparées au lait en raison de leur énergie de nature à procurer l'accroissement spirituel.

7. Le cuisinier des dieux

a) Le centre

Dans la cuisine, autour du chef gravitent les astres comme une cour autour de son roi. Il est une théophanie qui symbolise célérité, intuition, unification, décision et synthèse.

Il réalise la cuisine des dieux qui envoûte magiquement les vivants, car toutes les oppositions s'adonnent en fonction de l'opposition fondamentale mâle-femelle. Au centre de la création, sur cette terre, *Ta wîl* (en Islam), il effectue un retour à la source.

Homme primordial ou homme véritable réintégré dans l'état édénique, il parcourt la circonférence pour revenir au centre, centre de l'Eden lié au point de communication entre la terre et le ciel.

b) Un rôle d'union

Pour définir le cuisinier, trois traits parallèles horizontaux correspondant au ciel, à l'homme et à la terre, reliés en leur milieu par un trait vertical, rôle d'intermédiaire placé entre eux pour leur servir de lien et coordonner leur œuvre en y participant. Rôle d'impulsion et de régularisation des mouvements, représentation de la tradition primordiale. Intemporel et perpétuel, il est conçu comme une projection du Moi supérieur. Il a un idéal à réaliser pour devenir valeur éthique et psychologique. Il est alors capable de mobiliser toutes les énergies spirituelles pour atteindre son objectif.

c) L'instrument de la maîtrise

Anaxagore, le philosophe et mathématicien grec, dit : *« L'homme pense parce qu'il a une main. »* La main représente les idées d'activités. La « manifestation » a la même racine que la main. Elle est l'instrument de la maîtrise : la cuisine, les arts plastiques, la sculpture, la peinture…

Les positions des mains et des doigts symbolisent les attitudes intérieures ainsi que l'action différenciatrice. La main est une synthèse humaine : passive en ce qu'elle contient, active en ce qu'elle tient, elle se prolonge par ses instruments.

Symbole de « l'invariable milieu », la balance du cuisinier représente l'hermétisme et l'alchimie, science des correspondances entre l'univers corporel et l'univers spirituel. Dans la Kabbale, il est dit qu'avant la Création la balance était dans l'ancien des jours.

d) Le geste sacré

Le chef rend le produit sacré, c'est-à-dire séparé de celui qui l'offre, séparé également de tout le monde resté profane, séparé de soi et donné en témoignage d'amour.

Ce produit est aussi offert à Dieu et devient inaliénable ; c'est pour cette raison qu'il est chaque jour englouti. L'offrande du bien matériel attire aussi le don du bien spirituel, car c'est une relation matière-esprit.

La geste du cuisinier symbolise la reconnaissance par l'homme de la suprématie divine. Et le chef symbolise la conscience, le désir et l'ultime limite dans l'espace dans la durée, dans l'amour. Il provoque le désir et la conscience de l'extrême dans ce qui est par nature « limité »... Pour y parvenir, à travers son intuition, il a bu à la coupe. Arrivé à l'extrême limite de l'art, il lui faudrait alors passer dans l'autre monde !

Il représente l'éternelle jeunesse du tout amour profond, il a la force qui dirige le retour à l'unité et sa conscience s'illumine pour devenir une forme spirituelle de progrès moral et mystique à la recherche d'un centre unificateur.

e) Le tablier et la toque

Au grade d'apprenti ou au grade supérieur, le tablier du cuisinier est l'emblème du travail. Blanc, immaculé et pur, il contribue à la réalisation de la perfection. Couleur de passage, de la pensée divine du chef, sa création naît et meurt chaque jour.

Couleur privilégiée des rites par lesquels s'opèrent les mutations de l'être, le blanc, selon les soufis, est essentiellement la couleur de la sagesse. Le lait dont la blancheur est celle du lys et du lotus, images de devenir et d'éveil, en dehors des druides et des poètes, membres de la classe sacerdotales, seul le roi a droit à la blancheur du vêtement.

La toque du chef est une auréole de lumière et cette blancheur triomphale ne peut apparaître que sur un sommet.

> *« Six jours après, Jésus prit avec lui Pierre, Jacques et Jean et il les conduisit seuls à l'écart, sur une haute montagne. Il fut transfiguré devant eux. Ses vêtements devinrent resplendissants et d'une telle blancheur qu'il n'est pas de blanchisseur sur terre qui puisse blanchir ainsi. »*
>
> Marc, IX, 2-3.

Le cuisinier régénéré rayonne au milieu des ténèbres du monde profane, et de ses yeux jaillissent des rais de lumière.

Les chefs français sont allumés dans la nuit comme des feux dont le clignotement répond à celui des étoiles.

DEUXIEME PARTIE

Les grands chefs se dévoilent

Pour éviter toute discrimination, problème de préséance ou de susceptibilité, les chefs ont été placés par ordre alphabétique. Par un heureux hasard, la seule femme parmi tous ces noms prestigieux se retrouve ainsi en tête : honneur aux dames !

Ghislaine Arabian

Pavillon "Le Doyen"

Carré des Champs-Elysées – 75008 PARIS
Tél. : 01 47 42 23 23 – Fax : 01 47 42 55 01

Le pavillon Le Doyen *trône sur l'ancienne promenade parisienne la plus fréquentée à l'époque de Louis XV. En 1791, Pierre-Michel Doyen loue l'une des guinguettes et la transforme en restaurant de qualité. Peut-être une rencontre avec Antonin Carême chez ses parents traiteurs fit, qu'avec lui, la cuisine dite « bourgeoise » fut inventée, en réaction à la Révolution française. La cuisine moderne était née avec le grand maître Carême et le service à la carte créé par Doyen. En 1842, l'architecte Jacques-Ignace Hittorf, après ses fontaines de la place de la Concorde, inaugure la rénovation du pavillon, illuminé par la présence des plus jolies femmes et les plus beaux esprits de Paris.*
Plus tard, Maupassant put satisfaire ses exigences de l'esthétique, retrouvées aujourd'hui dans le salon Napoléon III dominant les jardins. Il reçut un pouvoir de choc, influencé par son éducateur Flaubert et sa recherche de perfection, dont l'unité d'artiste fasciné par le vrai et le beau n'aurait pas été déçue par les saveurs de houblon dégagées par des mets empreints de vérité et de simplicité pouvant être dégustés dans un mouvement d'apaisement déroutant, concoctés par le chef Ghislaine Arabian pour qui, le centre du monde est une pomme.
Est-elle la « Femme de l'autre monde » ? La pomme est le fruit de l'arbre de vie, fruit de la connaissance, de la liberté et de la révélation ; quiconque en consomme n'a plus ni faim, ni soif ; elle ne diminue jamais, et elle entretient la jeunesse, symbole de renouvellement et de perpétuelle fraîcheur.

"La messagère"

C'est une grande émotion, pour une femme, de faire le portrait d'une femme aussi merveilleuse que Ghislaine Arabian, unique représentante féminine parmi les chefs doublement étoilés.
Sa découverte fut une surprise extraordinaire, compte tenu d'échos répétant seulement les derniers sons des voix qui voulaient la frapper.

Les arts

Ghislaine est née dans le nord de la France et ses origines en partie belges lui confèrent une carnation transparente et une chevelure blonde. Son œil d'acier transperce… Gare aux faux fuyants et aux faux pas !
Aucune attirance particulière pour la cuisine ne marque son enfance malgré une mère cordon-bleu. *« Son veau Orloff, c'est le petit Jésus en culotte de velours ; je mange les champignons et la sauce qui sont autour, mais jamais de viande ni de poisson. »*

Ghislaine Arabian (suite) :

La jeune fille exploite un magasin de vêtements, mais sa passion est surtout la brocante. Elle est un pilier des salles de vente, achète et revend, et son sens artistique la fait s'adonner un certain temps à la peinture et à la sculpture. *« Ce qui me plaît dans l'art, c'est le côté sensuel au sens étymologique du terme et non au sens péjoratif. »*

Curiosité

L'histoire se déroule à Lille, et la rencontre avec Jean-Paul Arabian a lieu dans son restaurant, qui s'appelle *Le Restaurant*. Jean-Paul n'est pas cuisinier et engage à cette époque (il y a dix ans), le chef Thierry Cambier. Un soir, la jeune femme, par curiosité ou par instinct, se rend à la cuisine pour voir...

« J'aimais bien cuisiner. Je recevais beaucoup avec mon premier mari qui était un grand chasseur devant l'Eternel et qui m'avait initiée à la chasse. A la maison, il y avait toujours des causeries et de la musique. La nourriture est un support idéal à la musique, aux retrouvailles et ça peut mener loin. Sous l'influence de la bonne chère, les gens se délient.

« Je me rendis donc en cuisine après avoir demandé la permission à Jean-Paul qui est arménien et, par conséquent, un peu oriental dans ses réactions. Il accepte, mais s'il avait su... Peut-être ne l'aurait-il pas fait ? J'ai ensuite demandé à Thierry s'il voulait bien me montrer le fonctionnement d'une cuisine. Thierry a fait ses armes chez Barrier à Tours (trois étoiles) et chez Marc Meneau ; il a navigué un peu partout dans le monde, surtout aux Etats-Unis, pour revenir ensuite à Lille au Restaurant *et, depuis, on est toujours ensemble. Ce qui m'a le plus frappée chez lui, c'est son regard étonnant ; il est un homme de commencement, un chercheur. On s'est bien entendu, bien querellé aussi, beaucoup admiré et cette admiration est toujours présente. »*

Le prix

« Je ne suis jamais allée dans une école hôtelière, je n'ai jamais travaillé dans aucune autre cuisine que celle de Jean-Paul. C'est Thierry qui m'a entièrement appris le métier et je lui ai dit un jour : "Avec tout ce que vous m'avez donné, je vais avoir sûrement un prix à payer." Ce à quoi il m'a répondu : "Vous ne savez pas à quel point je suis jaloux de vous !" Ce fut un compliment extraordinaire. »

Thierry étant chef, Ghislaine démarre comme apprenti ; apprenti dans chaque partie, puis commis dans chaque partie. *« Après, je suis devenue chef, et maintenant c'est moi qui le frappe ! »* (rire...).

Le choix

Le mariage a lieu à Lille et Jean-Paul désire s'installer à Cannes. Il aime les pays méditerranéens, vu ses origines : 50 % Grec et 50 % Arménien. Mais le chef déteste le Midi, n'en supportant ni le climat ni l'odeur. Ses préférences vont vers Bruxelles, capitale sur une petite étendue mais très ouverte.

« J'étais uniquement salariée chez Jean-Paul, et lorsqu'il me parlait d'investissement il me fichait la trouille ; j'avais des propos étriqués de femme pour le dissuader et, malgré son côté "macho", il m'a écoutée. Jean-Paul aime ce qui brille, Paris l'attirait beaucoup, nous avons donc pris la décision de nous y installer et commencé à chercher un établissement. Nous avons visité deux restaurants, mais les ondes qui s'en dégageaient ne me plaisaient pas. Le troisième fut Le Doyen ; *nous y avons déjeuné et je me suis sentie à l'aise, bien que la maison ait grand besoin d'être dépoussiérée. »*

Plongée en apnée

C'est Catherine Mamet – celle qui donne une chance aux femmes – qui choisit Ghislaine après avoir goûté sa cuisine à Lille. *« J'ai accepté la proposition. Ce fut très difficile au début, car la première équipe était restée. Je suis quelqu'un qui dérange, et certaines personnes n'avaient pas envie de me voir prendre ces fonctions. »*

Ghislaine est une femme éprise d'absolu et de perfection. Au départ, cette affaire la mine par ses aberrations, mais sa voix intérieure la guide ; elle sait qu'elle n'est pas là par hasard et que sa lutte va vers le positif. Pour la première fois de sa vie, elle doit gagner une bataille.

Et la perfectionniste renchérit : *« Il faut avoir la passion. Il est très difficile d'œuvrer avec une mentalité de gens qui s'en foutent ; je ne l'admets pas. Et même à ce jour, sur cent personnes il ne peut pas y avoir cent passionnés. Mon mari est directeur général. Il s'occupe de l'administratif, du commercial et moi de tout ce qui touche de près ou de loin à la cuisine.*

« Je suis sur un paquebot divisé en trois sections :
1. Le Pavillon : *restaurant gastronomique deux étoiles au premier étage qui est le miroir. J'y travaille uniquement avec Thierry.*
2. Le Cercle : *c'est mon bébé d'amour. Il affiche toujours complet, et j'y fais une cuisine qui change chaque jour. J'y travaille avec Eric Provost, originaire de la Sarthe, homme fabuleux d'une droiture et d'une intégrité rares.*
3. Les réceptions : les cartes sont renouvelées tous les trois mois. Pour les réceptions, Eli Leconte, ancien responsable chez nous à Lille, est un personnage déconcertant : cuisinier et apiculteur, ce qui dénote un état d'esprit spécial.

« En pâtisserie, il y a un garçon un peu fou-fou : François Benot (le bigoudin) qui avait osé appeler « Calorie » sa pâtisserie à Quimper !
« Sans cette équipe, Le Doyen *ne serait pas à ce jour ce qu'il est. »*

Certitude

Ghislaine, jusqu'à l'âge adulte, a été élevée dans un milieu scolaire religieux. *« J'ai eu ensuite la phobie de la religion. Mon premier mari était athée mais très engagé ésotériquement, ce qui m'a apporté une certaine idée de la connaissance. Je pense que chacun naît avec une forme d'intelligence, chacun a son capital qui, si on ne l'entretient pas, meurt. C'est comme le fait d'être responsable de son visage à 20 ans. Son caractère, on le porte sur sa figure ; il y a des gens qui vieillissent superbement bien et d'autres très mal, payant les bêtises de leurs 20 ans.*

« Cette expérience vécue avec mon ex-mari m'a attirée, mais moi, j'ai plutôt l'impression d'être un pion. Je ne sais pas par qui je suis dirigée. Je sais que je suis là pour l'instant, mais je sais aussi qu'on peut me mettre ailleurs. De toute façon, rien n'arrive par hasard, j'en suis convaincue. Il faut laisser le temps au temps. J'espère un jour parvenir à l'accomplissement, mais pas trop vite non plus car il faut s'arrêter, s'enrichir, au moins dans ce domaine et ne jamais se laisser agresser. »

Fermeté

Le mot « agression » fait bondir ce chef dont la tête bouillonne. Son époux la qualifie d'agressive, ce qui est faux. Sa rébellion vient de sa révolte contre ce qui n'est pas correct, et elle ne veut pas faire de concession si elle doit y laisser une partie d'elle-même.

« Il a été dit des énormités sur mon compte, de la part de certains journalistes et collègues. J'ai eu un droit de réponse et j'ai dit qu'il fallait continuer à me donner des coups sur la tête car c'est très bien pour me faire avancer. Lorsque les gens s'aperçoivent que leurs impertinences glissent sur la cuirasse de votre indifférence, ils s'arrêtent. Et même si un jour ils viennent s'asseoir devant moi, pour ma part je n'irai jamais m'asseoir devant eux. »

Kant

Ghislaine a fait un certain chemin ésotérique et nous parle de son attachement à Kant : *« Il a une idée de l'esthétique qui, pour moi, est très positive. Il devait être fou pour écrire aussi bien sur les maladies mentales. Je suis fascinée par la folie, par ce qu'elle a de démesuré. Nous nous contrôlons tous en permanence, mais il y a toujours un moment où l'on a la possibilité de déconnecter.»*

Foi et religion

Ghislaine a eu deux fils avec son premier mari ; ils sont tous deux baptisés mais elle a refusé la confession avant le mariage. L'hypocrisie n'est pas sa tasse de thé et elle ne veut pas faire un acte qui soit, même pour une bonne cause, en contradiction avec elle-même. C'est dans un village de Bretagne que sa belle-sœur s'est confessée à sa place.

Deux autres enfants naissent de son union avec Jean-Paul : Julien, qui n'est pas baptisé, et Margaux qui a demandé à l'être. *«Margaux a maintenant 9 ans et, pendant un an, j'ai été obligée d'aller à la messe pour elle tous les mardis matin ; dans cette église, où je devais rester pendant une demi-heure, j'étais transportée à travers certaines odeurs vers autre chose. Margot s'est confessée longuement et j'ai trouvé qu'elle avait en elle le résumé de ce que peut être la foi.*

«Cependant, il faut contrôler sa foi et ne pas se laisser entraîner, sous peine d'être dépendant. Cela peut devenir une drogue. C'est le cas de ma sœur qui fait partie du Renouveau charismatique. *Elle a sept enfants et en aura autant que Dieu lui en donnera. Elle est venue voir un jour la femme divorcée que je suis, alors que je n'avais jamais eu de ses nouvelles auparavant. Elle a débarqué chez moi, déguisée en demi-bonne sœur, deux jacinthes à la main, envoyée soi-disant pour faire sa contrition après une confession publique. Elle a prêché en me disant des choses horribles ; elle était devenue un zombie.»*

Les messages du corps

«Si je ne mange ni viande ni poisson, ce n'est pas par conviction mais par goût. Je travaille énormément, je dors quatre heures par nuit et je me porte très bien. Je mange des œufs, du fromage, énormément de légumes, mais j'écoute mon corps et lui donne ce qui le fortifie et le soigne. Je pense que le corps a des messages et qu'il faut manger selon les messages qu'il transmet. Par contre, si je suis invitée, je mange de la viande par correction car je prends la liberté d'être correcte. J'ai un souvenir drôle : avoir été ivre après avoir mangé des rognons chez des gens ; pour chaque bouchée de rognon, je buvais une gorgée de vin pour avaler. Le résultat fut assez surprenant !

«Bien entendu, je cuisine tout, je goûte mais je n'avale pas. Ce qui est intéressant, c'est ce que vous recevez sur la langue, la bouche, les joues ; après, une fois que c'est dégluti, ça n'offre plus d'intérêt.»

Maison et restauration

Pour Ghislaine, l'acte de nourrir revêt deux formes : *«A la maison on fait ce qui plaît à sa famille, c'est l'acte d'amour. Au restaurant c'est différent, la nourriture au cours d'un repas d'affaires est un support fabuleux pour prendre quelque chose à l'autre. Ceux qui viennent pour fêter un événement, là c'est peut-être un acte d'amour, mais ce sont eux qui se l'offrent et ma nourriture n'est qu'un support à leur acte d'amour. Puis il y a ceux qui viennent pour le plaisir d'être là, pour discuter, mais il n'est pas évident que la nourriture soit leur support principal.»*

Paranormal

Cette femme étrange est dirigée par les odeurs qui lui rappellent toujours quelque chose. Il lui arrive régulièrement de se retrouver dans des lieux qu'elle ne connaît pas mais où elle est capable de se diriger par l'odeur.

«Il y a un mois environ, je descendais les Champs-Elysées en voiture pour aller travailler ; devant le Fouquet's *il y avait un tas de gens et, au milieu, j'ai vu un homme (il n'y était peut-être pas) très grand, ses cheveux étaient blancs, il portait une canadienne blanche, il était très lumineux avec un regard brillant qui m'a fascinée et j'avais l'impression qu'il me suivait des yeux. J'étais arrêtée au feu rouge, mais son image m'a suivie dans le rétroviseur ; il était encore présent*

mais, ensuite, je n'ai plus regardé. Cette nuit-là, j'ai merveilleusement bien dormi, j'avais l'impression d'être protégée. Parfois, il y a autour de moi des personnes qui me servent de lecteurs ; ils me racontent leurs rêves qui, en réalité, me sont destinés. »

Yératel, l'ange de Ghislaine, veille sur elle et cet ange gardien – « domination » – exprime intensément les dons et les pouvoirs de son centre. En lui resplendissent les pouvoirs créateurs des séraphins, l'amour sagesse des chérubins, la capacité d'ordre légal des trônes ainsi que le pouvoir d'organiser de nouveaux mondes. Celui qui a la chance de l'avoir pour gardien peut se considérer comme un « élu de Dieu » ; ce n'est pas par hasard qu'on l'a mérité. Yératel accorde l'optimisme, la joie, la paix et toutes les vertus supérieures qui conduisent à la réussite (amour, argent, prestige, spiritualité...). L'invoquer, signifie résoudre immédiatement les possibles problèmes personnels.

Passion

« *Vis-à-vis des jeunes, je suis quelqu'un de très exigeant, je ne leur fais pas de cadeaux ; je n'ai pas l'habitude de dire par-derrière ce que je pense. Bien sûr, ils vont ensuite se plaindre à Arabian : "Votre femme m'a traité de con !"* »

« *Cela dit, c'est un métier très difficile, mais pas plus qu'un autre si on a la passion ; on peut rester quinze heures d'affilée devant ses fourneaux. J'essaie de leur inculquer cet amour du métier.* »

« Phases culinaires »

Ce chef-femme considère que la cuisine est passée par trois phases :

1. Celle d'antan, riche, qui correspondait aux besoins de l'époque.
2. Puis les femmes voulurent ressembler à des top-modèles, et les hommes avoir Lolita dans leur lit, d'où la mode des régimes. Les cuisiniers modifièrent alors leur cuisine, l'allégèrent.
3. Aujourd'hui, les gens sont bourrés d'incertitudes. « *Les rassurer, c'est leur donner l'œuf à la neige de grand-mère et une cuisine traditionnelle, mais ils ne savent plus mastiquer, tout est prémâché. Le monde est en pleine mutation et la cuisine aussi. Il y a une nostalgie générale.* »

« *J'ai eu l'idée d'un dessert qui a été fait un jour de grande envie de tendresse. Ma grand-mère m'écrasait des bananes avec de la cassonade et mettait cette mixture entre deux tranches de pain d'épices. Le yaourt fut rajouté pour mon plaisir, la vanille, quant à elle, me rappelait l'odeur sucrée de la joue de ma grand-mère. Mais j'ai toujours une impression d'inachevé au bord du nez et des papilles... douce frustration. Et si cela relevait tout simplement de la "cuisine des anges" ?*

« *J'émiette les tranches de pain d'épices et les trempe dans le lait pendant cinq minutes. J'épluche les deux bananes, je retire les extrémités, je supprime les fibres et les coupe en trois ou quatre morceaux. Dans le mixer, je broie le yaourt et les bananes une à deux minutes. Je continue en ajoutant les boules de glace et en mixant à nouveau. Il faut ensuite répartir le contenu du mixer dans de grands verres et réserver au froid jusqu'au moment de servir.*

« *Boisson : Muscat de Beaume de Venise.* »

« *La France est un pays où tous les étrangers ont envie de venir une fois. Il y a les parfums, la couture, la cuisine... C'est un des rares pays où l'on fait attention à ce que l'on mange. C'est l'art de vivre français. Et s'il y a d'autres implantations, notre culture est indéracinable.* »

Loisirs

Ghislaine aime chiner ; c'est son ancienne passion. Son plat préféré est la soupe et, pour sortir avec ses amis, elle choisit un bistrot.

Femme-chef

« *Je me fiche totalement de mon aspect physique. Je ne suis pas là pour ça. Les femmes oublient souvent que ce domaine fut le leur pendant longtemps. Elles ont refusé leur image de cuisinière. Elles ont voulu se libérer et, en se libérant, elles ont laissé leur place. Les*

hommes sont alors arrivés et c'est devenu une suprématie masculine.
« Parfois, elles se laissent aussi déborder par l'idée qu'on se fait d'elles. Il faut faire son métier jusqu'au bout. Pour moi c'est vital, je le fais comme tel. Si j'étais fleuriste, je mettrais peut-être trente ans pour faire le plus beau bouquet mais j'y arriverais. Malheureusement, les femmes se laissent absorber par des tas d'idées reçues sur elles et sont inconscientes que la plus grande énergie qui soit est l'énergie féminine. »

Souhaits

« Je n'en ai aucun. »

GHISLAINE ou le magnétisme irrésistible. Idéaliste à l'extrême, elle s'enflamme et s'indigne pour défendre ses amis et ses idées. Elle est capable de prouesse lorsque le destin l'y contraint ou que l'ambition la pousse. Messagère des dieux, elle est la représentante idéalisée de la force combative, le symbole de la victoire (et de la difficulté de la victoire) de l'âme humaine sur ses faiblesses.

Symbole des forces psychiques stellaires tournant dans l'éther autour du Paradis pour le garder et en défendre les frontières, cycle magique formé par les nuages qui courent en blanc escadron dans le ciel azuré, elle exprime le bonheur de celui qui sait être en accord avec la nature, la clarté du jugement et d'expression, le talent artistique.

Elle distingue les êtres et les choses, les dédouble en leur donnant une ombre. Image de l'analogie, de la fraternité, de la synthèse, généreuse et brillante émanation de quelque soleil intérieur, ode triomphale en ors cuivrés, flamboiement des ardeurs vitales.

Asperges à la flamande

Ingrédients (pour quatre personnes) :

– 1 kg d'asperges
– jus d'1/2 citron
– 1/2 tasse à thé de persil haché
– 1/2 œuf dur haché
– 100 g de beurre
– sel, poivre

Préparation et cuisson (trente à trente-cinq minutes) :

1. Coupez l'extrémité dure des asperges afin qu'elles soient toutes d'égale grandeur. Grattez ensuite la tige à l'économe pour qu'il n'y ait plus la moindre fibre.

2. Plongez les asperges au fur et à mesure dans une bassine d'eau froide pour éviter qu'une petite pellicule ne se forme à la surface.

3. Faites bouillir une marmite d'eau salée et plongez-y les asperges en évitant de les ficeler, car cela laisse une vilaine trace. Faites-les cuire de sept à dix minutes selon leur grosseur. Prenez-les à l'écumoire et posez-les à s'égoutter sur un torchon.

Finition et préparation :

4. Disposez les asperges tièdes sur un torchon plié dans un plat de service.

5. Dans une petite casserole, à feu vif, mettez le beurre coupé en morceaux et le jus de citron. Faites fondre en imprimant à la casserole un mouvement circulaire pour produire une émulsion. Sortez du feu, mélangez l'œuf et le persil haché. Versez dans une saucière et servez aussitôt avec les asperges.

Remarque : vous pouvez, si vous préférez, répartir les asperges tièdes dans quatre assiettes et napper les têtes avec les sauces.

Boisson conseillée : un verre de bière blonde ou un Xérès (sec).

… de Ghislaine Arabian

Gros turbot de côte rôti à la bière de Garde et oignons frits

Ingrédients (pour quatre personnes) :

– 4 tronçons de gros turbot de 350 g chacun
– 2 beaux oignons
– 8 petites pommes de terre
– 30 g de beurre
– 1 kg d'épinards
– 5 cuillerées à soupe d'huile
– sel, poivre

Sauce :

– 2,5 dl de bière de Garde
– 200 g de beurre dur
– sel, poivre

Préparation et cuisson

1. Hachez menu un oignon, mettez-le dans une casserole à feu doux avec un peu de beurre et laissez-le fondre en douceur sans coloration.

2. Versez la bière et, en évitant l'ébullition, faites-la réduire jusqu'à ce qu'il ne reste plus que 0,5 dl environ et le hachis d'oignon à l'état de compote. Incorporez le beurre dur morceau par morceau en fouettant pour obtenir une sauce à la consistance d'une mayonnaise légère que vous passez au chinois. Salez, poivrez et réservez-la dans un bain-marie chaud mais non bouillant.

3. Préchauffez le four à température très chaude. Supprimez la peau des morceaux de turbot. Salez, poivrez. Dans une sauteuse, à feu vif, mettez 3 à 4 cuillerées d'huile à chauffer et faites rapidement colorer les morceaux de turbot.

4. Mettez-les ensuite dans un plat et faites-les cuire au four pendant sept à huit minutes. Sortez-les du four et laissez-les reposer à couvert quinze minutes dans le plat de cuisson.

5. Pendant la cuisson et le temps de repos, équeutez et lavez les épinards. Pelez les petites pommes de terre et faites-les cuire pendant vingt-cinq minutes à la vapeur.

6. Dans une large casserole, mettez à fondre le beurre à feu moyen. Ajoutez les épinards et, en les tournant, faites-les s'affaisser et perdre leur eau de végétation, ce qui prend à peu près cinq minutes.

7. Salez, poivrez. Epluchez le second oignon, coupez-le en rondelles, détachez les anneaux les uns des autres, farinez-les légèrement et faites-les frire rapidement dans le reste d'huile bien chaude. Egouttez-les sur du papier absorbant, puis salez et poivrez.

8. *Finition et présentation :* désarêtez les tronçons de turbot. Masquez le fond de quatre grandes assiettes avec un peu de sauce, dressez les tronçons de turbot, répartissez les épinards d'un côté et les pommes de terre de l'autre, parsemez le turbot d'anneaux d'oignons frits et servez avec le reste de sauce en saucière.

Vin conseillé : Puligny-Montrachet, 1990, Domaine Henri Boillot.

Jean Bardet

"Jean Bardet" (Relais et châteaux)
57, rue de Groison – 37100 TOURS
Tél. : 02 47 41 41 11 – Fax : 02 47 41 68 72

LA Touraine, ancien pays des Celtes Turones, fut cédée par Jean sans Terre à Philippe Auguste. Ce dernier n'aurait pu trouver, pour se nourrir en cet aujourd'hui parc de Belmont, seulement quelques graines de Paradis prisées par Pline. Paradis pour Gargantua qui vint trois cents ans plus tard de l'abbaye de Thélème pour appliquer sa devise : «Fais ce que tu voudras», devise qui deviendra celle des visiteurs pour leur enchantement en souvenir du Paradis perdu.
Se promener dans un jardin paré d'arbres fruitiers, de plantes odoriférantes et de courants d'eau vive... Eh bien, de même les hautes connaissances et les dons infusés par l'intelligence et par l'âme sont le jardin de la claire perception intérieure! Le Paradis terrestre de la Genèse était «un jardin» qu'Adam cultivait.

Jean Bardet, le maître des lieux, cultive avec Sophie l'art de recevoir en leur gentilhommière blanche et fait pousser ses légumes et herbes insolites. En l'un des trois cercles, limite magique, infranchissable mais accessible aux élus intérieurs, autour d'une table, seules les jouissances du palais peuvent retenir l'esprit. Il vous révèle ses secrets, goût infini de l'instant vrai pour redécouvrir l'amour qui doit se déguster comme un mets délicat, car l'amour est une friandise.

"Ptah"

Le choix du cœur

Villiers-le-Morhier (Eure-et-Loir) est le village natal de Jean Bardet dont la famille est originaire des Charentes. Ses parents sont ouvriers et leurs enfants se dirigent vers le commerce et l'industrie; le petit Jean choisit la cuisine, mais non par vocation car il ne croit pas aux vocations.

«Comme tous les enfants du monde, j'ai eu envie de faire un jour un petit pâté, d'avoir un petit carré de jardin pour y faire pousser des laitues, des radis. J'ai aussi tricoté, mais quel est celui qui n'a pas eu envie de donner un peu d'amour? On a coutume de dire qu'à l'âge de 8 à 10 ans on est dans les jupes de sa maman; c'est vrai, on a un gros cœur et on a envie de faire la cuisine. A l'heure actuelle, on devrait offrir aux enfants des casseroles, des livres de recettes et non des revolvers, ils en seraient tellement plus heureux!»

L'adolescent n'aime pas les études et son choix est définitif : *«J'ai appris à cuisiner dans les livres, uniquement en lisant.»* Il n'y a aucune règle établie et, sans C.A.P., Jean passe le concours du meilleur ouvrier de France.

«C'est peut-être parce que je n'ai pas fait un véritable apprentissage que je suis toujours et encore émerveillé...»

Jean Bardet (suite) :

La recherche

Jean Bardet est catholique, mais ouvert à tout. L'important, pour lui, est de croire en l'humain, à la construction personnelle de son individu. *« L'humain est intéressant, les gens sont ennuyeux. »*

Sa vie est une prière perpétuelle à l'amitié, à l'offrande, à la qualité, à la beauté. *« Ce n'est pas une obligation, c'est un état d'esprit. La qualité et la beauté c'est ce qu'il y a de plus merveilleux au monde et ça, c'est une prière, un* CRI, *et ceux qui n'ont pas cette sensibilité vivent de gadgets. On peut être beau, authentique, juste mais pas parfait. Il y a un travail sur soi-même qui est un conditionnement de l'individu. Il faut être honnête et clair. »*

> *« L'être humain est né comme le petit d'un âne sauvage. »*
>
> Job, XI, 12.
>
> *« Si tu éloignes l'injustice de ta main et ne laisses*
> *pas demeurer l'iniquité sous les tentes,*
> *Alors, tu lèveras ton front sans tâche*
> *Tu seras ferme et sans crainte*
> *Car tu oublieras ta peine. Tu t'en souviendras comme des eaux qui se sont écoulées. »*
>
> Job, XI, 14-16.
>
> *« La lumière se lève dans les ténèbres pour les hommes droits.*
> *Pour celui qui fait grâce, qui est compatissant et juste*
> *Sa puissance subsiste à jamais. Sa puissance s'élève avec gloire. »*
>
> Psaumes, CXII, 4-9.

Le plaisir de l'instant

Les produits alimentaires sont des cadeaux de la nature ; on ne peut pas les consommer sans être conscient de l'ailleurs, de l'extérieur.

« Je vis en symbiose permanente avec l'extérieur dès le matin en me levant, en regardant le ciel pour voir s'il a plu ou s'il a gelé. Dans mon jardin, je vois pousser la nature ; ce n'est en aucun cas de la possession, c'est une offrande.

« Les gens sont envahis de ce qu'ils sont, de ce qu'ils pensent être, par leurs préjugés et leurs certitudes. Néanmoins, inconsciemment ils subissent les effets du temps et de ses caprices. S'ils ne se laissent pas pénétrer par l'extérieur, c'est l'extérieur qui les pénètre. Et lorsqu'on fait la cuisine pour nos clients, il faut leur communiquer l'envie des plats qui correspondent à l'instant en leur disant nos désirs d'aujourd'hui. Il pleut, et ce sont des huîtres, du cresson ou des châtaignes si c'est l'automne. On va créer un instant, et c'est l'instant du plat qui est plus important que le plat lui-même.

« Imaginez, dans une maison de poupée, une petite table avec une jolie nappe, devant un feu de cheminée. Deux bonnes bouteilles attendent, elles sont mises en carafe ; une belle plaque de beurre, du pain chaud, un peu de fromage. Mijotée au feu, il y a une brochette d'alouette. Ce n'est pas la valeur des choses, c'est la mise en scène, la chaleur du feu qui crépite, les brumes sur le fleuve ; on devine les coteaux, les chemins creux qui arrivent sur Vouvray et on s'abrite comme ça, dos à la cheminée avec un verre de vin. C'est le plaisir de l'instant...

« Quand on fait à manger pour les autres, c'est l'amour qui est en soi qu'on veut donner. Et quand je mange seul, je fais la même chose. Si on aime la beauté, la qualité, on aménage l'environnement. »

Un jet de sublimation… une verticale du chant… une onde de joie… seule la partie vibrante de notre être peut reconnaître l'instant. Pour Jean, les chefs à la recherche d'harmonie c'est la justesse des choses, la précision est dans une harmonie ; si des éléments ne collent pas, ce sont ceux-ci qui font voir que les autres choses sont belles. C'est une « vibration ».

L'offrande de la pauvreté

Brillat-Savarin a dit : « Mettre les plus beaux plats, les choses les plus rares, les produits les plus chers dans son assiette ne représente pas le plaisir ; la gastronomie ce n'est pas ça. »

« Les plus belles recettes sont issues de la pauvreté, non de la richesse. La pauvreté est davantage source de fécondité, de qualité des produits et d'émotion que ne pourrait l'être la richesse qui a été souvent un petit peu dominatrice, un peu suffisante. On a dominé, on a marqué les produits, alors que la pauvreté a toujours été davantage une forme d'offrande. On aime travailler ces choses simples d'un terroir ou d'une région. On est plus précis dans une expression régionaliste. Les plus belles recettes que l'on a aménagées et adaptées ensuite à un monde moderne venaient à l'origine d'un cassoulet toulousain, d'un farci poitevin, d'une soupe au chou… qui représentaient des moments merveilleux, un peu ritualistes, mais qui sont issus de la pauvreté. Les saumons fumés et le caviar ne nous ont rien appris. »

Réveil sensoriel

La certitude de Jean est absolue. Il n'y a pas d'état, il n'y a pas de régime voire de grande monarchie sans sa cuisine. L'identité culinaire est extrêmement importante et rassurante.

« Je suis allé à Cuba il y a peu de temps, et les gens sont un peu perdus. Ils ont fait la révolution, mais pas la révolution culturelle et culinaire. Ils ont donc perdu tout ce qui forme leurs repères affectifs, leurs racines. C'est le cas également en Australie : ils ne vivent que de possessions et se rassurent ainsi. Il y a de nombreuses variétés de produits, mais aucune n'évoque quelque chose ; il n'y a plus de rencontre, plus de rendez-vous avec l'instant. En France, il y a aussi certains cuisiniers, certaines maîtresses de maison qui établissent des recettes bancales par manque de transmission du monde rural, urbain ou familial. Ils sont au début partis de rien.

« La cuisine est le plus beau raccourci qui existe en matière de goût et d'éveil sensoriel, car tous les sens sont sollicités et sollicités avec plaisir, mais il n'est pas nécessaire de se baser sur des relations passéistes, folkloriques ou traditionnelles pour être sensible. L'éveil sensoriel peut se faire à travers d'autres formes : l'art, la culture… C'est à chacun de trouver ses propres marques. Ce qui m'intéresse, ce n'est pas qu'en 2050 les gens mangent du Bourguignon ou l'anguille de nos grands-parents, mais qu'ils aient suffisamment de sensibilité pour prendre du plaisir et ne soient pas perdus, que leurs repères soient basés sur leur appareil sensoriel, sur leur sensibilité, qu'ils sachent regarder les fleurs de marronnier, les beaux yeux de leur compagne, si elle est peinée, heureuse… Sentir les arômes le matin dans le parc, dans le jardin, dans la rue, voir les couleurs… C'est ça être un homme. Il devrait exister, à l'école, une matière sur l'éveil des sens. Les uns sont sensibles au sucre, d'autres à l'acide ; chacun doit trouver sa culture et ne pas réagir par possession, suffisance, prétention et vanité. Il faut trouver sa liberté. »

> *« Vanité des vanités, dit l'Ecclésiaste, vanité des vanités, tout est vanité et poursuite du vent. Il n'en reste rien sous le soleil. »*
>
> Ecclésiaste, I, 2 – II, 11.
>
> *« Va, mange avec joie ton pain, et bois de bon cœur ton vin : car Dieu a déjà agréé tes œuvres. »*
>
> Ecclésiaste, IX, 7.

Ouverture

« Les jeunes qui veulent faire un métier de bouche doivent aller au musée, au théâtre… être gourmands, savoir pousser un beau soupir… Pour la cuisine, il

faut aussi de la technique, de la science ; si on fait monter un soufflé, c'est parce qu'on l'a appris. Il n'y a aucune poésie. Après, on met en scène : il y a les hommes, les produits, une région qu'on magnifie, on trouve une espèce de liberté.

« Il faut cesser de dire que les jeunes sont des imbéciles, qu'on ne sait plus manger en France. Le goût ne disparaîtra pas, ça va devenir rare, certes, mais c'est pour cette raison qu'il ne disparaîtra pas. »

Patrimoine

Le queux poète cultive des herbes exotiques, mais il précise : *« des légumes authentiques. »* Il y a la poire/melon, la tomate/pêche qui n'est qu'une variété de tomates (il y en a six cents). Il n'a pas non plus créé l'épinard/fraise. On ne crée jamais rien, on a un patrimoine génétique extraordinaire.

« On a cette chance en France – et surtout en Touraine bien plus que dans d'autres régions – car notre jardin est ouvert, c'est un jardin de fragrances où tout pousse naturellement. J'ai, dans mon jardin, deux mille cinq cents variétés de produits différents. Toutes ces formes d'expressions affolent. Il faut être curieux avec la nature et éviter tout ce qui dérange, par conséquent, on ne peut pas les cuisiner toutes.

« Dans la vie, il ne faut pas se laisser ennuyer par le mal. »

Loisirs

La chasse et la conduite automobile sportive.

Son plat préféré est le baiser donné à une copine.

Il préfère recevoir et, pour sortir, choisit un restaurant où il sait qu'il va être bien.

Elégance

Jean est un être épanoui... Chasseur, goûteur, jouisseur. Cette chasse qui est, pour lui, une histoire à part : *« Sur le massif de Langeais, chasse d'un gros gibier, mon chien est malheureux car il ne peut pas le sortir. Encore imprégné le matin du bout de pain accompagné de fromage, arrosé du verre de vin frais, fraîche aussi la petite pluie dans les divines allées aux coloris d'automne. Un seul coup tiré sur trois traques... et la magie des forêts. Un cerf (dix à douze bois), majestueux, tranquille, apparaît dans la brume, glisse devant moi puis se retourne, me sourit, peut-être l'air un peu narquois, sûr de lui et de sa beauté... il gardera ses cuissots pour l'éternité. »*

Le futur de Jean

Encore et toujours l'émerveillement.

JEAN BARDET projette sur l'autre sa propre sensibilité. Sa lutte est celle de l'obtention d'une existence harmonieuse, équilibrée et de la paix à n'importe quel prix. Son univers est l'affinement dans la symbolique de l'élément, par la grâce de l'âme, la pesée des actes et de l'invariable milieu. C'est l'équilibre des forces naturelles de toutes les choses faites pour être unies. C'est un retour à l'unité, à la non-manifestation, car tout ce qui est manifesté est sujet à la dualité et aux oppositions.

Une voie royale pourrait le conduire à une vie mystique où, une fois les racines du péché extirpées, il deviendrait pieux et croyant car, avant la manifestation de l'acte qui mit en marche la création, l'indéfini avait formé dans sa pensée son dédoublement qui devait engendrer toutes les divisions consécutives, jusqu'à celles de la cellule.

> *« Quant à mon cœur, il m'a fait accomplir ces actions tandis qu'il guidait mes affaires. Il fut pour moi un témoin excellent... J'excellais parce qu'il fallait que j'agisse... C'est un jugement de Dieu qui est en tout corps. »*

Extrait d'une tirade sur une stèle du Louvre.

Recettes "coup de cœur"...

Poêlée de girolles au persil simple

Ingrédients (pour quatre personnes) :

- 1 kg de petites girolles
- persil simple
- 1 grosse cuillerée de beurre
- sel

Préparation :

1. Préparer des girolles, c'est simple mais très délicat, car c'est un produit très fin et il faut prendre quelques précautions. Coupez la terre des pieds des champignons sans les laver, ou passez très rapidement sous le robinet.

2. Dans une casserole, faites bouillir (pour 1 kg) 3 litres d'eau. Salez-la dès qu'elle bout, puis plongez-y les girolles; la cuisson s'arrête doucement. Seulement au moment où la cuisson repart, avec une petite passoire égouttez les girolles, étalez-les sur une grille et, surtout, ne les refroidissez pas : elles vont fixer les arômes. Elles ne vont pas être cuites, mais vont devenir croquantes et savoureuses.

3. Mettez dans une poêle une bonne cuillerée de beurre. Le beurre va mousser, monter et hop ! vous jetez les girolles dedans. Le beurre enveloppe les girolles. Mettez un tout petit peu de sel et pas de poivre. Faites deux tours dans la poêle avec un peu de persil.

Vin conseillé : vin rouge un peu précieux : Haute Côte de Beaune, ou Côte de Nuit.

Cuissot de chevreuil

(Gigue de chevreuil en marinade instantanée avec une crème d'échalotes confites)

Ingrédients (pour quatre personnes) :

Marinade :

- 1 cuissot de chevreuil
- carottes
- oignons
- céleri
- 4 cuillerées à soupe de vin blanc
- 4 cuillerées à soupe huile d'olive
- thym, laurier

Cuisson :

- petits os (parure de cuisse)
- sel, poivre
- verre de vin blanc sec
- citron vert
- 2 dl de crème fleurette
- beurre

Préparation :

1. Coupez menu très fin carottes, oignons et céleri, dont vous recouvrez le cuissot. Ajoutez dessus le vin blanc et l'huile d'olive, un peu de thym et de laurier. Faites mariner cette viande pendant deux heures au frais.

2. Cuisson : débarrassez la viande des légumes et faites-la dorer dans une poêle à sec, faites-la bien dorer ; ne pas saler ni poivrer. Quand elle est bien dorée dans la poêle, mettez-la dans la plaque du four à 140° (four doux).

3. Sur cette plaque, ajoutez les légumes de la marinade sans le jus et glissez le tout au four une demi-heure à feu très doux. L'important, c'est le temps qu'il faut à la chaleur pour pénétrer à cœur.

4. Au bout de ce temps, sortez le morceau de chevreuil du four. Salez, poivrez et gardez au chaud. Le sel et le poivre vont se diffuser gentiment dans les tissus, la viande va se détendre, se reposer et vous allez préparer la sauce.

5. Portez la plaque du four avec ses légumes sur le feu. Ajoutez un verre de vin blanc sec, laissez réduire encore un peu à sec, rajoutez des petits os gardés de la parure du cuissot de chevreuil apprêtée par le boucher.

6. Ajoutez, pour quatre personnes, 2 dl de crème fleurette, laissez réduire encore un peu, un tour de sel, de poivre ; ça bout, remettez un peu de beurre dedans et un tout petit peu de citron vert.

Vin conseillé : Bourgogne, Bourgueil, Saint-Emilion... des vins sérieux, solides, des vins de Cahors...

Homard coquin

Jean Bardet nous explique un plat qu'il aime, présent actuellement à la carte :
le civet de homard, épicé de gingembre et de citron vert et au vieux Vouvray

1. On fait blanchir le homard dans de l'eau bouillante, on le décortique pour le faire sauter à la poêle avec du beurre.

2. A côté de tout cela, on va faire la sauce. C'est une sauce épicée de gingembre frais, épluché, coupé en petits morceaux que je mets dans une sauteuse ou une casserole. Dessus, je verse du Vouvray et je vais laisser cuire comme ça, jusqu'à évaporation. Il va rester à peine un petit fondu de Vouvray caramélisé dans le fond du récipient. A ce moment-là seulement, je vais ajouter deux cuillerées à soupe de crème liquide fleurette.

3. Je laisse bouillir, je retire la casserole du feu. Je pique un morceau de beurre sur un fouet, je tourne et la sauce va se faire toute seule, elle va devenir onctueuse, souple, odorante. Je sale, je poivre, j'ajoute le jus d'un quart de citron vert pour deux personnes. Je passe le tout à travers une petite passette et je verse sur les morceaux de homard qui sont dans ma poêle, en train de rissoler au beurre.

4. Je sers aussitôt accompagné de petits légumes suivant l'inspiration... des radis, des pois gourmands...

Vin conseillé : du Vouvray.

Portrait de femme : *Sophie Bardet*

"La spirale"

Steak au poivre

Native de Châteauroux, dans l'Indre, Sophie Bardet est issue d'une famille de commerçants. Magasin de confection de luxe oblige, la petite fille doit être modèle, tirée à quatre épingles, gants blancs et bien élevée. Si, dans la boutique, elle omet le « Bonjour » destiné aux clients, le talon aiguille de maman-rigueur vrille le pied de l'enfant. Tout de même gentille, cette mère est une excellente cuisinière qui sait choisir les meilleurs produits.

« Je voulais être avocate mais, au bout d'une année, l'ennui m'a gagnée. Je suis alors partie à Londres, dans une école d'attachée de presse. Je vivais chez des amis de mes parents. Un soir, j'ai rencontré Bardet dans un club ; il était à Londres pour apprendre l'anglais. Presque aussitôt, Jean m'a dit : "Viens chez moi, je vais te faire un steak au poivre..." J'avais 21 ans. » Deux ans après, Jean épouse Sophie à Paris.

La jeune femme fait encore quelques relations-presse, mais son côté pratique l'incite à suivre des cours à l'école hôtelière de Toulouse. Le couple prend ensuite une gérance en région parisienne, devant le château de Maintenon. Le rodage se fait, il y a du monde, mais Jean veut aller à Nantes pour faire un peu mieux la connaissance des poissons. Mais ce n'est pas une vie équilibrée pour Valérie, leur première petite fille qui se trouve éloignée de toute sa famille. C'est Valérie, qui, aujourd'hui possède un restaurant.

La chasse

« Nous sommes revenus à Châteauroux, près de mes parents, où nous avons eu trois affaires. La première a bien fonctionné, mais la deuxième n'était pas très rentable ; alors Bardet-le-chasseur s'est adonné à son passe-temps favori. J'ai un peu rué dans les brancards et, en 1979, nous avons racheté l'immeuble de l'E.D.F. Ce fut très dur, car Jean-l'artiste a dû travailler comme un fou, mais nous avons réussi. »

Dix ans plus tard, une petite Alice vient agrandir la famille. Les deux filles Bardet sont aujourd'hui satisfaites de leur vie riche en découvertes de pays lointains, grâce aux voyages effectués avec leurs parents.

La campagne à la ville

« En 1985, nous avons acheté cette propriété pour concilier nos différences. Mon mari est un artiste-terrien qui aime avoir son jardin, ses plantations, sa chasse, ses copains, son clairon, mais sa façon de vivre n'est pas la mienne : il n'aime pas Paris alors que moi, lorsque je suis à la gare Montparnasse, c'est comme si j'arrivais au bord de la mer. Je respire enfin et je prends "bonne mine". J'ai horreur de la campagne. Ici, je travaille dix-sept heures par jour, mais je suis dans mes murs et j'ai pu y créer du luxe. J'aime m'entourer des plus belles choses. Je confirme et je signe. »

Sur ces trois hectares, il n'y avait quasiment rien et les Bardet ont su réaliser un véritable paradis dans une campagne en pleine ville.

Le top

Sophie avoue détester les travaux ménagers. Elle ne sait pas faire cuire un œuf au plat et son intelligence lui fait dire : *« Je ne sais pas »*... Cependant, elle est la goûteuse attitrée des nouvelles créations de son mari depuis trente ans et surveille l'évolution des goûts de sa clientèle.

« Je suis toujours en salle ; je fais des statistiques aidée par un ordinateur car je suis constamment à l'affût des dernières techniques. Je suis sur Internet et sur le serveur WEB, la toile d'araignée mondiale de la communication. »

Maîtrise

Cette maîtresse femme analyse la situation des épouses de grands chefs : *« Il faut être patiente, psychologue, amoureuse... et quelquefois réservée pour leur laisser l'impression en définitive d'être la personne la plus importante. Mon mari est un enfant, il perd ses clefs, son chéquier… Il lui est arrivé de me faire des cadeaux somptueux qui n'étaient pas en rapport avec notre situation et, parfois, je me suis trouvée dans l'obligation de les rendre. Il faut à ces Messieurs un impresario et un gestionnaire. »*

Les bonheurs de Sophie

Sophie adore dessiner. Elle crée les « petits déjeuners ». Ce sont : « le café de Sophie », « le thé de Sophie ». Contact direct pour le choix chez les porcelainiers où, chaque année, un produit est mis au point.

« Je fais aussi mes parfums et j'achète pour la boutique des articles en "direct". Je choisis du luxe pas cher, c'est ce que les clients de nos jours affectionnent. »

La vie avec un grand V

« Mon grand désir serait de pouvoir cesser cette activité dans quelques années, faire le tour du monde, avoir ma maison, écrire, aller à l'opéra, au théâtre… » En conclusion, Sophie-la-terrible a une furieuse envie de vivre… pour elle.

Femme d'exception, Sophie Bardet accède au concours du meilleur sommelier de France et, en 1990, elle est élue « Femme de l'année » par Gault et Millau.

Sophie est porteuse de vie, de stabilité, solidité, densité et fierté. Hyperféminine, elle s'attache à la valeur d'un sens pleinement terrestre dans la ligne d'une symphonie et s'assimile à un chant bacchique à la gloire de Vénus génitrice, toute de chair palpitante et de sang vermeil, pleine et vibrante d'émanations telluriques, chant de plénitude lunaire.

Sa capacité de commander les nuages pourrait lui faire dire : « Nous sommes tous égaux, puisque nous venons de la terre. » Elle possède la faculté de discerner les contraires, la sagacité, la vivacité et la puissance de ce discernement.

Les trucs "coup de cœur" de Sophie Bardet

1. « On n'ose plus faire des frites dans les maisons. L'odeur de friture est on ne peut plus désagréable. Je vais vous donner le "truc" anti-odeur de ma maman : il faut jeter dans la friteuse une grosse boule de persil. C'est tout.

2. « Ma mère était très occupée par son magasin et, parfois, elle voulait faire une salade qui était "un peu juste"… Vous faites alors tremper cette salade pendant dix minutes avec deux sucres. La salade ne prend pas le goût du sucre mais, d'un seul coup d'un seul, les feuilles deviennent croquantes. »

Georges Blanc

"Georges Blanc" (Relais et châteaux – Traditions et qualité)
01540 VONNAS
Tél. : 04 74 50 90 90 – Fax : 04 74 50 08 80

A Vonnas, tout respire à travers les feux de l'art culinaire. 1872, l'année de la création de l'auberge, est aussi l'année de naissance de Maurice Edmond Sailland, dit Curnonsky, grand chantre de la cuisine du terroir. Apollon Caillat prépare la vision de l'arrivée prochaine d'un successeur à sa hauteur. Cuisinier, auteur culinaire, administrateur mutualiste, syndicaliste et chevalier de la Légion d'honneur, ce grand maître de la cuisine française laisse à Philéas Gilbert, grand corporatiste convaincu, le soin, en s'éteignant en 1943, de transmettre l'ensemble de leur œuvre à Georges Blanc, nouveau prince de la gastronomie.
Le repas idéal est celui que l'on prend dans le calme, le silence et dans un esprit de reconnaissance, afin de pouvoir tirer profit des forces les plus élevées contenues dans les aliments. En cette maison, l'harmonie règne pour vous faire converser de sujets agréables, de la beauté de la nature et des belles acquisitions de la vie nouvelle. Ce repos champêtre au cœur des Dombes vous ravit par ses fleurs, ses cours d'eau, ainsi que par son architecture noble, mariage de pierre, de bois et de terre cuite.

La belle Jacqueline vous fait découvrir un intérieur reposant où sont réunis meubles d'époque, tableaux de maîtres et tapisserie monumentale de Flandres. A travers la chaleur des flammes, devant l'une des superbes cheminées de la demeure – symbole des voies de communication mystérieuses qui animent le foyer et entretiennent la vie – vous trouverez la joie, la bonne disposition d'esprit et l'ultime compréhension pour déguster enfin une « cuisine-vérité ».

"L'architecte"

La mère Blanc

En 1872, les arrière-grands-parents de Georges Blanc créent une auberge à Vonnas. De toutes parts on vient y manger la « bonne soupe ». En 1902, Adolphe, leur fils, succède à ses parents. Il épouse Elisa Gervais qui, derrière ses fourneaux, rend célèbre le nom de la « mère Blanc ». Selon les écrits de Curnonsky, elle est « la meilleure cuisinière du monde ». Ses réalisations imprégnées du terroir reflètent une grande honnêteté et sont préparées avec amour. Elisa est en recherche de perfection, utilisant les meilleurs produits de la région. La réputation de l'auberge n'est plus à faire. Les clients viennent de plus en plus loin pour déguster les cuisses de grenouilles, les dombes aux herbes, le poulet de Bresse à la crème et les crêpes vonnassiennes. Les diplômes gastronomiques se succèdent. La « mère Blanc » est au sommet de son art.

Georges Blanc (suite) :

1934 : Jean, leur fils aîné et sa femme Paulette (fille de boulanger) prennent la suite. Paulette garde les mêmes spécialités traditionnelles.
Arrive ensuite la quatrième génération avec Georges Blanc, né à Bourg-en-Bresse en 1943. Pas très motivé par cette profession, il se laisse toutefois influencer par ses parents pour poursuivre l'œuvre familiale. Et comme nul ne peut échapper à son destin, c'est à l'école hôtelière de Thonon-les-Bains que Georges reçoit l'illumination d'une passion naissante.

L'enfant prodige

« En 1968, je reprends l'affaire de Vonnas, j'ai 25 ans. Aujourd'hui, cette passion est toujours aussi forte et aussi présente. Quand je me réveille le matin, je ne traîne pas au lit, j'ai envie de venir très vite ici car il s'y passe toujours plein de choses. » Il est vrai qu'avec un tel personnage il se passe toujours de nouveaux événements, surtout depuis 1970, date à laquelle d'énormes travaux d'embellissement ont été effectués pour faire de cet hôtel-restaurant un des fleurons de la prestigieuse chaîne des *Relais et Châteaux*.

1981 sera l'année de la consécration, avec l'attribution de la troisième étoile. Mais cette distinction ne suffit pas à ce chef boulimique d'entreprises. Il achète, rénove, organise et devient la personnalité la plus représentative du département de l'Ain. Il est aussi viticulteur et crée son propre vignoble (17 hectares de Chardonnay).
Egalement auteur, on ne compte plus ses ouvrages parus sur la gastronomie et ce qui tourne autour.

Il est loin le temps où le jeune garçon dégustait, dans la petite maison d'en face, les flans de caramel que sa grand-mère lui préparait avec amour. Mais toute la famille – disparue ou vivante – peut être fière des distinctions obtenues par l'enfant prodige : chevalier de la Légion d'honneur, officier dans l'Ordre national du mérite, commandeur du Mérite agricole, officier des Arts et des lettres et président de la Chambre syndicale de la Haute cuisine française.

Astrologie, voyance, guérison

Georges Blanc est catholique non pratiquant. Il croit en une autorité divine sans pouvoir la définir.

« Il y a tellement de religions à travers le monde que je n'ai pas encore fait mon choix. Je n'ai pas peur de la mort. Je suis optimiste et je crois que je vais vivre très longtemps. Je suis quelqu'un de pragmatique qui sait prendre le temps de la création et de la réflexion, mais c'est toujours en partie le fait d'analyses concrètes. Cela me permet d'être efficace et d'atteindre toujours mes objectifs. Par contre, je crois fermement à l'astrologie depuis le jour où j'ai rapproché une analyse graphologique sérieuse de mon thème astral. Je crois aux capacités données par le signe de naissance et à la voyance qui m'impressionne assez. »

Le queux, pour une fois, est non sur terre mais dans les étoiles. Il nous raconte : *« En parlant de voyance, il me revient un souvenir ; c'est personnel, ça touche ma vie sentimentale et affective. C'était à Marseille, une personne m'a arrêté dans la rue, sans me connaître, et m'a dit deux choses absolument vraies. Elle a décrit une personne qui correspondait exactement à celle qui était dans ma vie à cette époque et elle a défini précisément un événement qui venait de se produire. J'ai été complètement époustouflé, voilà ! »*

Georges, discrètement, nous confie avoir beaucoup de magnétisme et qu'il lui arrive parfois de soulager certains maux.

La nature dans l'assiette

Le chef Blanc, c'est on ne peut plus naturel, attache beaucoup d'importance à la nourriture. Elle doit être saine et à base de bons produits. *« Hier soir, j'ai mangé un simple poulet cuit dans un consommé avec une gamme incroyable de légumes, un peu de fleur de sel et un tour de moulin à poivre. C'était, bien sûr, un poulet de Bresse. J'ai mangé la moitié de la bête. C'était excessif avant de travailler, mais j'aime cette cuisine pour mon plaisir personnel, et les légumes c'est ma passion. J'ai d'ailleurs écrit un livre sur les légumes qui a eu beaucoup de succès :* La Nature dans l'assiette. *Mon inclinaison va de plus en plus vers les choses vraies, qui sont l'expression dépouillée de plats de grande qualité, à partir de grands produits. Et ce n'est pas la cuisine hyper-sophistiquée qui peut satisfaire mon mental. »*

Echanges

« Je travaille pour combler un maximum de gens, car cuisiner est un acte d'amour, de même que le contact avec la clientèle. Je me couche chaque jour vers 2 heures du matin, mais ce n'est pas une pénitence ; je rencontre des personnes qui viennent des quatre coins du monde et qui deviennent des amis. Certains échanges sont merveilleux.

« Saint-Exupéry disait : "Si tu diffères de moi, loin de me léser, tu m'enrichis" ; *c'est tellement vrai que je le vérifie chaque jour. Je sais faire la synthèse de ces thèses et antithèses. Je reçois beaucoup de choses des autres qui sont à l'opposé de mes idées et de mes actions. J'en tire des enseignements qui me sont utiles. C'est toujours dans cet esprit qu'il faut en dégager une capacité à s'améliorer. »*

L'amour

Le président parle aux nouveaux appelés de la profession : *« Ils doivent être courageux, enthousiastes et passionnés. Il faut qu'ils aient envie de s'accomplir dans ce métier. On peut réussir s'il y a un minimum de passion. Il faut s'ouvrir aux autres, aimer les gens et vouloir leur faire plaisir, car les clients qui viennent chez nous attendent énormément. Ils veulent vivre une fête et il faut mettre tout en œuvre pour ne pas les décevoir, répondre à leur attente et les rendre heureux. Si on les voit heureux, ça vous rend heureux. Je le dis sincèrement. »*

Lieu culturel

Georges Blanc est optimiste, son opinion étant qu'on n'a jamais aussi bien mangé qu'aujourd'hui. *« On a le goût des bons produits, les cuisiniers savent faire ce qu'il faut pour encourager les meilleurs producteurs et, surtout, il y a cette émulation considérable entre les différents chefs et aussi entre les différentes cuisines dans le monde. Ce qui fait que le niveau s'élève et le public est assez réceptif. Le restaurant est presque devenu un lieu culturel. Bien évidemment, à partir d'un certain niveau les gens viennent chercher des émotions culinaires. Ils en attendent aussi beaucoup à travers le vin qui est, avec la cuisine, un mariage de cœur et de raison. C'est d'ailleurs le sujet de mon dernier livre :* De la vigne à l'assiette, *qui est la suite du premier. Il résume bien la place du vin dans la cuisine, la gastronomie et la convivialité. »*

Fidélisation

Le maître définit sa cuisine comme étant métissée de traditions régionales et de créativité : *« Je vous donne un exemple : on vient de mettre en service la nouvelle carte du mois d'octobre (on la change à chaque saison). Voyez-vous, il y a plus du tiers de cette carte, c'est-à-dire neuf plats, qui sont entièrement nouveaux dans leur concept. Vous comprendrez qu'il y a capacité à se renouveler. C'est une des conditions de la fidélisation de la clientèle qui sait qu'à chacune de ses visites, si elle revient, elle pourra découvrir des créations nouvelles, non seulement dans la cuisine, mais aussi dans l'agrément de la maison. »*

Cuisine vérité

« Aujourd'hui, c'est davantage le produit qui parle, ce qui veut dire : qualité, maîtrise de la cuisson, de l'assaisonnement et de la justesse de l'harmonie des élé-

ments mis en œuvre dans le même plat. On revient vers plus de sagesse avec une cuisine vérité, authentique, qui laisse plus de place au produit qu'à une interprétation débridée du cuisinier.»

Loisirs

L'écriture et les antiquités. Georges s'ingénie à dénicher tout ce qui peut rendre plus belle cette maison. Trouver de beaux éléments de décoration pouvant aller de la qualité des matériaux aux plus beaux meubles, aux plus belles toiles, etc.

Le chef reçoit tous les jours mais, pour son plaisir personnel, il préfère être reçu chez ses amis. Pour ses sorties, il aime découvrir des restaurants qui font une cuisine pouvant créer une émotion dans le palais. On peut manger un navarin d'agneau somptueux dans un simple bistrot, c'est bien souvent plus satisfaisant qu'une cuisine prétentieuse.

Aujourd'hui et demain : la passion

«Mon désir est : pourvu que ça dure. Continuer à avoir une bonne santé. Je m'astreins à une certaine hygiène de vie. Je ne fume pas, je bois modérément ; je ne pratique aucun sport, je ne fais pas de régime mais je consomme une nourriture saine, notamment beaucoup de légumes et peut-être moins de viande rouge.

«Je voudrais avoir un public de plus en plus nombreux qui apprécie tout le travail qui est fait pour organiser la fête et continuer de répondre à l'attente grandissante des visiteurs qui viennent ici.

«Il faut être en progrès permanent pour paraître seulement aussi bon. Cet état de fait me stimule et c'est ça la passion. C'est elle qui est le moteur de la création et je voudrais toujours garder le même enthousiasme pour cette vie professionnelle qui me donne tout. Si ce sentiment devait s'amenuiser ou disparaître, j'arrêterais immédiatement. Mais ce n'est pas le cas. J'ai toujours cette envie viscérale de faire plein de choses et pas seulement dans ma cuisine mais pour l'ambiance de ma maison, car mon rôle est un rôle de compositeur et de chef d'orchestre, et tant que la passion est là je suis sûr d'être un bon compositeur avec plein d'idées.

«Mon prochain défi sera d'assurer la pérennité de cette affaire, c'est-à-dire la transmettre à mes enfants qui sont tous deux dans le métier. Celui qui est avec moi en cuisine a une petite fille qui s'appelle Elisa, comme ma grand-mère. Ma mère et ma grand-mère m'ont beaucoup marqué.

«Chacun a devant lui, l'image de ce qu'il doit être, et tant qu'il ne ressemblera pas à cette image, il ne trouvera pas la paix. Je me construis, donc je suis. Pourquoi demeurer au lieu de devenir ?»

La Haute cuisine française

«La chambre syndicale de la Haute cuisine française fédère la plupart des restaurants trois et deux étoiles. Nous sommes quatre-vingts membres. C'est un lieu d'échanges et de rencontres, particulièrement utile par les temps qui courent, pour défendre un peu la spécificité de notre métier et surtout en assurer la promotion par l'existence d'un groupement uni et travaillant dans le même esprit.»

Cette chambre syndicale a été créée en 1986. Georges Blanc en est le président depuis deux ans.

Attiré par les cimes, Georges Blanc veut voir le loup sur la montagne. Tant qu'il ne l'aura pas vu, il continuera son escalade. Son besoin de gravir et de grandir le fait s'auto-éduquer sans relâche. Il représente la terre hivernale dans les profondeurs de laquelle s'élabore la lente et pénible œuvre de la végétation. C'est la progressive montée des forces profondes.

Cet être vertical est ambitieux, besogneux, juste et méfiant. Mais sa patience et sa persévérance feront qu'enfin libéré de sa prison intérieure, il pourra enfin choisir : continuer à franchir les échelons terriens ou bien, selon son rêve intime, se débarrasser de tout et atteindre le détachement qui mène aux sphères spirituelles les plus élevées.

Poularde de Bresse façon lièvre à la royale

Georges Blanc nous livre la composition d'un « plat vérité » re-traité à sa manière :

« Dans le temps, il y avait du gibier. J'aimais préparer ce plat et je l'avais réalisé pour l'Académie du lièvre à la royale qui était venue ici. Il y a différentes recettes et j'ai opté pour celle dans laquelle on doit reconstituer le lièvre avec une farce de truffes et de foie gras cuite à basse température. Ce plat a eu beaucoup de succès et, la période du gibier terminée, j'ai eu l'idée d'adapter cette recette à la poularde, pour la prolonger dans le temps.

« J'ai travaillé la poularde en la désossant et en la reconstituant comme on le fait pour le lièvre. C'est une pièce façon ballottine faite avec cette poularde. La sauce est liée au foie gras et une farce fine à l'intérieur composée de truffes et de foie gras. Ce mets me plaît énormément. »

Vin conseillé : on est dans le sud de la Bourgogne, on choisira donc un Côte de Nuits ou bien un Chambolle-Musigny dans un bon millésime (1990).

Blanquette de cuisses de grenouilles au mariage d'épices et poudre d'ail

Ingrédients :

- grenouilles très fraîches
- 1 morceau de beurre
- haricots verts
- 1 pincée de curry, gingembre, poudre d'ail
- 1 verre de vin blanc
- crème fraîche

Préparation :

1. Faites sauter les cuisses dans une poêle avec un morceau de beurre, les cuire à blanc, c'est-à-dire sans coloration, sans qu'elles sèchent et sans bouillir. Il faut une cuisson assez douce pour garder tout leur moelleux.

2. Ensuite, désossez-les. Faites réduire la cuisson avec un peu de vin blanc. Mettez un petit peu de crème et une prise d'épices : une pincée constituée de curry, de gingembre et, si vous voulez, un petit peu de poudre d'ail. Cela donne une sauce assez onctueuse qui a une grande profondeur de goût et qui va bien avec la grenouille qui a besoin d'être relevée. C'est une sorte de ragoût et, pour l'accompagner, vous pouvez faire un petit « concassé de haricots verts ».

3. Blanchissez des haricots, rafraîchissez-les bien, concassez-les au couteau, faites une liaison au beurre et servez une cuillère moulée de haricots verts que vous posez délicatement sur les grenouilles. C'est un beau mariage pour le palais et l'œil à la fois, parce qu'on a le vert des haricots qui se détache sur les grenouilles qui sont d'un beau jaune bouton d'or.

Blanquette de cuisses de grenouilles au mariage d'épices *(suite) :*

Vin conseillé : c'est un plat tout simple, sur lequel on boit un vin blanc de la région, par exemple un blanc du Mâconnais, Domaine d'Azenay.

Crêpes parmentière au saumon et au caviar

Ingrédients :

- purée de pommes de terre
- œufs
- caviar
- citron
- saumon
- crème fraîche
- beurre

Préparation :

A l'origine, cette recette est une création de ma grand-mère.

1. *Pâte à crêpes :* faites cuire 500 g de pommes de terre à l'eau salée et faites une purée. Mouillez-la avec du lait et laissez refroidir. Ensuite, ajoutez 4 cuillerées à soupe de farine, incorporez-y successivement 3 œufs entiers, 3 blancs et 3 cuillerées de crème épaisse. Remuez le tout pour que la pâte ait la consistance de la crème pâtissière.

Les crêpes sont de petits beignets de pommes de terre constitués de purée, d'œufs et d'un peu de crème. Pour les réaliser, faites fondre du beurre dans une poêle à feu très vif. Dès que vous mettez la pâte, les ronds se forment seuls. On servait ça généralement avec du poulet de Bresse à la crème.

2. J'ai eu l'idée d'enrichir cette préparation avec du saumon et du caviar. Quand le beurre est chaud, versez un rond de pâte. Quand le rond commence à se former, mettez immédiatement le premier carré de saumon, le caviar et le deuxième carré de saumon, le tout superposé et retournez.

3. La cuisson se fait simultanément. Egouttez sur du papier absorbant et servez sur une assiette avec un beurre citronné.

C'est délicieux, c'est un très bon mariage entre le saumon et la pomme de terre.

Vin conseillé : Bourgogne blanc, 1994, Domaine d'Azenay.

Portrait de femme : *Jacqueline Blanc*

"Vesta"

Le métier

Il y a trente ans, après ses études, Jacqueline préfère se diriger vers la coiffure. Mais le métier initialement choisi ne tient pas à la laisser s'envoler. La grande rencontre a lieu. La mère de Georges est encore derrière ses fourneaux, elle est seule et travaille énormément. C'est avec soulagement qu'elle voit arriver le jeune couple décidé à prendre la relève.

Au départ, la maison n'est pas très grande. Il y a seulement une quinzaine de chambres. *« Nous avons commencé les améliorations pour passer à 25 chambres. Je m'occupais de la réception, de la caisse, du restaurant, des réservations, des arrivées et des départs. Nous étions seulement deux pour nous occuper de l'ensemble. »*

Jacqueline et Georges ont deux garçons, de 29 et 20 ans. En qualité de mère, Jacqueline a certaines difficultés pour mener à bien l'éducation de ses enfants et travailler dans l'affaire familiale. *« Je les donnais à garder et ce n'était pas facile, mais quand on est mordu par ce métier on s'en sort toujours. Par ailleurs, je ne sais pas si j'aurais pu être une femme au foyer. J'aime trop le contact avec les gens et j'ai été formée pour le commerce. »*

Un grand théâtre

Aujourd'hui, les choses ont considérablement évolué, le complexe est bien structuré : il y a 48 chambres, le restaurant sert environ 130 couverts par repas, avec 30 personnes en salle et autant en cuisine. En totalité, une centaine de personnes travaillent dans l'établissement.

« Depuis que je suis ici j'accueille les clients, je fais office de maîtresse de maison et de maître d'hôtel. C'est une profession très accaparante qui ne laisse quasiment aucune place à la vie personnelle. Chaque jour, nous jouons une pièce de théâtre et, en forme ou pas, il faut avoir le sourire jusqu'aux oreilles, avec aucun droit à l'erreur. C'est l'épée de Damoclès en permanence. Au début, je partais plus souvent avec Georges lors de ses déplacements professionnels, mais maintenant beaucoup moins car je suis obligée de garder la maison. »

La cuisine et le soutien

Jacqueline participe à l'élaboration des plats en goûtant régulièrement les nouvelles créations du chef qui tient compte de son avis. Elle aime aussi cuisiner et réalise, les jours de congé, des plats rustiques : du sauté de veau, des potées, du pot-au-feu ou une choucroute, pour Georges qui adore ça.
Jacqueline nous affirme qu'une épouse de chef exemplaire doit être patiente, docile, avoir bon caractère et être courageuse.

La drogue

Le plus difficile, pour Jacqueline, c'est le manque de temps pour la vie privée. *« En prenant de l'âge et en faisant le bilan, on s'aperçoit qu'on est passé à côté de plein de choses. Au départ, ce n'était pas mon choix, mais je me suis prise au jeu. A ce jour ça me pèse un peu, j'ai envie de vivre davantage pour moi. D'autre part, c'est un cercle vicieux : lorsque je reste absente trop longtemps, j'ai envie de rentrer très vite. C'est un peu comme une drogue ! »*

L'idéal

« J'aspire à plus de tranquillité dans le futur pour faire tout ce qui m'a été refusé par obligation quand j'étais jeune. Avoir plus de loisirs pour voyager. L'idéal serait de prendre plusieurs petites vacances dans l'année. »

Jacqueline Blanc (suite) :

JACQUELINE n'était pas destinée à être une femme au foyer, mais sa mission est d'être la personnification du foyer domestique, comme celui de la cité. A l'image d'Hestia, elle reste immobile dans l'Olympe et demeure un principe abstrait.

De même que le foyer domestique est le centre religieux de la demeure, Jacqueline est le centre religieux de la demeure. Elle représente l'idée du foyer et des achèvements. Et c'est par ce sacrifice permanent qu'il est donné à l'homme protection et succès.

Recette "coup de cœur" de Jacqueline Blanc

Sauté de veau à la tomate

Ingrédients (pour 4 personnes) :

– 1,5 kg de poitrine de veau et du maigre avec des os
– beurre
– 1 gros oignon
– 6 tomates
– moutarde (2 cuillerées à soupe)
– huile
– clous de girofle
– thym, laurier
– bouillon cube

Préparation :

1. Découpez le veau en morceaux ; il faut du maigre et du gras pour donner plus de goût. Faites revenir ces morceaux dans une cocotte avec moitié huile et moitié beurre, un gros oignon piqué de clous de girofle et laissez-les bien dorer. Enduisez-les de moutarde et mouillez à hauteur avec un bouillon cube.

2. Coupez les tomates en quatre, sans les peler, mettez du thym, du laurier, du sel et du poivre.

3. Couvrez et laissez mijoter pendant une heure.

Vin conseillé : un Bourgogne rouge ou blanc.

Gérard Boyer

"Les Crayères" (Relais et châteaux – Traditions et qualité)
64, bd Henry-Vasnier – 51100 REIMS
Tél. : 03 26 82 80 80 – Fax : 03 26 82 65 52

DANS sa corbeille de mariage, Jeanne de Navarre avait un présent digne de sa Champagne natale qu'elle offrit, le jour béni, à son époux Philippe IV le Bel, roi de France. C'était un château blanc, symbole d'accomplissement d'une destinée parfaite. La terre des Crayères, *par sa blancheur, fut une protection avant toute naissance, avant tout commencement. La demeure se dressait, telle la Jérusalem céleste qui prend la forme d'un château, transcendance de la spiritualité sensée abriter un pouvoir mystérieux, insaisissable et symbolisant la conjonction des désirs, pour devenir château de l'illumination.*
En ce cercle au bord du monde, centre magique infranchissable, salles et salons sont signes de l'unité principielle et du ciel. Les chatoyants tissus ouvrent et ferment indéfiniment les cycles individuels, historiques, cosmiques et la doublure du brocard devient la face intérieure des âmes.

Une nuée blonde dépose sur la « table gardée » les mets divins, mélodie culinaire dédiée aux jardins, semblant couler comme la lumière du « calame » de l'époux. Un fil de coton blanc noué aux poignets des mariés devient le fil de leur destinée commune. Le voile se lève, et Dieu apparaît à ses hôtes comme la lune en son plein.

Telle la lueur de l'éclair, les bulles éclatent soudainement avec leurs formules magiques, créations légères et éphémères, jaillissantes, pour traverser avec le regard les murs de verre et devenir rosée miroitante dans la verdure infinie faite d'arbres et de fleurs, transportant hors du monde et qui rappelle à l'âme des souvenirs d'éternité.

"Héraclès"

Détermination

Les grands-parents de Gérard Boyer possèdent une brasserie-restaurant à Vincennes, reprise quelques années plus tard par son père. A 9 ans, Gérard déclare vouloir être cuisinier, et son père ne le prend pas très au sérieux. Mais après avoir passé son B.E.P.C., à 16 ans, il est toujours dans le même état d'esprit. Papa Boyer, voulant s'assurer une dernière fois que cette vocation est bien réelle, le place dans un restaurant parisien, quartier Saint-Lazare, très rigoureux à tous les niveaux.
Au bout de six mois la question lui est encore posée et la réponse est identique. Gaston Boyer constate alors : *« S'il a supporté cet enseignement, il sera bien partout. »*

Gérard Boyer (suite) :

Le destin

«Je suis entré chez Lasserre et j'y suis resté trois années. J'étais habitué à la brasserie, alors vous pouvez sans difficulté imaginer la transition. A l'époque, on ne parlait ni des chefs, ni des étoiles, et je n'ai pas un seul instant pensé que mon destin serait celui-ci.»

En 1963, après moult pérégrinations dont le sempiternel service militaire, Gérard rejoint son père qui s'est installé à Reims. On commence à parler des cuisiniers dans la presse et le jeune homme découvre Paul Bocuse et ses trois étoiles dans une double page de *Paris-Match*. Cette nouvelle affaire nécessite un travail intense, toutefois récompensé. En 1966 ils reçoivent leur première étoile, en 1971 la seconde et 1979 voit le couronnement avec l'ultime troisième étoile.
1983, ascension vertigineuse : Gérard s'installe aux *Crayères*. Un an après, il est nommé «meilleur cuisinier de l'année».

L'Auvergne

Revenons à l'enfance de Gérard Boyer, à ses croyances, ses souvenirs, ses illuminations restées intactes.

«Je suis baptisé, je crois en un Dieu, mais avec beaucoup d'interrogations. Je crois surtout à l'ascenseur : si l'on envoie quelque chose, il faut savoir que ça revient toujours... le bien ou le mal, il suffit de ne pas être impatient.»

Gérard est surtout marqué par ses grands-parents maternels qui l'ont en partie élevé, de 3 à 18 ans, à raison de quatre mois par an. *«Ces périodes représentaient pour moi la liberté en comparaison de Vincennes où je vivais avec toutes les contraintes : école, autorité paternelle... il en faut, c'est évident, mais à 13 ans c'est ennuyeux. En Auvergne, mes grands-parents me faisaient travailler en fonction de mon âge : garder les vaches, faner, ramasser les patates... mais il y avait cette liberté, cette notion d'espace, ces montagnes... On allait couper le bois, charger la tourbe, le foin, le blé, il y avait le saint-nectaire que nous faisait ma grand-mère. J'ai participé à toutes ces activités, ce n'était pas une corvée mais un plaisir. C'est fou, fou, j'en suis tellement imprégné!»*

Un peu de spleen... il regarde les photos de ce temps-là, ferme les yeux et tous les endroits qu'il adore défilent. C'est très fort. *«Si demain il m'arrivait quelque chose, j'ai demandé à Elyane d'être incinéré. J'ai défini le lieu où reposeraient mes cendres : en Auvergne, dans le terrain de deux hectares qui encercle la ferme, en un point précis et béni où, lorsqu'il fait beau, on voit d'un côté la chaîne du Sancy et, de l'autre, la chaîne du Cantal.*

«Quand je parle de ma région à mes copains qui travaillent dans cette Auvergne, ils me disent : "Ce n'est pas l'Auvergne." Ce à quoi je rétorque : "Moi je vis avec une Auvergne idéalisée, celle de Maupassant." Et j'arrive à les toucher par mes propos. Quand je suis dans mon pays, qu'il pleuve ou qu'il vente je peux faire quarante kilomètres à pied, entrer dans toutes les fermes que je connais et dire aux gens ébahis : "Ça sent bon, c'est si beau ici, il se dégage de ce paysage une telle sensibilité!" Si un jour il se passe un événement inattendu, vous saurez où me trouver...»

Le goût du goût

Gérard fait partie de ces chefs qui connaissent parfaitement la nature et les produits. Il a vécu au milieu des lapins, des poulets, des noisettes, des framboises, des poireaux, avec des milliers d'odeurs et de saveurs et la salade qu'il mangeait vers 16 heures, pendant les foins, avec le craquant incomparable des feuilles sous la dent. « *On allait cueillir les petits pois dans le jardin, on lavait les carottes crues avec l'eau du bac, claire, fraîche et délicieuse. Cela a marqué le style de ma cuisine. J'essaie de la faire simple, de manière à retrouver le goût pour le goût. Je ne tente pas d'y apporter une sophistication pour prouver je ne sais quel talent ! L'important est de trouver le goût du pigeon en mangeant un pigeon et non le goût de son accompagnement qui doit seulement contribuer à l'expression du pigeon. A la ferme, le soir, on mangeait une soupe avec du saint-nectaire dedans, mais cette eau était mijotée au coin du feu avec simplement un oignon.*

« *J'étais, il y a deux jours, en Ligurie qui est un pays pauvre. Les spaghetti y sont préparés avec de l'huile d'olive, de l'ail et du persil mais, par économie, ils en mettent très peu et ainsi la quintessence des produits ressort. Les Chinois font un consommé de canard avec le cou, une patte et un petit légume ; c'est délicieux. Dans notre pays riche, quand on fait un pot-au-feu on y met tellement de choses qu'il a paradoxalement moins de goût !* »

L'harmonie

Elyane et Gérard évoluent dans un environnement digne des rêves les plus inaccessibles. Ce château, fait de pierres blanches et entouré de sept hectares, accueille une clientèle internationale. Les dix-neuf chambres sublimes régalent les nuits par leur raffinement, préparation indispensable avec la fine mousse d'Ay pour donner élan à la tendresse, car dans l'amour tout doit être harmonieux, ce qui précède comme ce qui suit.

« *Pour bien diriger une telle maison il faut être deux et avoir une équipe solide autour de soi. Ma femme et moi ne supportons pas d'être séparés, ce qui nous arrange bien. Nos enfants ont passé leur vie à nous attendre, mais ils en connaissaient la raison : le travail et non la distraction. Les enfants acceptent d'être un peu seuls si leurs parents sont courageux. Ils ont réussi, ils ont bossé comme des fous, mais ils ont la notion du beau, du respect des autres, de la parole donnée et du travail bien fait.* »

Amour et passion

De nombreux chefs ont parlé de passion. Gérard est entièrement d'accord avec cette qualité mais, selon lui, l'essentiel est l'amour des autres. « *Pendant trente ans ces jeunes vont côtoyer des gens de toutes sortes, qui ne pensent pas comme eux, avec des manies, des cheveux courts ou longs... Ils ne doivent pas s'arrêter à leur apparence, mais penser qu'ils ont autre chose à l'intérieur et raisonner ainsi : "Ils sont venus chez moi pour recevoir du bonheur et j'ai envie de les rendre heureux." C'est un don de soi. Leur comportement doit être identique à celui qu'ils affichent en recevant leur famille ou leurs amis. Les clients doivent sentir qu'ils sont aimés et que l'on va s'occuper d'eux.*

« *Travailler une heure avec passion, c'est comme laisser s'écouler deux heures sans passion.* »

Quatre heures de bonheur

Le chef champenois définit un restaurant comme une prestation dont l'élément le plus important est la cuisine. Le cuisinier doit se poser la question suivante : le client vient-il acheter quatre assiettes ou s'offrir quatre heures de bonheur ? Ce qui est différent.

« *Si vous considérez les quatre assiettes avec un bout de viande, un morceau de poisson, des légumes et un carré de chocolat, c'est trop cher, mais pour quatre heures de plaisir ce n'est pas cher. De façon analogue, si vous achetez un vêtement griffé, pour le tissu, les coutures et les ourlets c'est trop cher, mais pour la joie qu'il va vous procurer dans le temps, c'est autre chose... Cette conception est une redéfinition dans l'espace, dans un espace-temps, un espace-bonheur.*

« *Il y a donc cet élément fort au milieu qui est la cuisine, et tous les petits éléments satellites autour : le décor, l'accueil, la beauté, la paix, la tranquillité... Cette coordination d'éléments positifs est réalisée pour nos visiteurs qui, agressés dans leur vie quotidienne, viennent chez vous pour tout oublier.* »

Liberté

Si cette performance est réussie, Gérard affirme que de beaux jours sont encore devant les restaurateurs de haut niveau, sinon ils disparaîtront ou seront toujours en concurrence avec d'autres concepts déshumanisés.

« Il faudrait éduquer les gens sur le beau, l'esthétique et l'harmonie, ce qui ne passe pas forcément par l'argent ou l'or sur les plafonds. Mais je crois que le dessein de certains "salopards" est de tout aseptiser pour que les êtres n'aient plus de repère et consomment pour consommer, pour leur donner l'impression que leur seul bonheur est de consommer. Ils deviennent ainsi des otages. Avec une telle éducation, le bonheur de chacun ne serait pas la consommation mais l'esprit ; tous resteraient des hommes libres. Etant un homme libre, on n'a plus besoin de syndicat. »

La cuisine

« Une seule cuisine dans le futur : la bonne, la vraie. »

Loisirs

« Les promenades à perdre haleine dans ma campagne d'Auvergne et la lecture. »

Perfection, espoir, admiration

Le queux des *Crayères* estime qu'il faut savoir accomplir sa vie d'homme en tant que telle, faire des progrès, essayer de se parfaire et, un jour, savoir déposer sa toque.

« Je connais tous mes défauts : j'ai été pressé, orgueilleux, ambitieux, coléreux, jaloux. J'ai fait des efforts pour gommer cet ensemble qui ne correspond à rien. J'y suis arrivé en partie, mais je voudrais faire encore mieux.

« Et puis savoir se retirer. Chaque jour vous êtes aussi bon, mais vous diminuez un peu, insensiblement, et derrière il y a d'autres confrères qui montent. La clientèle se renouvelle et la vôtre part vers le haut.

« Un désir aussi, un rêve : pouvoir s'évader parfois plusieurs jours sans avoir cette contrainte de rentrer le dimanche soir…

« Mais dans ce métier – et pour d'autres professions également – la jeunesse ne dépend pas de l'âge. Regardez Paul Bocuse : il est le plus ancien d'entre nous ; il travaille encore et voyage sans cesse… Il m'en bouche un coin ! »

Gérard Boyer aspire à la perfection. Penseur profond et énigmatique, il est doté d'une imagination fertile. Il agit avec beaucoup d'intelligence, de prévoyance, possède un goût sûr et un œil aiguisé pour saisir les occasions. **Materia prima,** ***il est fait d'une substance primordiale : esprit de l'eau première. Il symbolise la force pure qui, armée de passion, a besoin d'être dirigée par l'autorité spirituelle.***

Il possède la sagesse du temps consistant en une conviction profonde de la justesse de ses perceptions. Il sème en sol fertile, nourrit sa semence de soins constants, avance d'un mouvement régulier, la solidité de la terre affermissant son corps. L'instant de sa manifestation est une hiérogamie du sacré naturel.

> *« D'abord, il erra sur la terre et souffrit ; mais il triompha à force de vaillance et, seul, il accomplit beaucoup de travail audacieux et maintenant, au contraire, il jouit d'habiter désormais la belle demeure de l'Olympe neigeux et possède pour épouse, jeunesse aux belles chevilles. »*

Hymne homérique retouché.

Poularde pour Zaza

(ou variante de la poularde au Champagne)

Ingrédients (pour huit personnes) :

- 1 poularde de 2 kg
- 0,25 l de crème fraîche
- 30 g de beurre
- sel, poivre
- 1/2 bouteille de Champagne brut
- 3 œufs
- 1 cuillerée à soupe d'huile
- 2 échalotes, grises de préférence

Julienne :

- 100 g de haricots verts
- 100 g de céleri
- 100 g de carottes
- 100 g de truffes (facultatif mais, puisque c'est Noël et que c'est pour Zaza, alors...)

Préparation :

1. *La julienne :* épluchez les 100 g de haricots verts, puis coupez-les en deux dans le sens de la longueur. Epluchez les 100 g de carottes et de céleri, puis taillez-les en fine julienne. Taillez les 100 g de truffes en julienne également. Epluchez et hachez finement les 2 échalotes.

2. *La poularde :* videz (ou faites vider par votre volailler) la poularde, coupez-la en huit morceaux. Salez et poivrez chaque morceau. Faites colorer à feu doux, sur toutes leurs faces les huit morceaux dans une sauteuse, avec les 30 g de beurre et la cuillerée d'huile, pendant environ dix minutes. Enlevez les morceaux, égouttez la graisse.

Faites revenir, sans faire colorer, les échalotes pendant trois à quatre minutes. Remuez sans arrêt. Remettez les morceaux de poularde, cuisez à moitié et séparément à l'eau salée la julienne de haricots verts, de carottes et de céleri. Tenir très croquant. Egouttez.

La poularde étant cuite, débarrassez les morceaux sur le plat de service et maintenez au chaud, couvert d'une feuille d'aluminium.

3. Continuez la réduction du champagne jusqu'à l'état sirupeux. Ajoutez alors le quart de litre de crème fraîche, puis les légumes et la truffe. Laissez cuire cinq minutes. Egouttez les légumes et la truffe avec une écumoire. Disposez sur la poularde.

4. Dans une petite casserole, mettez les trois jaunes d'œuf et, en fouettant, incorporez trois cuillerées à soupe de cuisson.

5. Continuez à fouetter énergiquement sur feu très doux. Au fur et à mesure que le sabayon monte, incorporez peu à peu le reste de la cuisson. Vérifiez l'assaisonnement. Nappez la volaille. Servez.

Vin conseillé : brut millésimé Taittinger.

... de Gérard Boyer

Papillote de Saint-Jacques aux endives et aux truffes

Ingrédients (pour quatre personnes) :

– 4 kg de coquilles Saint-Jacques, soit 16 à 20 coquilles
– 500 g d'endives
– 2 cuillerées à soupe de miel d'acacia
– 5 cl de Porto rouge
– 5 cl de jus de truffe
– sel, poivre
– 1/2 jus de citron
– 2 échalotes hachées finement
– 10 g de truffes en julienne
– 150 g de beurre
– quelques peluches de cerfeuil
– 2 feuilles de papier aluminium 30 x 60 cm (à plier en deux et à couper en demi-lune)

Préparation :

1. Coupez les endives en deux dans le sens de la longueur, puis émincez-les en petites lanières de 2 mm de largeur. Lavez-les bien à grande eau et égouttez-les. Réservez.

2. Ouvrez (ou faites ouvrir par votre poissonnier) les coquilles. Séparez les noix de coquilles de leur barbe ; lavez bien les coquilles et les barbes à grande eau.

3. Mettez les barbes de coquilles dans une casserole, recouvrez d'eau et portez à ébullition. Faites bouillir un quart d'heure. Filtrez ce fumet et réservez pour la sauce.

4. Dans un sautoir, mettez 20 g de beurre à chauffer. Quand il est bien chaud, mais pas noisette, jetez-y les endives émincées et le jus de citron d'un demi-citron.

Vin conseillé : blanc de blancs Duval-Leroy.

Risotto au safran

(recette "coup de cœur" d'Elyane Boyer)

Ingrédients (pour quatre personnes) :

– 320 g de riz super fin
– beurre, safran
– 1/4 de verre de vin blanc sec
– 3 l de fond blanc
– oignons hachés très fin
– parmesan râpé (1,5 poignée)

Préparation :

1. Dans une casserole à fond épais, faites revenir une noix de beurre avec les oignons. Portez le bouillon à ébullition dans une autre casserole. Versez le riz sur le beurre et les oignons et mélangez trois à quatre minutes. Mouillez avec le vin blanc et commencez la cuisson (quinze à dix-huit minutes).

2. Recouvrez le riz avec le bouillon très chaud. Tournez toujours et ajoutez le safran. Continuez la cuisson jusqu'à absorption, en faisant attention de ne jamais laisser le riz se dessécher. A la fin de la cuisson, le riz doit avoir une bonne consistance.

3. En dehors du feu, ajoutez éventuellement une noix de beurre et le parmesan. Assaisonnez et servez de suite.

Vin conseillé : Ambonnay rouge, de chez René Coutier.

Portrait de femme : *Elyane Boyer*

"Hébé"

Sens obligatoire

Elyane Boyer est née dans l'Aisne, très proche de la Champagne, et toutes ses études sont faites à Reims. Son père est entrepreneur de battage et sa mère cuisine parfaitement bien ; ses parents reçoivent beaucoup et l'emmènent souvent au restaurant. La bonne chère et l'esthétique l'attirent. Relation-publique dans une célèbre maison de Champagne, Elyane est prête pour l'inévitable rencontre avec l'un des plus grands du monde culinaire.

Le jeune couple travaille encore à *La Chaumière* lorsque Xavier Gardinier, propriétaire des *Crayères* (habité par les Polignac), dit à Gérard : *« J'ai un château »*, ce à quoi Gérard répond : *« J'ai une équipe ! »* La décision est prise sur-le-champ.

Renaissance

« En 1983, nous avons pu nous installer aux Crayères *après deux années de conception et de travaux. Cette période fut pour moi quelque chose d'éblouissant. Je me suis occupée des travaux et j'ai collaboré avec un talentueux architecte d'intérieur, Pierre-Yves Rochon. Cette expérience m'a permis d'évoluer un maximum, et s'est avérée être une préparation indispensable pour ce qui allait devenir mon véritable métier.*

« Quand tout fut au point, illuminé, merveilleux, j'ai déclaré à Gérard : "Voilà, c'est terminé", et il m'a répondu : "Non, ça commence !" Il avait raison, une maison doit se rôder, être habitée, être aimée et aimer aussi les gens qui l'occupent. J'ai un énorme respect pour ce château, pour ceux qui l'ont habité et je souhaite n'y jamais commettre aucune faute. »

Recherche

Elyane est catholique et croyante. Elle est l'amie d'un rabbin qui, très souvent le soir, lui donne un verset biblique sur lequel elle médite avant de s'endormir.

« Je lis beaucoup de livres ésotériques. Je suis toujours à la recherche de quelque chose. Malheureusement, j'ai peu de temps pour lire mais, finalement, quand on est en attente, il y a des rencontres qui se font. Je ne crois pas au hasard et, parfois, quand on est stressé ou anxieux, une personne vient vers vous, vous parle ou vous indique un livre, et cette rencontre va vous apporter un plus pour avancer et vous ressourcer. »

Perfectionnisme

Elyane et Gérard se sont mariés quatre jours avant l'ouverture des Crayères. « C'était superbe et symbolique à la fois ! »

La jeune châtelaine est passionnée et sincère lorsqu'elle goûte les plats concoctés avec amour par son cher époux. *« Les maisons ont une ligne, un style auquel il faut rester fidèle. Cela est également valable pour le personnel qui doit correspondre à l'image de la maison pour ne pas détruire l'équilibre. Tout doit aller dans le même sens pour réussir une parfaite harmonie. »*

Sagesse

Ce couple vit en osmose la plus totale. Ils arrivent ensemble, œuvrent ensemble, partent ensemble… l'idéal quoi ! En 1996, c'est rare, génial, fabuleux !

« Nous avons choisi de ne pas habiter dans cette maison et possédons un appartement en ville. La raison en est que nous ne souhaitons pas tomber dans le piège des trop gâtés en prenant l'habitude de nous faire servir car, à ce jeu, on perd vite la notion des choses. »

Chef d'orchestre

Les fonctions d'Elyane Boyer sont multiples : accueil, réception, femmes de chambre, organisation de l'hôtel, lingerie, bureau, gestion, commercial, presse… Ouf ! un peu tout, excepté la cuisine.

Elyane Boyer (suite) :

Evolution

Elyane est un peu effrayée par l'invasion des *fast-food* et du manque de goût de la plupart des jeunes dû souvent à l'absence des mères qui travaillent. Son avis concernant la haute gastronomie : *« La cuisine sera de plus en plus naturelle, goûteuse, un peu plus traditionnelle. Personnellement, je n'apprécie pas la cuisine-peinture, je l'aime vraie, sensuelle. »*

Femme forte

« Une épouse de chef doit avoir du caractère, garder sa personnalité pour ne pas être étouffée ni soumise. Les chefs sont des artistes, avec tout ce que cela comporte de grandes qualités et de grands défauts. Ils sont hyper-sensibles et, pour les aider dans leurs moments de doute, il faut être forte. »

Loisirs

Les réunions familiales, la lecture, chiner pour aménager les chambres et toujours améliorer la décoration du château. *« J'adore voyager, mais il y a toujours cette course contre la montre. La plupart du temps il est impossible de s'échapper. »*

« Welcome Trophée »

Dans chacune des chambres des *Relais et Châteaux* est disponible un questionnaire devant être rempli par les clients du monde entier, et ceux-ci acceptent en général d'accomplir ce petit travail. Cette année, la remise du trophée pour l'accueil est revenue à Boyer et à son équipe. *« Nous essayons systématiquement de prendre en charge un client dès qu'il entre dans cette maison afin qu'elle devienne la sienne. Je ne juge personne à travers une addition. Il faut aimer les gens pour eux et vouloir leur bonheur. »*

Laisser couler

« Je n'ai pas de désirs ni de souhaits, je me laisse porter et n'aime pas vraiment prévoir. Continuer à travailler aussi longtemps que Paul Bocuse ? Je ne sais pas ; il est unique. Si je cessais cette activité, j'aimerais voyager, vivre un peu et méditer. »

Elyane Boyer est une endurante consciencieuse, aimant le travail bien fait, capable d'assumer d'importantes responsabilités. Aspirant à des élans mystiques, elle irradie, donne et se projette dans l'astral chez le vainqueur. Elle tient ouvertes ses deux mains, couleur chair, pour exercer une puissance féminine bien plus irrésistible dans sa douceur et sa subtilité que toutes les explosions de la colère.

Elle représente la force morale, la bravoure qui domine l'épreuve, la liberté d'action, la confiance en soi, l'assujettissement des passions, la réussite. Egalement image de la force spirituelle, elle se transforme en une victoire de l'esprit sur la matière, qui signifie non une destruction mais une sublimation des instincts.

Fille du printemps, née de l'harmonie de tous les éléments ainsi que de la douceur de cette saison, elle répand la fécondité et la vie sur toute la nature, couronne la terre de fleurs, donne le chant et la joie aux oiseaux et semble rajeunir ce vieil hiver.

« Elle sert à la table des dieux, le nectar et l'ambroisie. »

Philippe Braun

"Laurent"

41, avenue Gabriel – 75008 PARIS

Tél. : 01 42 25 00 39 – Fax : 01 45 62 45 21

Toujours prisé par les amoureux de gastronomie et d'espaces verts, Laurent *représente, dans les jardins de l'Elysée, la concrétisation de leurs désirs. Cet ancien pavillon de chasse construit sous Louis XIV, devenu guinguette à la Révolution puis café en 1842, subit des transformations en 1906 pour devenir un haut lieu des rencontres parisiennes. On peut être persuadé qu'Urbain Dubois, spécialiste du décor et novateur du service, dut participer à la mise en place des présentations sur socle et faire la passation du «service à la française» au «service à la russe» correspondant davantage aux besoins de l'époque.*
Déjeuner l'été sous les feuillages donne l'assurance intellectuelle du bonheur et de la prospérité. Les oiseaux, comme en aucun autre point, gardent au fond de nous quelque chose du chant de la création. Messagers ou auxiliaires de Dieu et de l'autre monde, chez certains la vue d'un oiseau qui mange peut concentrer l'esprit après sa disparition. «Au cou de chaque homme nous avons attaché son oiseau», ainsi est le destin.
Prendre un repas en la rotonde vitrée envoie l'image dynamique d'une dialectique entre le céleste et le terrestre. Ce cercle gustatif envahi par la nature peut encore symboliser non plus les perfections cachées du point primordial, mais les effets créés par une cuisine capable d'émoustiller les zones endormies et susceptible de réaliser la conjonction des opposés.

"L'homme des contrastes"

Servir

Alsacien né à Strasbourg, Philippe Braun devient malgré lui maître de maison dès l'âge de 5 ans. Sa mère est malade, il est alors confronté aux tâches ménagères et à la cuisine. Il se souvient avoir été très heureux de pouvoir «rendre service». La famille se rappelle encore du dessert préparé par l'enfant : une biscotte nappée d'une barre de chocolat fondue. Ce sera le début d'une vocation.

Comme de nombreux confrères, il a des grands-mères qui cuisinent très bien, mais son père voyage sans cesse, emmenant femme et enfants. Il passe ainsi sa jeunesse dans les pays étrangers. Un seul point d'attache à Strasbourg, où il reviendra régulièrement pendant les vacances, c'est *Le Crocodile* qui appartient à son oncle et sa tante, Emile et Monique Jung. On comprend aisément que la vocation née d'une barre de chocolat ait pu évoluer en illumination gastronomique…
«J'ai toujours voulu rendre service. Lorsque j'allais au Crocodile*, c'était toujours pour aider.*

Philippe Braun (suite) :

Bien évidemment, tout en apprenant le métier j'allais souvent en pâtisserie car, vers 11 ans, j'avais très envie de devenir pâtissier.»

Hésitation

Le jeune homme suit des cours par correspondance et, ensuite, entre à l'école hôtelière de Nice en section B.T.H. *«Je n'ai jamais eu de goût pour la scolarité, j'aimais trop le changement, peut-être est-ce le fait d'avoir été élevé à travers les voyages ? J'aimais le travail, mais pas le côté théorique de l'éducation. Au bout de deux années je me suis fait renvoyer, non par manque d'intérêt pour le métier, mais pour le non-respect des disciplines majeures (français et mathématiques).»*

En sortant de l'école, Philippe se détache un peu de la cuisine. Il trouve ça un peu «brûlant», un peu «salissant», pas très attractif. *«Chez ma tante, j'avais l'habitude d'être chouchouté. J'y faisais des choses intéressantes. A l'école c'était différent, il fallait être à fond dans le sujet.»*

Opportunité

La «bougeotte» se saisit à nouveau de lui, et il essaie le service en salle. Au début tout est parfait. *«Mais j'ai soudain ressenti un vide, un manque. C'était en 79-80, une époque où l'on commençait à parler des chefs : Troisgros, Guérard... Bizarrement, cette publicité atteint mon ego et je me dis : "Tiens, ce serait bien!" Je me projette cette image qui me séduit et je décide à nouveau de changer mon fusil d'épaule.»*

Un jeune couple, néophyte dans le domaine culinaire, ouvre un restaurant. Philippe ne se démonte pas et se présente comme chef. *«J'avais 17 ans. Je ne savais presque rien faire. Les propriétaires n'étaient pas restaurateurs, je n'étais pas chef moi-même... ce fût un échec total.»* Cette aventure se termine par une séparation, mais c'est grâce à cette période que

notre jeune kamikaze commence à véritablement se passionner pour ce métier. Bien sagement, il envoie un S.O.S. à oncle et tante Jung qui lui trouvent alors un emploi dans un restaurant étoilé en Allemagne. Le véritable apprentissage commence. *«Je suis resté en place presque deux ans chez ma tante. Mon oncle ne me faisait pas de cadeaux mais je progressais. Ensuite, ce sera Londres, puis la grande expérience chez Joël Robuchon qui fut déterminante pour ma carrière, très dure mais merveilleuse, car le maître nous apprend à réaliser une cuisine d'exception qui est une recherche poussée de la perfection, de la propreté et de l'organisation.»*

Le Mexique

Mais la folie des voyages le reprend et, sur ses insistances, Robuchon l'envoie en 1987 à Mexico reprendre la direction des cuisines d'un hôtel de 750 chambres et 1 000 employés. *«Professionnellement, j'ai effectué une marche arrière, je me suis retrouvé avec des produits de qualité douteuse surtout en viande et poissons. J'ai dominé mon ras-le-bol, j'ai essayé d'améliorer l'ensemble en prenant les choses en main et, finalement, cette tranche de vie m'a apporté énormément de joies sur le plan humain.»* Ces quatre années mexicaines permettent à Philippe de se marier avec une jeune fille de ce pays (assistante du directeur des relations humaines de l'hôtel), puis d'avoir une petite fille.

Laurent

En 1991, sa bonne étoile le guide vers Paris où il revient avec sa famille, et son ange gardien, Joël Robuchon, lui offre *Laurent.*

« Il y a cinq ans que je suis ici mais, à l'époque, je n'étais pas rassuré d'entrer en qualité de chef, à 29 ans, dans un établissement doublement étoilé. D'autre part, j'étais écrasé sous les responsabilités au sein de ma famille. Ma femme ne connaissait personne en France et avait énormément besoin de ma présence. » Finalement, tout s'est très bien organisé pour ce garçon béni des dieux qui forme une excellente équipe avec l'amphytrion Edmond Ehrlich et Philippe Bourguignon, directeur et chef sommelier.

L'automédication

Philippe est baptisé catholique. Il reste fidèle aux valeurs de cet enseignement et nous entretient de sa foi très personnelle.

« Je ne suis pas du tout croyant, même en ce qui concerne l'ésotérisme. Je crois en la spiritualité de l'homme et en son esprit. Je suis terre à terre et sceptique quant à l'existence d'un dieu. Ce serait pourtant un très beau conte ! Mais est-ce bien la religion qui inculque ces valeurs à l'homme ? N'est-il pas né avec ?

« Pourtant, j'ai une mère qui est passionnée d'ésotérisme et plus particulièrement d'astrologie ; mon père lui, fait de l'agriculture biologique. C'est à l'âge de 45 ans qu'il a voulu se créer des racines en achetant un terrain en Provence. Ils forment un couple amusant, lui avec sa culture et elle avec ses superstitions. Je respecte ces opinions, mais ce n'est pas mon truc ! Je pense en toute humilité que tout est dirigé par la connaissance et l'intelligence. La croyance, elle, est l'automédication de l'être humain pour surmonter des éléments qui lui sont défavorables. »

Ambiguïté

« A mon avis, la cuisine est une science qui, même guidée par un amour effréné, ne peut être réussie si vous n'apprenez pas à la faire. Cette profession est très dure car, deux fois par jour, on se remet en cause.

« Il y a aussi une ambiguïté : d'une part on nous demande d'être sensibles puisque nous devons créer ; c'est le côté artiste de la chose, mais un artiste est un être un peu volage, un peu rêveur, qui n'a pas toujours le sens des réalités. D'autre part, ce métier nous oblige à être des gens responsables, des directeurs de cuisine où il faut au contraire être ferme pour diriger une équipe, et gestionnaires, donc rentables. Ce sont des données complètement opposées.

« Un artiste, quand il œuvre, a le temps qu'il veut pour trouver l'inspiration et il est seul pour travailler. Nous, si nous devons réaliser 70 tableaux, il faut en faire 70, deux fois par jour et, de plus, nous ne les faisons pas nous-mêmes, il faut transmettre aux autres. Ce sont leurs mains qui les exécutent. Quand j'analyse, je dis que c'est incroyable : il y a une fonction créative et une fonction pédagogique. Quand on y réfléchit, on réalise qu'il faut être un peu cinglé pour entrer dans ce jeu.

« Cette contradiction m'a amené à me demander : faut-il faire une cuisine avec encore plus de sensibilité pour que le client sente vraiment qu'il y a une âme à l'intérieur, ou bien être dur et réussir une cuisine qui sera uniquement technique ? Le plus difficile est de trouver l'équilibre entre ces deux extrêmes. Mon idéal : "cuisiner-sensible". »

Sacrifice

Opinion catégorique de ce jeune queux bourré de talent : *« La profession n'a pas évolué de la même manière que les autres, au niveau de l'investissement personnel, des horaires qu'elle nécessite et qui rebutent bon nombre de candidats. Il faut essentiellement être passionné, compte tenu du sacrifice qui est trop grand, je dirais même énorme. »*

Loisirs

Rêver…

Le cocon

« Le milieu de la gastronomie est un petit cocon qui correspond à un faible nombre de personnes, des initiés, des gens qui aiment les belles et bonnes choses. Ça correspond à une élite qui a la chance de pouvoir dépenser de l'argent dans les grands restaurants, ce qui n'est pas du tout en phase avec l'évolution de la cuisine actuelle qui tend à réduire ses coûts.

Philippe Braun (suite) :

« Toutefois, les gens ont un besoin réel de retour à la tradition. Ils ont envie de manger de bons poulets, de bons légumes, enfin de vrais produits. Quelqu'un comme Veyrat a la chance d'avoir la nature à ses pieds.
« Ma recherche personnelle est de ne pas trop sophistiquer le produit, mais de l'exalter en apportant une touche personnelle, en essayant de faire passer un message, sans fioritures, ni artifices. »

Tout

Notre chef pigeon-voyageur nous livre les souhaits secrets de sa double personnalité.

Pour sa nature profonde, la vraie, la « tout-amour », c'est trouver une cage bien à lui, une petite auberge enfouie dans un endroit de rêve, avec une grande cheminée. Travailler avec sa femme, sans souci de rentabilité, être heureux en famille et cuisiner pour faire plaisir, en totale harmonie.

Et pour satisfaire sa nature, qu'il qualifie de « diabolique », c'est monter, avoir les trois étoiles si convoitées, avec le côté « super-star », être au « top » de sa profession. *« Notre société incite les gens à se positionner professionnellement par rapport aux autres et, si l'on n'y arrive pas, il y a frustration. En conclusion, je dis : montons… et après l'auberge ! »*

Une prière :

Seigneur, répands d'en haut ta douce clarté sur mon existence, et aussi ta force martiale, pour que je puisse détourner de ma tête la lâcheté dégradante, réduire en moi l'impétuosité décevante de mon âme et contenir l'âpre ardeur d'un cœur qui pourrait m'inciter à entrer dans la mêlée de glaciale épouvante !
Mais toi, Dieu heureux, donne-moi une âme intrépide, et la faveur de demeurer sous les lois inviolées de la paix.

Philippe Braun manie les contrastes avec dextérité. Sa cuisine est à son image : rassurante et téméraire, douce mais épicée, juste et folle, traditionnelle et futuriste. Sa vie est jonchée de folies dans la non-folie, empreinte de rigueur et d'antirigueur.

Il est à la fois à l'aise, sûr de lui et timide. Il peut devenir tyran en se croyant protecteur, admirable et insupportable à la fois.
Auprès de lui la vie n'est pas monotone ; épris de joie et de paix, mais supportant mal la médiocrité, son esprit sera sans cesse en pleine ébullition, élaborant de vastes projets.

Foie gras de canard aux haricots noirs pimentés

Ingrédients (pour quatre personnes) :

– 1 foie gras de canard frais de 600 g, éviscéré à chaud (chez tous les bons spécialistes de foie gras), de très grande qualité

– 300 g de *frijoles negro* (haricots noirs mexicains), récolte de l'année ou, à défaut, des haricots brésiliens

– 1 cuillerée à café de mignonnette de poivre noir de Sarawak

– 150 g de beurre

– 1 cuillerée à café de fleur de sel

– 10 cl de crème liquide

– 2 cuillerées à café de ciboulette ciselée

Pour la cuisson des haricots :

– 200 g de poivron rouge de Provence égrainé coupé en lanières

– 10 g de piment fumé entier *(chile chipotles Adobados)*

– 1 l de bouillon de volaille

– 3 gousses d'ail dégermé

– 10 g de gros sel

– 60 g de poitrine fumée en morceaux

– 100 g d'oignon jaune coupé en quatre

– 80 g de carottes coupées en rondelles

– 1 tomate moyenne pelée et émondée

– thym, laurier et queues de persil (bouquet garni)

Progression :

1. Blanchissez les haricots dans une casserole d'eau bouillante, stoppez à reprise de l'ébullition et égouttez-les. Dans une cocotte à fond émaillé, mettez à cuire les haricots avec le bouillon de volaille et tous les ingrédients cités pour la cuisson des haricots. Portez à frémissement, couvrez et laissez mijoter au four à 150° (thermostat 3/4) de 2 à 2 h 30 selon la qualité des frijoles. Goûtez !

2. Récupérez 100 g de haricots noirs et réservez-les au chaud dans un peu de bouillon. Retirez la garniture aromatique, sauf l'ail et le poivron, passez les 200 g restant au mixeur, filtrez dans une passoire et réservez la crème de haricots.

3. Retirez les deux grosses veines du foie le plus délicatement possible avec le couteau. Détaillez quatre belles escalopes dans le gros lobe et conservez le petit pour enrichir une sauce. Poêlez les tranches de foie à sec, sans les assaisonner (poêle à revêtement anti-adhésif). Elles sont à point quand, avec une pression du doigt, vous ressentez une fermeté élastique. Débarrassez les foies sur du papier absorbant. Assaisonnez (dans l'ordre) de poivre mignonnette, de ciboulette et de fleur de sel. Réservez au chaud à l'entrée du four.

4. Réchauffez la crème de haricots, ajoutez la crème liquide, les 100 g de beurre et émulsionnez au mixer. Chauffez les haricots entiers avec le beurre restant.

5. Dans les assiettes à soupe chaudes, versez la crème de haricots à la louche, répartissez les haricots entiers au centre de chaque assiette en petit tas et recouvrez des tranches de foie gras chaud.

Vin conseillé : Collioure (rouge), « clos du Moulin », 1991, du docteur Parcé ou un côte du Rhône, « cuvée Confiance », Roméro, 1990.

… de Philippe Braun

Poêlée de girolles aux abricots et amandes fraîches

Ingrédients (pour six personnes) :

– 1,2 kg de petites girolles fermes
– 1 pomme verte « Granny Smith »
– 3 abricots secs, 1 citron
– 5 cl d'huile d'olive, 100 g de beurre
– 36 amandes fraîches
– 5 échalotes grises, 1 gousse d'ail
– 1 cuillerée à soupe de persil plat concassé grossièrement

Pour la grecque :

– 1 gousse d'ail, 40 g d'oignon ciselé
– 150 g de champignons de Paris
– 5 cl d'huile d'olive
– 1,5 dl de vin blanc sec
– le jus d'un citron
– 25 g de concentré de tomate
– 3 g de graine de coriandre,
– 2 g de poivre noir en grains
– 120 g de tomate fraîche
– sel fin, poivre du moulin
– thym, branches de persil, branches de céleri (bouquet garni)

Préparation :

1. A l'aide d'un couteau, coupez le pied terreux des champignons de Paris, rincez-les sous un filet d'eau puis séchez-les avec un torchon et découpez en quartiers.

2. Dans une sauteuse, mettez à suer l'oignon ciselé avec l'huile d'olive, ajoutez la gousse d'ail puis les champignons, le jus de citron, le vin blanc, la tomate fraîche et le concentré, sel, poivre, la coriandre en grains et enfin le bouquet garni ; faites cuire à couvert quinze minutes, retirez le bouquet garni et passez le mélange au chinois en foulant, repasser au chinois étaminé, rectifiez l'assaisonnement et débarrassez au frais.

3. Nettoyez les girolles à l'aide d'un couteau d'office, grattez les pieds afin de retirer toute trace de terre, rincez rapidement les girolles sous un filet d'eau et laissez-les s'égoutter sur un torchon absorbant.

4. A l'aide d'un économe, épluchez le citron, récupérez les zestes, blanchissez-les, rafraîchissez-les, égouttez-les et hachez-les finement ; réservez, pressez le jus de citron.

5. Pelez la pomme et taillez-y des petits cubes de 8 x 8 mm dans la partie charnue, puis roulez-les dans le jus de citron ; réservez. Découpez les abricots en petits cubes de 8 x 8 mm et réservez. Cassez la coque des amandes afin de les décortiquer, retirez la fine peau blanche qui enrobe l'amande ; réservez.

6. Ciselez les échalotes et mettez-les à suer avec 50 g de beurre et une pincée de sel, à couvert pendant cinq minutes ; réservez.

7. Hachez la gousse d'ail et malaxez-la avec 50 g de beurre, assaisonnez de sel et de poivre ; réservez.

8. Poêlez les girolles à l'huile d'olive, les échalotes compotées puis le beurre d'ail, assaisonnez au sel fin et poivre du moulin, ajoutez une grosse pincée de zestes de citron hachés, les dés d'abricots, de pomme, le persil concassé et débarrassez sur du papier absorbant.

9. A l'aide d'une petite louche, étalez la grecque au fond de chaque assiette, dressez les girolles en dôme sur la grecque, parsemez avec les amandes fraîches.

Vin : bourgogne blanc Puligny-Montrachet, « Les Pucelles », 1992, Domaine Le Flaive.

Jacques Cagna

"Jacques Cagna"

14, rue des Grands-Augustins – 75006 PARIS

Tél. : 01 43 26 49 39 – Fax : 01 43 54 54 48

Au cœur du vieux Saint-Germain-des-Prés est enfouie une maison chaleureuse dont l'intérieur est fait d'énormes poutres couleur de pain cuit et de froment mûr. Les tableaux anciens sont illuminés d'une subtile lumière exprimant la notion de joie offerte par les jardins que n'attaquent ni les vents, ni les orages. Abstraction destinée à faire goûter en hiver les délices du printemps, caractère sacré de tous les désirs de bonheur qu'ils comportent.

En commun avec le maître des lieux, Archestrate était un grand voyageur qui, curieux de gastronomie, parcourait l'immense empire d'Athènes pour étudier les aliments et les cuisines régionales. Son palais aurait apprécié les créations culinaires du chef Cagna, rehaussées de saveurs méridionales et d'une légèreté digne du proverbe qui le qualifiait : « léger comme Archestrate ». La navigation était, pour lui, le moyen d'atteindre le « marché de la paix ».

Sous l'œil d'Anny, la « porteuse d'aromates », l'harmonie règne en ces lieux et, par le vaisseau, instrument du salut, de la lune et du soleil, la barque de Pierre devient le symbole de l'Eglise. Les religieux de cette ruelle ne se trompaient pas en invoquant la « cité de Dieu », et pour saint Augustin, docteur de la grâce, « Dieu ne fait que couronner ses dons quand il couronne nos mérites ».

"Prince Ninigi"

Evolution prémonitoire

D'origine niçoise, Jacques Cagna passe ses vacances à Nice chez sa grand-mère. Elle est toute petite et, chaque matin, il lui porte son panier pour aller au marché. Mamy est une excellente cuisinière qui, tous les jours, fait à manger pour sept personnes.

Dès l'enfance, Jacques s'aperçoit qu'il est né sous une bonne étoile. Il est chanceux, adore le jeu et gagne toujours dans les fêtes foraines. Un jour, après avoir gagné un coq, il met une pièce dans une machine qui prédit l'avenir. Sur le ticket est écrit : « Vous réussirez dans le métier de la gastronomie. » Il est ainsi programmé pour le reste de son existence !

Après avoir passé son certificat d'études à 13 ans, l'envie d'indépendance à travers les voyages l'obsède. Ses rapports avec son père ne sont pas au beau fixe. Il veut travailler vite. Un ami de son père, directeur de l'*Hôtel Meurice*, lui conseille l'hôtellerie : un cuisinier est toujours accueilli à bras ouverts à travers le monde… *« C'était vrai en 1956, et c'est toujours vrai aujourd'hui. »* Une année d'apprentissage à l'*Hôtel Meurice* le forme en pâtisserie. Puis il fait une expérience en salle pendant six mois qui lui fait comprendre les difficultés rencontrées de l'autre côté des coulisses.

Jacques nous raconte une petite anecdote survenue à ce moment-là. Tous les vendredis il y avait un plat à base de saumon, et de nombreux clients venaient pour cette spécialité. *«J'étais commis débarrasseur et le directeur, Monsieur Caruccio, homme de grande classe, me demanda d'aller chercher cette préparation. Je me rendis au sous-sol et demandai au chef – qui se moquait toujours de ma petite gueule et de ma petite veste blanche à col cassé – de me passer le plateau. Je l'attrapai par-dessous tel un maître d'hôtel stylé et le relevai au-dessus de moi ; je montai l'escalier et, arrivé à la dernière marche, je perdis l'équilibre ; le mets glissa du plateau et vint s'écraser au bas des marches. Ce fut un scandale. Tous les cadres de l'hôtel arrivèrent, le chef, le personnel… Je fus traité de tous les noms d'oiseaux et mis à pied durant huit jours ! Pendant deux ans, cet événement a rempli mes nuits de cauchemars ; j'avais 16 ans. Après ce passage en salle, je suis retourné en cuisine et vive la rigolade !»*

Trois ans d'apprentissage «sur le tas», un C.A.P. passé à l'école hôtelière de la rue Médéric, et le jeune homme entre à la tour Eiffel. Il devient alors financièrement indépendant.

Métiers de bouche

«Mon père faisait, si je puis dire, un métier de bouche : il était dentiste ! J'étais l'aîné. Il a essayé de nous faire faire des études, mais sans succès : je n'ai pas repris son cabinet, ma sœur travaille avec moi depuis trente ans et mon frère est cuisinier (son restaurant est le Relais Saint-Jeanne *à Cormeilles-en-Vexin, doublement étoilé depuis quinze ans). Et, finalement, mon père a compris que nous avions choisi un excellent métier. Quand on va chez lui, on fait "la gueule" et il a du mal à se faire payer… Chez nous, viennent les "fines gueules" et ils paient comptant !*

«J'ai ensuite appris l'anglais à Londres et, en 1962, je suis parti dix-huit mois faire mon service militaire en Allemagne». Cuisinier au mess des officiers, Jacques, curieusement, parfait son art en concoctant des petits plats pour les invités de son colonel. Il consulte sans cesse des bouquins et progresse pour notre plaisir.

Une bonne ficelle

«J'ai eu la chance, en rentrant en 1964, de pouvoir reprendre la gérance d'une affaire au bord de la faillite. Il y avait vingt-huit places, j'ai embarqué ma sœur avec moi. J'ai appelé ce mini restaurant La Ficelle ; *j'y faisais trois spécialités : la ficelle normande, la ficelle picarde et le bœuf à la ficelle. Anny, qui suivait des études de comptabilité, s'est retrouvée seule en salle et moi en cuisine avec un plongeur. Les débuts se sont avérés très difficiles, mais un jour la chance nous a souri : quatre personnes sont venues dîner au moment de la fermeture. L'une d'elles était journaliste à* Candide *(magazine disparu aujourd'hui). J'ai eu un article qui a rempli le restaurant durant deux mois environ.*

«J'habitais une chambre de bonne au-dessus avec un chauffage butane et, pour la toilette, il y avait les douches publiques. Mais à 22 ans…»

Tous les matins, le jeune chef se rend à Rungis sur son triporteur, puis le troque pour une mini camionnette après avoir renversé les trois quarts de sa marchandise sous la pluie place de l'Opéra : les automobilistes ramassaient les homards qui couraient dans la rue, ce fût un véritable gag !

Mais la persévérance paye. Quelques articles de presse et les étrangers affluent. Il est de bon ton d'aller dans ce petit endroit de qualité, très à la mode et qui, en 1970, possède l'une des plus belles caves de Paris. Mais un contrôleur de l'hygiène lui fait fermer l'établissement, très étonné de voir une affaire marcher aussi bien avec des toilettes derrière la cuisine. *« C'était drôle, les gens se fichaient royalement de traverser mon mouchoir de cuisine. Cependant, j'ai été obligé de faire des travaux qui, d'ailleurs, m'ont permis d'améliorer mes prestations et d'obtenir en 1973 ma première étoile Michelin. Ce fut un mal pour un bien. »*

Les montagnes russes

En 1974, c'est le succès et Jacques économise un peu d'argent. On lui présente un établissement avec appartement, rue des Grands-Augustin dans le VIe arrondissement, c'est le coup de foudre. Sa sœur Anny se marie et le mariage a lieu dans le restaurant, la veille de l'ouverture, le 3 janvier 1975. En mars, il reprend son étoile et, en 1978, une deuxième étoile brille au firmament.

« Malheureusement, un virus attrapé à Djerba me déclencha une hépatite virale. J'ai été obligé de m'arrêter trois mois et le Guide Michelin *m'a enlevé une étoile ; mon second n'était pas vraiment chef et j'étais incapable de travailler. C'est un drame pour nous, cuisiniers, quand un tel événement se produit. Deux années très longues se sont écoulées pendant lesquelles j'ai refait tout le restaurant puis, en 1984, j'ai récupéré mon étoile. Ensuite est arrivée la grande époque : de 1984 à 1989 on refusait du monde... »*

Jacques est conseiller culinaire dans le monde entier et réalise son vœu d'enfant : voyager. Il est le seul chef restaurateur à parler japonais sans avoir vécu dans ce pays. *« Quelque temps après, la guerre du Golfe est venue bouleverser l'économie, rendant nécessaire une meilleure gestion de nos affaires. »*

Le bouddhisme

Jacques a beaucoup de mal à croire en un Dieu qui permet injustices et inégalités. *« Je suis allé souvent en Asie, et si j'avais dû choisir une religion, cela aurait été le bouddhisme. Il y a une espèce de sérénité qui se dégage de cette foi. J'ai vécu quinze jours avec les moines et, si j'avais été plus jeune, je me serais laissé convertir. »*

Haut et bas

« La restauration est un métier d'avenir, difficile certes, mais ceux qui font l'effort nécessaire ont une chance de réussir, sans toutefois investir dans le haut de gamme. Par contre, l'apprentissage doit se faire dès le départ au sommet, car la régression est plus facile ensuite. »

Accélération dans la continuité

Le chef Cagna pense que la cuisine française est complexe, nécessitant beaucoup de personnel et de nombreux produits. A l'étranger, et même en France, les gens ne veulent plus dépenser autant ni rester deux heures à table. La cuisine italienne, par exemple, est plus rapide.

Jacques nous livre les secrets d'une de ses compositions présente à la carte :

« Poularde de Houdan »

« J'ai été l'un des premiers à remettre au goût du jour cette poule de Houdan qui avait complètement disparu. Elle était utilisée essentiellement pour des concours. C'est une très belle poule qui a des plumes de toutes les couleurs, et son avantage est d'être aussi bonne qu'une poulette de Bresse. Elle est très petite, il faut la faire pour deux personnes. L'aile est agrémentée d'une sauce aux truffes avec des légumes adaptés à la saison (hiver ou printemps), et la cuisse est servie dans un deuxième temps, rôtie dans son jus avec des champignons sauvages. C'est une inspiration classique adaptée au goût du jour. »

Loisirs

Les ballades en forêt, la nature, la mer, l'équitation (Jacques est un excellent cavalier, il monte depuis vingt-cinq ans) et le golf.

« J'aurais aimé faire de la voile, mais j'ai surtout une passion : la musique. Au début, c'était Vivaldi et la

musique italienne des XVIe et XVIIe siècles. Ensuite, ce fut la musique symphonique, Brahms... mais, il y a quinze ans, j'ai découvert l'opéra qui est devenu un hobby.» Jacques est un des rares cuisiniers à s'intéresser de manière aussi intense à la grande musique. Sa chance est d'avoir un chef dans chacun de ses restaurants créés en complément du gastronomique (trois bistrots de luxe qui pratiquent des prix raisonnables) ; il peut ainsi s'octroyer une soirée de temps à autre.

Il joue également du piano et, en grand connaisseur d'antiquités, adore chiner et, bien sûr, voyager. Pour se relaxer il préfère être reçu chez ses amis et, pour aller dans un restaurant, il choisit une ferme auberge.

Réussite

Voilà une vie bien remplie... *«J'ai commencé il y a quarante ans comme apprenti. J'aurai pu avoir une chaîne de restaurants mais j'en ai quatre, ce qui est déjà au-dessus de la moyenne. Je suis célibataire, je n'ai pas d'héritier, il n'est donc pas nécessaire d'avoir un empire et mes neveux ne sont pas intéressés par la profession...»*

Le poisson

L'ambition de Jacques Cagna est de garder ce niveau de qualité, d'ouvrir éventuellement une ou deux annexes supplémentaires pour assurer sa retraite.

«Il est plus facile de déléguer dans les bistrots. En haute gastronomie, il faut toujours être présent et les clients veulent vous voir. J'ai toutefois une grande envie : ouvrir un restaurant de poissons.»

Jacques Cagna est un pragmatique qui ne laisse pas transparaître ses sentiments. D'un naturel chaleureux, il est sensuel et aventurier dans l'âme. Son intellect opère à une vitesse remarquable et son ouverture d'esprit ainsi que sa flexibilité lui permettent de regagner ce que lui coûte son manque de stabilité. Fondamentalement, c'est un non-conformiste, un séducteur du cycle lunaire à la recherche du plaisir.

Sa devise : « Vivre dans la liberté à la poursuite du bonheur. » Toujours prompt à s'enflammer et à foncer à pleine vapeur, c'est un éternel voyageur, un sportif enthousiaste qui ne tient jamais en place. Il est le symbole du psychisme inconscient ou de la psyché non humaine reliée aux grandes horloges naturelles, ou encore de l'impétuosité du désir de la jeunesse de l'homme, avec tout ce qu'elle contient d'ardeur, de fécondité et de générosité.

> *«Comme une abondance agréable,*
> *comme une riche demeure,*
> *comme une montagne avec ses puissances,*
> *comme un flot salutaire,*
> *comme un cheval qui se précipite d'un élan sur la route,*
> *comme une rivière avec ses flots, qui pourrait t'arrêter !»*
>
> Rig-Veda, 1, 65.

Petits escargots frais de Normandie en surprise

Ingrédients de base :

– 120 escargots
– 60 pommes de terre de Noirmoutier

Beurre d'escargot :

– 500 g de beurre
– 40 g d'ail
– 50 g de persil
– 50 g de Ricard
– 30 g d'échalote
– 2 bottes de ciboulette
– 25 g de noix hachées

Assaisonnement : sel fin, poivre, Cayenne.

Préparation :

1. *Pommes de terre :* lavez-les, gardez la peau puis blanchissez-les ; égouttez-les et faites-les frire. Egouttez à nouveau et creusez-les.

2. *Beurre d'escargot :* hachez finement les éléments ; ajoutez au beurre pommade avec le Ricard ; réservez.

3. *Montage des escargots :* au fond des pommes de terre, mettez un peu de beurre ; garnissez chaque pomme de terre de deux escargots ; finissez au beurre et réservez.

4. *Cuisson des escargots :* disposez six pièces sur une assiette au four à 180°.

5. *Dressage sur assiette :* posez l'assiette chaude sur une assiette garnie de papier gaufré. Servez très chaud.

Vin conseillé : Jurançon sec vieille vigne, 1992, « Larrieu ».

Filets de rouget en écailles de pommes de terre et basilic

Ingrédients (pour quatre personnes) :

– 4 rougets de 300 g
– 1 cuillerée à café de ciboulette hachée
– 400 g de pommes de terre « charlotte »
– 15 g de beurre

Garniture :

– 400 g de champignons de Paris

Vinaigrette :

– 1 jus de citron
– 1 cuillerée à soupe d'huile d'olives
– 1 cuillerée à soupe de basilic haché

Préparation :

1. Après avoir lavé et désarété les filets, disposez-les sur le dos des rondelles de pommes de terre préalablement assaisonnées, épluchées mais non lavées.

***Filets de rouget en écailles de pommes de terre et basilic** (suite) :*

2. Faites chauffer une poêle avec une cuillerée à soupe d'huile d'olives.

3. Mettez les filets sur une spatule et disposez-les côté écailles en premier, puis faites cuire pendant trois minutes, jusqu'à coloration légère des pommes de terre. Ensuite, retournez-les et continuez la cuisson pendant deux minutes.

4. Egouttez les filets sur un papier absorbant.

5. Nettoyez puis taillez les champignons en quartiers. Poêlez-les avec 15 g de beurre, faites-les bien colorer, salez, poivrez et ajoutez à la fin une cuillerée à café de ciboulette hachée.

6. Dressez les filets de rouget sur un lit de champignons de Paris et ajoutez autour un cordon de vinaigrette assaisonnée.

Vin conseillé : Cassis blanc sur une palette, clos Sainte-Magdelaine.

Fondant au chocolat

Ingrédients (pour quatre personnes) :

- 95 g de beurre
- 3 œufs
- 75 g de sucre semoule
- 48 g de farine
- 90 g de chocolat noir

Préparation :

1. Mélangez le beurre et le chocolat fondu.

2. Mélangez séparément les œufs, le sucre et la farine.

3. Incorporez le chocolat fondu à la deuxième préparation.

4. Moulez dans des cercles inox de 7,5 cm de diamètre sur 4,5 cm de hauteur que vous remplissez aux trois quarts. (Possibilité de chemiser les moules avec du beurre et du cacao en poudre.)

5. Faites cuire au four à 220° pendant six minutes.

6. Servez avec une crème anglaise.

Vin conseillé : Maury (quinze ans d'âge), mas Amiel.

Portrait de sœur : *Anny Logereau*

"Nout"

Fidélité

Anny fait des études d'expertise-comptable mais, à 18 ans, elle rejoint Jacques qui termine son apprentissage. Il y a plus de trente années que le tandem fait fonctionner l'entreprise. *« J'ai laissé mon frère pendant deux ans lorsque je me suis mariée au Danemark et, quand je suis revenue, il n'a pas caché sa joie. Je me suis remariée, mais ne l'ai plus jamais quitté. »*

L'amour d'une mère

Anny est très proche de sa mère, elles habitent sur le même palier. *« Maman s'occupe de moi comme d'une petite fille. C'est elle qui a en partie élevé mes enfants et, quand j'avais l'occasion de sortir où d'aller quelque part en week-end, elle m'incitait à accepter et à profiter de la vie. Elle n'est pas une mère possessive et ne m'a jamais fait aucun reproche. C'est un grand amour, j'ai énormément de chance. »*

Harmonie

Anny et Jacques goûtent ensemble les nouvelles créations. Ils ont les mêmes goûts et sont toujours d'accord. Jamais un plat n'a été mis à la carte si elle ne l'aime pas ou n'a pas plaisir à le vendre.

« Je suis en salle et je sais que les gens désirent retrouver des spécialités. Le chef, lui, a tendance à renouveler, mais moi je suis là pour calmer le jeu. En ce qui concerne les commandes de vins et les décisions importantes, nous nous consultons. »

Dans les quatre restaurants-bistrots, la partie administrative (comptabilité, personnel de salle, secrétariat) fait partie du domaine d'Anny, sans oublier la décoration florale pour la note féminine.

Mouvement

Les gens font de plus en plus attention à leur ligne et à l'équilibre de leurs repas. *« Nous vendons moins d'alcool et il y a moins de mélanges de vins. La cuisine continuera dans le même sens avec quelques variantes, mais c'est surtout la clientèle qui évolue. Dans le futur, à mon avis il restera quelques grands restaurants mais il n'y aura plus de place pour tous car les gens dépensent différemment et les clients du restaurant gastronomique vont dans nos rôtisseries-bistrots plus souvent, l'investissement y étant moins important.*

« D'autre part, ils ne veulent plus de trucs bizarres, souhaitant retrouver des saveurs, du goût et même de la crème… Ils ne veulent plus manger avec des feuilles de salade. La gastronomie est devenue une source d'événements, de fêtes, d'occasions exceptionnelles. »

Patience et amour

La patience est la principale qualité pour une femme proche d'un grand chef. Leur caractère n'est pas toujours facile, ce sont des artistes et le métier est dur. Il lui faut aimer les gens, être à leur écoute. C'est la condition *sine qua non* pour bien les recevoir.

« Je surveille toujours le maître d'hôtel qui doit être en osmose avec le client. Il doit être gentil avec lui, plus particulièrement si celui-ci ne boit que de l'eau ou s'il vient seul. Souvent, dans ce cas, je lui donne la meilleure table. J'aime ce métier, on y rencontre des personnes vraiment merveilleuses. »

Anny est satisfaite de l'évolution de sa vie, qu'elle a menée de main de maître. *« Avec le travail fourni jusqu'à ce jour, on pourrait être tranquille, mais ce n'est pas le cas, il faut à nouveau tout remettre en question et ce n'était pas prévu au programme. »*

Espoir

« J'espère un jour avoir un peu plus de liberté pour profiter de la vie, mais les gens veulent nous voir, il est donc impossible de s'absenter. Alors continuer… »

Anny Logereau (suite) :

***Anny** est rattachée aux symboles de la verticalité et sa rectitude aérienne réalise un affranchissement des conditions terrestres. Elle a une anticipation mentale de la conquête d'un bien hors d'atteinte et possède la célérité et l'intuition fulgurante.*

Brillante et passionnée, elle représente la perception visuelle, intellectuelle et la conscience souveraine. Elle est l'emblème du mouvement continu, l'emblème du monde où les éléments changent sans cesse tandis que la forme reste inchangée.

« Elle place ses deux bras derrière ta tête chaque jour
Elle te sauvegarde, elle fait ses protections sur tes chairs,
Elle se fait protection pour ta vie et toute intégrité de santé,
Elle verse aux âmes l'eau céleste qui les renouvelle. »

Recette "coup de cœur" d'Anny Logereau

Le Paris-Brest de mon enfance

Ingrédients (pour dix personnes) :

Pâte à choux :
- 0,25 l de lait
- 10 g de sucre
- 3 g de sel
- 100 g de beurre
- 150 g de farine
- 4 à 5 œufs

Crème pâtissière :
- 0,75 l de lait
- 3 œufs
- 450 g de beurre
- 240 g de sucre
- 800 g de poudre à flan
- 430 g de pralin à l'ancienne

Finitions :
- 50 g d'amandes effilées
- 50 g de nougatine aux amandes
- 30 g de sucre glace

Préparation :

1. Confectionnez la crème pâtissière. Ajoutez, en fin de cuisson, 225 g de beurre cru et laissez refroidir sur glace.

2. Confectionner la pâte à choux. Sur une plaque beurrée, avec une petite douille unie couchez dix cercles de 7 cm de diamètre. Dorez, saupoudrez d'amandes effilées et faites cuire au four à 180°.

3. Concassez la nougatine. Montez la crème pâtissière au batteur. Faites blanchir le beurre restant avec le pralin. Ajoutez petit à petit la crème bien froide et laissez émulsionner pendant cinq minutes.

4. *Finition et dressage :* coupez les choux en deux, garnissez-les copieusement à la poche à douille cannelée, saupoudrez de nougatine concassée, remettez le couvercle, saupoudrez de sucre glace et présentez sur assiette. (N. B. : dressez au dernier moment.)

Vin conseillé : un vieux Porto (Tawny) ou un vieux Madère (cépage Malvoisie).

Edouard Carlier

"A. Beauvilliers"

52, rue Lamarck – 75018 PARIS
Tél. : 01 42 54 54 42 – Fax : 01 42 62 70 30

A l'image d'Antoine Beauvilliers qui, en 1793, joua les vedettes dans le premier restaurant tel qu'il est conçu de nos jours, l'amphitryon Edouard Carlier virevolte entre les tables de ses client-amis. Chez lui, île invisible au milieu de la ville, traverser les drus feuillages pour y pénétrer c'est atteindre la source de vie, le manteau se colorant de vert pour devenir peut-être immortel. Ici, la lumière est séparée en ses couleurs diverses, force extraordinaire, ascensionnelle où l'ombre n'est pas son envers, mais où elle l'accompagne pour mieux la mettre en valeur, présence solaire magnifiée dans la liturgie qui célèbre l'enchantement. Environnement précieux à travers ses meubles, tentures et peintures classiques, chatoiements d'images variées et nombreuses. Cette maison chaleureuse représente l'ardeur intérieure du flamboiement spirituel, conséquence de la remontée de la transformation de l'énergie séminale, c'est ce que le Traité de la Fleur d'or *appelle la puissance attisante du souffle du ciel antérieur.*
Le festin est prêt pour servir à faire éclater la vertu, rite communiel d'alliance et d'inféodation, béatitude céleste par le partage de la même grâce et de la même vie. Le calice de la fleur est comme la coupe, le réceptacle de l'activité cosmique et les bouquets qui l'encerclent, rassemblent ces fleurs en perfection spirituelle, symbole de l'amour et de l'harmonie caractérisant l'état édénique. Elixir de vie, la floraison est le retour au centre, à l'unité, à l'état primordial. Finalité d'une vision d'innombrables couronnes de mariées sous verre, présentes pour attirer la protection divine.

"Comus"

Génie artistique

Le choix d'une voix professionnelle se fait, pour le jeune Edouard, en plusieurs étapes. Bien qu'il ait été bercé dès sa plus tendre enfance par la musique des cuivres rutilants s'entrechoquant, ce métier d'« esclave » ne l'attire pas outre mesure, au grand désespoir de son père Robert, chef cuisinier, et surtout de son grand-père Edouard, chef de cuisine, personnage fabuleux et propriétaire d'un magnifique hôtel à Ostende.

Mais le garçon n'en fait qu'à sa tête et entreprend des études classiques, les « Humanités gréco-latines ». Il passe son bac avec succès et son penchant artistique l'incite à se diriger vers les Arts graphiques. Nous voilà bien éloignés des marmites et de l'énorme brigade de quarante cuisiniers qui affolent un peu Edouard par leurs cris !
Il entre chez *Promotec,* grand cabinet dépendant de *Publicis.* Sa réussite professionnelle ne se fait pas attendre : il est le créateur de la petite fleur Yoplait, de la marque Bridel avec « Belle, Belle… » et de bien d'autres réalisations

pour des produits alimentaires, les dirigeants ayant décelé chez lui un net penchant pour le monde culinaire. Mais le monde artistique est vaste, et il est aussi l'inspirateur de la rose de *Lancôme*, des modes d'emploi sur papier bible, de la mise en pages des bibliophilies des Editions du Zodiaque et de la *Bible de Jérusalem* avec Philippe de Compiègne.

Enfant de la toque

Mais toujours ce destin qui colle à la peau des enfants de la toque… va le ramener soudainement à la « cuisine » de sa famille. Il se rend en Bourgogne, dans l'auberge familiale où, durant six ans, il abonde dans la cuisine du terroir, à treize kilomètres du célèbre Alexandre Dumaine. *« Et le retour à la case départ s'effectue. Notez bien que dans mon inconscient je n'avais jamais pu effacer complètement la cuisine de mon esprit. »*
Fatalitas… nous en sommes convaincus.

Voilà donc notre futur chef emporté par une vague déferlante et incontournable. L'*Auberge des Brizards*, située entre Avallon et Saulieu; est un superbe établissement entouré de verdure. *« Le plus intéressant était l'exploitation agricole de la grand-mère qui permettait d'avoir les produits les plus frais : lait, poulets, œufs, lapins, canards, porcs… On faisait les fameux jambons du Morvan et tous les produits de l'élevage. »* Précurseur, Edouard crée le principe du restaurant de la ferme.

La belle époque

Le grand bouleversement de sa vie se produit lorsque, il y a trente ans, Edouard tombe éperdument amoureux de Montmartre. Il y trouve l'appartement de ses rêves et entreprend aussitôt l'organisation de ses dîners privés. Il cuisine comme un fou pour son plaisir et celui de ses nombreux amis qui, pour la majorité, sont des célébrités du monde artistique.

« C'était une fête permanente et je faisais une cuisine un peu particulière inspirée de recettes anciennes trouvées dans de vieux recueils; les gens étaient ébahis! C'était une grande époque!

« Marc Camelotti, remarquable homme de théâtre, m'avait donné le goût des réceptions et me demandait toujours d'inventer des dîners. Alors, je me mis à organiser des réunions à thèmes : la soirée Gold, la Sainte-Catherine… Cette période était complètement la folie d'Epicure! »

Le cœur d'Edouard est grand. Chez lui tout est gratuit, on mange du pot-au-feu avec un Château-Latour 1947, et on déménage les meubles pour caser d'autres amis autour de la table. Pendant trois ou quatre ans, il se lève la nuit pour sortir les terrines du four après avoir désossé faisans et perdrix. Les invités nomment ces dîners des « réveillons »; ils sont interminables, il y a des tas de petites choses merveilleuses à grappiller… Tous incitent Edouard à ouvrir un restaurant, en particulier Thierry Le Luron qui le lui suggère avec Françoise Dorin.

La grande aventure et Beauvilliers

Le chef montmartrois se met alors en quête d'une affaire. *« J'ai eu un coup de cœur pour une ancienne boulangerie tenue depuis trente-et-un ans par deux vieux célibataires (frère et sœur) qui était dans un état épouvantable. J'ai visité les lieux et me suis aperçu que le local était très grand, très intéressant, mais qu'il était nécessaire de tout refaire à neuf. Il a fallu six mois de travaux pour le remettre en état. Je l'ai acheté le 3 avril 1974, jour du décès de Georges Pompidou, et à ce moment-là j'ai pensé que j'existerai en "septen-*

nats". Effectivement, M. Giscard d'Estaing étant devenu président de la République, toutes les banques se sont mises en grève et mes dossiers de crédit ont été bloqués. Je me suis trouvé dans l'obligation de vendre mes collections Napoléon III, mes coffrets de nacre, mes tables d'écaille... Je n'avais plus le choix, et A. Beauvilliers *ne put naître que grâce à ce sacrifice.* »

En lisant les *Méditations gastronomiques* de Brillat-Savarin, Edouard découvre Antoine Beauvilliers. Ce personnage le séduit car sa vie fût consacrée au service des princes et des rois de France. Il était, selon l'expression de l'époque, « attaché aux extraordinaires des maisons royales », d'où le choix de ce nom de baptême.

De la Bible à la table

La jeunesse d'Edouard est basée sur la foi. Sa mère est une sainte femme, pieuse à l'extrême, qui élève ses enfants avec rigueur et dureté. Elle les vouvoie et désigne la robe que doit porter chaque jour la sœur aînée du garçon. Son éducation est un chemin de croix : six ans de pension chez les bons Pères, puis chez les pères Maristes, les rédemptionnistes, les bénédictins... Après la mort de son père, on désigne son oncle, Monseigneur Louis Carlier, pour parfaire l'esprit du jeune homme.

« *Le plus grand chagrin que j'ai pu faire à ma mère est de ne pas être devenu prêtre. Elle avait tout axé dans cette optique et, de surcroît, je suis né dans un endroit imprégné d'un culte profond à Notre-Dame-du-Bon-Secours. On ne pouvait rien faire sans la Vierge. Aujourd'hui, j'en suis détaché, mais j'ai des racines très profondes et une connaissance liturgique qui étonne mes relations et amis.*

« *J'ai toujours pensé que la table émanait directement de la Bible. Il n'y a pas de récit, dans l'Ancien et le Nouveau Testament, dans lequel on ne parle du pain et du vin : c'est la multiplication des pains, l'abondance des poissons, les pêches miraculeuses, les noces de Cana... L'acte de manger est un acte biblique, et le grand repas du monde, la dernière image avant la mort du Christ, c'est* la Cène *qui représente "la table et le partage".*

« *Lorsque des gens sont invités par des tiers, ils se doivent, ayant accepté cette invitation, d'être en osmose, en partage de sentiments, d'idées ou de philosophie avec ces personnes. Je suis très ferme avec cette théorie. J'ai refusé quatre fois l'invitation d'une maison de champagne à déjeuner dans un trois étoiles ; finalement, je leur ai dit : "Je ne peux pas accepter, n'insistez pas, je ne travaillerai jamais avec vous ; donc, je ne puis me trouver autour d'une table en votre compagnie."* »

Mariage d'amour et de nature

« *Je peux cuisiner uniquement ce que j'aime. Lorsqu'on fait ce que l'on aime, on a envie de le donner. C'est l'amour et le partage du goût. D'autre part, les cuisiniers oublient souvent l'importance du mariage entre le plat et les légumes qui l'accompagnent, et la meilleure association du monde c'est ce que l'animal mange et adore : le veau ne mange que des herbes, il faut donc l'accompagner de salades cuites ; le gibier de petites baies rouges ; le lapin, bien entendu, de carottes, etc.* »

Catharsis

« *Dans un restaurant il faut créer une harmonie. Jean-Claude Brialy m'a dit un jour : "Tu sais, ici je ne suis pas dans un restaurant, je suis dans un appartement, mais quand je suis dans ton appartement je suis dans un foyer de théâtre."* » Au théâtre l'inconscient peu à peu se dévoile et le complexe se dénoue. Si le symbole a joué pleinement son rôle d'inducteur, une sorte de délivrance s'est opérée et un peu des profondeurs de l'inconscient a pu accéder à la lumière de l'expression.

Psychisme exacerbé

Sa grand-mère maternelle, décédée à 97 ans, est la femme qui a le plus compté dans la vie d'Edouard. « *Un matin, un miroir de taille importante s'écroule subitement dans mon salon. Ma grand-mère, qui était chez elle dans son lit à ce moment, est tombée au sol en roulant. Elle est morte durant notre arrivée. Ce signe m'a marqué pour la vie et, récemment, j'ai fait un cauchemar m'annonçant la disparition d'un ami au cours d'un attentat. J'en ai malheureusement eu la confirmation deux jours plus tard. Le surnaturel, j'y crois bien sûr!»*

Théogonie

«Les jeunes ne doivent plus investir outre mesure. Ils devront faire un apprentissage en milieu professionnel et non pas seulement en école, car la partie pratique est plus importante que la théorie.

«Je suis outré de constater que les gens font la queue pour manger chez Planet-Hollywood et MacDonald! Leurs bénéfices sont de 35 à 37%, alors que dans nos affaires nous arrivons à peine à 6%. Dorénavant, plus personne n'investira dans nos métiers. Je pense que les bonnes années sont derrière nous et que la haute gastronomie aura beaucoup de mal à survivre.»

Le célèbre «Doudou»

Chose assez rare, *A. Beauvilliers* est connu et reconnu dans plusieurs pays : Japon, U.S.A., Australie et Brésil où le restaurant a fait l'objet de nombreux articles de presse. Edouard Carlier bénéficie d'une grande notoriété en Californie. Il est l'organisateur de festivals gastronomiques en Inde ainsi qu'à Pékin où il est le seul chef cuisinier à qui l'on ait donné la possibilité de réaliser trois festivals successifs.

Edouard est un personnage médiatique, chez qui le Tout-Paris, tant politique qu'artistique, aime descendre. Il est le Bon Gros "Doudou" pour ses nombreux amis : Bocuse, Troisgros, Vergé, Guérard... Il est celui qu'ils aiment avoir à leur table en qualité d'épicurien et de conteur intarissable.

Il collabore depuis sept ans avec France 2 pour sa rubrique «La Table d'Edouard", à *Matin-Bonheur.*

Loisirs

Le théâtre et les voyages autour de la planète.

Edouard adore recevoir, c'est plus qu'évident. Lorsqu'il choisit un restaurant, il ne doit jamais être médiocre, mais supérieur au sien. Il fréquente tous les plus grands.

Appartement gourmand

«Je n'ai pas de descendant et si quelqu'un reprenait mon affaire, je souhaiterais qu'il poursuive cette activité dans le même état d'esprit, c'est-à-dire garder ce côté "différent" des autres dont Christian Millau a dit : "Ce n'est pas un restaurant, c'est un appartement gourmand"...»

EDOUARD CARLIER, grand émotif, aime toutefois la discussion et le débat. Sa vivacité d'esprit et ses réactions promptes font que ses réponses sont particulièrement spirituelles lorsqu'on le défie. Il symbolise le trait de lumière qui échappe à tout contrôle et qui engendre la conviction la plus intime et la plus forte. Il est le double du moi et même comme un être distinct qui protège le moi.

Il est celui qui rompt les membres et qui, dans la poitrine de tout homme, dompte le cœur et le sage vouloir, incarnant un désir qui se passe d'intermédiaire et ne saurait se cacher. **Coincidentia contrariorum.** ***Il représente la pulsion fondamentale de l'être, la libido qui pousse toute existence à se réaliser dans l'action. C'est lui qui actualise les virtualités de l'être, mais le passage à l'acte ne se produit que par le contact avec l'autre, par une suite d'échanges matériels, sensibles, spirituels, qui sont autant de chocs.***

Recettes "coup de cœur"...

Colvert aux figues fraîches

Ingrédients (pour quatre personnes) :

- 2 canards sauvages (dits colverts)
- beurre, sel, poivre, oignons
- 1 verre de whisky pur malt
- 1 kg de pommes de terre graines de ratte
- 2 cuillerées de sucre (cassonade ou vergeoise)
- 1 kg de figues fraîches
- carottes, thym, laurier, échalotes, ail
- 3 verres de Côtes du Rhône corsé

Préparation :

1. Faites rôtir très saignants les colverts. Désossez-les entièrement et réservez les os et les abats pour le fond.

2. Faites une mirepoix avec les oignons, carottes, thym, laurier, échalotes, ail non épluché et ajoutez-y os et abats en dernier lieu. Déglacez au whisky et faites une adjonction de vin rouge corsé que vous ferez réduire jusqu'à obtention d'un fond onctueux et bien lié.

3. Pour les figues, faites-les mariner préalablement pendant quatre heures dans le vin rouge (Côtes du Rhône) après les avoir incisées en forme de croix. Puis faites-les caraméliser dans une sauteuse avec une noisette de beurre et deux cuillerées de sucre. Déglacez cette préparation avec le fond de canard assaisonné et montez au beurre.

4. Dressez les filets et les cuisses désossées, garnissez avec les figues et nappez le tout avec la sauce. Vous pouvez garnir avec des triangles de toasts beurrés, bien dorés sous forme de canapés.

5. En légumes d'accompagnement, vous servirez des petites pommes grenailles dans leur peau.

Vin conseillé : Côtes du Rhône, château Saint-Estève d'Uchaux, 1991.

Rognons d'agneau à la crème de roquefort

Ingrédients (pour quatre personnes) :

- 8 rognons d'agneau
- 3 échalotes grises
- 50 g de beurre cru
- 1 verre de vermouth doux
- 150 g de roquefort
- 1 poivron rouge
- 2 cuillerées à soupe d'huile d'olive
- 1 cuillerée à soupe d'huile d'arachide
- 1 cuillerée à soupe de crème double
- sel, poivre
- ciboulette hachée
- 300 g de riz Basmati

Préparation :

1. Dégraissez les rognons d'agneau, épluchez-les, coupez-les en deux et dénervez-les. Poêlez-les des deux côtés à feu vif avec un peu d'huile pour que le sang ne sorte pas. Réservez au chaud.

2. Dans une casserole, faites tomber une poignée d'échalotes hachées dans 50 g de beurre. Remuez sans arrêt pour que cela reste blond, versez un verre de vermouth blanc

Rognons d'agneau à la crème de roquefort *(suite) :*

doux. Incorporez les 150 g de roquefort en petits morceaux et la cuillère de crème double. Remuez dans le même sens pour obtenir une sauce régulière et homogène, dans une liaison réduite. Vous pouvez l'émulsionner à l'aide d'un fouet électrique.

3. Faites cuire votre riz Basmati à grande eau et égouttez-le. Coupez le poivron rouge en petits cubes de 5 mm (salpicons) qui formeront une mosaïque blanche et rouge. Incorporez au riz en remuant bien avec deux cuillères à soupe d'huile d'olive.

4. Dressez le riz en couronne. Disposez au centre les demi-rognons d'agneau poêlés et versez la sauce au roquefort en saupoudrant de ciboulette hachée.

Vin conseillé : un Saint-Emilion grand cru, château Fombrauge, 1990.

Tronçons de turbot en meurette de vin de Pomerol

Ingrédients (pour quatre personnes) :

- 6 tronçons de turbot de 220 g
- 2 cuillerées à soupe d'huile d'arachide
- 1 gousse d'ail écrasée
- 1 feuille de laurier
- 12 petits oignons
- 2 cuillerées de beurre
- 3 aubergines
- 1 bouteille de vin Pomerol
- 1/2 gousse d'ail hachée
- 2 brindilles de thym
- 2 carottes, 2 échalotes
- sel, poivre du moulin, un peu de gros sel

Préparation :

1. Faites un caviar d'aubergines : coupez-les en deux dans la longueur, ciselez la pulpe en losanges avec la pointe d'un couteau. Disposez-les sur la plaque du four légèrement huilée, arrosez-les d'une cuillerée d'huile et recouvrez d'une feuille d'aluminium. Mettez trente minutes à four chaud (210°).

2. Laissez tiédir, puis retirez la chair des aubergines avec une cuillère. Mixez-la brièvement avec une pointe d'ail, du sel et trois tours de moulin à poivre.

3. Laissez réduire le vin de Pomerol dans une casserole sur feu assez vif.

4. Coupez en petits dés les échalotes et les carottes (brunoise), et mettez-les dans le vin avec le thym, le laurier et le restant d'ail légèrement écrasé ; laissez réduire environ quinze minutes jusqu'à ce que la sauce nappe la cuillère. Passez au chinois.

5. Disposez les tronçons de turbot dans un plat allant au four, parsemez-les de quelques parcelles de beurre et d'un peu de gros sel et faites cuire sept à huit minutes à four chaud (210°).

6. Etuvez les petits oignons dans une sauteuse avec une cuillerée de beurre.

7. Etendez le caviar d'aubergine sur chaque assiette, disposez dessus un tronçon de turbot et nappez de sauce meurette au vin de Pomerol.

Vin conseillé : Pomerol, château-Vraix-Croix-de-Gay, 1989.

Portrait de directeur : *Mick Ramayet*

"Amphion"

Jeux de bouche et marathon

Mick Ramayet, de souche familiale bourguignonne charolaise est né à Paris. Croyant de conviction, la messe du dimanche ne peut être manquée sous aucun prétexte.
Sa mère est une excellente cuisinière et son père, fou des vins du Beaujolais, l'entraîne faire les vendanges à Morgon et à Juliénas. L'amour de la table, du bon vin et du bien-vivre le fait très vite accéder au rang de maître d'hôtel.

De ses très nombreux voyages à travers le monde, il acquiert le goût des langues, étudiant même le japonais.

Mick est aussi un grand sportif qui possède son brevet de parachutiste, mais les airs ne lui suffisent pas et il s'adonne à sa passion : la course à pieds et participe à de nombreux marathons dans les plus grandes capitales du monde... et sa plus belle performance est d'avoir réussi à terminer le Marathon des sables du sud marocain (environ 200 km).

Beauvilliers

En 1974, Mick s'associe avec Edouard Carlier pour créer et ouvrir le restaurant *A. Beauvilliers.*

«Après plus de vingt années de prestations en qualité de directeur-associé, j'ai eu l'occasion de recevoir de nombreux princes, présidents de la République, reines et rois, ministres et stars internationales. Je pourrais rédiger un livre d'événements et d'anecdotes. Quelques faits amusants me reviennent à l'esprit.»

Le petit congolais

« Ce jour-là, le Beauvilliers *était entièrement réservé pour un déjeuner officiel. Le président Mobutu était l'hôte du président Giscard d'Estaing. Un chef de rang, voulant faire un excès de zèle au moment du dessert, s'approche avec le plateau d'argent garni de petits fours en annonçant : "Monsieur le président mangera bien un petit congolais ?" Emotion... L'ambassadeur du Zaïre m'interpelle : "Qui a bien pu imaginer que son Excellence le maréchal était cannibale ?" Il a fallu lui expliquer qu'il s'agissait d'un petit gâteau à la noix de coco appelé congolais, et le prier de nous excuser... Nous avons frôlé l'incident diplomatique !»*

L'Amérique à Paris

Parmi de très nombreuses vedettes américaines (Liz Taylor, Rock Hudson, Marlon Brando, Esther Williams...), Gene Kelly tenait à passer derrière le bar pour préparer lui-même son Martini-gin. *«Il était persuadé que dans aucun grand restaurant on ne savait faire de vrais cocktails comme aux Etats-Unis.»*

« Une chose m'a beaucoup étonné : un couple de clients californiens très chics choisirent, au printemps, les premières asperges vertes de Perthuis. Au moment de les desservir, je m'aperçus que seules les tiges avaient été mangées, les somptueuses têtes vertes restant dans l'assiette. Devant mon air étonné, la cliente de Beverly me dit : "Nous sommes saturés des asperges vertes de Californie et nous voulons manger les tiges blanches françaises !"»

Caprices de stars

« On savait que Tino Rossi mettait des glaçons dans sa coupe de champagne.

«Lino Ventura, lui, exigeait que le gigotin d'agneau arrive entier et soit découpé sur sa table.

«Anita Elkberg (la Dolce vita...) n'aimait que le jus de citron vert et surtout pas le citron jaune.

«Liza Minelli, qui fêta ses 50 ans au Beauvilliers, *réclama un lait russe glacé (deux tiers de lait, un tiers de café) qui accompagna tout le dîner.*

«Mireille Mathieu peut assister à tous les plus grands dîners et accepter tous les menus, mais si ce repas a lieu un vendredi, il faut changer volaille ou viande pour du poisson. C'est sacré !»

Mick Ramayet (suite) :

Le bleu Bocuse

« Pour fêter les quinze ans de Beauvilliers, *nous avions demandé à nos invités de venir en bleu, et, le matin, le facteur nous apporte un énorme colis contenant 15 kg de bleu de Bresse. Sur la carte d'accompagnement, Paul Bocuse avait écrit : "Tout de bleu… tu voulais du bleu, en voilà !" »*

Le tact

Mick nous décrit l'art de diriger un restaurant comme *Beauvilliers* qui possède trois salons :

«Il faut équilibrer la clientèle en préservant l'intimité de chacun et en étudiant leurs préférences. Des gens comme Gregory Peck et Burt Lancaster apprécient la grande discrétion. Un soir, j'ai fait sortir Robert Redford et ses amis par une porte d'office, déjouant ainsi l'armada des paparazzi. Il ne savait pas de quelle façon me remercier.

« Madame Chirac avait sa table auprès du plus gros bouquet de fleurs.

« Dalida, qui mangeait toujours la même chose : salade d'artichauts et crabe décortiqué, avait sa table habituelle, la plus retirée, pour passer inaperçue. C'était une amie merveilleuse, l'anti-star ! »

Stratagèmes

« Mais l'une de mes plus grandes frayeurs fut lorsque le même soir j'attendais pour dîner une délégation d'Israël avec l'ambassadeur et le général Sharon, ainsi qu'une délégation de Jordanie avec le premier ministre du roi Hussein. Ils ne devaient en aucun cas se rencontrer… Quels stratagèmes ai-je dû employer pour retarder la table hachémite par rapport à celle de Tel Aviv ! »

Montmartre

Mais à côté de ces tables de gala, Mick n'oublie pas que leur priorité est d'être montmartrois et « membres bienfaiteurs » de nombreuses sociétés de la butte.

C'est ainsi que chaque mercredi, pour le déjeuner, Edouard et lui-même reçoivent deux petits « poulbots » qui sont servis comme des grands…

***BRAVE**, robuste et courageux, Mick Ramayet va jusqu'au bout de sa tâche. Plein de courtoisie à l'ancienne, il se charge du fardeau des autres sans se rebeller. Il préfère être celui qui donne, et aspire à l'harmonie universelle car il a foi en l'espèce humaine. Il croit aux miracles et beaucoup de choses lui arrivent comme par magie.*

Ouvert et fermé, il est à la fois expansion et concentration, car lorsqu'il semble se refermer sur lui-même, il renaît à une dimension autre, infinie, n'étant pas emprisonné dans la perfection du plan divin. Son cœur est pur, il vit dans la foi et l'innocence. Il chemine sous la protection du ciel.

Symbolisant l'espérance et la charité de l'automne, saison des fruits de l'équité et de l'hospitalité, sa devise est : « Demandez, vous recevrez. ».

Jean-Paul Duquesnoy

"Duquesnoy"
6, avenue Bosquet – 75007 PARIS
Tél. : 01 47 05 96 78 – Fax : 01 44 18 90 57

Il est, dans l'avenue du même nom, une Maison-Bosquet *au jeu symbolique d'alternances dominées par le vert, couleur rassurante, rafraîchissante et humaine. Chaque printemps, après que l'hiver a convaincu l'homme de sa solitude et de sa précarité en dénudant et glaçant la terre qui le porte, celle-ci revêt un nouveau manteau qui ramène l'espérance. Le vert est tiède, et la venue du printemps se manifeste pour présider à la naissance des fleurs.*

Le vert couleur d'eau représente la mesure de l'ordre humain comme le rouge est la couleur du feu, symbole de l'esprit et de la connaissance intuitive. C'est pourquoi l'homme a toujours ressenti instinctivement les rapports entre ces deux couleurs comme analogues à ceux de son essence et de son existence. Enveloppé de cette atmosphère calmante, l'être est prêt à recevoir les compositions culinaires les plus justes qui soient et dont les saveurs atteignent la perfection d'une douceur de vivre. La chaleur intérieure des mets, par son action rapide en bouche, apporte l'élément essentiel à la délectation car la chaleur venue du feu joue son rôle dans tous les repas et se transmet mieux dans les corps qui sont plus aptes à la recevoir et qui, par leur mouvement interne d'ascension, approchent davantage de sa ressemblance. Le chef Duquesnoy emprunte un langage où la fertilité de toute œuvre provient de ce que le principe igné *– principe chaud et mâle – y anime le principe humide, froid et femelle.*

"Agni"

Le feu

La fascination pour le feu détermine la vocation de Jean-Paul Duquesnoy. Il est né à Troyes, tout près du fourneau à charbon du restaurant familial. Pour lui, travailler quand les autres se reposent tombe sous le sens. *« L'hostellerie* Pont-Sainte-Marie *est une fausse hostellerie ; elle ne possède aucune chambre au grand regret de la famille, car un hôtel retient les clients le soir, c'est un plus. »*

Le jeune enfant est subjugué par la cuisine. Il ramasse les bouts de pâte laissés par le chef pour faire ses petites tartes. *« Je n'ai jamais connu autre chose. A l'école, je n'avais qu'une hâte : partir le plus rapidement possible pour faire mes petits plats. A 14 ans j'ai abandonné les études pour entrer en apprentissage chez mes parents. »* Le chef en place depuis trente ans le prend alors sous son aile, mesurant la passion du jeune garçon.

« Mon père avait démarré dans cette profession chez Maxim's. Il avait une très forte personnalité.

Jean-Paul Duquesnoy (suite) :

Il était le serveur attitré de Mistinguett et le bras droit d'Albert, figure très en vue de l'avant-guerre. Papa disparut malheureusement juste avant mon arrivée au restaurant pour mon apprentissage, et j'ai été doublement éprouvé car ma tante Marie, sa sœur jumelle l'avait précédé de peu. C'était une femme qui m'adorait ; elle était très pieuse et je représentais l'enfant qu'elle n'avait pas eu. »

Récompense

Nous revenons en l'hostellerie *Pont-Sainte-Marie* où cette attirance pour le feu se confirme. Jean-Paul en parle encore aujourd'hui avec fougue : « *Il y avait une énorme cheminée dans laquelle on pouvait tenir debout, et les deux tiers de la cuisine se passaient là, devant les clients. J'ai des idées fabuleuses pour faire une véritable rôtisserie comme il n'en existe plus.* »

Après le C.A.P., au bout de quatre ans et malgré l'insistance de maman Duquesnoy pour retenir son fils, à 18 ans celui-ci décide de partir et entre à *La Réserve,* chez Tournebise à Lyon. Il y reste un an. Expérience très difficile mais forte ; le personnage est dur mais juste. Ensuite, vient le temps du traditionnel service militaire, dans les cuisines du chef d'Etat-major de l'armée de l'air. Retour au bercail en 1968. « *J'ai repris les rênes de la maison qui avait une étoile Michelin. La transition s'est faite en toute discrétion, mais j'ai été reconnu. Quelques années plus tard, j'obtenais la deuxième étoile.* »

Jean-Paul se marie et le couple décide de quitter Troyes à la suite d'un marasme important de l'usine de bonneterie de la région, qui représentait une part importante dans le chiffre d'affaires du restaurant. Leur arrivée sur Paris se fait en même temps que celle de Jacques Le Divellec et, chose rare, les deux chefs conservent leurs étoiles.

Inspiration venue d'ailleurs

Le chef est catholique, non pratiquant, mais la foi lui donne le respect des produits. Les voir travaillés avec désinvolture par un cuisinier l'exaspère au plus haut point. « *Par contre, souvent, lorsque je réalise de nouveaux plats, j'ai l'impression d'être en relation avec les disparus qui m'étaient proches, et plus particulièrement mon père pour qui j'ai une pensée quotidienne. Peut-être est-ce lui qui m'envoie quelques idées novatrices ? Elles me tombent dessus soudainement.* »

Ce queux modeste nous explique la progression dans la création de ses plats, bien qu'il n'apprécie pas l'utilisation du verbe créer : « *Dans un premier temps, c'est visuel. Je vois dans mon esprit le plat terminé et, ensuite, j'essaie d'échafauder un plan de réalisation qui sera plus ou moins long. Parfois c'est net, je le fais et n'y touche plus. Mais souvent il y a un premier jet qui évolue pendant quinze jours à trois semaines et, lorsqu'il est maîtrisé, je n'ai plus du tout envie de le faire, ça ne m'intéresse plus ; je laisse alors le soin à mes collaborateurs de l'exécuter.* » Le chef Duquesnoy a la geste sûre et jamais personne ne fait une dégustation de ses nouveaux plats.

Dans la peau

Le métier de cuisinier représente un acte d'amour qui, au départ, est égoïste. Le plaisir est d'abord pour celui qui crée, ensuite il le partage et l'offre aux gens présents.

Si un jeune pense choisir cette voie parce qu'il faut faire quelque chose, il se trompe ; ça doit venir de beaucoup plus loin. « *Il faut le sentir au plus profond de ses tripes, être passionné, sinon on craque à plus ou moins brève échéance. C'est très dur, beaucoup d'heures de présence sont nécessaires et c'est mal rémunéré. On est toujours au boulot quand les autres se détendent ou vont au cinéma. C'est ingrat par le fait qu'on n'obtient pas immédiatement la reconnaissance de ceux pour qui on se défonce. C'est un engrenage : on cuisine tout le temps, même pendant les quelques loisirs restants. On n'arrête jamais. Il faut avoir un bon équilibre et ne pas être troublé par des problèmes familiaux ou financiers. C'est pour cette raison qu'il est important d'avoir notre épouse pour travailler avec nous.»*

Gastronomie des pauvres

Tout a été américanisé à outrance. Lorsque Jean-Paul va dans les pays étrangers, il demande qu'on l'amène loin des lieux touristiques pour découvrir des endroits typiques. *«J'ai toujours des coups de cœur car chaque pays a sa culture. On dit qu'il n'y a pas de cuisine grecque : c'est faux, la cuisine traditionnelle grecque est extraordinaire... Partout dans le monde la cuisine gastronomique démarre dans la ferme, chez les plus humbles, chez les pauvres; la gastronomie est là, elle n'est pas uniquement chez les riches. Tout part du peuple mais, malheureusement, en fonction des produits, ça devient aristocratique ou snob... L'authenticité et la vraie culture sont à la base chez ceux qui, déjà, travaillent les produits, pas des produits qui sont déformés par l'argent, l'arrivisme...»*

La lutte

«La cuisine du futur sera celle de la vérité. Il faudra se battre contre toutes les formes d'aplanissement des produits avec des normes imbéciles au niveau de l'Europe où tout doit être identique. Il faut impérativement que chacun garde sa personnalité et ses traditions. Mais on y arrivera, on les fera plier et les jeunes, les générations qui vont nous succéder, devront s'y atteler car on ne peut pas détruire deux mille ans de culture.

«Dans l'agro-alimentaire, les industriels commencent à comprendre et prennent des conseillers techniques à prix d'or. Notre rôle à nous, cuisiniers, est d'être vigilants, de convaincre les gens, peut-être de les éduquer, de les guider dans leur choix des produits. Je participe à la semaine du goût et j'ai été émerveillé de voir les gamins de 8 à 10 ans poser des questions pertinentes et parfois embarrassantes pour nous. Pas une seule fois pendant 1 h 30 n'ont été prononcés pizza *ou* MacDonald. *Je pense que c'est très encourageant pour l'avenir.»*

De l'utopie à la réalité

Jean-Paul Duquesnoy n'est ni carriériste, ni arriviste, et le souhait qui lui tient le plus à cœur est de créer son restaurant idéal. *«Je n'y arriverai peut-être jamais, il serait beaucoup trop petit, mais j'aimerais qu'il ait quinze ou vingt places pour pouvoir faire plein de choses par moi-même. C'est utopique, mais c'est un fantasme. En réalité, il pourrait avoir quarante à cinquante couverts; il serait accueillant, agréable, le plus convivial possible avec un choix restreint de mets qui changeraient presque chaque jour en fonction de l'humeur, de l'opportunité, de la saison. Faire des plats "porteurs".*

«Et le Feu; le feu, c'est le numéro un, c'est le départ de tout. Je suis probablement, parmi les deux et trois étoilés, l'un de ceux qui a le plus travaillé devant une cheminée. Le feu n'a plus aucun secret pour moi. Les gens ont les yeux rivés sur vous. C'est spectaculaire, magique.»

Esaü

En attendant la réalisation de ce beau projet, le chef nous fait saliver en nous parlant d'une de ses grandes spécialités à la carte qui est la :

«Pastilla d'escargots servie comme une fondue avec une crème de lentilles d'Esaü»

(Esaü perdit son droit d'aînesse le vendant à Jacob pour un potage de lentilles).

«Dans la cuisson des lentilles, je mets un morceau de lard pour parfumer davantage et, quand il est cuit, je le détaille en Julienne et le fais chauffer au moment d'envoyer la soupe. Donc, les lentilles sont cuites à

l'eau, je rajoute un petit peu de fond de blanc de volaille qui sont les carcasses cuites à l'eau et réduites. Je mets deux carottes, un oignon piqué avec un clou de girofle, deux ou trois gousses d'ail, un bouquet garni et je laisse cuire très lentement. Ensuite, je mets un peu de crème fleurette, une noix de beurre et je mixe. C'est tout. Les escargots sont frais, j'ai commencé à les faire au moment des girolles, des cèpes. Je fais un hachis avec les champignons, un peu d'échalote et je le mets dans de tout petits moules avec l'escargot au centre. Quand c'est pris, on ôte les moules, on enveloppe d'une feuille de brick et on les poêle croustillants. C'est une émanation venue des bois. »

« Boisson : pourquoi pas un Bouzy ! »

Loisirs

Faire la cuisine. Recevoir ses copains pour manger une soupe à l'oignon gratinée au four.

Quand il va au restaurant, Jean-Paul aime bien découvrir la cuisine de ses collègues qu'il ne critique jamais. Chez ses parents, il y avait un dicton qui circulait chaque jour : *« Bien faire et laisser braire. »*

Jean-Paul Duquesnoy représente la force profonde par excellence. Il aime relever les défis et, lorsque la difficulté se présente, il en envisage sereinement l'issue. Ses importantes capacités intellectuelles lui font ressentir le besoin d'une intense activité cérébrale. Il donne sa place à chaque chose, ordonne avec mesure. Par là même, il répond à sa fonction créatrice ou organisatrice.

Il ne perd point la paix de son âme ni la foi au milieu des tribulations, ce qui le fait être au-delà des oppositions et des contraires. Il réalise en lui l'unité et, de ce fait, il appartient déjà à l'éternité, ignorant le morcellement du temps. Il pense et agit avec poids, avec ordre, l'ordre en lui d'abord, puis autour de lui. C'est la purification du désir jusqu'à sa forme la plus sublime : la bonté.

« Le Dieu Agni a gravi les cimes du ciel,
et en s'affranchissant du péché,
il nous a affranchi de la malédiction. »

Atharva Veda, 12, 2.

Soupe de haricots avec une julienne de truffes et petites crêpes au blé noir

Ingrédients (pour quatre personnes) :

- 1 carotte
- 1 noix de beurre (50 g)
- 1/2 l de crème fleurette
- 1 truffe de 40/50 g
- 1 kg de haricots à écosser ou 200 g pour des haricots secs.
- garniture aromatique : 1 oignon, 1 blanc de poireau, thym et 100 g de céleri-rave

Préparation :

1. Les haricots sont cuits à l'eau avec une carotte et la garniture aromatique. Laissez-les cuire très longtemps. Quand ils sont cuits, retirez la garniture aromatique, mettez un petit peu de crème fleurette, une noix de beurre et mixez cette soupe. Cela fait une espèce de soupe crémeuse, onctueuse et mousseuse en même temps.

2. Servez-la dans des assiettes ou des petites soupières brûlantes (brûlantes, j'y tiens) et mettez dessus au dernier moment une julienne de truffes fraîches.

3. *Julienne de truffes :* prenez une truffe entre 40 et 50 g (qui sont les meilleures), une belle truffe noire brossée. Emincez-la et taillez une julienne un petit peu charnue, un peu croquante quand même, il ne faut pas la faire trop fine. Mais, par contre, la truffe fraîche va embaumer parce qu'elle va être juste pochée au dernier moment dans cette soupe brûlante.

Petites crêpes au blé noir :

Ingrédients :

- 250 g de farine de sarrasin
- 3 dl de lait
- un peu de sel.
- 2 œufs
- 50 g de beurre noisette

Préparation :

Mélangez le tout et confectionnez des petits blinis avec un appareil à crêpes.

Ce plat est une entrée d'hiver extraordinaire.

Vin conseillé : Condrieu blanc, 1991, de chez G. Vernay.

La marmite des chasseurs

Ingrédients (pour douze personnes) :

- 2 poules (1,8 à 2 kg)
- 12 cous
- 24 ailerons
- 2 jointures de bœuf
- 2 oignons en tranches épaisses
- 12 gésiers
- 24 crêtes et 24 rognons
- 1 queue de bœuf
- 6 poireaux tronçonnés
- 1 bouquet garni (thym, laurier, persil)
- 6 carottes, 6 navets, 1/2 céleri-rave (taillés en grosses olives)

Préparation :

1. Grillez les tranches d'oignon sur la plaque du four jusqu'à forte coloration ; ceux-ci apportent une jolie couleur ambrée au bouillon. Videz les poules (nettoyez les abatis), tronçonnez la queue de bœuf et mettez tous ces éléments à cuire dans une grande marmite mouillée à l'eau froide ; écumez soigneusement jusqu'à ébullition. Ajoutez le sel, les légumes et le bouquet garni. Faites cuire très lentement, environ deux heures.

2. On pochait quelquefois au dernier moment des petites quenelles de foies blonds de poularde, écrasés avec de la mie de pain, du lait, de l'ail et du persil hachés.

Cette marmite était cuite dans la cheminée du restaurant familial dans un chaudron suspendu à une crémaillère sur un lit de braises. Les chasseurs, sur le chemin du retour, se délectaient de ce plat très simple mais tellement goûteux et si convivial à la fois.

Vin conseillé : Blanc de blancs, nature de Champagne.

Portrait de femme : *Françoise Duquesnoy*

"La forteresse"

Vie nouvelle

Née à Paris, Françoise travaille à Air France et le coup de foudre a lieu aux sports d'hiver. Un mariage vient couronner cette rencontre et, par amour, la jeune épousée suit comme il se doit son mari pour vivre à Troyes et travailler dans l'affaire familiale.

Conversion

« Mon mari est né dans une marmite, il m'a donc fallu être initiée à cette activité nouvelle pour moi. J'ai appris progressivement, grâce à ma belle-mère et au frère de mon mari. Je ne regrette rien, cet environnement m'a permis d'élever mes deux enfants (garçon et fille) en toute quiétude, ce qui m'aurait été impossible à réaliser à Paris. Ils ont à ce jour un grand équilibre à l'âge de 19 et 21 ans, et mon fils a déjà la vocation qui lui permettra de suivre le chemin de son père. »

Dix ans après, ils quittent la région pour la capitale.

Subtilité

Françoise est une femme conciliante. Elle a surtout l'intelligence de savoir respecter les méandres caractériels de chacun : les enfants, le personnel, les clients... Elle sait s'adapter à l'instant. Sa présence est forte mais discrète.

Lorsque Jean-Paul prépare une nouvelle carte, elle ne dit mot, elle connaît son besoin de paix dans ces périodes. *« Il est un des rares chefs à créer sans faire goûter ; il a une sorte de science infuse. »*

Osmose

Les fonctions de cette femme tranquille sont la comptabilité, l'accueil, la salle, la décoration florale et la commande des vins. *« Pour qu'un couple vive en harmonie, il est nécessaire que la personnalité de chacun soit respectée. Nous avons trouvé nos marques et tout se passe pour le mieux. Peut-être suivrons-nous l'exemple de mes parents qui étaient commerçants, travaillaient ensemble et viennent de fêter leur cinquante ans de mariage ?*

« Je me suis toujours efforcée de réussir notre vie privée et ensuite notre vie professionnelle, car il est nécessaire d'obtenir une osmose pour la bonne marche des affaires. »

Loisirs

Les week-ends sont réservés aux enfants, aux amis et à la vie familiale que Françoise tient à préserver. *« Le samedi nous allons très souvent déguster la cuisine de nos collègues et, le dimanche, c'est encore Jean-Paul qui cuisine ; il ne peut pas s'en passer ! »*

Fatalisme sage

« Mon chef de mari a plein d'idées. Peut-être le futur nous apportera-t-il un nouveau restaurant qui sera à l'image de ses rêves ? » Mais pour Françoise Duquesnoy, l'essentiel est la continuité dans l'harmonie du couple et de la famille.

Françoise Duquesnoy (suite) :

Françoise attise une flamme en elle, son cœur est l'âtre, la flamme est le soi dompté ; elle représente le refuge intérieur pour l'homme, elle est la caverne du cœur. Pour elle, c'est l'échange au niveau de l'énergie spirituelle et son offrande du bien matériel attire un don de l'autre.

Sa vertu réside dans une relation matière-esprit et, dans cette persuasion, elle peut agir par le truchement ou la médiation des forces matérielles sur les forces spirituelles. Et son époux lui chante : « Moi, je chante ta force, j'acclame ton amour au matin ; tu as été pour moi ma citadelle, un refuge au jour de mon angoisse. »

Elle s'efforce de pénétrer dans le château le plus intérieur des âmes qui l'environnent pour les mettre à l'abri de la perdition.

Recette "coup de cœur" de Françoise Duquesnoy

Crumble

Ingrédients :

- 7 pommes Golden
- 8 cuillerées à soupe de farine
- 2 cuillerées à soupe de sucre vanillé.
- 180 g de beurre mou
- 8 cuillerées à soupe de sucre semoule

Préparation :

1. Epluchez les pommes. Coupez-les en petits morceaux dans un grand plat.

2. Avec les mains, mélangez ensemble beurre, sucre en poudre, sucre vanillé, farine et faites-en une pâte grossière.

3. Répartissez cette pâte sur les pommes.

4. Faites cuire au four à 180° pendant une heure.

Vin conseillé : Champagne brut premier, de chez Roederer.

Roland Durand

"Le Pré Catelan"

Route de Suresnes – Bois de Boulogne – 75016 PARIS
Tél. : 01 45 24 55 58 – Fax : 01 45 24 43 25

THÉOPHILE CATELAN eut aimé qu'en son temps se déroule, dans ce territoire de chasse à l'époque de Louis XIV, les festivités et déploiements d'élégance qui ont fait de ce pavillon construit sous Napoléon III un des lieux les plus prisés de la capitale. En ces bois, comme il se doit, lorsque la collation a lieu dans le pré la table doit s'intégrer dans le paysage. Les fleurs, la verdure et les branchages participent au décor. On ne sait plus alors où la table commence et où la nature finit.
Comme dans de nombreuses peuplades, les bois symbolisent la demeure mystérieuse d'un dieu. La forêt, ou le bois sacré, est un centre de vie, une réserve de fraîcheur, d'eau et de chaleur associées.
Dans la grande salle à manger, rehaussée par les reliefs de Caran d'Ache, les aliments envahissent la pièce entière, l'immense flambée, les miroirs et les chandelles leur confèrent leur éclat et les réfléchissent à l'infini. Le festin visuel ne s'arrête pas là, il est tout au long d'une visite à l'orangerie et dans les salons.
La satisfaction gustative est en éveil permanent, car nul autre que le chef Durand ne pourrait convenir davantage en ces lieux pour faire découvrir une cuisine aux pulsions rustiques et raffinées, violentes et captivantes.

"Le mousquetaire des fourneaux"

La campagne

Roland Durand est né à Clermont-Ferrand, dans une famille ouvrière de sept enfants, d'un milieu très modeste. Son père est maçon, sa mère est une femme au foyer et ses grands-parents sont paysans agriculteurs.

Il passe ses premières années à la campagne, à Ponteix, petit village de montagne sur les pentes du Puy-de-Dôme, à 50 km de la plaine de la Limagne. Ponteix est une véritable petite exploitation paysanne composée d'une cinquantaine de propriétaires de vaches et de moutons. Il y reste jusqu'à l'âge de 7 ans. Ses études marchent bien mais, arrivé à la 3e, il décide de s'orienter différemment et, perplexe, ne sait où se trouve sa voie.

« Ma mère était bonne cuisinière. Elle faisait une cuisine de femme : poulet rôti, tarte aux pommes, pâté de lapin. C'est elle qui m'a suggéré de faire ce métier. Il est vrai que ma tendance était de m'y intéresser. J'aidais à préparer les repas et, le soir avant de me coucher, je regardais Raymond Oliver et Catherine Langeais à la télévision. »

Expériences

Suivant les sages conseils de sa mère, Roland entre dans le monde culinaire, mais il va toute-

fois essayer d'y échapper et trouve un emploi dans la charpente métallique. « *Voyez-vous, dès qu'on touche au milieu ouvrier, c'est la C.G.T. et tout le reste… J'ai eu un rejet immédiat et je suis revenu très vite à la cuisine.* » Et depuis bientôt trente ans, il lui est resté fidèle !

On le verra ensuite au casino d'Aix-en-Provence, au *Royal* à Deauville et à Londres au *Savoy*. Une autre lubie : le service en salle. « *Je suis resté six mois, rue Poissonnière, à servir du couscous sans prendre un jour de repos, et j'ai tellement mangé de merguez chez Bébert que j'ai attrapé une hépatite virale ; c'est la seule fois de ma vie où je me suis arrêté soixante jours !* »

Roland Durand continue sa convalescence en travaillant tranquillement au *Golf bleu* à Sainte-Maxime, avant de trouver sa première place de chef au restaurant du président de la régie Renault, à l'époque géré par Sofitel. Trois années plus tard, à 28 ans, il prend la direction des cuisines du *Sofitel-Sèvres*. On lui permet, parallèlement, de réaliser des opérations personnelles en Asie ; ces déplacements sont de l'ordre de quatre à cinq par an.

« *C'était devenu pour moi une réelle passion, je ne voyais plus le temps s'écouler. Lors de mon engagement, le groupe Accor avait promis de m'aider à m'installer à mon compte le moment venu et tint sa promesse. J'ai donc repris* Le Camélia *à Bougival, l'ancienne affaire de Jean Delaveine. Tout a très bien marché jusqu'à la guerre du Golfe.* »
Préférant ne pas végéter – ce n'est pas dans le caractère de notre héros – Roland accepte d'être le chef-directeur du *Pré Catelan* (1992). C'est un lieu prédestiné pour ce garçon épris de campagne et de verdure.

Religion et spiritualité

Roland Durand est un être d'une extrême sensibilité qu'il masque sous des airs de « gentil voyou ». Il nous parle de sa vision du monde religieux et spirituel :

« *La religion m'a longtemps éloigné de la foi. J'ai été baptisé catholique, mais je n'ai pas fait ma communion compte tenu des opinions communistes de mon père qui avait eu quelques différents avec le curé. A l'époque, j'étais assez révolté et même un peu délinquant.*

« *La religion n'est pas ma tasse de thé. C'est pour moi un tissu d'hypocrisie. J'ai pris mes distances et je suis devenu athée. Mais, progressivement, j'ai tempéré cette violence. Quelques années plus tard, sous l'influence de la philosophie asiatique, je revenais à une certaine spiritualité. Celle-ci ne m'a plus quitté. Seulement, cette spiritualité est un peu en contradiction avec un certain monde établi. J'ai beaucoup de mal à croire en Dieu en cette fin de siècle et je ne sais pas ce que cet être supérieur fait pour le monde. Ce qui me sidère, c'est de voir autant de gens malheureux et croyants. Plus ils sont éprouvés et davantage leur foi est profonde. Lors de mes voyages, je rencontre beaucoup de misère et cette constatation s'est confirmée.*

« *La religion a son rôle dans toutes les sociétés, et quand les gens sont livrés à eux-mêmes, dans des conditions très difficiles, il y a ce besoin d'espérer, de se dire qu'il y aura autre chose derrière, et les extrêmes se rejoignent, car ceux qui ont beaucoup de fric sont peut-être aussi religieux, à leur façon, mais d'une manière moins pure, car la religion a toujours fait bon ménage avec l'argent… Ces gens-là utilisent la religion pour asseoir leur pouvoir. Mais peut-être aussi pour gagner le bien-être dans l'au-delà. Personnellement, vis-à-vis de la religion et de Dieu tels qu'on nous les présente, c'est le scepticisme le plus total, sauf à l'égard du bouddhisme.* »

Roland Durand (suite) :

La véritable recherche spirituelle, pour Roland, est à travers la nature. L'Asie l'a beaucoup marqué : *« La première fois que je suis allé en Thaïlande j'ai vu des gens pauvres mais qui avaient le sourire toute la journée, qui étaient accueillants et qui donnaient tout. J'ai été complètement bouleversé. Ils sont bouddhistes, mais le bouddhisme est une religion qui n'a pas été, dans son parcours, marquée par la violence. Bouddha a un sourire serein, énigmatique et rassurant. Je crois qu'on fait partie d'un tout et qu'on n'a pas le droit de disposer librement. Mais rien n'a fait couler autant de sang que les religions dans l'histoire de l'humanité. Le bouddhisme est plus responsabilisateur et plus universel.*

« Si l'on n'arrive pas à préserver l'aspect sauvage de la vie, si on civilise tout, on disparaîtra. C'est ce qu'on est en train de faire. La notion de supériorité va avec celle de bienveillance. Je dis qu'un être supérieur doit être bon. On ne peut pas être supérieur et mauvais. Autrement dit, Dieu n'est pas supérieur quelque part, car un Dieu qui a besoin de voir mourir des enfants par millions, je ne peux pas l'accepter. On dit que les voies du Seigneur sont impénétrables, donc ce qui arrive fait partie de ses desseins... Après ces réflexions on revient vers l'athéisme. »

Mais après l'extinction des illusions, Roland devrait atteindre le nirvana !

Conscience professionnelle

« Quand je fais à manger pour ma famille, j'accomplis un acte d'amour. Quand je viens ici tous les matins, c'est pour gagner ma vie en faisant quelque chose qui me plaît.

« Certains mecs dans ce métier font croire qu'ils vivent à travers le regard des autres mais, en réalité, où est la satisfaction ? Bien entendu, un compliment, des félicitations ça dope, ça fait du bien, mais cette passion est celle du business pour rester à un certain niveau.

« Je m'arrange pour avoir un dialogue, même court, avec un certain nombre de clients chaque jour, car j'ai besoin de ressentir les choses à travers leurs commentaires, ce qui est riche d'enseignement. »

Zorro et l'Apocalypse

« Si j'avais de gros moyens, ce serait pour la protection de la nature et surtout de l'enfance. De nos jours, les enfants sont tués, maltraités, abandonnés, violés et prostitués. Une espèce qui n'est pas fichue d'aimer, de protéger ses enfants ainsi que son environnement est vouée à disparaître. Je ne mise pas, comme certains optimistes, sur la pérennité de l'homme. Je pense qu'à relativement court terme on peut ne plus exister. Cette planète va éclater de partout, on ne saura pas ce qui se passe. Chaque fois qu'apparaît une maladie on trouve l'antidote dans les plantes, et en supprimant une partie des espèces on restreint les possibilités de réponses. D'autre part, tout axer sur l'intelligence de l'homme et l'informatique pour faire face est une grande erreur. On ne peut pas asservir la nature, puisque cette nature on en fait partie et, en l'oubliant, on se détruit. C'est une conviction profonde. »

Star-système et survie

« L'argent est en tout. En tennis il n'y a plus de joueur inspiré. Le foot est un grand guignol, le rugby devient business. Toute la spontanéité et l'aspect artistique ont disparu, il ne reste que la rentabilité et la gestion au millimètre, on devient tous des machines à produire.

« Le paysan, même s'il va à la messe tous les dimanches, croit en Dieu, écoute les cloches à midi, est néanmoins complètement tourné vers son travail : il pense uniquement à gagner sa croûte et à nourrir sa famille. C'est devenu l'occupation principale de l'humain. »

Produit-roi

Cela dit, ce queux révolté aime son métier et pense qu'il faut lutter pour défendre le produit de toutes ses forces pour qu'il ait encore davantage de qualités : *« Celui qui croit en cette profession doit agir dans le sens du produit et non pour les médias, ce qui est le cas de certains grands chefs actuels. Il faut faire en sorte qu'il soit encore possible, dans l'avenir, de créer des produits de qualité supérieure. Sinon, dans dix ans on aura tous cinq toques, quinze étoiles, on travaillera des produits de quatrième zone... et après on pourra être spirituel et aller à la cathédrale ! Il n'est pas spirituel de manger moyen. Malraux a dit :* "Le XXIe siècle sera spirituel ou ne sera pas." *Si on ne réagit pas, avec l'influence des U.S.A. on va finir par bouffer des salades sucrées avec du fromage ! La cuisine française n'est pas immortelle, elle a déjà du plomb dans l'aile. On la copie partout en l'évinçant presque systématiquement. Il me semble toutefois qu'un regain d'intérêt se dessine un peu partout dans le monde pour notre cuisine. »*

« Science sans conscience n'est que ruine de l'âme : à quoi sert de maîtriser la technique culinaire et d'en être fier, si c'est pour appliquer ce savoir-faire à des produits frelatés, bourrés de produits chimiques, cancérigènes et, de surcroît, ayant de moins en moins de goût... si ce n'est pour le goût du fric de la part de l'industrie qui les produit ? Il faut aussi souligner que la philosophie du politically correct ne doit en aucun cas avoir un droit d'intervention dans le domaine de l'alimentation. Etre spirituel, c'est être civilisé. Dans cette optique, la consommation d'une nourriture devenant dangereuse relève davantage de la barbarie que de la spiritualité. »

Idéal

Ce grand chef voudrait débarrasser la gastronomie de l'aspect contrainte au quotidien et faire la cuisine uniquement pour le plaisir, pour une poignée d'amis. *« Je voudrais gagner au Loto, inviter des gens et cuisiner au coup par coup. Travailler moins. Il y a une saturation complète dans ce métier. Quand on est enfant, nos aspirations sont de réussir dans la vie, de briller, mais en même temps on ne pense pas à l'aspect rémunérateur du travail, on pense au plaisir de la connaissance qui nous attire, à la joie de faire. »*

Loisirs

Bien entendu, Roland dispose de peu de temps pour ses loisirs : être avec sa fille, aller au cinéma, lire, marcher en forêt en compagnie de ses chiens, voyager et visiter les expositions de peinture.
Il apprécie autant recevoir qu'être reçu, mais surtout manger un couscous entre amis. Ses restaurants préférés sont élégants mais pas guindés, confortables et sans « chichi », avec un personnel avenant, attentif, qui sache se faire oublier : ni encombrant, ni oppressant. Les prix doivent être abordables. Il aime par-dessus tout les restaurants ouverts sur l'extérieur, style campagne à la ville. Il va sans dire que le *Pré Catelan* lui sied comme un gant !

Déception

« Dans cette époque tourmentée, je me demande si les gens sont enthousiastes ou s'ils font semblant. Pour ma part, le vécu au quotidien sur le plan gestion m'enlève une grande partie du plaisir de créer. Heureusement, il y a encore de grands enthousiastes ; mon grand ami Pierre Gagnaire en fait partie. Je suis ébahi, il est célèbre et il a toujours l'air d'un enfant. Sa foi en l'avenir est intact. Mais ce n'est pas mon cas. Dieu, j'y crois un jour sur deux... La religion telle qu'elle existe, je n'y crois pas... Quant à l'homme, je suis sceptique ! »

***Roland Durand** représente le dépassement des frontières. Il est le voyage, et n'est bien qu'ailleurs. Toujours désireux d'être autre chose que ce qu'il est, d'être meilleur. Il fait preuve d'audace, a le goût du risque, joue et compte sur sa chance. Il symbolise le mouvement. Ses instincts vont vers l'indépendance et ses réflexes sont vifs. Roland vit sa double nature : son côté anarchiste, rebelle et instinctif et l'autre côté confortable, bourgeois, respectueux de l'ordre et de la loi.*

.../...

Roland Durand (suite) :

Il est voué à l'exaltation du brahman, dont la connaissance assure la libération du cycle des renaissances. Il est la synthèse dynamique de l'homme volant vers sa transformation, par la connaissance, d'être animal en être spiritualisé. Roland Durand choisira-t-il le petit ou le grand Véhicule ? Chargé de mission, il sera toujours prêt à défendre la veuve et l'orphelin avant ses étoiles.

Recettes "coup de cœur"...

Cervelle d'agneau en gelée safranée, tomate confite et cœur de laitue

Ingrédients :

- 8 cervelles d'agneau
- 1,25 l de gelée pour cervelles
- 2 cœurs de laitue
- 12 copeaux de tomate confite
- 50 g d'échalote
- 1/2 citron confit au sel
- 1/4 de botte de coriandre fraîche
- 8 cl de citronnette
- 40 g d'olives noires de Nyons hachées
- 80 g de poivrons rouge

Préparation :

1. Faites dégorger 24 heures les cervelles à l'eau glacée en la renouvelant de temps à autre. Débarrassez-les des filaments sanguinolents qui les parcourent, sans les abîmer.

2. Rangez les cervelles dans une casserole les contenant tout juste côte à côte. Recouvrez-les d'un litre de gelée, portez doucement à frémissement et faites cuire ainsi 10 minutes. Retirez-les du feu et laissez-les refroidir dans leur cuisson.

3. Sortez les cervelles de leur gelée. Coupez chaque lobe en deux morceaux. Assaisonnez de citronnette, d'échalote ciselée, de coriandre fraîche et de poivre blanc moulu très gros.

4. Disposez les morceaux de cervelle sur les assiettes de service sans qu'ils se touchent. Posez un petit morceau de tomate confite sur chacun d'eux, intercalez quelques toutes petites feuilles jaunes de cœur de laitue également passées dans la citronnette.

5. Parsemez ensuite d'écorce de citron salée et coupée en tous petits dés, de poivron épluché et coupé également en petits dés, de coriandre ciselée et d'olives noires hachées.

Vin conseillé : Meursault (blanc) «les Tessons», clos de Mon Plaisir (1990).

… de Roland Durand

Etuvée de Saint-Jacques au poivron rouge

Ingrédients (pour quatre personnes) :

- 2 dl de bouillon de volaille ou de fumet de Saint-Jacques
- 10 grosses noix de Saint-Jacques
- 5 cl d'huile d'olive
- 12 g de truffe écrasée
- 8 feuilles de romarin
- 24 feuilles de thym citron
- 1 poivron rouge de 200 à 250 g
- 1 dl de crème fleurette

Préparation :

1. Lavez le poivron. Otez le pédoncule, ouvrez-le en deux, éliminez les pépins et les côtes blanches.

2. A l'aide d'un couteau à lame fine, prélevez 70 g de chair de poivron en lamelles fines ne comportant pas la fine pellicule brillante qui recouvre l'extérieur du poivron (la cellulose). Détaillez ces lamelles en tout petits dés (brunoise) et mettez-les dans une petite casserole avec un peu d'huile d'olive ; salez légèrement et faites étuver tout doucement à couvert pendant cinq minutes.

3. Emincez finement le reste du poivron, faites-le suer légèrement avec un peu d'huile d'olive. Versez le bouillon de volaille par-dessus. Couvrez et faites infuser dix minutes. Ajoutez la crème. Faites frémir cinq minutes. Salez et poivrez. Passez au mixeur puis au chinois fin. Vérifiez l'assaisonnement.

4. Coupez chaque noix de Saint-Jacques en cinq tranches fines. A l'aide d'un pinceau, huilez très légèrement le fond de quatre assiettes. Disposez six tranches de Saint-Jacques préalablement assaisonnées au fond de chaque assiette. Répartissez la moitié des petits dés de poivron rouge au centre de chaque tranche de Saint-Jacques. Ajoutez la truffe écrasée. Recouvrez chaque tas d'une lamelle de Saint-Jacques. Passez deux minutes au four puis versez entre les Saint-Jacques la sauce au poivron rouge après l'avoir bien émulsionnée au mixeur. Répartissez le reste des dés de poivron sur chaque tas.

5. Parsemez le romarin haché finement et disposez encore trois feuilles de thym citron sur chaque tas de poivron rouge. Servez aussitôt.

Vin conseillé : Viognier, Côtes du Rhône blanc, Domaine de Goubert (1993).

Alain Dutournier

"Carré des Feuillants" (Relais gourmands)

14, rue de Castiglione – 75001 PARIS

Tél. : 01 42 86 82 82 – Fax : 01 42 86 07 71

*L'*ESPRIT *appelé plane sur le* Carré des Feuillants. *Dons de poésie et de perception infinie transmis au maître queux par Victor Hugo. Ils sont trois mousquetaires dans ce lieu historique : Hugo, dont Louis XVIII est le mécène; Adolphe Duglere, maître de la cuisine, est conseiller de Dumas père pour son œuvre culinaire et Alexandre Dumas, dont le souffle narratif et la puissante imagination relient spirituellement les trois personnages.*
Viscéralement inspiré par sa Chalosse natale, Alain Dutournier rétablit le lien gustatif des saveurs d'antan, affinées par une geste subtile pour les fondre au fil des saisons en un espace encore invisible.
Amour et vérité envahissent ce lieu illimité et infime à la fois. La blondeur des boiseries, la verdure, les fleurs et le verre de Murano créent une harmonie charmante et luxueuse où fruits et légumes vous sourient là où vos yeux se posent. Illusion ou réalité, l'autel devant lequel les «feuillants» envoyés par les cisterciens chantent «O mon ami le chant de son amour pour sa vigne», sous la voûte plantée de grappes. En ce centre, foyer de la spirale, convergent toutes les lignes architecturales et il réunit en lui la symbolique d'une opération sacrée : la réunion du pain et du vin.

"Le poète visionnaire de l'art culinaire"

Méfiance

Midi sonne au clocher de l'église de Cagnotte, dans les Landes. Il est l'heure du déjeuner, un futur gourmet vient de naître. Mère et grand-mère font la cuisine dans l'auberge familiale. Dès l'âge de 5 ans, Alain Dutournier, tel un chaton, commence à renifler tout ce qui se mange. Invité avec sa famille chez des amis, au grand désespoir de sa mère il sent, regarde s'il n'y a pas un truc bizarre dans son assiette, trie quelque chose de suspect et le met de côté. A l'avant-garde pour le choix du meilleur produit ! Sa participation au travail du restaurant tombe sous le sens pour l'enfant. Il décide d'être cuisinier et de voyager.

Vœu exaucé

Lycée technique hôtelier de Toulouse, Alain apprend également l'anglais, l'allemand et l'espagnol.
Après l'armée, période Air France à la cuisine centrale, puis les grandes découvertes dont l'Asie et sa culture culinaire, berceau de notre cuisine. *«Mon esprit s'ouvre alors au mondialisme, mais l'envie incontournable d'interpréter la cuisine du Sud-Ouest à ma façon est là. Je dois apporter le message à Paris.»*

Alain Dutournier (suite) :

1973 : ouverture du *Trou Gascon* dans le XIIe arrondissement. Alain impose son style, sans Beaujolais, sans crème et sans côte de bœuf. Il effectue de nombreuses prestations aux U.S.A. qui lui donnent de nouvelles idées sur le métier.
1986 : le *Carré des Feuillants* ouvre ses portes ; 500 m^2 au cœur de Paris, presque aussitôt couronné par deux étoiles.

Les nombreuses activités d'Alain Dutournier ne se comptent plus. Il fut, entre autres, l'animateur d'une rubrique bi-hebdomadaire sur Canal + *(la Grande famille)*.

Odeurs et musique

La cuisine est très liée à la religion. C'est, pour Alain, une histoire d'odeurs et de musique. Les souvenirs ressurgissent : *« J'ai la nostalgie des dimanches de mon enfance. On s'habillait pour aller à la messe. C'était la chemise blanche et les cheveux en brosse. Les habitants de mon petit village se retrouvaient alors dans la vieille abbaye. »*

Et la valse des parfums commence au printemps avec les premières fleurs, les arômes, les lys… *« La saison idéale pour aller à l'église est le mois de juin, les vieilles pierres sont encore humides, il commence à faire chaud et l'odeur de l'encens se mêle à celui des fleurs. J'en rêve encore. J'y retourne le plus souvent possible pour retrouver toutes ces sensations indispensables à mon bien-être. »*

Foi et corrida

Alain considère la religion comme un moyen de communication avec les forces invisibles. C'est pour lui un moule qui, par ailleurs, lui convient encore pas mal. Il est déiste et croit en une puissance surnaturelle. Sa grande nostalgie est de ne plus entendre chanter en latin, qu'il considérait comme un rapprochement personnel avec le flamenco.

« Je me souviens aussi de la Fête-Dieu dans la campagne ; les petites filles jetaient des pétales de fleurs et le cantonnier faisait une jonchée pour promener l'eucharistie dans la nature. Je retrouve cette procession à Séville pour Pâques. C'est une manifestation pacifiste des gens vers l'au-delà. Je crois surtout en un rituel chargé de bonheur.

« En juin prochain, j'irai au Cap de Gascogne, dans la chapelle du couvent des Jacobins pour me fondre dans ce monde fait de gens simples, pour remettre ma chemise blanche et prier avec, en fond, les chants et les odeurs subtiles de mon pays. J'irai ensuite à la corrida dans un village de Chalosse, l'après-midi, après avoir déjeuné simplement d'une poule au pot arrosée d'un vin de pays léger, car cette "épreuve" provoque une certaine angoisse. »

Rythme des saisons

Notre organisme est conçu pour manger moult fois dans notre vie, et le queux romantique nous dit :

« Pour moi, la nourriture a plus d'importance que pour la majorité des gens, et je suis persuadé de trouver dans la nutrition une thérapie. Je l'ai appris en naissant à la campagne. Nous avions le même rythme que les animaux sauvages qui se nourrissent en fonction des saisons. A Paris, on se retrouve entre amis provinciaux pour manger les premières morilles, les premières pibales. Ce sont pour nous des moments symboliques.

« Autrefois, les mets étaient liés aux fêtes religieuses, c'était notre seul repère. Par exemple, le matin de Pâques, à la fin du carême, on allait pêcher les petits poissons pour la friture et on faisait l'omelette de Pâques. On la mangeait après la

messe. La période de jeûne étant terminé, l'agneau pascal arrivait sur la table dans toutes les maisons. C'était un agneau de lait croustillant à souhait.

« Il y avait aussi le cresson, amené par la nature dans les fontaines à cette période, tout frais, tout tendre, les premières migrations, les premiers oiseaux, les premières palombes. Il y avait aussi la pêche car l'océan est tout proche. Une messe était dite pour le départ des pêcheurs. Les premières aloses étaient pêchées et grillées avec des feuilles de laurier, seules, sans accompagnement et toujours un prétexte de fête lié aux saisons et aux événements religieux. On communique alors à travers la nourriture qui est un acte de générosité. »

Les messages

« Quand je suis dans ma région, si des amis m'invitent je n'achète pas de cadeaux, je prends un panier et j'y dépose des feuilles de vigne, de chou et je mets les plus beaux légumes et les plus beaux fruits de mon potager ; ça vient de ma terre, ils ont poussé naturellement, c'est la plus belle offrande que je puisse leur faire. Après, ils font la cuisine avec ces produits qui vont leur parler, et ainsi le message passe.

« La maman transmet son amour à ses enfants à travers les plats qu'elle leur concocte. Ma mère n'est plus là, mais je fais à manger pour toute la famille. Je peux leur donner tout ce que je sais et ce qu'ils aiment. Et si mon père ne me fait pas de compliment, je suis sûr qu'il a été touché. Mon cœur est rempli de bonheur par ce que j'ai pu donner aux autres.

« Chez nous, l'argent n'a jamais été très important. Mes parents n'étaient pas riches, mais heureux. Ils ont toujours aimé donner et recevoir des choses simples. Pour mon anniversaire, au mois de mars, j'ai reçu un bouquet de jacinthes, c'est pour moi très important et symbolique.

« Il y a aussi des lieux communs dans la vie qui se rattachent à la nature et aux produits. Le jour où j'ai fait ma première émission sur Canal +, *j'ai reçu un énorme bouquet de jacinthes de la part de Jean-Pierre Coffe. Non seulement j'ai été ému, mais j'ai trouvé ça complètement fou ! C'était vraiment un lien avec l'au-delà… Il y a des messages qui se trimbalent partout à travers les fleurs, la nourriture et les gens. Parfois, je sais que je vais recevoir quelque chose et ça arrive, ou bien je pense à un ami et dans les minutes qui suivent il m'appelle. Cela se produit très fréquemment. »*

Recevez mon instruction plutôt que de l'argent, la connaissance est préférable à l'or affiné car la sagesse vaut mieux que les perles.

Les ondes

La conception du repas de ce chef médium est le partage, même si les personnes présentes ne sont pas d'un avis identique. *« Il m'est arrivé, subitement, de ne plus pouvoir avaler après avoir senti que l'un des convives assis autour de la table était opposé à la joie de partager. Dans ce cas-là je me bloque et même le meilleur vin n'offre plus aucun intérêt. »*

Sauvegarde

Il est essentiel d'avoir une santé à toute épreuve et qu'il y ait une adéquation entre la générosité et la sauvegarde. Etre un cuisinier généreux sous-entend ne plus exister au bout de très peu de temps. Il faut donc être gestionnaire. *« J'appelle ça la sauvegarde, car il est impossible de faire la cuisine avec un frein dans les mains. Il faut de l'équilibre. Si on fait une purée avec plus de truffes que de pommes de terre, elle ne sera pas bonne. »*

« Il faut aimer les gens, être ouvert aux autres, à leur écoute. La cuisine est à sens unique. Les chefs donnent mais ne doivent rien attendre en retour, enfin ! sauf matériellement, à travers l'argent. Si 10 % de notre clientèle reçoit le message, c'est extraordinaire. »

Simplicité culinaire

La société change, elle évolue sans cesse. *« Je trouve quelque part que ce mouvement va dans le bon sens. Les gens reviennent à la raison, à plus de réalisme. Ça décale, ça dérange, mais on est dans une période extraordinaire. Tout à coup, on redécouvre les valeurs fondamentales, on respecte les choses simples, vraies, authentiques et à travers ce bouleversement la cuisine française va se délester ; elle sera empreinte par les cuisines de régions. La tendance va aller vers quelque chose de plus facile à comprendre qui sera plus typé et mieux retenu. On a fait dans le gadget et la sophistication dans tellement de créations à l'étranger, qu'on est parvenu à les agacer.*

« Le succès de la cuisine italienne vient du fait qu'avec trois bouts de tomate, un peu de mozarella et de l'huile d'olive on se régale. Pour préparer un plat de cuisine française, il faut trois jours ; c'est presque un mystère. On est allé dans l'excès. Quand on a quelque chose dans l'assiette, on veut savoir ce que l'on mange. Le labyrinthe de la grande cuisine mystérieuse française n'intéresse plus personne. La tradition du goût est de manger un canard qui a un goût très marqué de canard, c'est valable pour tous les produits. A partir de là, on sera de nouveau reconnu. »

Loisirs

Le rugby et la tauromachie.
Alain préfère recevoir ses amis pour manger un quasi de veau de lait en cocotte, et son côté naturel lui fait aimer fréquenter des restaurants dont l'ambiance est conviviale et les gens sympas !

Scoop

Alain, avec ses amis d'« Eurotoques » et après un entretien avec le ministre du Tourisme, a obtenu l'accord d'organiser une « fête de la cuisine » chaque année, le premier jour du printemps à partir de 1997. *« J'étais jusqu'à ce jour malheureux de constater que ce genre de manifestation avait lieu dans de nombreux pays voisins ; par exemple, le pays basque espagnol fête la jambourra un jour férié. Les gens descendent dans la rue, les femmes tapent sur des casseroles avec des spatules, tous défilent et mangent les gâteaux préparés amoureusement. Notre pays possède une culture culinaire et, grâce à cette fête et avec la participation des producteurs et des Chambres de commerce, on pourra faire découvrir aux gens des villes et des campagnes ce qu'est la notion d'offrir et la notion du goût. »*

Vraie vérité

« On peut faire de la gastronomie sans voiturier. On peut réaliser une très belle composition florale avec un petit budget. Les décorum superflus des assiettes, les chichis prennent encore avec certains guides, mais il y a un retour à la vérité. Un guide comme le Michelin *ne se laisse pas piéger par de tels "faux-semblants".*

« Une remise en question se prépare, et de cette période vont renaître des êtres de cœur qui feront des choses importantes pour transmettre un message. Nous sommes essentiellement des messagers. Dorénavant, il faudra investir en fonction du prix de vente prévu de notre cuisine car le client ne doit pas subir financièrement le poids de nos investissements. »

Objectif noble

Transmettre les messages aux générations futures à travers ses travaux culinaires.

Les dons d'Alain Dutournier sont indéniables. Son regard vous traverse sans vous voir, il se porte au-delà, ce qui lui donne un air mystérieux et lointain, perdu dans son univers intérieur, à mille lieues d'ici. Il est branché sur des longueurs d'ondes qui échappent au commun des mortels mais qui ne l'empêchent pas d'être un grand séducteur fonctionnant à l'intuition, car son intelligence obéit à des mécanismes étranges dont la logique semble exclue. Il est à la fois sauveur et instrument de la révélation.

Sa trame est faite d'une extrême plasticité psychique où les liens sont déliés, les forces de cohésion effacées et les formes estompées. Il règne en lui un impressionnisme qui favorise la perméabilité, l'abandon, la dilatation, l'inflation émotive par lesquels l'être déborde de lui-même pour se confondre avec la conscience d'une valeur qui le dépasse, l'englobe, l'assimilant aux forces supérieures.

Recettes "coup de cœur"...

Confitures de figues "Alain Dutournier"

Ingrédients :

- 2 kg de petites figues presque mûres, mais encore vertes (queue laiteuse)
- 1 kg de premières noix fraîches
- 3 citrons non traités
- 1 cuillerée à café de cannelle
- 1,5 kg de sucre
- 6 gousses de vanille
- 1 grand verre de vieux rhum

Préparation :

1. *La veille :* cassez les noix, récupérez les cerneaux et retirez délicatement la peau. Lavez sous un filet d'eau les figues fraîches cueillies (entières). Fendez les gousses de vanille en deux. Découpez les citrons en petits cubes (chair et peau). Mélangez tous les ingrédients avec le sucre, sans oublier la cannelle, dans une grande terrine. Laissez macérer l'ensemble jusqu'au lendemain matin.

2. *Le jour de la préparation :* versez 30 cl d'eau dans une bassine en cuivre bien nettoyée (sinon un contenant en inox ou émaillé). Ajoutez la préparation et commencez la cuisson qui se doit d'être douce et lente afin de confire et non de pocher ou bouillir. Conduisez cette cuisson « au sourire », en ayant soin d'écumer et de remuer adroitement avec une spatule en bois. Il est fondamental de ne jamais approcher le stade de l'ébullition. Ainsi, après deux bonnes heures, le sirop de cuisson est bien clair et nappe la spatule, les fruits sont cuits sans être déstructurés. Versez le rhum, répartissez en pots à confiture et protégez avec de la paraffine (évitez toute stérilisation à 100° qui détruirait tout votre ouvrage).

Cet hiver, cette confiture accompagnera traditionnellement un très bon fromage blanc de vache frais. Accompagner par un Sauternes (Château Lamourette, 1989).

Rouget barbet en mille-feuille de chou à la moelle

Ingrédients (pour six personnes) :

- 150 g de moelle de bœuf blanchie
- 12 rougets de 120 g à 150 g
- 1 tête d'ail
- poivre mignonnette
- 50 g de beurre
- 2 choux verts à feuilles lisses
- gros sel de mer, poivre noir
- 5 cl d'huile d'olive
- persil simple

1. *Préparation des rougets :* écaillez, videz en réservant les foies et levez les filets. Retirez les arêtes à la pince à épiler, enlevez les ouïes. Dégorgez les têtes et arêtes puis faites un petit fumet.

2. *Préparation de l'ail craquant :* épluchez, pelez, enlevez le germe et détaillez en brunoise. Ebouillantez, rafraîchissez, égouttez, desséchez légèrement au four sur plaque, puis caramélisez avec une noix de beurre, un peu de sucre et une pincée de sel.

3. *Préparation des feuilles de chou :* blanchissez et rafraîchissez les feuilles. Egouttez et découpez trente cercles de 8 cm de diamètre (en évitant les côtes).

4. *Montage du mille-feuille :* escalopez les filets de rouget en deux ou trois morceaux. Emincez la moelle en fines rondelles. Disposez sur chaque cercle de chou la valeur d'un filet de poisson et de 6 g de moelle. Assaisonnez. Prévoyez quatre couches et cinq cercles de chou par millefeuille. Faites cuire les six portions à la vapeur pendant huit à dix minutes.

5. *Jus de rouget :* faites suer les foies de rouget avec les 5 cl d'huile d'olive. Mouillez avec le fumet, rectifiez l'assaisonnement, ajoutez 50 g de beurre et mixez au dernier moment. Agrémentez de persil ciselé.

6. *Service :* disposez le millefeuille au milieu de l'assiette, le jus autour avec une pincée de gros sel de mer, de poivre mignonnette et d'ail craquant sur le dessus.

Vin conseillé : vin blanc de Bourgogne : Beaune, Clos Saint-Landry, 1990.

Jarret de veau de lait aux aubergines (olives et citrons confits)

Ingrédients (pour quatre personnes) :

- 2 jarrets de veau de lait entiers
- 1/2 l de jus de veau
- 2 oignons
- 6 gousses d'ail
- 4 aubergines
- 1 cuillerée à café de cumin
- 1 jus de citron
- 100 g d'olives confites dénoyautées
- 1/2 l de vin blanc
- 2 carottes
- 1 pied de veau blanchi
- 1 bouquet garni
- 2 citrons confits
- sel, poivre
- 10 cl d'huile d'olive

Préparation :

1. Salez et poivrez les jarrets de veau, faites-les dorer dans une cocotte avec une cuillère d'huile et une noix de beurre. Mettez à rôtir au four, sans couvrir, pendant 45 minutes.

2. Ajoutez les carottes et les oignons taillés en petite mirepoix, l'ail écrasé, le bouquet garni et le pied de veau découpé. Couvrez la cocotte et laissez suer la garniture dix minutes ; déglacez avec le vin blanc et le jus de veau, laissez cuire à couvert au four pendant encore une heure.

3. Pendant ce temps, coupez chaque aubergine en quatre dans la longueur, salez et poivrez ; faites dorer dans une poêle à l'huile d'olive ; débarrassez dans un tajine, ajoutez les olives, un citron confit haché, le cumin, un demi-verre d'eau, le jus d'un demi-citron et un peu d'huile d'olive. Couvrez et faites cuire à feu doux pendant trente minutes.

4. Quand le jarret est cuit, débarrassez-le, badigeonnez-le de jus et faites-le dorer dans le four. Pendant ce temps, passez le jus, rectifiez l'assaisonnement, ajoutez la peau du citron confit taillée en triangles et le jus d'un demi-citron.

5. Escalopez le jarret et servez sur plat, accompagné des aubergines, des olives et du citron confit ; arrosez de jus de veau.

Vin conseillé : Cru du Paradis, « Réserve royale », 1985.

Portrait de femme : *Nicole Dutournier*

"Une barque"

Mutation

Native de Constantine, en Algérie, Nicole, après l'Indépendance, vient vivre en France avec ses parents. Un essai sur la Côte d'Azur, mais l'accueil n'est pas dithyrambique pour les déracinés ; heureusement, ce ne sera pas le cas dans les Landes où a lieu la rencontre avec Alain qui travaille à Air France.

Dès l'ouverture du *Trou Gascon,* Nicole entreprend la grande aventure de la restauration encore inconnue pour elle. Avec une formation de secrétaire, ses armes se font en comptabilité. Pas pour longtemps, car le virus la gagne et bientôt cette profession n'a plus de secret pour elle. Deux ans après, ils se marient. La famille de Nicole vit à Dax, treize kilomètres la séparent du village natal d'Alain et cela donne quelques occasions de grandes fêtes.

La tâche du jeune Landais n'est pas facile pour faire connaître une affaire avec un style entièrement nouveau, mais sa volonté et l'acharnement de Nicole relèvent le défi. La première étoile vient les éclairer en 1977 et la deuxième en 1982.

Esprit protecteur

« *Alain est parti en 1986 pour ouvrir le* Carré des Feuillants, *et je suis restée au* Trou Gascon. *Je suis devenue très exigeante à tout niveau et mon rôle est de faire respecter les réalisations d'Alain, puisque c'est lui qui établit la carte.* »

Elevée dans une institution religieuse catholique, Nicole bifurque spirituellement de son enseignement initial, et ses croyances vont vers la réincarnation. « *La mort de ma mère m'a beaucoup marquée et, pendant très longtemps, je l'ai sentie près de moi qui me protégeait.*

« *Il m'est arrivé un événement assez pénible : après mon travail, dans la nuit, je rentre dans mon appartement, je fais ma toilette de nuit et m'assieds pour regarder un peu la télévision. Il faisait très chaud, c'était l'été, les fenêtres étaient grandes ouvertes. J'ai alors été victime d'un « braquage » musclé, avec revolver, cagoule, couteau, appartement sens dessus dessous puis restaurant fracturé… Quand Alain est rentré, il m'a retrouvée bâillonnée, mains menottées dans le dos, pieds liés et trois blessures au couteau… Imaginez sa tête lorsqu'il a vu tout ce sang ! Pourtant, depuis le début je sentais la protection de ma mère et j'étais sûre de ne pas mourir. Quand je veux émettre un souhait, je m'adresse à elle.* »

Femme suractivée

« *Nous, les femmes de chefs, devons être patientes et d'humeur égale, ce qui n'est pas une tâche facile. Ils ne sont parfois pas à prendre avec des pincettes. La vie devient très difficile. Le monde culinaire change, il va bientôt être partagé en deux : d'un côté le "prêt à manger" et, de l'autre, une cuisine plus traditionnelle. Les gens ont besoin d'être rassurés et les gastronomes aussi.*

« *Il y a dix ans, nous étions plus sereins pour travailler, mais aujourd'hui ce métier nous demande des efforts supplémentaires. Il reste peu de temps pour les loisirs. Quelques week-ends pour les "corridas" et une petite semaine entre Noël et jour de l'an. Mon désir est de m'organiser pour m'occuper de moi davantage et participer à la vie d'Alain.* »

Nicole Dutournier (suite) :

Nicole est cérébrale et se guide uniquement sur les sentiments en marge de tous les conformismes. Son besoin de calme doit lui faire fuir les émotions violentes et les « survoltages ». Son idéal est élevé et, en dépit du désordre de son romantisme elle est un principe de concentration, contraction, fixation, condensation et inertie.

Nicole a le don du détachement de soi, escorté de l'altruisme, du sens amical, du dévouement social. Sa tendance va vers l'occulte, les mécanismes de l'inconscient, tout ce qui pourrait donner une clef pour l'avenir et permettre de comprendre l'esprit humain.

Recette "coup de cœur" de Nicole Dutournier

Petits chipirons en piperade froide

Ingrédients (pour quatre personnes) :

- 300 g de tomates émondées, épépinées et taillées en dés
- 1 kg de petits chipirons (calamars)
- 1/2 l de lait
- 1 bouquet garni
- sel et Cayenne, piment
- curry, jus de citron
- 1/2 ficelle de pain toastée
- 250 g d'oignons finement émincés
- 10 g de sucre
- 1/2 l de fumet de poisson
- 4 œufs pochés
- 2 gousses d'ail écrasées
- huile d'olive
- 20 g de tapenade
- 5 cl d'huile d'olive
- 2 gousses d'ail blanchies hachées
- 1 dl de vinaigre
- 250 g de poivrons rouges et 250 g de poivrons verts finement émincés

Préparation :

1. Videz et lavez les chipirons, récupérez les poches d'encre pour faire un jus lié avec celles-ci.

2. Dans un court-bouillon préparé avec le lait, le fumet, le bouquet garni, deux gousses d'ail écrasées, sel et Cayenne, faites pocher rapidement les corps et les pattes de calamars.

3. Faites sauter à l'huile d'olive les oignons émincés, les poivrons rouges et verts ; débarrassez dans une cocotte et laissez cuire dans une cocotte en ajoutant le sucre, le vinaigre, la tomate en dés, deux gousses d'ail hachées et blanchies, sel et piment ; faites refroidir.

4. Pochez 4 œufs. Préparez les toasts de tapenade avec de fines tranches de pain grillé.

5. Sur l'assiette, dressez l'œuf poché, recouvrez avec la piperade froide.

6. Farcissez les corps des chipirons avec les pattes, badigeonnez de vinaigrette (huile d'olive, citron et curry) et déposez sur la piperade.

7. Accompagnez de sauce à l'encre et de toasts à la tapenade.

Vin conseillé : Jurançon sec, Domaine de Souch, 1992.

Gilles Etéocle

"La Poularde"

2, rue de Saint-Etienne – 42210 MONTROND-LES-BAINS
Tél. : 04 77 54 40 06 – Fax : 04 77 54 53 14

POUR remonter le temps en votre mémoire, des lieux aimés d'une vie initiale ou fugitive, **La Poularde**, *maison empreinte de traditions familiales, vous est destinée. Les chaudes boiseries et la rutilante argenterie en font une demeure cossue. L'humilité et la délicatesse de l'ambiance ouvrent les sentes qui conduisent au calme. La parfaite jouissance des valeurs retrouvées vous donne émotion et sensation. Ici, on recule les limites du chaos qui subsiste toujours aux confins du monde organisé.*
Le maître de maison est un chef qui, à l'image de Jules Gouffé, manie cuisine et pâtisserie tel un artiste désirant surprendre et apaiser, « horloge sous les yeux et balance à la main ». Ses compositions culinaires emplies d'oppositions métaphysiques ouvrent les portes gustatives du rêve mais, par un sens aigu de la rigueur, elles deviennent réfléchies pour atteindre enfin l'équilibre, parce que sa fonction correspond précisément à la pesée des actes et de toutes choses faites pour être unies.

"Zagreus"

La pâtisserie

L'enfance de Gilles se passe dans le laboratoire de son père pâtissier. Son éducation se fait à travers les odeurs de sucre, de chocolat et de levain. Tout ce qui sort du four ravit son nez d'adolescent et éveille sa gourmandise.
Gilles est un élève compliqué, mûr avant l'âge, il est un peu le « meneur de bande ». Ses parents sont divorcés et ses études laissent à désirer ! C'est après le certificat d'étude, à 14 ans, qu'il décide de faire le métier de papa. Mais déjà, son côté créatif lui fait transformer à sa façon les recettes paternelles. Pendant cinq ans il apprend la pâtisserie. Courageux, il est un candidat brillant qui aime les challenges et gagne plusieurs petits concours. Mais sa rencontre avec Monique bouleverse ses plans.

Le cadeau

Le père de Monique lui donne *La Poularde* en cadeau de mariage. Mariage d'amour et mariage d'amour entre la cuisine et la pâtisserie. Gilles recommence un apprentissage.
A 20 ans, il découvre un monde différent qui possède une ouverture d'esprit plus importante. Les hommes rencontrés à cette époque vont lui permettre de s'épanouir et de devenir un véritable créateur. On peut citer : Raymond Thuillier de La Baumanière, Jean et Pierre Troisgros. Le premier est un artiste qui lui enseigne l'art de transformer une recette selon l'inspiration du moment. Jean Troisgros est un artisan qui est une puissance de travail incarnée et Pierre lui transmet ses côtés relationnels et conviviaux.
Fils unique élevé avec difficultés par sa mère et bourlingué tous azimuts, le jeune Etéocle

trouve enfin un équilibre avec ses responsabilités naissantes.

Le respect

«Ma croyance est le respect d'autrui, œuvrer dans le bon sens et être honnête. Partant de là, Vishnou, Dieu ou Allah ne changent rien, il faut avoir un concept d'organisation et respecter les règles de la société qui permettent à l'homme d'évoluer. Jésus respectait ses apôtres et ses apôtres respectaient les croyants. Personnellement, je respecte les autres, de quelque couleur qu'ils soient.

«Il faut laisser à l'homme la possibilité de se développer et, dans notre corporation, il y en a certains qui emploient un peu trop le "Moi, je...". Cette société est complètement démolie. Il faut, pour la rééquilibrer, être généreux et ouvrir son cœur. Je prie lorsque je suis seul au bord d'un étang dans un moment de réflexion avec mon chien et les canards.»

Porteurs de messages

La nourriture doit être le lien entre les peuples. La nutrition devient alors universelle ; tel est l'avis de ce chef au grand cœur.

«Il ne faut pas être ringard et dire : on va faire la cuisine du terroir et ne pas en sortir ; c'est une attitude qui ne permet pas d'ouverture sur le monde. Aujourd'hui, il faut voyager. C'est ce que nous faisons tous sans exception, lorsque nous avons atteint un certain niveau, ce qui permet d'apporter à notre cuisine du terroir un peu de folie. Cela donne un développement de la réflexion et une plus grande richesse intellectuelle.

«"Dis-moi ce que tu manges, je te dirais qui tu es." Depuis les origines du monde, les hommes ont tout d'abord voulu se nourrir et, ensuite, ils ont découvert leur palais. Ils ont alors modifié leur système de vie en s'apercevant que tel arôme ou tel épice leur apportait une vision différente. Cette nouvelle approche a créé une communion avec le monde entier. C'est le Créateur qui a fait tout ça, et il n'a pas mis de frontières. Il y a par exemple de bons vins en Afrique et une grande cuisine chinoise qui se marie parfaitement avec la nôtre. C'est à nous, grands chefs, que revient le devoir de transmettre des idées. Nous sommes des porteurs de messages et des porteurs de bonheur. Si le cuisinier se renferme, il n'est plus cuisinier.»

Hors système

«Pour la création culinaire – comme en toute création – ce sont des idées qui sont dans l'air et qui sont bien souvent captées au même moment à des centaines ou des milliers de kilomètres. La création se fait dans la méditation et la recherche. J'aime beaucoup aller en Corse pour retrouver une certaine pureté, le calme, et tremper dans une vie autre que celle de mon environnement. Pour créer, il faut sortir de son système, et quand on se retrouve dans un pays sauvage, avec la mer, la montagne, les fleurs, les senteurs, le ciel bleu et les oiseaux, moi ça me donne des idées à revendre.

«Je crée seul, avec mon chien qui est une relation forte de fidélité. Il me faut être coupé du monde actif. Un chien c'est merveilleux : il va chercher une truffe ou un animal blessé dans le maquis. Je ne pourrais pas vivre sans animaux.»

L'équipe généreuse

Gilles confirme que la cuisine est un acte d'amour à condition d'être généreux ; c'est ce mot qui est la liaison. La générosité engage les recherches de ce bien-être d'où il résulte quelque chose de positif pour les autres. *«Je suis amoureux de mon métier et amoureux de mes clients. J'aime ma maison et j'aime la faire vivre. Mais ma force est de permettre aux hommes qui vivent avec moi de s'épanouir. Si on bride trop nos collaborateurs, si on leur met un carcan, si on enlève leur créativité, on se prive de beaucoup de choses. Il faut savoir passer un message, être réceptif et, en même temps, donner tous ensemble un élan à ce message. Et si dans cette équipe on a un "Platini", c'est encore plus facile!»*

La chaîne

«Les produits qui sortent de la terre et qui arrivent vers nous forment une grande chaîne humanitaire. Ils ont été créés par Dieu, puis cultivés par des gens qui ont mis beaucoup d'amour pour les faire pousser et leur donner force et vigueur. Il y a un message profond qui se passe entre le sol, les hommes et la table.

«Même avec les à-coups, les contrecoups et les obligations, je reste, avec mes cuisiniers et mes chefs, en dehors de tout ce qui est gestion, de tout ce qui est l'iceberg caché. Je nous interdis d'entrer dans ces détails. Dès qu'on connaît des succès financiers, on investit, on est un peu fou, on veut se faire des grands plaisirs mais, à la sortie, on le paye. On y perd notre créativité. Il faut être entièrement libéré pour ne pas laisser s'échapper une partie de soi-même et pour garder des rapports identiques avec les clients.»

Le bonheur du métier

Ce chef sage a une optique très futuriste pour les jeunes qui ont choisi cette orientation : *«Ils doivent être observateurs. Ce métier est en pleine mutation. On arrive dans le troisième millénaire et il ne faut plus avoir l'optique de l'acquis. Il faut être chercheur et inventif. Il ne faut garder que le bonheur de ce métier et oublier les tracas car, à travers lui, on peut trouver la plénitude à condition d'être instinctif, fouineur, écouter avec attention, avoir une certaine logique, faire une analyse de la situation et toujours garder l'esprit de la fête. Sinon, on perd générosité et enthousiasme et ça se ressent dans l'assiette. C'est un travail de contact et d'artiste où il faut se remettre en question matin et soir.»*

France, cuisine, argent

«La France a tout pour garder son image. Sur le plan culinaire, nous sommes en avance et reconnus mondialement. Nous sommes forts, créatifs et les médias nous aident beaucoup. Un soupçon d'inquiétude vient néanmoins d'une pression fiscale trop forte. Le pouvoir d'achat étant en diminution, il faut faire très attention et il va devenir nécessaire d'apprendre à manier la cuisine avec le porte-monnaie. Il ne faut pas toujours vouloir s'enrichir, surtout dans notre métier. Il faut savoir semer pour récolter.»

Donner

Gilles nous donne à huit clos la confirmation de ses belles paroles. C'est l'histoire d'une mamie venue le trouver pour fêter ses 70 ans avec sa famille. Elle avait gardé un bon souvenir de ses 60 ans célébrés à *La Poularde*. Apparemment, cette dame n'était pas une cliente régulière et, en dix ans, avait perdu la notion des prix pratiqués. Elle proposa un budget par personne qui n'était pas proportionnel aux prestations demandées.
Mais notre chef accepta, heureux de lui faire plaisir, attendant en retour de son geste la récompense finale d'un simple baiser de la septuagénaire.

Dépouillement

«Dans le futur, le produit sera travaillé simplement, avec exactitude, sans fanfreluches. La mise en scène ne sera pas dans l'assiette, mais sera forte pour les hommes et le décor. L'assiette va se dépouiller de plus en plus. On va oser y mettre du sel, du poivre, de la vanille… et chacun fera son petit dosage, car chacun se connaît. Par exemple, le fois gras a été galvaudé. Maintenant je le fais rôtir, ce qui lui fait perdre un maximum de sa graisse et facilite son passage dans le corps. A la limite, quand on a fini d'en manger on en a encore envie! Tout va se dépouiller. Le jus de poireau va accompagner le poireau.

«Evidemment, il faudra choisir les meilleurs produits et lutter contre tout ce qui est recouvert, tout ce qui n'est pas net. Il faut pouvoir se regarder dans les yeux.»

Gilles Etéocle (suite) :

La fête

«Dans ce métier, la pression est forte et tenir vingt-huit ans n'est pas évident. On passe à côté de beaucoup de choses car la vie ne se limite pas à une activité professionnelle. Il y a ses enfants, sa femme, ses amis, et si on arrive à concilier l'ensemble, c'est une réussite. J'ai fait pour le mieux.

«Mon beau-père était un excellent cuisinier et j'essaie de poursuivre son œuvre en y apportant progressivement un sang neuf.»

A ce jour, Gilles Etéocle et son équipe sont là pour rendre les gens heureux et leur créer la fête.

Loisirs

La chasse et la pêche. Gilles aime passer un moment avec un poisson. L'embrasser et lui redonner vie après.

Concernant la chasse, les choses sont différentes. Il y a le chien et le fusil. Ce qui n'est pas pour lui une battue ou un tir au fusil. *«Je m'insurge un peu contre les écolos qui n'ont pas compris la relation entre l'animal qui vit à l'état sauvage et qui a toutes les chances de vivre comme il l'entend, et l'homme qui chasse cet animal, par l'intermédiaire d'un autre animal qui est le chien allant signaler à son maître où se trouve l'animal sauvage.*

«Je vais aller plus loin dans la démarche. Quand mon chien me rapporte un petit lièvre, je vais me faire un grand plaisir de le préparer avec le meilleur de moi-même pour l'offrir à mes amis et, quand ils le dégustent, je fais, en mon esprit, défiler le film de cette journée de rêve qui était à l'origine dans ma tête : le chien, la chasse, le lièvre, la réussite et la cuisine. A la fin d'une telle soirée, un de mes amis me dit : "Après, on a le droit de pouvoir mourir!" Tous mes loisirs sont réunis ici. C'est une communion et, partant de là, la vie doit être belle.»

Succession

Le queux Etéocle a trois enfants qui suivent une voie différente de la sienne. Son désir est d'assurer la pérennité de l'affaire familiale.

«Il y a des personnes qui sont avec moi depuis dix à quinze ans et qui sont aptes à poursuivre et à perpétuer mon entreprise. Plus tard, je voudrais qu'on dise dans le métier : il y a trente ans, à Montrond-les-Bains, il y avait un chef qui s'appelait Gilles Etéocle; il a fait son petit bonhomme de chemin et a donné sa maison à des hommes qui la méritaient.»

***J'exalte** l'homme devant ce qui l'écrase et ma liberté, ma révolte et ma passion se rejoignent alors dans cette tension, cette clairvoyance et cette répétition démesurée. Opiniâtreté, ardeur et foi sont les trois mots clefs qui caractérisent Gilles Etéocle. Pour lui, vivre implique de se transformer.*

Son charme réside en son regard transperçant aux lueurs changeantes. Ferme sous une apparence de douceur, il aime qu'on entre dans son système de pensée, mais pas dans son jardin secret car sa vie intérieure est développée à l'extrême; il vit «entre deux eaux», aux lisières des mondes invisibles. Lors de la chute de feuilles, c'est un retour de la matière brute, en attendant que l'humus prépare la renaissance de la vie. Mais la démangeaison de ses ailes, maladie angélique, restera éternellement un tremplin pour autrui.

Recettes "coup de cœur"...

Saint-Jacques dans sa soucoupe volante

Gilles nous fait découvrir la création d'un plat du futur :

« Ce matin, au marché, j'ai acheté des bébés potirons et j'ai tenté l'expérience de les marier avec des belles Saint-Jacques. J'ai ôté la chair du petit potiron et fait avec elle une crème très douce, simplement salée et poivrée sans adjonction de beurre ou de matière grasse. J'ai placé cette crème dans le potiron avec une noix de Saint-Jacques et mis au four avec le petit chapeau.

« A côté, dans l'assiette, j'ai posé une noix de Saint-Jacques un peu croquante, caramélisée et une petite purée de potiron un peu ferme, sans matières grasses. Il y avait donc deux saveurs folles dans deux produits cuits différemment. La famille a trouvé ce plat superbe et l'émotion gustative a été intense. »

Vin conseillé : un Saint-Joseph blanc, 1994, cépage Roussan, de chez Pierre Gaillard. Il faut un vin assez fruité et assez vif pour relever ce plat par un peu d'acidité.

Tartines de corail d'oursins à l'huile vierge d'olive

Ingrédients :

- oursins
- huile d'olive vierge
- gros sel
- pain de campagne
- basilic, coriandre, romarin

Préparation :

C'est une recette de vacances.

1. En Corse dans les criques, c'est la pêche aux oursins. Ouvrez-les avec des petits ciseaux. Lavez-les dans l'eau de mer avec la coquille ; quand il ne reste que le corail collé à l'intérieur, prenez ce corail avec une petite cuillère, détachez-le et écrasez-le sur une tranche de pain de campagne qui sent bon le levain.

2. Parsemez un peu d'huile vierge pressée au moulin du pays avec un peu de basilic, de coriandre, de romarin et un tour de moulin à sel.

C'est fantastique, on n'a pas besoin de faire de la cuisine pour bien manger !

Vin conseillé : un Nicrosi, 1994, de chez Toussaint Luigi. C'est un grand vin de Corse, un vin du Cap qui est reconnu dans le monde entier.

Pot-au-feu aux trois viandes

Ingrédients (pour huit personnes) :

- 1 gigot d'agneau de lait
- 1 morceau de plat de côtes de 1 kg
- oignons cloutés
- 1 poulet fermier de 1,5 kg
- moutarde
- poivre noir, sel de Guérande

Garniture aromatique :

- 8 carottes
- 8 petits poireaux
- 1 céleri branche
- 8 navets
- 8 pommes de terre

Préparation :

1. Préparez une cuisson avec carottes, oignons cloutés, poivre noir, bouquet garni.

2. Plongez dans la cuisson le plat de côtes en premier pendant une heure, puis ajoutez le poulet pendant environ trois quarts d'heure à frémissement. Faites cuire le gigot dans une cuisson identique mais à part, pendant une heure quarante-cinq pour qu'il soit très cuit de façon à le servir à la cuillère.

3. A une heure de la fin de la cuisson, ajoutez les carottes, les navets et le céleri enveloppés chacun dans un linge. Puis les poireaux et les pommes de terre une demi-heure après.

4. Quand tout est cuit, disposez un morceau de chaque viande dans de grandes assiettes creuses ainsi qu'un légume et une petite louche de bouillon. Servez avec de la moutarde et du sel de Guérande au moulin.

Vin conseillé : Saint-Joseph (rouge), 1994, de chez Bernard Gripa.

Portrait de femme : *Monique Etéocle*

"Artémis"

Convergences

Aucun obstacle ne se dresse lorsque Monique présente son futur époux à Monsieur Père. Ils ont tous deux des points communs : ils aiment Monique, ce sont de grands humanistes et ils sont passionnés par le même travail. Le premier a un cœur immense et le second le respect des générations précédentes. Cela étant, aucun problème pour le passage de flambeau qui se fait merveilleusement bien.

Education

« J'ai deux garçons et une fille. J'ai eu la chance de pouvoir les élever tous les trois en cinq ans. Ensuite, progressivement, je suis entrée dans l'entreprise, uniquement la journée, de manière à être disponible pour eux le soir. Ayant une maison d'habitation indépendante, nos enfants ont pu être protégé d'un rythme de vie un peu fou. Maintenant ce sont des adolescents bien dans leur peau et tout va pour le mieux. »

Equilibre

Le beau sourire et la prestance de Monique nous manquent un peu les jours où elle doit s'absenter pour s'occuper de la gestion et de l'administratif de leur deux affaires, *La Poularde* et celle de Firminy, à 20 km de Saint-Etienne. Elle arrive à se partager entre ces deux activités qui demandent rigueur et organisation. *« Pendant vingt ans, j'ai donné énormément en salle et à la réception. Je trouve que cette alternance est bénéfique aujourd'hui pour l'équipe et pour moi-même. »*

Cuisine aérienne

Monique est née, a vécu et vivra encore dans les étoiles… ce qui fait qu'elle excelle en tout ce qui touche à ce métier. Trois semaines avant la parution de la nouvelle carte, elle goûte en famille les créations de son mari. *« On discute beaucoup, nous formons un couple de dissensions. Il y a des moments animés. Nous avons l'un et l'autre du caractère, mais c'est bien ainsi, car c'est constructif. »*

Monique prétend que dans l'avenir, la cuisine sera de plus en plus simple, encore allégée et dépouillée, bien davantage que ne l'était la nouvelle cuisine.

Personnalité

« Pour être une femme de chef, il faut être diplomate et ferme. Diplomate, parce que je crois que c'est le rôle de toute épouse. Je pense que l'équilibre d'un couple dépend de l'attitude de la femme. Il faut rester plus calme même si, intérieurement, on ne l'est pas toujours. Il faut prendre soi-même du recul et en faire prendre aux autres, ce qui permet de faire la différence entre ce qui est important et ce qui ne l'est pas. J'essaie au maximum d'appliquer cette philosophie qui est la mienne.

« Il faut dialoguer, mais en restant dans son domaine de compétences. Par exemple, la cuisine n'est pas ma partie, je donne mon avis mais je n'interviens pas. Il faut savoir garder sa place sans se faire grignoter par l'autre. Mais il n'est pas simple de travailler en couple tout en gardant sa personnalité. Pour qu'un homme soit un grand homme, il faut qu'il ait derrière lui une grande femme… »

La vie

Monique désire continuer à apprécier la vie avec un grand V. C'est, pour elle, la plus belle chose qui soit.

Monique Etéocle (suite) :

Assurément, Monique est une « Grande Femme ». Son aura préside à la naissance et au développement des êtres. Moderne et dynamique, elle brandit son arc d'or pour défendre ses idées. Elle est la bruyante, la sœur de l'archer courant à travers monts et forêts. A la fois conductrice sur les voies de la chasteté et tigresse sur les voies de la volupté, elle constitue ce portrait intégral de la femme dont le double aspect de sa nature représente l'ensemble des possibilités contenues dans un certain état d'existence.

Son intelligence lui permet de remplir les mêmes fonctions que l'homme, et son besoin est constant d'accroître ses connaissances et développer son habileté professionnelle. Mais Monique l'indomptée parvient toujours à concilier harmonieusement amour, mariage, famille et carrière.

Recette "coup de cœur" de Monique Etéocle

Quatre-quarts aux abricots

Ingrédients (pour huit personnes) :
- 250 g de beurre pommade
- 75 g de poudre d'amande grise
- 4 œufs
- 200 g de sucre
- 5 g de levure chimique
- 1,5 kg d'abricots

Préparation :

1. Mélangez le beurre, le sucre, la poudre d'amande et la levure. Lissez au fouet et ajoutez les œufs un à un. Terminez avec la farine en remuant à l'aide d'une spatule en bois.

2. Moulez dans un moule à génoise (diamètre 26), chemisez avec un papier sulfurisé beurré. Garnissez avec les demi-abricots le plus serrés possible.

3. Faites cuire au four à 180° pendant environ une heure quinze.

Vin conseillé : servir avec un Condrieu moelleux, 1995, de chez Yves Cuilleron.

Pierre Gagnaire

"Pierre Gagnaire"
anciennement à SAINT-ETIENNE

UNE maison blanche qui pourrait être celle du Bauhaus et qui représente ici le centre d'enseignement « Design de la Bouche ». Walter Gropius eût fait bon ménage avec Fernand Point, l'un au sommet des arts décoratifs et l'autre au « top » dans la recherche culinaire de l'équilibre, la finesse et la pureté. Tous deux à la même époque étaient à la quête du plaisir qui ne finit pas, entraînés par la jouissance éprouvée à la découverte d'une nouvelle ligne. Ces deux personnages ont en commun un fils spirituel qui assure la continuité de leur œuvre.
Evoluant à travers les immenses volumes de sa demeure, tel un magicien, Pierre Gagnaire vous fera découvrir la vitalité du fonctionnalisme moderne à travers ses prophéties culinaires.

Cet intérieur confère à tous les objets adaptés à la fonction qu'ils doivent remplir, une beauté plastique qui rend agréable leur utilisation. De même que les couleurs naissent de la variété des ondulations de la lumière, la qualité de l'émotion varie avec le ton de la couleur. Ici, les cinq couleurs s'équilibrent, le cuivre et l'étain ne se séparent pas pour rejoindre enfin le blanc au mercure qui purifie et donne une nourriture d'immortalité.

"Jason"

Communication

Né à Apinac, en Haute-Loire, ses parents sont restaurateurs à Saint-Priest près de Saint-Etienne. Le *Clos Fleuri* n'accueille pas encore, dans ses cuisines, le petit Pierre qui poursuit sa scolarité. Aucune vocation, aucun déclic ne se produit chez Pierre Gagnaire pour l'inciter à embrasser le métier de cuisinier. Son orientation est due à la vie, au destin ou simplement à l'hérédité familiale.
Vers 16 ans, il entre en apprentissage chez Jean Vignard à Lyon. *« Pendant des années, je n'ai absolument pas été intéressé par cette profession. Je me demandais pourquoi j'étais derrière les fourneaux puis, un jour, j'ai pris conscience que ce métier allait me permettre de communiquer, de rencontrer des gens et qu'il était en fait un moyen d'expression. »*

Décision

« Depuis lors, je me suis piqué au jeu. Je suis un battant, un fonceur, je me suis dit : on y va, sans savoir à l'époque ce qu'étaient le Guide Michelin *ou le* Gault et Millault. » En 1976, il devient gérant de l'affaire de papa et maman, mais l'histoire ne dure pas, la famille est indécise sur le plan de la succession et, tel un ouragan, Pierre s'arrache de cet environnement pour

ouvrir à Saint-Etienne un restaurant rue Georges-Tessier, puis s'installer en 1992 dans sa resplendissante villa.
En 1993, la troisième étoile consacrera ses talents culinaires hors des sentiers battus.

Point de vue

Aujourd'hui, ce queux original nous décrit son optique de la vie. *«Je suis arrivé à un moment de ma carrière et de ma vie où j'essaie d'aller à l'essentiel. J'évacue tout romantisme de mon métier. Bien sûr, j'en conserve l'amour. Ma ligne de conduite est d'être cohérent, de comprendre les choses, de les faire avec authenticité et vérité à tous niveaux : personnel, professionnel, dans mes relations avec autrui.*

«La religion est un mot complexe. On vit dans un univers qui nous dépasse. Je crois en l'homme, en la tolérance, au travail bien fait, au respect des autres et à la parole donnée. A une certaine période, j'ai trouvé mon équilibre et je n'ai pas besoin de béquilles pour me dire ce que je dois faire. La vérité, je la trouve au quotidien, chez les gens que je rencontre. Elle n'est pas, selon moi, établie par tel ou tel groupe d'expression religieuse. C'est la multiplicité des personnes avec qui vous échangez des opinions qui vous aide à construire progressivement votre petite vérité personnelle et votre manière de fonctionner.»

Le symbole

Son opinion concernant le lien qu'établit la nourriture entre l'homme et le monde spirituel est que ce lien existe à partir du moment où se nourrir fait partie des actes fondamentaux de la vie. *«Si on ne mange pas on ne vit plus, donc c'est clair, le rapport est très fort entre la procréation, la vie et l'au-delà, ce qui se passe avant et après, à travers la nourriture. Personnellement, je vois surtout l'échange : une table est ronde, des gens viennent s'installer autour, il conversent, se découvrent, se querellent, se réconcilient. On n'a rien inventé de mieux que la table. La table est un symbole.»*

(Photo Robert Battistini.)

Sagesse

Pas si fou que le prétendent certains journalistes, Pierre Gagnaire aime surprendre par ses compositions culinaires, mais nous étonne par la sagesse de ses propos pour définir l'expression de sa cuisine :

«La cuisine est un travail de fond, de rigueur technique et de savoir-faire. C'est la connaissance acquise au cours du temps. Faire un looping, un grand écart ou des calembours, ça se cultive ; c'est un exercice de style quotidien. C'est trouver d'autres idées, peaufiner un détail d'exécution, une préparation différente. Il y a une idée et, derrière, un vrai travail de recherche pour arriver à un point d'équilibre au niveau des saveurs et des goûts.»

Ce prestidigitateur des produits a une notion très simple de ce métier. Il se refuse à employer de grands mots pour le définir. Il pense qu'il faut aimer les gens et les respecter, cette attitude étant applicable à tous les métiers.

«Mon propos est tout bêtement faire plaisir, point final. Je ne veux pas aller au-delà.»

Pudeur

Ce chef veut rester simple par rapport à ce qu'il exécute et dans ses rapports avec les autres :

«Je suis toujours profondément irrité quand on mélange systématiquement une espèce de sentimentalisme ; ça ne m'intéresse pas. Cela me gêne un peu ! Pour les clients, le repas est le vecteur d'une rencontre et en fonction de leurs états d'âme il vont être heureux ou déçus. Ils vont alors parfois passer à côté de ce que vous faites parce qu'ils

sont simplement fatigués, mal dans leur peau, soucieux ou qu'ils ont des problèmes.»

Psychologie

«Les gens ont des fonctionnements qu'ils ne savent pas forcément gérer; il y a parfois des choses qui leur échappent et qui rendent les rapports entre les êtres assez complexes. Quand on fait un plat très particulier, avec plein de saveurs surprenantes, qui représente votre personnalité, ce que vous êtes vraiment, certains vont être totalement en phase avec votre réalisation et d'autres vont en être irrités pour des raisons obscures qu'ils ignorent eux-mêmes. Je refuse d'entrer dans ces considérations.»

Il affirme avec force : *«La nourriture c'est une passion excessive. Passion de rejet ou d'amour absolu.»*

La nouvelle vague

«Les jeunes apprentis ne doivent pas être obnubilés par le fait de devenir de grands chefs. Il y en a qui sont de grands cuisiniers et qui ont fait d'autres choix de vie. Ils sont un peu moins médiatisés, ne sont pas dans le circuit du "show-biz" et sont très heureux, mais il faut :
– de l'opiniâtreté ;
– être convaincu de ce que l'on fait ;
– le faire avec modestie ;
– prendre le temps de regarder derrière soi pour poser les choses ;
– prendre le temps d'agir et de réfléchir à ce que l'on exécute, pourquoi ça marche ou ça ne marche pas ;
– être à l'écoute des autres avec une force de conviction ;
– leur dire la difficulté d'organisation sur le plan familial.

«J'ai beaucoup de chance, j'ai une femme qui s'investit énormément dans ce qu'elle fait, qui est intransigeante sur les sentiments, les relations et qui possède une grande rigueur morale. En conclusion, c'est un métier très accaparant et un peu destructeur!»

Indépendance

«L'art culinaire est plus ouvert qu'avant, les gens sont plus curieux, ils voyagent davantage. On arrive à un mélange de nourritures. La tendance est la même au niveau de la décoration, nous en avons eu l'exemple à Tokyo avec mon épouse. Elle sera sans style, informelle, sans vie, belle et reposante, mais sans personnalité. On se dirige vers un mixage de différentes cultures.

«Dans les années à venir, les affaires comme les nôtres vont devenir de plus en plus rares. Ce sont des P.M.E. que l'on porte à bout de bras. Il y aura des chefs qui seront (certains le sont déjà) au service de groupes financiers. Ils deviendront des prestataires de service, ce qui n'enlèvera rien à leur talent, mais avec certains de mes confrères on se bat autrement.»

Nous imaginons aisément ce fonceur allant avec obstination jusqu'à l'aveuglement, vers ses objectifs d'indépendance.

Evolution

«Tout va s'entrechoquer, on va prétendre réinventer la cuisine régionale, mais la seule vérité est qu'un petit pois fraîchement cueilli et rincé du jardin, c'est superbe!... Il y a de fausses valeurs qui sont des prétextes fallacieux de retour aux sources. Les choses vont être incertaines et tout va se mélanger. On démarre sur deux ou trois idées de base, puis ces idées évoluent, se décantent avec notre style et notre manière de fonctionner. Il y a un squelette et, après, l'habillage. L'habillage évolue mais le squelette reste le même. C'est le fondement de ce que l'on faisait, il ne peut changer radicalement.»

Les mots à la carte

«Je suis arrivé au sommet d'une forme d'introspection verbale de mes plats par l'écriture et là, j'ai amorcé une décrue. Dans deux ou trois ans je vais arriver à ce que je refusais farouchement il y a quelque temps, c'est-à-dire d'indiquer : "Turbo grillé sauce citron", *voilà, et ce n'est pas pour ça que ma cuisine sera plus simple.*

Pierre Gagnaire (suite) :

« Certains trouvent que mes cartes sont compliquées, très belles, ésotériques ou qu'il faut des dictionnaires pour les comprendre. C'était ma façon de voir les choses, mais peut-être qu'elle évoluera dans un sens de plus grande simplicité au niveau des mots. Mais elle n'influera pas fondamentalement sur le cours de l'évolution de la nourriture. Je crois qu'un chercheur qui travaille dans son coin pour des groupes agro-alimentaires influe davantage sur les modes que nous, car nous sommes des épiphénomènes. »

Son bonheur

Essayer de construire et d'avoir un mode de vie confortable selon ses moyens, ses envies et ses principes. Chacun le trouve à sa porte. L'essentiel, pour Pierre Gagnaire, est d'accepter les contraintes pour grandir plus vite.

« Ma cuisine, telle que je l'imagine et la fait, s'est construite dans cette ville. C'est une ville un peu difficile, mais qui m'a donné du temps et m'a protégé des gens qui n'ont pas fait l'effort de venir jusqu'à moi. Je n'ai pas été dérangé, j'ai eu le temps de bricoler mes "petits machins" dans ma cuisine, et si elle a un petit peu de personnalité, si elle évoque une nouvelle expression, c'est parce que je n'ai pas été pressé comme un citron.

« Quand j'étais plus jeune, je me suis beaucoup investi dans les gens. Obligatoirement, j'ai dû prendre du recul car on s'y brûle. Aujourd'hui, il faut être vigilant sur le fonctionnement de notre système, sinon on est vite emporté. »

Loisirs

La lecture et un peu de sport comme tout le monde, sans plus.

Pierre préfère recevoir ses amis qu'être reçu. Il n'a pas le temps de sortir, mais aime découvrir des restaurants marocains, indiens, exotiques…

Souhait futur

« Savoir rester attentif à ce qui se passe autour de soi. Etre capable de saisir les opportunités, mais ne pas perdre le fil de soi-même qui permet d'avancer, de rester en accord avec le petit tuyau qui vous relie à vous-même et fait que vous restez vous-même, Pierre Gagnaire. Vous ne vous prenez pas pour un autre, vous n'êtes pas déstabilisé par les autres. »

PIERRE GAGNAIRE ne risque pas d'être déstabilisé, ni de perdre son identité. Il est le mâle instinctif et puissant qui assure la reconduction du cycle vital, au printemps de la vie comme à celui des saisons. Alliance de fougue et de générosité, il représente la force animale et animante du feu. Il est chaotique. Il a l'impulsion pure et brute, indomptable, et cette nature tumultueuse et bouillonnante le fait aller sans cesse à la conquête de ce que la raison juge impossible. Il est le symbole de l'innocence et de la gloire par l'or. Il s'apparente à tous les mythes de la queste d'un trésor matériel ou spirituel comme la Quête du Saint-Graal. Il est l'adversaire de la banalisation.

La gloire qu'il cherche est celle qui procède de la recherche de la vérité et de la pureté spirituelles. Mais l'**Argo*****, son navire, symbole des promesses juvéniles, ne sombrera pas et Pierre ne se reposera pas à l'ombre de sa gloire.***

« Tu es parvenu au chemin de la loi pour ton bien-être ;
Accède donc à ma véritable nature unique,
Je suis la bannière, je suis l'immortalité.
Je suis le lien du monde, ce qui fut, est et sera »

Veda, 428.

Recettes “coup de cœur”...

Gelée de Pignatelles du Nebbio *(petites olives corses)*

Je dédie ce « plat tendresse » à des amis corses que j'aime. C'est un beau plat savoureux et créatif qui a des relations avec un pays et des gens qui me plaisent. C'est rare les plats avec des produits qui me touchent. Le thon c'est un plat de Japonais, un appel à l'Asie et à un pays de soleil. Ce ne sont pas mes racines, mais mes racines sont assez floues, tant dans la lecture que dans la culture, mais c'est justement ce qui m'intéresse et me fait avancer. Je picore à droite, à gauche, mais, en réalité, je suis un cuisinier français ancré dans son terroir et son pays.

Ce plat est donc un bouillon de légumes avec du thon dans lequel je fais infuser les olives et ensuite clarifier avec la chair du thon cru, une réduction de Porto et de vin rouge, comme la gelée classique. Lorsque vous la croquez, vous avez l'impression de mordre dans une olive.

Vin conseillé : un muscat corse de Gentile.

Petites tomates de Sicile, scipions et gros escargots de Bourgogne au basilic grand vert

Ingrédients (pour quatre personnes) :

- 800 g de petites tomates de Sicile bien mûres
- 300 g net de scipions
- 1 tête d'ail violet écrasée entière
- 50 g de ciboulette ciselée
- fleur de sel
- 1/2 godet à yaourt de vinaigre de Xérès
- 30 g de feuilles de basilic grand vert ciselées
- 20 gros escargots de Bourgogne
- 3 oignons nouveaux émincés
- 100 g de sucre roux
- 5 g de piment de la Jamaïque

Préparation :

1. Faites compoter à l'huile d'olive dans un sautoir les tomates, les oignons et l'ail (dix minutes). Assaisonnez-les de fleur de sel, de poivre noir écrasé (5 g), de sucre et de vinaigre. Faites cuire doucement quinze minutes. Mettez en attente.

2. Faites revenir à l'huile d'olive brûlante dans une poêle anti-adhésive les scipions assaisonnés de sel, poivre et piment de la Jamaïque.

3. Faites revenir dans un beurre fondu les escargots (trois minutes). Ajoutez la ciboulette ciselée et le basilic.

4. Réunissez les trois éléments et mettez-les en cuisson pendant dix minutes.

Ce plat pourra se servir chaud avec un bouquet d'épinard cru en salade, ou alors glacé avec des tranches de pain grillées badigeonnées de graisse d'oie.

Vin conseillé : Bourgogne aligoté 1994, de chez J.-M. Roulot.

Salade de haricots verts baraquets, petits oignons, chèvre frais et parmesan, feuilles d'oseille, de pousses d'épinards et de pourpier en tempura

Ingrédients (pour quatre personnes) :

- 200 g de haricots verts baraquets
- 100 g de chèvre frais
- 100 g de pourpier
- 8 petits oignons grelots frais
- 150 g de parmesan
- poudre à tempura (magasins asiatiques)
- 4 cuillerées de crème double agrémentée d'une gousse d'ail râpée
- 4 feuilles d'oseille grandes et très fraîches
- 20 pousses d'épinards

Préparation :

1. Faites cuire à l'eau bouillante salée les haricots verts, rafraîchissez-les et séchez-les.

2. Ajoutez l'oignon, le parmesan et la crème (faites ce mélange dix minutes avant de passer à table).

Juste avant de servir, assaisonnez de gros sel et de poivre noir écrasé.

3. Détendez la poudre de tempura d'eau fraîche. Trempez chaque feuille et faites-les frire à l'huile d'olive chaude, mais pas brûlante. Egouttez-les sur un sopalin lorsqu'elles sont sèches et bien croustillantes.

4. *Dressage :* répartissez sur une grande assiette la salade de haricots verts. Déposez les feuilles croustillantes d'oseille, épinards et pourpier.

Vin conseillé : Saint-Peray 1994, de chez J. Lyonnet.

Portrait de femme : *Chantal Gagnaire*

Une "symplegade"

Femme médecin et fausses lumières

Née en Auvergne, Chantal Gagnaire, médecin, n'était pas destinée, *a priori,* à rencontrer un grand chef du monde gastronomique.

Le côté star du métier n'empiète pas sur leur vie privée, elle déteste cette face professionnelle qui annule toutes les valeurs. C'est un environnement artificiel et médiatique qui la gêne.

Chantal nous avoue : *« Je pense qu'il faut être très fort pour que ce côté "fausses lumières" ne vous fasse perdre pied. J'essaie de travailler correctement et honnêtement. Ce qui me plaît en Pierre, c'est qu'il reste tel que je l'ai connu. Il m'intéresse en qualité d'être humain et, souvent, je vis mal le fait d'habiter au milieu de l'école. C'est un sacrifice au niveau de l'intimité, les gens, le personnel, parfois j'en suis lasse. »*

Source d'équilibre

« Je goûte les créations de mon mari pour lui faire plaisir quand il me le demande, je donne mon avis, mais c'est quelqu'un qui ne cherche pas, il réalise. »

Chantal manque de temps pour profiter des plaisirs personnels ; son impression est d'être dirigée par les événements et elle le supporte mal. *« Il y a un moment où il faut dire non et reprendre les choses en main. Pour bien les vivre, il faut avoir suffisamment de ressources intérieures et de recul, garder une place pour sa vie privée ; on peut alors recréer un équilibre. »*

Méthode très particulière

« Pour avancer dans une journée, je me réveille à 5 heures du matin. Je ne me lève pas et pendant vingt minutes je garde les yeux fermés ; alors, dans un demi-sommeil, je fais mon plan, je règle des problèmes qui ont traîné la veille. Je bâtis ainsi mon emploi du temps. C'est le seul moyen d'y arriver, sans téléphone, sans rien autour. Cela permet de ne pas se laisser gagner par la vitesse, par les gens, et d'avoir une vraie vie de gentilhomme. »

Eminence grise

Chantal est l'éminence grise de Pierre, elle s'occupe des relations extérieures et de la gestion. Pour elle, l'important est de regarder ce qui se passe à l'extérieur, mais d'empêcher qu'il ne vous envahisse.

Lecture

La passion de cette femme « d'exemple » est la lecture qui lui procure l'impression de gagner du temps. Elle nous dit : *« Je grandis, je m'arrondis, je m'assouplis, c'est comme une gymnastique. C'est meilleur pour moi que la télévision. J'ai besoin d'une forme de liberté. J'aime aussi la musique mais pas toutes. Par rapport à Pierre, je suis quelqu'un de pas très docile. »*

Cuisine-Chantal

Chantal a appris à cuisiner avec sa mère et sa grand-mère, qui étaient d'excellentes cuisinières.

Selon l'avis de notre épouse de chef, dans le futur, les gens resteront chez eux le plus souvent possible. Pauvres restaurateurs du futur !...

Mais Chantal est un « dolmen », et si Saint-Etienne n'est pas en Bretagne, Pierre Gagnaire pourra toujours cuisiner son petit homard breton poêlé entier au Garam Masala sur cette bétyle, symbolisant la communication entre mer, terre et ciel.

Chantal Gagnaire (suite) :

Chantal Gagnaire a construit une passe infranchissable, protection qui, par une juste intelligence du problème, par la découverte de sa solution et par l'acceptation anticipée du risque d'y laisser des plumes, a vaincu la terreur inconsciente. L'opération accomplie, la cause de l'angoisse s'est dissipée.

Son intelligent courage peut maîtriser toutes les difficultés et la solution – le franchissement par l'intérieur de l'obstacle – illustre la dialectique symbolique de la coïncidence des opposés.

«Elle marche et, soudain, un vent venu du nord frappe son visage.
Elle marche encore, arrive à la sortie et voit poindre l'aurore.
Elle avance encore, la clarté luit, elle devient elle-même lumineuse.
Elle se dirige alors vers le jardin et voit les arbres couverts de pierres précieuses ;
la cornaline porte des fruits, une grappe pend, brillante à contempler.
La lazulite y porte du feuillage et des fruits riants à regarder.
C'est l'approche d'une nouvelle naissance.»

Recette "coup de cœur" de Chantal Gagnaire

Pommes de terre et ail en chemise

Ingrédients :

– Diable en terre (2 poêlons en terre accolés, on cuit d'un côté et on les retourne pour cuire de l'autre)
– Petites pommes de terre pas trop vieilles
– Des gousses d'ail (autant qu'on veut)

Préparation :

1. Mettez dans le diable les petites pommes de terre non épluchées, lavées et séchées, les gousses d'ail avec leur peau également, faites cuire une demi-heure en retournant régulièrement.

2. Les pommes de terre se mangent coupées en deux avec leur peau puisqu'elle est craquante ainsi que l'ail.

3. C'est un truc simple, l'intérêt est qu'en dehors du fait que c'est très bon, ça donne une odeur très agréable dans une maison qui ressemble un peu à celle des pommes de terre qui cuisent au milieu d'un feu de bois dans une cheminée.

Vin conseillé : Croze Hermitage.

Louis Grondard

Drouant "Eliance"

18, rue Gaillon – 75002 PARIS

Tél. : 01 42 65 15 16 – Fax : 01 49 29 02 15

DES mets et des mots : *quatre-vingts ans d'histoire littéraire chez Drouant. Drouant, le «restaurant des belles lettres», «belles lettres et nourritures terrestres», «la cuisine des prix littéraires»... Sortant de célèbres bouches, ces mots venaient après les mets.*

Charles Drouant, du germanique drogo (le bon combat), est un audacieux Lorrain venu chercher fortune à Paris. Il gagne son combat, car la littérature ne lâcha plume que pour être «l'académie de la fourchette et celle des gourmets». Edouard Huot de Goncourt, écrivain français, styliste, de l'école naturaliste, choisit, pour réunir son académie, ce point dans le Paris de Zola, en un «triangle béni» au pied d'une fontaine, symbole de vie, d'enseignement et d'immortalité. Chez les Germains, la fontaine de Mimir contenait l'eau du savoir. A l'image d'Odin qui accepta d'abandonner un œil pour y boire, le lauréat offre son esprit pour boire l'eau de la connaissance, de la prophétie et de la poésie.

Aujourd'hui, l'art moderne intemporel donne à l'environnement des allures brunes, aux lignes douces des années trente. Eclairé par un sol en mosaïques d'Emile Ruhlman, le seigneur des arts déco, ce tapis de lumière se prolonge jusque dans l'assiette.

L'amphytrion Louis Grondard a parfaitement accordé ses violons pour créer une harmonie où le triangle des saveurs est digne, par sa justesse, d'allier les nourritures terrestres, intellectuelles et spirituelles.

"Le médiateur"

Gigi la girafe

Une prédestination : la naissance de Louis Grondard à Brétigny-sur-Orge, petit village de la banlieue Sud de Paris, et celle de Gabriel Chevrier en ce même lieu. Ce dernier, inventeur du procédé de conservation des flageolets verts, y est maraîcher, d'où la fameuse foire aux haricots d'Arpajon.

Puis le père de Louis est muté en Afrique. Louis a deux mois quand ses parents l'amènent à Fort-Lamy. Il y reste jusqu'à l'âge de 10 ans.

«J'ai eu une enfance exceptionnelle. Mes animaux de compagnie étaient une girafe, un léopard et bien d'autres du genre... Je donnais le biberon à Gigi, ma girafe, qui courait avec moi dans le jardin et, tous les soirs, c'était un rituel : une douzaine d'animaux tournaient plusieurs fois autour de notre maison avant d'aller dormir.»

Mais ce n'est pas dans ce pays que son goût pour la gastronomie a pu se développer. La nourriture se compose essentiellement de poissons du lac, de carottes vertes et sèches et de poulets gros comme le poing.

La clef du beurre

C'est sur le paquebot du retour qu'à lieu la révélation. Le petit Louis découvre les croissants au beurre et les repas de première classe. Mère, grand-mère et tante cuisinent merveilleusement bien ; son père possède une superbe cave et lorsque la famille se réunit, ils sont quarante-huit autour d'une table pour faire la fête.

Presque tous jouent d'un instrument de musique. Son grand-père est chef d'orchestre. Sa passion est le bugle, instrument à vent entre le cor et la trompette. *« Je trouve qu'être musicien est un plus dans la vie. J'ai été bercé par la musique et mes enfants sont musiciens. »*

« Je suis resté jusqu'à 16 ans au lycée où j'ai appris un peu de grec et de latin, mais les études ne me passionnaient pas vraiment et j'ai choisi une autre forme d'art : la cuisine. »

Dimanche à Orly

L'apprentissage débute à l'aéroport d'Orly Sud, dans un restaurant gastronomique : *Les Trois Soleils.* Les avions, à cette époque, font encore rêver et Gilbert Bécaud chante : *Moi j'irai dimanche à Orly…*

Pendant trois ans dans cette belle maison, Louis réalise une cuisine inspirée des recettes d'Escoffier. *« Après mon service militaire dans la Marine, en 1970, j'ai eu la chance de travailler chez Taillevent avant l'obtention de sa troisième étoile. J'ai vécu une expérience enrichissante faite de rigueur et de faste sans dentelle. »*

Mais, dans certains cas, pour se réaliser il faut oublier le côté rassurant des casseroles surastiquées et oser aller ailleurs.

En 1972, le queux entre chez *Maxim's* à Orly comme chef de partie ; il y reste deux ans et continue ses classes dans la même chaîne, chez *Maxim's* à Roissy où il obtient une étoile, ce qui est une performance pour un restaurant d'aéroport. Après sept années de bons et loyaux services, à 35 ans, toujours attiré par les airs, Louis devient chef de *La Tour Eiffel.*

Etre responsable de tous les restaurants, c'est vraiment un challenge.

« Je m'occupais surtout du Jules Verne *pour la gastronomie. Toutefois, une anecdote : sachez que sur* La Tour Eiffel, *au mois d'août, il est consommé deux tonnes de frites par jour ! Hors frites, nous avons obtenu très rapidement une première étoile. Je me souviens, c'était l'anniversaire d'Austerlitz, victoire ! C'était bon signe ! »*

Mais ce chef aime les défis et accepte, en 1990, de reprendre la direction des cuisiniers chez *Drouant,* qui n'était plus étoilé depuis 1976. Comme d'habitude, rien ne résiste à sa volonté et à son talent. On lui décerne la première star en 1991 et la deuxième trois ans après. Louis réécrit l'histoire chez *Drouant.*

Réflexion spirituelle

Baptisé et élevé dans des principes judéo-chrétiens, s'il avait eu à choisir une orientation parmi le christianisme, Louis serait devenu protestant.

« C'est, à mon sens, la religion la plus proche de la réalité, mais mon côté exotique me pousserait vers le bouddhisme dont l'idéologie de base est de ne rien posséder. Je n'aime pas l'argent pour spéculer et l'autre idée qui me séduit, c'est la possibilité de prendre la robe de bonze quand on a une

période mystique, puis de la quitter lorsqu'on a envie de vivre une période bassement matérielle. C'est très réconfortant de pouvoir passer d'un extrême à l'autre selon son état… J'aime méditer et, pour ça, il y a à Paris les cathédrales et les églises.»

Tout amour

Selon son expérience, Louis pense qu'un jeune doit faire son apprentissage dans des maisons diversifiées et ensuite aller chez un grand chef.

Il faut aimer manger et la première qualité est d'aimer la vie. Après, comme tous les métiers manuels, il faut apprendre les gestes techniques et avoir un petit côté artiste qui en général est «inné».
Aimer les autres, vouloir faire plaisir, avoir du courage et de la générosité.

Trois pour un plat

Un bon produit peut être apprécié sur une table de ferme aussi bien que sur une table juponnée. L'essentiel est de bien traiter les produits. Ensuite, il y a l'art de vivre qui est la cuisine que l'on fait dans nos maisons.
«Ce que je réalise dans l'assiette passe par la tête. Je réfléchis beaucoup. Quand je crée un plat, je prends trois éléments; c'est un rite. Je dis toujours qu'un mariage à deux c'est plus facile à réussir, à trois c'est plus compliqué, mais plus intéressant. Je choisis des composants assez différents mais, au final, ils s'harmonisent agréablement. C'est en général réussi parce que je le fais avec joie et amour. C'est comme un tableau, on peut faire passer des messages sans explication.

«J'ai eu, voyez-vous, l'idée de faire cuire un turbot avec de la truffe dans de l'argile; c'est la terre de mon pays qui fait la porcelaine de Limoges. La terre qui se prêtait le mieux était une pâte de kaolin. J'ai donc réuni le céleri, la truffe, le persil et ces saveurs complémentaires valorisent le turbot en lui laissant son goût initial. On boit, avec cette préparation, un Bourgogne blanc, un Meursault.»

Corde raide

«Mais aurons-nous toujours les moyens de continuer à réaliser une telle cuisine? C'est l'inconnu. Si les contraintes fiscales restent les mêmes, on trouvera de moins en moins de capitaux pour faire vivre de tels établissements et un grand nombre d'entre nous disparaîtront. La haute gastronomie est comparable à la haute couture : pour que les maisons de prestige survivent, il faut une rentabilité annexe.»

Rencontre

Pour le monde entier, la France est un pays béni des dieux sur le plan culinaire. C'est l'opinion de ce chef voyageur : *«Nous sommes les seuls à posséder une qualité de cuisine exceptionnelle. Nous garderons encore longtemps notre suprématie… et c'est l'unique pays où il y ait eu la rencontre du beurre et de l'huile d'olive!»*

Renouvellement

Voici le bilan d'une vie positive : une belle famille, un métier qui comble tous les désirs intérieurs, un renouvellement journalier dans la création, les contacts et les voyages.

Loisirs

La plongée sous-marine dans les pays lointains.
Manger en famille un petit salé aux lentilles.
Recevoir, recevoir et encore recevoir et, pour sortir, «une grande table» ou un restaurant étranger pour changer.

Message, rêve, vœu

«Un message : regarder au-delà de son petit univers et apprendre ailleurs.
«Un grand rêve : avoir une maison dans laquelle je puisse faire seulement douze couverts, recevoir les gens que j'aime pour leur faire ma cuisine.»

Et un vœu pour ce fou de perfection : faire briller au firmament de ce lieu mille et une fois couronné, une troisième étoile, ultime goût d'une infinie lumière.

Louis Grondard (suite) :

Louis Grondard est un principe de liaison, d'échanges, de mouvement et d'adaptation. Il est chargé de nous détourner des séductions et de nous aiguiller au carrefour du plus riche réseau de contacts avec le monde environnant.

Son aptitude aux déplacements rapides le fait collectionner les connaissances et les dons en divers domaines. Sa délivrance arrive par la fortification du corps et la régénération intérieure ; il sépare les choses pour ne plus se confondre avec elles et prendre des distances avec lui-même.

Il représente, en cet instant, la manifestation de la vie dans notre monde transitaire.

Filet de veau à la ficelle, chartreuse de légumes aux herbes fraîches

Ingrédients (pour quatre personnes) :

- 600 g de filet mignon de veau (demandez à votre boucher de bien le dénerver)
- 1 chou vert nouveau
- 1 botte d'oignons nouveaux
- 100 g de haricots verts
- 2 dl de fond blanc de volaille
- 300 g de beurre
- 1/2 botte d'estragon
- 1 botte de carottes nouvelles
- 1 botte de navets
- 250 g d'asperges vertes
- 1 botte de ciboulette
- 1/2 botte de cerfeuil

Décor : brunoise de truffes et brunoise de poivrons rouges, verts et jaunes (une cuillerée à soupe de chaque).

Préparation :

1. Faites blanchir les feuilles de chou dans de l'eau bouillante salée pendant une minute.

2. Faites cuire séparément les navets, les carottes, les oignons émincés, les asperges et les haricots verts en bâtonnets, dans de l'eau bouillante salée.

3. Après les avoir bien égouttées, disposez chaque feuille de chou sur une feuille de film alimentaire. Séparément, rafraîchissez les légumes sous de l'eau bien fraîche.

4. Disposez sur chaque feuille de chou, en alignement, les petits légumes. Nappez le tout de beurre fondu additionné de ciboulette, cerfeuil, estragon. Repliez la feuille de chou à l'aide du film alimentaire et serrez bien en forme de paupiette, en ayant soin de laisser le pli sur le dessus.

5. Cinq minutes avant de servir, les faire chauffer cinq minutes à la vapeur.

6. Pochez les filets de veau dans le fond de volaille pendant environ 8 minutes, puis réservez.

Vin conseillé : Pommard-Jarollières, 1991.

Glace au miel et à la gentiane

Ingrédients (pour quatre personnes) :

Glace :
- 1 l de lait entier
- 150 g de jaunes d'œuf
- 250 g de miel d'acacia
- 4 cl de Suze
- feuilles de menthe
- 25 g de pistaches

Tulipe :
- 2 blancs d'œuf
- 75 g de sucre de glace
- 60 g de farine
- 35 g de beurre
- 25 g d'amandes entières
- 25 g de noisettes entières

Préparation de la glace :

1. Faites bouillir le lait avec le miel. Verser un tiers de lait sur les jaunes en remuant énergiquement à l'aide d'un fouet, puis versez le lait restant et faites cuire à la nappe (87° pendant trois minutes environ). La préparation doit napper la cuillère, mais elle ne doit pas bouillir. Laissez reposer pendant douze heures.

2. Ensuite, versez la crème dans la sorbetière et incorporez la Suze au milieu du turbinage.

Préparation de la tulipe :

1. Dans un cul de poule, mélangez les blancs d'œuf, le sucre glace puis la farine et le beurre fondu très chaud sans le laisser bouillir. Réservez au frais pendant une heure.

2. Etalez, sur une plaque Téfal, six disques de 15 cm de diamètre. Faites cuire environ à 170° jusqu'à coloration blonde.

3. Dès leur sortie du four, moulez les disques dans des assiettes creuses, posez dessus une autre assiette creuse pour former les tulipes.

Dressage :

Disposez les tulipes refroidies dans les assiettes. Ajoutez en étoiles trois quenelles de glace à l'aide de cuillères à soupe chaudes ; arrosez de miel, décorez d'une pluche de menthe au centre.

Servez immédiatement.

Vin conseillé : Muscat de Mireval.

Marc Haeberlin

"Auberge de l'Ill"

2, rue de Collonges – 68150 ILLHAEUSERN

Tél. : 03 89 71 89 00 – Fax : 03 89 71 82 83

A l'époque de L'Arbre Vert, *Charles Monselet aurait pu, avec l'aide de Joseph Favre, traverser l'Ill à bord d'une barque plate et se recueillir au pied d'un saule pour méditer sur sa « cuisine poétique » et Favre, venu de sa Suisse natale, essayer de transformer des sauces sublimes en « or liquide ». Selon Monselet, « il faut que la cuisine se renouvelle et se transforme comme toutes les choses, c'est l'inévitable loi ».*
Le courant est celui de la vie et de la mort. Il est le symbole de la possibilité universelle et de l'écoulement des formes. La rive opposée, c'est l'état qui est par-delà l'être et le non-être. Cette rivière venue d'en haut descend verticalement, selon l'axe du monde, pour se répandre devant la demeure à l'horizontale à partir du centre pour se fondre jusqu'aux extrémités terrestres.
Devant la Cité des saules, à l'ombre de l'arbre éternellement vert, concentrez votre énergie sur la pensée de vous nourrir. Dirigez-vous ensuite vers la grande maison familiale représentant la totalité du corps vivant de l'univers où le Maître se tient face au sud, comme un empereur en son palais. Dans la salle de lumière, vos sens seront prêts à recevoir les saveurs d'une tranquillité vibrante, légendaires et inédites.

"L'archer"

Rire et imagination

Cuisinier dans ses entrailles, Marc Haeberlin fait partie intégrante du « clan ». Vers 14 ans, ce qui l'attire c'est l'ambiance des cuisines de son père où les apprentis ont le même âge que lui ; il s'amuse.
Après avoir passé son B.E.P.C., il fait un B.T.H. à l'école hôtelière de Strasbourg et des stages chez Bocuse, Troisgros, Lasserre. A 19 ans, il rejoint la troupe et sa ligne de vie est de faire toujours la différence entre le bien et le mal. *« Pour moi, l'amour de la cuisine c'est faire partager un plaisir, celui de la table. »*

Paul dit de son fils : *« Marc est un cuisinier bourré d'imagination. Assembler les saveurs, les produits et ne pas tomber dans la routine, c'est ce qui fait le charme de ce métier. »*

Les rails

Les jeunes cuisiniers doivent, à notre époque, être courageux, car une crise se prépare.
« Nous, Haeberlin, sommes bien situés pour tirer notre épingle du jeu, mais il faut prévoir de grosses difficultés pour se lancer dans la haute gastronomie. Il leur faudra avoir également beaucoup de chance.
« Le pouvoir d'achat diminue. Il y a la vague des brasseries qui sera éphémère ; toutefois, un certain

nombre de restaurants sont appelés à disparaître dans tous les créneaux de prix. Les lois deviennent castratrices : l'alcool au volant, O. K., mais à ce stade c'est inadmissible. A la télé, on vous montre une femme qui a perdu un ami à cause d'un ivrogne et vous ne pouvez rien dire. Votre restaurant et votre travail ne comptent plus, ainsi que celui des vignerons et des distillateurs.

« On nous met sur des rails ; on ne peut plus faire l'amour, on n'a plus le droit de boire, on ne doit pas manger gras alors qu'il n'y a rien de meilleur que le gras autour du jambon. On arrive vers un monde morose, qui devient triste à mourir. Et, pour cette raison, les seuls moments de bonheur qui vous sont offerts, il faut les saisir et en profiter. »

Le tournant

« En Allemagne, aux U.S.A. et ailleurs, les restaurants se ressemblent et les décors aussi. Mais les arts de la table en France font que chaque restaurant a son cachet et son style. Techniquement, le fait d'avoir un micro-ondes qui n'existait pas il y a vingt ans n'a rien changé à la qualité du produit. Et je ne crois pas que le modernisme ait amené une évolution vers un meilleur produit.

« Nous sommes à un tournant, non seulement gastronomique, mais aussi économique. Ça part d'un mode de vie et du choix d'aller ou non au restaurant qui change. De nombreuses femmes ne veulent plus sortir le midi, préférant le soir. Des gens refusent de passer trop de temps à table et les habitudes alimentaires évoluent.

« Il y a quelques années, il était fréquent de faire deux repas par jour au restaurant. Français et étrangers faisaient des tournées à midi chez nous, le soir chez Troisgros et le lendemain chez Bocuse. Ce temps est révolu, et pas uniquement pour des raisons économiques ; c'est un mouvement nouveau avec, au bout, l'inconnu. »

Un plat « canaille »

Pour nous distraire de cette tirade pessimiste, le queux alsacien nous décrit, selon son expression, une création un peu « canaille », inspirée du terroir, un peu de son passage chez Bocuse, du tablier de sapeur lyonnais et d'une salade de tripes faite avec du vin blanc, vieille recette alsacienne.

Salade de tripes aux fèves et au foie d'oie

« Les tripes sont cuites traditionnellement dans du bouillon qu'on fait refroidir. On garde le jus, on fait une vinaigrette à base de ce bouillon de tripes avec laquelle on assaisonne la salade. Ce tablier de sapeur est passé à la moutarde et à la chapelure ; on le poêle très court, on poêle une escalope de foie gras qu'on met dessus, un peu de salade et de la vinaigrette. C'est un plat léger qui plaît énormément.

« On peut boire un Pinot blanc d'Alsace sec, assez fruité. »

Loisirs

Marc est fou de vitesse ; il aime le ski et le sport automobile qu'il pratique. Son plaisir est de recevoir ses amis chez lui pour faire la fête autour d'un fumant pot-au-feu.

Simplicité

Ses désirs sont simples ; garder une bonne santé et continuer à faire évoluer l'affaire dans le sens apaisant du cours de l'Ill.

Marc Haeberlin (suite) :

Marc est l'exaltation dont la connaissance assure la libération du cycle des renaissances. Sa confiance en lui et son côté «chanceux» le font avoir le rire facile. Il est une synthèse dynamique de l'homme volant vers sa transformation. C'est une créature pleine qui campe sa vie dans la plus large ouverture, qui cherche ses propres limites et aspire à les dépasser sous la poussée d'une sorte d'instinct.

«Cette nuit là, j'ai couru
la plus belle de mes routes
monté sur une pouliche de nacre
sans bride et sans étriers.»

F.-G. Lorca.

Si l'humain et l'ego se dépassent, il atteindra enfin sa cible qui est la transcendance vers un surhumain.

Parents : *Paul et Marie Haeberlin*

"Le nœud"

L'Arbre vert

Chez les Haeberlin, grand-mère et mère sont devant les fourneaux pendant que les hommes s'occupent de la culture dans la grande ferme familiale contiguë au restaurant qui ne suffit pas à les faire vivre. Nous sommes en 1862 et Paul se souvient :

«Nous avions des clients seulement le samedi et le dimanche, et mon grand-père allait les chercher à la gare avec son cheval pour les faire manger "une cuisine de terroir simple et goûteuse". C'était un village de pêcheurs et ces derniers nous vendaient les poissons de leur pêche.

«La spécialité était la matelote au vin blanc avec des nouilles, des fritures et des desserts : meringues, vacherins et tartes. Cette guinguette se nommait L'Arbre vert. *Détruite en 1940, la maison fut reconstruite en 1950. Il y avait moins de poissons compte tenu d'une pollution qui commençait à s'infiltrer. J'ai donc essayé de cuisiner du saumon.»*

Et la pluie d'étoiles a déferlé sur ce toit béni : la première en 1952, la seconde en 1957 et la troisième en 1967.

Des têtes célèbres

Paul et Marc sont ensemble en cuisine. C'est un duo intéressant qui équilibre les réalisations culinaires. L'un par sa base classique et le plus jeune par ses idées novatrices.

Les bords de l'Ill ont été foulés par des pieds célèbres. L'auberge a reçu le roi de Suède, les reines du Danemark, de Hollande et de Thaïlande. Le fils de l'empereur du Japon, tous les présidents, Vincent Oriol, Pompidou, Coty… Ainsi que toutes les vedettes internationales du cinéma, du showbiz, du sport et bien d'autres…

Paul et Marie Haeberlin (suite) :

Romantisme

Aujourd'hui, la mère de Marc s'occupe de la décoration florale. Fille de cultivateur, elle porte un grand amour à la terre, aux fleurs et au jardinage. Paul, le prince charmant, est arrivé un jour dans sa vie lors d'une fête champêtre. Le beau jeune homme est en uniforme militaire et la jeune fille porte son costume d'alsacienne.

« Paul était cuisinier à l'état-major. Nous nous sommes mariés et j'ai eu la chance d'avoir une belle-mère et une tante qui m'ont initiée à l'hôtellerie. C'étaient des femmes exemplaires dans leur labeur, pleines de bonté et possédant une grande foi. Elles ont marqué ma vie et Dieu nous les a laissées, l'une jusqu'à l'âge de 90 ans et l'autre 93 ans.
« Pendant de longues années, il a fallu coordonner l'ensemble, faire la pâtisserie, les fleurs, le jardin, le linge, le repassage, payer les factures et élever les deux enfants, Danièle et Marc. »

L'amour

Marie et Paul sont protestants, croyants et pratiquants. Ils ne manquent jamais un culte.
« Je remercie chaque jour le Seigneur d'avoir pu conserver des liens étroits avec les membres de notre grande famille et nous sommes tous réunis autour de la table pour chaque repas. Mon mari et moi n'avons jamais été séparés un seul instant, nous avons tout partagé et ça continue… »

L'union de deux êtres est la fixation dans un état déterminé de condensation. C'est un lien cosmique avec la vie primordiale. Unification pour accomplir l'harmonie du conscient et de l'inconscient, pour réaliser l'équilibre dynamique des contraires réconciliés, la cohabitation de l'irrationnel, du réel et de l'idéal, du concret et de l'abstrait.

La totalité s'unifie dans sa personne ; sa personne s'épanouit dans la totalité. Défaire ce nœud, c'est atteindre à l'immortalité.

Recettes "coup de cœur"...

La matelote de l'Ill au vin blanc [1]

Ingrédients (pour six personnes) :

- 1 sandre de 600 g
- 2 truites de 350 g
- 250 g de champignons de Paris
- 230 g de beurre
- jus d'un demi-citron
- 1 bouquet de persil
- 3 échalotes
- 1 l de fumet de poisson
- sel, poivre
- 1 anguille de 800 à 900 g
- 1 carpe de 400 g
- 25 cl de crème liquide
- 90 g de farine
- 1 bouquet de ciboulette
- 1 blanc de poireau
- 1/4 de gousse d'ail
- 50 cl de Riesling

Préparation :

1. Ecaillez les poissons et dépouillez l'anguille. Lavez les poissons et épongez-les. Coupez-les en gros tronçons. Ces opérations délicates peuvent être réalisées par le poissonnier.

2. Pelez les échalotes et le poireau et hachez-les. Faites fondre 20 g de beurre dans une cocotte de 4 litres et faites-y suer les échalotes et les poireaux. Versez alors le vin et le fumet puis portez à ébullition. Ajoutez l'ail. Salez et poivrez.

3. Plongez les tronçons d'anguille dans la cocotte et laissez cuire cinq minutes. Ajoutez ensuite la carpe et, dès la reprise de l'ébullition, la truite et le sandre. Laissez bouillir encore une fois, puis retirez du feu, couvrez et laissez reposer vingt minutes.

4. Pendant ce temps, nettoyez les champignons et faites-les sauter dans 20 g de beurre, jusqu'à ce qu'ils soient dorés. Salez et poivrez pendant la cuisson.

5. Egouttez les morceaux de poisson et réservez-les dans un plat creux, tenu au chaud. Filtrez le bouillon de cuisson des poissons. Faites fondre 45 g de beurre dans une casserole. Ajoutez la farine et mélangez pendant deux minutes. Versez alors le bouillon de poissons, sans cesser de mélanger, puis la crème. Portez à ébullition et laissez épaissir quelques minutes sur feu modéré. Rectifiez l'assaisonnement si nécessaire.

6. Versez le bouillon dans le bol d'un mixeur en ajoutant le beurre froid en noisettes. Ajoutez le jus de citron et le jus des champignons, mélangez et nappez en les poissons. Parsemez de persil et de ciboulette ciselés et servez aussitôt.

Ce plat est excellent accompagné de pâtes fraîches au beurre.

Vin conseillé : Riesling, « cuvée des Ecailles », de chez Léon Beyer (Eguisheim).

1. Recette extraite du livre de Marc Haeberlin : *L'Alsace gourmande de Marc Haeberlin* (Albin-Michel).

Le jarret de porc braisé aux lentilles vertes [1]

Wadala est le nom alsacien du jarret de porc, qui est un morceau goûteux, légèrement fumé et salé, très apprécié chez nous. Cette préparation aux lentilles, accompagnée de vinaigre, le rend encore plus exquis.

Ingrédients (pour quatre personnes) :

– 4 jarrets de porc salés et fumés
– 250 g de lentilles vertes du Puy
– 1 gros poireau
– 220 g de céleri-rave
– 1 branche de thym
– 25 g de beurre
– 200 g de lard salé et fumé
– 1 grosse carotte
– 1 gros oignon
– 1 feuille de laurier
– 1 clou de girofle
– sel, poivre

Préparation :

1. La veille, faites tremper les jarrets et les lentilles à l'eau froide, dans deux saladiers différents.

2. Le lendemain, égouttez les jarrets et mettez-les dans une marmite. Pelez l'oignon, piquez-le du clou de girofle et ajoutez-le dans la marmite avec le thym et le laurier. Couvrez d'eau et laissez cuire une heure et quart.

3. Pelez la carotte et coupez-la en brunoise avec le céleri et le poireau. Faites-les étuver au beurre avec peu de sel et de poivre. Réservez.

4. Egouttez les lentilles et plongez-les dans de l'eau frémissante. Ajoutez le lard fumé et laissez cuire trente minutes. Ensuite, égouttez-les et réservez 20 cl de leur eau de cuisson.

5. Mettez les lentilles dans une cocotte et ajoutez les jarrets cuits et les légumes étuvés. Ajoutez l'eau de cuisson des lentilles et laissez encore mijoter dix minutes.

6. Servez chaud, accompagné d'une saucière de très bon vinaigre de vin vieux ou, mieux encore, de vinaigre balsamique.

Vin conseillé : Pinot noir d'Alsace, « Les Neveux », de chez Hugel (Riquewihr).

1. Recette extraite du livre de Marc Haeberlin : *L'Alsace gourmande de Marc Haeberlin* (Albin-Michel).

Portrait de sœur : *Danièle*

"Une aile"

Elle et lui

Danièle vit dans cette maison depuis sa naissance et jamais rien n'a pu l'en éloigner. Avec son oncle Jean-Pierre, elle accueille les clients et supervise la salle. La rencontre avec son mari a eu lieu dans les cuisines de l'auberge. Aujourd'hui, il est responsable de l'hôtel et c'est à lui qu'on doit cette merveilleuse décoration du style «chalet de rêve»; on retrouve sa patte de paysagiste à travers les allées du jardin.

Redescendre

«La restauration, pour un trois étoiles, est devenue très pointue. Il est ardu de faire garder le cap aux employés, leur apprendre l'humilité et l'amour des autres. Les clients deviennent très difficiles. Il nous faut descendre de notre escalier pour les aimer doublement.»

Leçon de foi

Danièle est un femme empreinte d'une foi à toute épreuve. *«La foi est, pour moi, la force que Dieu m'a donnée. La religion n'est qu'une enveloppe : catholique, protestante, juive ou musulmane, cela n'a aucune importance si elle véhicule le même message. C'est un moyen pour arriver à votre spiritualité. Je lis chaque jour la Bible. C'est une force supplémentaire dans ce métier, une leçon d'humilité et d'amour qui vous aide à affronter les problèmes.*

«Il y a des gens d'Eglise qui vont à la messe ou au culte mais qui n'ont pas cette foi en eux. Ils sont attirés par le côté théologique de la Bible, c'est pour eux une demande intellectuelle et philosophique. Mais ils n'ont pas l'esprit de force. Sans cette foi, je ne pourrais jamais être rayonnante.»

Danièle nous dit avoir eu un déclic en elle, non provoqué par une épreuve. *«Ce fut une révélation et, après, les épreuves me l'ont confirmé et je pense que les prochaines m'amèneront toujours à un autre stade. J'ai la certitude aujourd'hui, quoiqu'il m'arrive, de recevoir toujours le bon médicament au bon moment. Physique ou morale, cette douleur s'éteindra. Vous trouvez des messages curatifs partout autour de vous, à travers des lectures ou des paroles. C'est ça la foi.»*

La vérité

Danièle, sereine, constate que les gens ne veulent plus de superflu, de luxe à outrance, de restaurants guindés où tout ce qui peut représenter l'argent. *«Ils ont besoin de tendresse et de chaleur. Les enfants n'ont plus de racines et plus d'éducation religieuse. Ils sont perdus, ne trouvant plus de vérité autour d'eux. Les familles sont éclatées et les couples divorcent trop facilement. Il faut une vie de vérité et une cuisine de vérité.»*

L'ambition principale de Danièle est de voir ses enfants bien dans leur peau, dans leur personnalité et de leur donner le savoir qui leur permette de tenir toutes les choses que la vie va leur apporter.

DANIÈLE, tient à la fois du feu et de l'eau; elle symbolise la conscience émergeant de la confusion, ainsi que la naissance de l'esprit. L'intelligence est le plus rapide des oiseaux. Que l'homme s'éloigne de Dieu et il perd ses ailes; qu'il s'en rapproche, il en est à nouveau pourvu. Est pourvu d'ailes celui qui comprend.

«Qui me donnera des ailes de colombe, je volerai et me reposerai» (Psaume LIV, 7).
«Tu me protégeras à l'ombre de tes ailes» (Psaume XVI, 8).
«Tu mettras ton espoir dans ses ailes» (Psaume XXXV, 8).

Femme dotée du sens du déplacement, de l'affranchissement des conditions de lieu et de l'entrée dans l'état spirituel qui lui est corrélatif, enfin sera pour «aile», libération et victoire.

Recette "coup de cœur" de Danièle

Beignets de carnaval fourrés (1)

On déguste de janvier à la fin de février ces délicieux *fasanachtskiechia;* ils portent aussi le nom de «boules de Berlin» et sont le plus souvent fourrés de confiture de framboise ou d'églantine.

Ingrédients (pour 6 personnes) :

- 250 g de farine type 45
- 50 g de sucre semoule
- 1 œuf entier
- 1 pincée de sel
- 15 cl de lait
- 10 g de levure de bière fraîche
- 1 jaune d'œuf
- 1 cuillerée à soupe de rhum

Pour la cuisson : 1 l d'huile d'arachide.

Pour servir :

- 150 g de confiture d'églantine
- 1 cuillerée à café de cannelle en poudre
- 80 g de sucre semoule

Préparation :

1. Délayez la levure et le lait tiède dans un verre. Laissez gonfler dans un endroit tiède.

2. Tamisez la farine dans une terrine. Ajoutez l'œuf et le jaune, le sucre, le rhum et le sel. Ajoutez enfin la levure gonflée et mélangez avec une spatule puis avec vos mains, jusqu'à obtention d'une pâte souple et homogène.

3. Couvrez d'un linge et laissez gonflez dans un endroit tiède pendant trente minutes.

4. Au bout de ce temps, travaillez à nouveau la pâte afin de la faire retomber, puis découpez à l'emporte-pièce des disques de 8 cm de diamètre. Posez-les sur une planche et laissez-les lever encore trente minutes.

5. Au bout de ce temps, faites chauffer l'huile à 170° dans une bassine à friture. Plongez-y les beignets et laissez-les cuire trois à quatre minutes de chaque côté. Egouttez-les avec une écumoire et épongez-les sur un linge.

6. A l'aide d'une poche à pâtisserie, fourrez les beignets de confiture (framboise ou églantine). Roulez-les dans le sucre parfumé à la cannelle avant de les servir.

Ces beignets ne se conservent qu'une journée.

Vin conseillé : Gewurztraminer (sélection grains nobles), Domaine Weinbach, Mesdames Faller (Kaysersberg).

1. Recette extraite du livre de Marc Haeberlin : *L'Alsace gourmande de Marc Haeberlin* (Albin-Michel).

Bernard Joinville

"Lasserre" (Traditions et qualité)
17, av. Franklin D. Roosevelt – 75008 PARIS
Tél. : 01 43 59 53 43 – Fax : 01 45 63 72 23

DANS le triangle d'or parisien, sous les ailes de la colombe, tout est illumination. La colombe compte parmi les plus universelles métaphores célébrant la femme. Oiseau d'Aphrodite, elle est l'accomplissement amoureux que l'amant offre à l'objet de son désir. Sublimation de l'instinct et de l'éros, principe vital de l'âme.

Chez **Lasserre**, *après avoir trouvé les éléments constructifs du corps, la musique des sphères joue crescendo un rôle médiateur pour élargir les communications jusqu'aux limites du divin. Les héros de l'Orient et de l'Occident, dans leur quête d'un talisman royal, viennent admirer ce palais de cristal où les pierres brillantes semblent être détachées du trône céleste. L'argent y est la lumière pure telle qu'elle est reçue et rendue par la transparence du cristal, les reflets des miroirs et l'éclat des diamants. La terre et le ciel ne font qu'un, et dans le désir sublimé :*

« Viens prend ton vol
s'il te devine, il te suivra
et la femme devint belle
elle prit dans la lumière la forme d'une colombe. »

Extrait d'un texte de Grégoire de Nysse.

"Un molinoïste"

Le chemin

Né à Versailles, Bernard Joinville a le déclic pour ce métier à travers son père, chef de rang au *Plazza,* et l'un de ses amis cuisiniers. Il grandit dans cette ambiance qui le passionne. Sa mère, d'origine bretonne, est femme de chambre à l'hôtel *Ritz ;* elle le présente à la direction qui l'accepte comme apprenti-cuisinier. Il a 14 ans et reste trois années dans cet hôtel en alternance avec les cours de la rue Médéric.

En 1970, Bernard est admis chez *Prunier-Victor Hugo* à Paris, où il retrouve l'ami de son père. Neuf années sous sa houlette lui donnent les qualités nécessaires pour faire le grand plongeon chez *Lasserre* en 1978.

« Le métier de cuisinier est très dur, il nécessite une condition physique énorme : station debout permanente, des coups de feu qui provoquent une grande tension nerveuse et très peu d'heures de sommeil. Il faut être passionné ; sans cette force, il est impossible de faire carrière. »

Bernard Joinville (suite) :

Mysticisme

Bernard Joinville nous confie dans le creux de l'oreille être mystique. Selon lui, le mysticisme englobe beaucoup de choses : la recherche de soi, la compréhension des autres, la philosophie et l'ensemble de l'ésotérisme.

« Je suis catholique baptisé, et je pense qu'il y a un esprit universel, une unité en chacun de nous qui choisit : faire le bien ou le mal. C'est un germe qu'on cultive comme on le souhaite. Dans notre travail, nous avons beaucoup de chance de toucher à la nourriture qui est quelque chose de sacré. Avoir une matière nourrissante c'est fantastique et, pour cette raison, il faut consacrer beaucoup d'amour pour rendre ces produits plus attrayants et meilleurs. »

Compensation

Notre chef n'est pas l'amphitryon. Il trouve cependant des compensations par son étroite collaboration avec Monsieur Louis et René Lasserre, mais aussi parfois avec certains gastronomes qui demandent à le voir pour converser sur sa cuisine et le féliciter. *« Ces compliments aident à l'évolution et emplissent le cœur d'une chaleur intense. »*

Régression

« Actuellement, je reproche aux jeunes de ne pas assez travailler et leur manque de motivation. Depuis mon arrivée ici, je forme des élèves et je constate qu'il n'y a pas d'évolution, mais une régression qui n'est pas leur faute mais celle de leurs parents, moins rigoureux dans leur éducation. Depuis quelques années, les séparations et les divorces n'arrangent pas les choses. On les aide, mais ils n'ont plus le courage nécessaire et moins de volonté. Ils sont aussi trop gâtés. Ils veulent arriver tout de suite, réussir, gagner ! »

La non-folie

Le queux est pessimiste quant à l'avenir de la profession : *« Je pense qu'il faut arrêter de travailler le produit différemment. On en vient à trop se diversifier. Il faut trouver le juste milieu entre le classique et le novateur. On y arrive progressivement, mais il y a encore à faire. Il faudrait stopper l'invention de produits ; on ne trouve même plus le temps de travailler les anciens que de nouveaux arrivent déjà ! Certains sont merveilleux, mais d'autres sont nuls. Il faut agir. »*

Bernard nous donne un exemple de mariage d'éléments qui, *a priori*, n'étaient pas fait pour être réunis :

« Salade tiède de ris de veau et de langoustines »

« Il fallait faire une sauce assez légère qui s'associe bien avec le ris de veau. Je mêle les carcasses de langoustines avec oignons, carottes, thym et laurier, et je fais sauter au beurre. Je déglace au vin blanc et je mouille avec un fumet de poisson. Quand tout est bien infusé, je filtre au chinois, je laisse réduire, je crème légèrement, j'ajoute un peu de citron et je monte avec de l'huile de pépins de raisins et une petite goutte d'huile de graines de sésame. Il faut en mettre très peu, car c'est une huile très forte, très puissante. Je parsème cette préparation sur les médaillons de ris de veau poêlés accompagnés d'une petite salade au centre.
« Vin : un Chablis 1er cru 1993, de J. Durup. »

(Suite p. 140)

Saint-Jacques poêlées au beurre de truffes

Ingrédients (pour quatre personnes) :

- 4 kg de coquilles Saint-Jacques
- 125 g de farine
- 7 g de levure chimique
- 30 g de truffes
- 30 g de jus de truffes
- 1 cuillerée à soupe de crème fleurette
- 250 g de beurre
- 1 bottillon de ciboulette
- 300 g de grenouilles (soit 12 pièces)
- 200 g de fumet de poisson
- 1 pincée de sel
- 50 g d'eau
- 1 cuillerée à café de maïzena
- 115 g de lait
- 1 goutte d'huile
- sel et poivre

Préparation :

1. *A préparer la veille :* mettez à ramollir 200 g de beurre. Ajoutez-y la truffe hachée puis le jus de truffe, mélangez et laissez prendre le parfum. Tenez au frais. Détachez les noix de leur coquille, lavez-les, puis égouttez-les sur un papier absorbant. Réservez au frais. A l'aide d'un couteau d'office, désossez les cuisses de grenouilles et réservez les petits muscles des extrémités.

2. *Préparation du beurre :* dans une petite casserole, mettez à réduire le fumet de poisson. Ajoutez la crème fraîche et laissez bouillir quelques instants. Incorporez ensuite, à l'aide d'un fouet, le beurre en petites parcelles. Salez, poivrez et passez au chinois fin. Réservez les truffes qui ont été filtrées et tenez la sauce au bain-marie.

3. *Préparation de la pâte à frire :* mélangez à l'aide d'un fouet l'eau, la levure et le sel. Ajoutez ensuite le lait, la farine et la maïzena. Fouettez énergiquement jusqu'à obtention d'un appareil lisse, puis laissez reposer deux heures.

4. Salez et poivrez les noix de Saint-Jacques, farinez-les et faites-les dorer à l'huile et au beurre. Réservez-les ensuite sur papier absorbant. Procédez de même pour les petits muscles des grenouilles.

5. En les tenant par l'os, plongez les cuisses de grenouilles dans la pâte à frire, égouttez puis plongez dans la friture à environ 180° (si la pâte a un peu trop épaissi, détendez-la avec un peu de lait ou d'eau).

6. Nappez le fond de votre assiette, parsemez de truffe et de ciboulette hachées. Disposez les Saint-Jacques, les grenouilles sautées et les petites jambonnettes de grenouilles au centre.

Vin conseillé : Meursault, château de Meursault., 1989.

Parmentier de morue fraîche aux Saint-Jacques

Ingrédients (pour quatre personnes) :

- 600 g de cabillaud en filets
- 3 gousses d'ail
- 20 cl de vin blanc sec
- 200 g de beurre
- 1 kg de coquilles Saint-Jacques
- fumet de poisson
- 2 échalotes
- 400 g de pommes de terre épluchées
- 200 g d'épinards en branche
- 55 cl de crème fleurette
- 4 feuilles de papier sulfurisé 25 x 20

Préparation :

1. Préparez un petit fumet de poisson de 20 cl environ.

2. Détaillez les filets de cabillaud en quatre, assaisonnez (sel et poivre) et placez-les sur des feuilles de papier. Ajoutez, sur les filets, les épinards équeutés, lavés et coupés en julienne. Rabattez la feuille de papier de manière à bien envelopper cette composition. Retournez l'ensemble et disposez-le sur un plat allant au four. Ajoutez le fumet de poisson et faites cuire au four (thermostat 7/8) de dix à quinze minutes à couvert. Après cuisson, réservez au chaud.

3. Dans une casserole, versez 45 cl de crème. A l'aide d'un petit couteau taillez les pommes de terre au-dessus de la crème en faisant des copeaux les plus larges possibles. Ajoutez les gousses d'ail.

4. Faites cuire les pommes de terre à feu doux. Après cuisson, le mélange doit être épais.

5. Otez l'ail, écrasez-le finement à l'aide d'une fourchette et rajoutez-le aux pommes de terre. Rectifiez l'assaisonnement.

6. *Préparation de la sauce :* hachez finement les échalotes, additionnées des 20 cl de vin blanc sec. Faites réduire totalement. Ajoutez ensuite 5 cl de crème. A petite ébullition, montez les 200 g de beurre, préalablement coupés en petits morceaux, en mélangeant à l'aide d'un fouet. Assaisonnez, passez le tout au chinois étamine. Pour finir, fouettez les 5 cl de crème restant et incorporez-les à la sauce.

7. *Finition :* répartissez les pommes de terre au centre de chaque assiette. Une fois les papier ôtés, placez les filets de cabillaud autour des pommes de terre, ajoutez du poisson et des fines lamelles de noix de Saint-Jacques. Nappez chaque filet de sauce et glacez l'ensemble à four très chaud en position grill.

Vin conseillé : Pouilly fuissé 1993, de chez André Auvigué.

Bernard Joinville (suite) :

(Suite de la p. 137)

Loisirs

Pour cet homme tranquille, c'est la pêche à la ligne en étang. Tout est si calme, enfin !

Il préfère recevoir ses amis pour les dorloter et leur cuisiner un superbe lapin, son plat préféré. Pour ses sorties, il choisit un restaurant français, traditionnel.

Privilège

Bernard Joinville estime être privilégié d'œuvrer dans une telle maison. Il souhaite y rester le plus longtemps possible, jusqu'à la retraite. Pourquoi pas ?

« Je voudrais terminer mes jours auprès de ma femme et de mes enfants, tranquillement, sans stress. Mais aujourd'hui je suis très heureux d'avoir pu connaître un personnage comme Monsieur Lasserre qui est unique, et c'est pour moi un enrichissement permanent. Comme dit Monsieur Louis, "c'est un homme de rigueur mais qui a un sens inné de la création et du bien." »

Chez Lasserre, les casseroles pleuvent. Toutes les femmes reçoivent après chaque repas une petite casserole en porcelaine et les membres du « Club de la casserole » viennent des quatre coins du monde pour se rencontrer.

***BERNARD JOINVILLE** aime le cuivre de ses casseroles à travers lesquelles il trouve son épanouissement. Sa sensibilité a besoin de trouver un écho à l'amour qu'il donne. Son plaisir est de travailler pour de grandes causes, ce qui lui permet d'améliorer son germe intérieur. La chance le protège et son désir de paix et de bonheur contribue à nourrir la santé et à mûrir l'évolution des êtres faits pour une société plus heureuse sous le régime et les lois des principes moraux. Chacun peut alors plus librement accéder à la plénitude de ses moyens ainsi qu'à la maîtrise de sa puissance et de son instruction spirituelle.*

« J'ai grandi comme une plante, comme un olivier dans la plaine. » Il procède à une sorte d'anamnèse d'où il extrait des éléments de l'inconscient, non point par une exploration directive et rationnelle, mais en laissant jouer les forces spontanées et en cueillant leurs résultats fortuits. L'inconscient est ici comparé à l'étendue de son étang où sont enfermées les richesses que l'anamnèse et l'analyse ramèneront à la surface, comme le pêcheur ramène des poissons dans son filet. Ce molinoïste vit en état de contemplation passive et d'absorption en Dieu.

Le créateur : *René Lasserre*

"Thot"

La puce

René Lasserre, né à Bayonne, a donné soixante-et-onze années de sa vie pour le plaisir des autres. Ses parents sont restaurateurs. Mais à neuf mois il devient orphelin de père, et sa mère, qui est cuisinière, travaille pour élever ses quatre enfants.

Après avoir passé son certificat d'études à douze ans et demi, le garçon monte à Paris où il est engagé dans un restaurant comme « verrier ». Mais une opportunité se présente : acheter le « rondin », qui est la veste des garçons de café. Laver les verres, c'est terminé ; René monte en grade, il est en salle et on le surnomme « la puce ». Il devient chef de rang à 17 ans et maître d'hôtel à 19 ; il a sous ses ordres des commis plus âgés que lui.

En 1937, René travaille chez *Prunier* et découvre, si l'on peut dire par hasard, une cabane dans un hangar construit par un brasseur qui sert des choucroutes et de la bière. Cet endroit bénéficie d'un important passage, compte tenu de sa situation dans l'axe d'une porte de l'exposition au pont des Invalides. *« Je l'ai acheté pour trois fois rien et, ce qui m'a le plus séduit, c'est la possibilité de construire un établissement selon mes rêves se composant d'un jardin, d'une maison sur quatre étages et d'un toit ouvrant. »* Le célèbre toit qui s'ouvre sur le ciel de Paris a fait couler beaucoup d'encre, et toutes les sommités de notre globe ont désiré un jour l'admirer.

« Lasserre »

René Lasserre n'a jamais été à court d'idées : ça passe par un mur mobile qui disparaît dans le sol, la création de la voiture de service qui se ballade dans la salle, la table ronde mise au goût du jour. Conclusion : l'histoire de la restauration est bouleversée.

Tous les journalistes de l'après-guerre (ils sont une douzaine environ dans le domaine de la gastronomie) encensent Lasserre, et ces messieurs ont énormément d'influence auprès du public ; ils font ou défont un restaurant. Robert Courtine, l'un des plus renommés d'entre eux, deviendra l'ami intime de René Lasserre.

Le Club de la casserole

La clientèle est créée. L'amphitryon peut laisser voguer son imagination. Il réalise quatre-vingt-deux galas avec des clients venus des quatre coins de la planète. Il crée le « Club de la casserole » et choisit ses adhérents. Tous sont des personnalités. Le porte-clefs casserole en argent est numéroté.

« J'ai créé ma grande famille, je réunissais les membres lors de dîners à thème. Kurnonsky, en 1948, en a souvent parlé. Les gens se battaient pour y être invités. J'ai même été obligé de supprimer certaines de ces réunions car les adhérents se vexaient, ce qui n'était pas le but de l'opération car mon objectif a toujours été de les satisfaire. Le thème était toujours basé sur un événement d'actualité : sortie d'un film, d'une pièce de théâtre… on y croisait Martine Carole, Fernandel, Michel Simon, Georges Simenon, Farah Dibah, le Shah… »

N'oublions pas non plus les merveilleux lâchés de colombes dans la salle. Les plus beaux mannequins de Paris sont présents. Il est de bon ton d'être vu chez Lasserre.

Dali

On ne peut parler de Lasserre sans citer Salvador Dali. C'est sa « cantine ». *« Il mangeait surtout de la soupe aux orties, il fallait donc en cueillir spécialement pour lui. Nous avions également un client régulier, André Malraux, qui ne voulait jamais saluer Dali le premier.*

« Voyez-vous, pour faire ce métier il faut aimer les gens et vouloir leur bonheur. Je me suis toujours considéré comme une "maîtresse de maison", celle qui fignole, qui

change un vase de place et qui trouve chaque jour un truc nouveau qui va étonner. »

Contestation

« La haute gastronomie a incontestablement bénéficié d'une période de vingt années faciles, avec une clientèle qui allait dans les restaurants de luxe, endroits dans lesquels les gens de condition moyenne n'osaient même pas entrer. Aujourd'hui tout est différent. Il faudrait considérer la restauration comme un service public. Nous nous trouvons aux mêmes taux que Renault pour les charges sociales, c'est absolument anormal. La restauration ne demande pas d'être nationalisée, mais elle demande de ne pas être considérée comme une vache à lait.

« On incite les femmes à travailler. Par conséquent, il est naturel que ces femmes, le soir, disent à leur mari : "Allons dîner dans le petit restaurant d'en bas." Il faudrait créer des sortes de cantines personnelles qui ne paieraient ni charges, ni impôts. J'ai même connu une période, en 1927, pendant laquelle il existait une taxe de luxe : c'était un timbre qui était collé sur l'addition, lorsque celle-ci était supérieure au prix de base ! »

Bonheur parfait

René Lasserre est un homme comblé à tous les niveaux. Selon ses dires, ce fût « une réussite de vie parfaite ».

Mais il n'a pas dit son dernier mot, et les clients attendent toujours l'entrée symbolique de ce personnage hors du commun dans son palais magique, et quelques mots de René Lasserre deviennent un privilège.

René Lasserre transforme la matière en énergie vitale. Son rôle central est de réduire à l'impuissance les ennemis de la lumière. Il possède la noblesse de l'accueil. Il repousse le chaos afin que prédomine la lumière dans les échanges et dans la vie même de ses sujets. Il prend son envol pour donner quelques ingéniosités aux sens frustrés des humains et, par compensation, communiquer à l'âme et à l'énergie une passion de connaître et de construire.

Il est poussé à inventer, à risquer sa propre voie dans le respect souvent anonyme de la tradition. Enthousiaste, entreprenant, il ne méprise rien ni personne, si ce n'est la médiocrité et la mesquinerie. Il aime à prendre des risques à la condition de s'engager dans des œuvres dont les finalités vont dans le sens du dépassement de soi.

Canard de Challans à l'orange

Ingrédients (pour quatre personnes) :

- 2 canards de Challans de 1,4 kg
- 2 dl de liqueur d'abricot
- 1 sauteuse
- 2 cuillerées à soupe d'huile d'arachide
- 8 belles oranges
- 150 g de beurre
- 2 plaques à rôtir

Pour la sauce :

- 1 cuillerée à soupe de vinaigre
- 1 cuillerée à soupe de sucre en poudre
- 3,5 dl de fond brun lié
- 1 petite louche de jus d'orange
- 4 cuillerées à soupe d'eau
- 1/2 dl de mandarin

Préparation :

1. Préparez les oranges avec un couteau bien affûté, pelez les oranges « à vif » sans laisser subsister aucune partie blanche ni filaments. Puis, coupez-les en quartiers (six quartiers par orange).

2. *Préparation des canards :* flambez la volaille, coupez les ailerons, cous et pattes. Videz les canards puis bridez-les. Salez et poivrez.

3. *Cuisson des canards :* dans une plaque à rôtir, placez les canards. Ajoutez-y l'huile et le beurre et faites-les cuire pendant quarante minutes à four chaud. Arrosez-les fréquemment. Après la cuisson, retirez-les et réservez-les au chaud.

4. *La sauce :* dégraissez la plaque de cuisson. Ajoutez-y l'eau, le vinaigre, le sucre. Laissez réduire jusqu'à obtention d'un léger caramel. Ajoutez les 3,5 dl de fond brun lié, le jus d'orange. Faites cuire la sauce doucement à très petite ébullition, de dix minutes à un quart d'heure. Ecumez, puis passez la sauce au chinois. Assaisonnez à point.

5. Dans une sauteuse, placez les quartiers des six oranges, la liqueur d'abricot, le mandarin; mouillez avec la sauce précédemment obtenue, chauffez et retirez du feu à la première ébullition.

6. *Présentation :* dressez les canards sur un plat que vous garnissez avec les tranches des deux oranges à vif restant; nappez-les de la sauce. Servez le reste de la sauce en saucière.

Vin conseillé : Beaune «clos des Mouches», 1989 (blanc), de chez Drouhin.

"Le prestidigitateur"

Comptabilité

Gérald-Louis Canfaïlla est d'origine sicilienne par son grand-père. Diplômé en comptabilité, il s'inscrit dans une maison d'intérim. Sa première mission – et sa dernière nous l'espérons – est le restaurant Lasserre. En 1969, Gérald-Louis, à 23 ans, se trouve dans l'obligation de rendre les chiffres du bilan de cette affaire. « *Le comptable précédent avait pris un retard considérable, dû à un accident. Voyez-vous, je suis l'intérimaire qui a probablement le plus duré dans une boîte ! Monsieur Lasserre m'a donc proposé de rester à la tête de la comptabilité. C'était une P.M.E. comprenant 90 employés. En étant chef comptable, je touchais au social, au fiscal et au droit du travail, ce qui correspondait à ma formation.*

« *Pendant treize ans, je suis également passé par la cuisine pour m'occuper des ratios, des marges, des coûts et prix de revient. A l'époque, le chef était Auguste Perrot, homme doté d'un immense talent, très posé, avec lequel nous discutions d'une recette de A à Z. J'avais donc une connaissance parfaite de la composition des plats et de la manière dont ils étaient réalisés.* »

Monsieur Louis

C'est le grand bouleversement pour Gérald-Louis, qui va devenir pour le Tout-Paris « Monsieur Louis ». L'ancien directeur, Monsieur Pierre, s'installe dans le Midi et René Lasserre n'hésite pas un seul instant. Il demande, avec la diplomatie qu'on lui connaît, à son comptable préféré de devenir Monsieur Louis : « *Vous présentez bien, vous parlez anglais et vous connaissez parfaitement la maison. Voulez-vous entrer en contact avec la clientèle ?* »

L'entrée dans l'arène est très difficile. Comment faut-il aborder le client ? Avant, pendant ou après le repas ? L'interrompre au bon moment, tout en observant une certaine modestie. Pendant environ deux ans, René Lasserre vient en salle pour le pousser avec un aiguillon, l'encourager, le présenter aux clients et lui « passer le bébé ».

Salle et cuisine

Malgré sa présence matin et soir, Monsieur Louis reste un peu Gérald et travaille en collaboration étroite avec le chef comptable.

Depuis son arrivée chez Lasserre (il y a vingt-neuf ans), quatre chefs ont dirigé les cuisines. Après Auguste Perrot, René Veau, puis Marc Daniel et depuis dix-sept ans, Bernard Joinville qui promet, lui aussi, de devenir un des piliers de cette grande entreprise.

« *Etre chef est un sacerdoce et notre rôle, nous qui recevons la clientèle, est de transmettre le message du cuisinier et de commenter ses créations. C'est agréable car, en général, les gens que nous recevons sont aimables et très évolués sur le plan culinaire. Ils sont très réceptifs et, même lors de repas professionnels, j'arrive, à travers la qualité de la cuisine, les effluves des bons vins et quelques paroles humoristiques, à détendre l'atmosphère et à les faire rire. C'est merveilleux, ça devient alors très convivial, il se crée une communion.* »

Le théâtre

« *Quand on arrive dans ce théâtre qu'est le restaurant, il faut laisser tous ses problèmes au vestiaire pour pouvoir jouer la pièce et être bien dans sa peau. Pas droit non plus à l'absence, sinon les réflexions pleuvent. Certains me disent : "Je suis venu l'autre jour et vous n'étiez pas là !" Bien entendu, cette fonction, au tout début, a posé quelques problèmes familiaux car c'est l'abstraction des soirées. Mais progressivement tout est rentré dans l'ordre.* »

L'ailleurs

« *Je suis croyant, mais non pratiquant. Parfois je Le consulte et de temps en temps Il me répond. Je Lui dis aussi : "Mon Dieu, il n'y a pas de justice", mais il m'arrive aussi de penser : "Heureusement qu'Il est là!"... »*

Monsieur Louis a très souvent des impressions de « déjà vu, déjà vécu » et, pour couper court à certaines attirances vers le surnaturel, il préfère s'en remettre à l'explication médicale.

Dégustation

« Je travaille avec Bernard Joinville sur les plats qui existent pour les améliorer. Concernant les nouvelles créations, le chef fait la mise au point, on les goûte puis on les soumet à l'approbation du "big boss". Nous réalisons également un plat du jour et questionnons toujours les clients pour connaître leur opinion et leurs goûts. »

Evolution

« Les mœurs changent, les horaires aussi. Les jeunes cadres n'aiment plus passer des heures à table, ils préfèrent le système américain et, pour le déjeuner, il y a une légère baisse.

« Je ne suis pas excessivement optimiste concernant notre profession, car les jeunes n'ont plus la même considération pour la grande cuisine. C'est une génération qui a commencé avec les fast-food et, dans notre catégorie, nous pratiquons des prix assez élevés. On ne parle que de repas entre 98 et 150 F, et je ne sais pas si la haute gastronomie va pouvoir survivre très longtemps... »

Demeurer

« Je suis très heureux dans cette maison que je considère un peu comme la mienne. Je souffrirais énormément de devoir me réaliser autrement, il y a trop de liens et puis le métier de rond de cuir... »

Le souhait profond de Monsieur Louis est de pouvoir conserver la clientèle fidélisée et apercevoir enfin une amélioration économique pour poursuivre cette œuvre en toute quiétude.

Sont réunis Monsieur Louis et le chef Bernard Joinville. A la question : «René Lasserre est-il un patron facile ?», Monsieur Louis répond : *« S'il avait été un patron facile, il n'aurait pas atteint une telle renommée! Il est très à cheval sur les principes, extrêmement rigoureux, avec parfois beaucoup d'humour. On rit bien, mais il ne fait pas de cadeaux. N'est-ce pas chef? »*

Pour la petite histoire

Comment reconnaître un habitué de « chez Lasserre » ? C'est celui qui ne loupe pas la marche en sortant de l'ascenseur. Le nouveau client est celui qui, impressionné, n'entend pas l'avertissement discret du groom et qui tombe dans les bras de Monsieur Louis...

Monsieur Louis, le dernier amphitryon de chez Lasserre, mène avec brio deux activités de front : l'une le repose de l'autre et entraîne une nouvelle stimulation dont il a besoin. Il capte l'attention par son allure dansante et sa démarche légère. Ses yeux sont un kaléidoscope et rien n'échappe à son regard un peu narquois. Un sourire accroché aux lèvres, son aisance lui permet de s'adapter à toutes les situations. Il fait échapper de son invisible chapeau une colombe qui est l'envol de l'intelligence ou de la parole céleste réfléchissant la manifestation.

Il donne de la réalité une image inversée, ce qui est en haut est comme ce qui est en bas. Il reçoit celui qui lui est présenté, ainsi que son âme, et cette rencontre est, comme au paradis, reflet de l'homme purifié.

Philippe Jousse

"Alain Chapel" (Relais gourmands – Traditions et qualité)
01390 MIONNAY
Tél. : 04 78 91 82 02 – Fax : 04 78 91 82 37

« Le résultat est ce que nous sommes, l'œuvre est simple, vraie et sincère. » Ces mots d'Alain Chapel sont le fidèle reflet de ce « colosse aux pieds d'argile » reposant sur le plateau fait de roche terreuse, richesse de son pays : la Dombes. « Mors janua vitae », *ses champs de lumière sont enfin dévoilés, elle a ouvert l'accès au règne de l'esprit. Fille de la nuit et sœur du sommeil, elle régénère l'édifice où les voûtes reposent sur son carré, alliance de lignes courbes du sommet et des droites de la base.*

Enfin libéré du Samsara, le queux Jousse s'y manifeste perpétuellement par des offrandes pour le bonheur de tous les êtres. Les saveurs rares venues d'ailleurs, ruisseaux d'eau vive, de lait, de vin et de miel, couleront en toutes les saisons pour des repas raffinés servis en de riches vaisselles par des éphèbes semblables à des perles détachées. A la croisée des quatre avenues de l'espace, le puits, un arbre et une colonne marquent l'omphalos. Et de même que la réalité ultime peut être perçue dans la contemplation immobile d'une rose rouge, de même lorsqu'une fleur exquise est offerte par l'épouse, on se sent de nouveau pour un instant une plante.

> *« Ceux-là seront les hôtes du jardin où ils seront immortels en récompense de ce qu'ils faisaient sur terre »* (Coran, 46, 14).

"Sminthée"

Ligne droite

Philippe Jousse est né à Corbeilles-en-Gâtinais. Un grand père charcutier-traiteur chez qui il passe ses vacances, une grand-mère et une mère toutes deux cordons-bleus font une réunion de trois influences qui lui donne inconsciemment le goût de ce métier.

La famille vit essentiellement dans la pièce principale, la cuisine, et quand on pose de manière classique la question à l'enfant : « Que veux-tu faire quand tu seras grand ? », il répond : cuisinier !

Après son B.E.P.C., Philippe décide – bien que ses parents souhaitent le voir poursuivre ses études – d'entrer à l'école de Commerce de Paris où l'apprentissage est à la fois théorique et pratique, compte tenu de stages intercalés dans le planning éducatif.

Sa chance est d'effectuer l'un de ces stages au *Pavillon des Princes,* où le chef Malapris lui enseigne la patience et lui inculque les qualités nécessaires pour devenir un cuisinier de haut niveau. Il fait ensuite quelques expériences dans certaines maisons parisiennes, et c'est au *Chiberta* qu'une proposition inattendue lui est faite ; rejoindre l'équipe d'Alain Chapel. Philippe accepte, ravi de découvrir d'autres horizons.

Mionnay-Kôbé-Mionnay

Le garçon est habitué à la campagne. Aller dans la ferme de ses grands-parents est, pour lui, toujours une grande fête. Le bouleversement de sa vie se produit en 1982, avec son arrivée à Mionnay, dans le petit village du géant Chapel… Pendant sept années il gravit les échelons pour être enfin second.

« Ayant atteint ce niveau, j'ai demandé à mon chef ce qu'il envisageait pour moi. La réponse ne se fit pas attendre : je me suis retrouvé à 29 ans chef de son restaurant à Kôbé, au Japon. Toutefois pour peu de temps, car je suis parti en 1989 et revenu en 1990 suite au décès de Monsieur Chapel et sur la demande de son épouse. J'ai alors repris la direction des cuisines. »

Cuisine-plaisir

Depuis toujours, Philippe possède en lui la notion de « cuisine-plaisir ». Son rêve d'enfant est l'image d'un petit restaurant où les gens arrivent avec leurs problèmes, leurs soucis, et repartent heureux, entièrement transformés.

« Voyez-vous, on a appris aux clients la critique et la comparaison, moyennant quoi ils ne viennent plus avec l'esprit libre, uniquement pour le plaisir, et si cette optique persiste nous allons vers une catastrophe. » Il faut se rendre dans une grande maison en étant préparé pour recevoir ce repas, et la grande joie de Philippe est parfois d'accueillir des grands-mères qui ont économisé durant des mois pour offrir une fête à leur famille.

Les trois sources

Pour un chef, la cuisine est une belle histoire d'amour qui vient de trois sources : producteurs, cuisine et clients. C'est un lien, une chaîne, c'est incontournable.

« Quand j'achète le matin un pigeon, un poisson ou une carotte, je ne peux pas les maltraiter parce qu'il y a derrière quelqu'un qui a travaillé dur pendant plusieurs mois pour les élever ou les faire pousser. L'amour que je ressens pour ce produit, je l'ai obligatoirement pour la personne qui s'en est occupé. En phase finale, c'est le client qui reçoit et ressent l'amour pour ce produit qu'on lui a cuisiné. »

Alain Chapel

« Au premier abord, mon maître paraissait froid, austère ; il en imposait beaucoup et souvent les gens n'osaient pas lui parler, mais en réalité il était humble. Certains qualifiaient cette maison de cathédrale. C'est lui qui m'a appris l'humilité, il me disait : "Ne crois jamais que tu es en haut de l'échelle car c'est à ce moment là que tu commences à redescendre. La cuisine est une perpétuelle remise en question." Il appliquait cette théorie et n'était jamais satisfait de lui. Sa recherche était permanente. »

Trois points forts

Les conseils de Philippe concernant les jeunes qui désirent faire de la gastronomie leur métier se résument en trois points : humilité, ténacité et ambition.

Simplicité

Aujourd'hui, les gens vont au restaurant pour découvrir des saveurs nouvelles, boire des vins agréables, souvent jeunes. Ils choisissent moins de grandes bouteilles, cela devient trop onéreux. *« L'évolution va vers plus de simplicité, ce qui est en coordination avec la transformation actuelle de l'humanité. »*

Le chef nous explique l'une de ses créations culinaires présente sur la carte :

« Huîtres chaudes et mousserons poêlés sur une polenta grillée à l'échalote confite et vinaigre à lie d'huile de noisette. »

« Ce plat est composé d'huîtres chaudes et de mousserons chauds servis avec une petite polenta grillée avec de l'échalote confite à l'intérieur, le tout assaisonné avec une vinaigrette à la lie d'huile de noisette. C'est une composition qui allie le côté marin avec l'iode de l'huître et le côté terrien, sous-bois avec le mousseron ; ce mariage est possible grâce à l'assaisonnement. La polenta apporte le côté croustillant. On peut boire avec ce mets un très bon Chablis. »

Sélection

« La cuisine du futur va être encore plus épurée en privilégiant les produits du terroir de grande qualité, et dans notre corporation nous sommes tous unis pour soutenir les petits producteurs. Mais la sélection va être terrible au niveau de la haute gastronomie. L'avenir sera fait de tables d'exception et de restaurants style "bistrot". Toutefois, les auberges connaîtront un certain succès pour leur côté retour à la nature. »

Priorité

Cette maison renommée apporte à Philippe son lot de satisfactions quotidiennes. Il est épanoui et en parfaite communion avec son environnement. Le revers de la médaille est de ne pas travailler avec son épouse.

« J'ai la chance d'avoir une femme compréhensive qui s'est mise au diapason. Mes occupations sont nombreuses et il reste peu de temps pour être en famille. C'est un métier qui nécessite de se donner corps et âme.

Loisirs

Le spectacle, le cinéma et peut-être avoir un jour un jardin pour cultiver des fleurs, des herbes et des légumes.

Il préfère être reçu chez ses amis et, pour aller au restaurant, Philippe choisit des endroits où il ne connaît personne, des établissements simples pour se décontracter.

Beaux projets

Sur le plan personnel : avoir envers et contre tout des enfants, pour leur transmettre les vraies valeurs.

Sur le plan professionnel : redonner à la maison Chapel l'aura qui était la sienne au temps du maître, mais avec sa touche personnelle.

Philippe Jousse (suite) :

***Philippe Jousse** est direct, honnête et il inspire confiance de manière désarmante. Idéaliste en pensée, vif en paroles et en action, il saura dissimuler ses sentiments et son émotivité en présentant un dehors joyeux et charmant. Son esprit se dégage de la substance pour devenir visible et possède ainsi les puissances bénéfiques et guérisseuses du sol.*

« Par moi-même proclamé accumulateur,
je sers de lien, mais mon fonctionnement
est celui d'une entité.
Sans relâche, ni faiblesse,
je poursuis un à un mes objectifs.
La vie m'apparaît comme une joyeuse aventure,
dont chaque poursuite comble une aspiration.
Je suis le progrès, l'exploration, la perspicacité,
De l'activité, je suis la source. »

Poème chinois.

Rôties de bécasse

Ingrédients :

– 2 bécasses
– 150 g de beurre
– sel, poivre
– 4 tranches épaisses d'un beau pain de campagne
– 150 g de foie de volaille
– 0,5 dl de Cognac

« J'ai eu la chance de découvrir cette recette par des chasseurs qui m'avaient convié à leur table pour partager ce gibier. Un moment privilégié de saveurs, de parfums et de fumet, mais surtout d'amitié. »

Préparation :

1. Salez les bécasses avec 50 g de beurre dans une cocotte, dans un four à chaleur moyenne, pendant vingt à trente minutes, et gardez-les rosées.

2. Colorez avec 30 g de beurre, dans une poêle, les tranches de pain, et débarrassez-les.

3. Récupérez tous les intérieurs des bécasses. Faites cuire les foies de volaille, salez dans 25 g de beurre noisette, puis ajoutez les intérieurs des bécasses préalablement hachés. Déglacez avec du Cognac. Retirez du feu et laissez tiédir, ajoutez le reste du beurre et écrasez le tout à la fourchette. Rectifiez l'assaisonnement, levez les filets et les cuisses des bécasses.

4. Partagez la farce sur chaque tranche de pain, mettez un filet et une cuisse sur chaque tranche et faites chauffer au four. Servez très chaud.

Vin conseillé : Château Rayas, 1978.

Gratin de cèpes

Ingrédients (pour quatre personnes) :

- 4 gros cèpes bien fermes de 10 cm de diamètre
- 3 tranches fines d'un excellent jambon sec
- 1 gousse d'ail
- pluche de persil
- huile d'olive
- 1 échalote ciselée très finement
- chapelure
- beurre, sel, poivre

Préparation :

1. Détachez les pieds des têtes de cèpes, enlevez l'excédent de mousse sous les têtes, essuyez-les soigneusement sans les laver. Epluchez les pieds, essuyez-les et coupez-les en petits cube d'environ 0,5 cm de côté.

2. Epluchez et retirez le germe de la gousse d'ail, puis écrasez-la et hachez-la finement au couteau.

3. Coupez en très petits morceaux les tranches de jambon sec.

4. Dans une poêle, faites chauffer de l'huile d'olive, jetez-y les cubes de cèpes, salés et poivrés, faites-les colorer sur feu moyen, ajoutez l'échalote ciselée, puis le jambon en remuant, et finissez par une pointe d'ail et le persil concassé. Débarrassez dans un récipient.

5. Nettoyez votre poêle, chauffez de l'huile d'olive, faites-y colorer les têtes de cèpes salées et poivrées et débarrassez-les sur un linge.

6. Dans un plat à gratin mettez les têtes de cèpes, côté mousse vers le haut, puis partagez sur chaque tête la farce faite avec les pieds, mettez un peu de chapelure et une noisette de beurre, passez dans un four moyen (thermostat 6-7) pendant dix à quinze minutes.

Ce plat accompagne très bien un gibier ou une viande blanche, mais peut très bien se manger seul avant une viande.

Vin conseillé : Krug vintage, 1966.

"La flèche"

Découverte

Suzanne est née à Lyon, mais vit avec ses parents en Bourgogne. Son père est originaire du Jura, ses grands-mères et sa mère cuisinent superbement bien et, très jeune, elle est initiée à la connaissance des vins.

La jeune fille est infirmière dans une clinique à Lyon lorsqu'elle rencontre Alain Chapel. La maison de Mionnay a déjà trois étoiles et sa renommée n'est plus à faire. *«J'ai découvert la véritable gastronomie et l'hôtellerie avec mon mari. J'ai connu le "top" d'un seul coup. C'est parfait, mais ensuite on devient difficile. Alain Chapel était un homme pour qui la cuisine passait en priorité et, de ce fait, notre vie familiale ne fut pas toujours très facile, mais tout est une question d'organisation et de choix.»*

Le choix

Le choix, Suzanne le fait dès le décès de son époux. Il faut alors stopper l'activité ou continuer pour ne pas détruire cette œuvre de vingt années, d'où sa décision courageuse. Sa belle-mère ayant dépassé 80 ans, elle prend toutes les responsabilités et reste seul maître à bord.

Le chemin

Suzanne traverse cinq années de galère : la crise subie par tous et la disparition d'Alain sont pour elle une double épreuve à surmonter. *«Finalement, je m'en suis retrouvée, si je puis dire, enrichie et le plus dur est passé. Malheureusement, les temps sont encore très difficiles et compte tenu du contexte actuel je ne peux plus chiner, ni embellir la maison.»*

Répartition

Suzanne est la «femme orchestre», mais Philippe Jousse est maître dans sa cuisine. Il ne connaît pas aussi bien les goûts de Suzanne qu'Alain Chapel mais, néanmoins, il fait déguster régulièrement ses nouvelles créations à la maîtresse de maison.

Hommage à Alain Chapel

«Faisant abstraction du fait qu'il était mon mari, c'était un personnage exceptionnel que les gens saisissaient assez mal. Il aimait la musique, la peinture, la nature, les fleurs et les jardins, et tout cela se liait à la cuisine. C'était un perfectionniste en tout.»

L'action

Suzanne est une femme qui a le sens de l'organisation, qui aime l'action. *«Aujourd'hui, je suis au bout, il faut qu'il se passe quelque chose, il faut avancer, trouver des idées nouvelles et je suis prête.»* A suivre…

Suzanne Chapel (suite) :

SUZANNE a le goût des actions spectaculaires et du panache. Elle a l'amour des voyages, dominé par la notion de « quête ». Son sens des affaires lui permet de croire en sa réussite ; elle sait convaincre les autres et faire partager ses enthousiasmes.

Sa nature est parfois mystique avec un esprit religieux. Elle a besoin d'un père idéal ou d'un modèle d'identification prestigieux. Elle symbolise la pénétration de l'ouverture et la pensée qui introduit l'organe créateur, qui ouvre pour féconder, qui dédouble pour permettre une synthèse. C'est aussi le trait de lumière qui éclaire l'espace clos.

Vitesse et droiture, elle est l'index d'un mouvement ascensionnel. C'est par une nécessité vitale, comme à une conquête vitale sur le néant, qu'elle prend part à une ascension imaginaire. Elle est maintenant engagée de tout son être dans la dialectique de l'abîme et des sommets.

Recette "coup de cœur" de Suzanne Chapel

Crème anglaise au citron

Ingrédients :

- 6 jaunes d'œufs
- 125 g de crème fraîche
- zeste de citron non traité
- 125 g de sucre
- 1/2 l de lait

Préparation :

1. Faites infuser dans du lait chaud les zestes du citron pendant quinze minutes environ.

2. Procédez ensuite à une crème anglaise classique.

3. Lorsque l'anglaise est cuite, versez-la sur la crème fraîche, remuez bien et laissez refroidir.

4. Servez en accompagnement d'un gâteau, d'une île flottante ou d'une belle assiette de fruits rouges.

Vin conseillé : vin de Cerdon, « Renardat-Fache ».

Emile Jung

"Le Crocodile" (Relais et châteaux – Traditions et qualité)
10, rue de l'Outre – B.P. 10 – 67060 STRASBOURG Cedex
Tél. : 03 88 32 13 02 – Fax : 03 88 75 72 01

L'Alsace est la région chérie des gourmets et surtout des gourmands. Dans l'une des plus petites rues de Strasbourg est enfoui un trésor caché aux regards impies des « non-fines-gueules ». Brillat-Savarin, homme cultivé et musicien, eût aimé en faire la découverte pour y trouver un lieu hédoniste et cyrénaïque qui fait de l'impression subjective du plaisir le souverain du bien. Les saveurs des mets aux accords transcendants atteignent en lévitation le grand reptile qui, suspendu sous le dôme, n'a point de langue mais est le seul à voir sans être vu, privilège du premier des dieux.
Le « crocodile de la maison du ruissellement », symbole d'abondance, maître des mystères de la vie et de la mort, a l'éclat d'un diamant ; il invente le chant, d'où son rôle dans le rythme et l'harmonie du monde. Le décor devient une mise en bouche de l'œil, les murs vêtus de chêne, les fleurs et les lumières vibrent aux sons cristallins d'une harpe qui relie le ciel et la terre. Ici, le célèbre Chant du harpiste *exalte la recherche du bonheur quotidien :*

« Rejette loin de toi le souci
Songe à te réjouir
Jusqu'à ce que vienne le jour
D'aborder la terre qui aime le silence. »

Extrait du *Dictionnaire de la civilisation égyptienne.*

Le chef d'orchestre et sa muse ont su créer la juste mélodie, propre à la manifestation des plaisirs subtils pour satisfaire corps et esprit.

"L'homme et le carré"

Apprentissage, mariage

Emile Jung est originaire de Masevaux, petite ville alsacienne aux confins des Vosges. Ses parents sont propriétaires de l'*Hostellerie Alsacienne.*

Collégien jusqu'à l'âge de 17 ans, le petit Emile, imprégné par ce milieu depuis sa naissance, se devait d'abandonner ses études pour assurer la pérennité de l'affaire familiale.

Son apprentissage commence dans le restaurant de l'hôtel *Maison Rouge* à Strasbourg. Puis il parfait son art de préparer le foie gras chez Artzner, réputé pour cette spécialité. Par la suite, il travaille chez *La Mère Guy* à Lyon.
Une halte toutefois : le mariage d'Emile Jung et de Monique Andres, puis les pérégrinations reprennent au *Fouquet's,* chez *Le Doyen, Maxim's, La Marée,* etc.

Son goût prononcé pour les vins le mène par deux fois à la seconde place du meilleur sommelier-restaurateur de France.

Emile Jung (suite) :

En 1965, à 25 ans, Emile et son épouse obtiennent leur première étoile (les plus jeunes de France à l'époque). L'ascension commence.

Un crocodile étoilé

En 1979, *Le Crocodile* nous toise d'encore plus haut, son œil étincelle, c'est la joie d'avoir accroché sur sa carapace une deuxième étoile. En 1989, l'esprit du capitaine Ackermann, aide de camp du général Kléber, dut s'enorgueillir d'en voir briller une troisième sur son trophée, ramené d'une campagne d'Egypte, sous Napoléon.

Ethique

La foi de ce queux, consciencieux à l'extrême, se traduit par une manière de vivre et de se comporter au quotidien. Catholique, il croit au mystère insondable de la création, et cette assurance d'une vision personnelle équilibrée le fait transcender ses sentiments intérieurs, se traduisant à travers ses préparations culinaires.

Se nourrir

En son âme et conscience, le corps et l'esprit sont indissociables. *« Si on ne nourrit pas le corps, il n'y a pas d'esprit.*

« Sans apporter une modification à un problème quelconque, après avoir mangé je le vois différemment ; on arrête le jeu des pensées, on reprend ses esprits. La nourriture ressource, reconstruit le corps et l'esprit. Il y a tous les éléments, toutes les vitamines qui les catalysent. Cela permet d'avoir d'autres dispositions, de mieux supporter les agressions de la vie.

« Si on se réfère aux U.S.A., il y a beaucoup de gens pauvres et c'est dans ce pays que l'on trouve le plus grand nombre d'obèses. C'est une compensation, il y a donc une raison, c'est une sorte de drogue. Mais quand on mange normalement, avec son éthique, son éducation, pour son plaisir et son corps, tout est alors réuni pour se sustenter, je trouve que c'est la meilleure démarche. »

Adhésion et doute

« La méthode idéale, pour un cuisinier qui ne connaît pas ses clients, c'est de concocter des plats pour lui-même, selon son goût, sa gourmandise, son désir. Cet amour de la jouissance parfaite, il va le donner à l'autre pour partager. C'est un acte de générosité. Mais il faut toujours nuancer les compliments des clients, rester humble car ils ne perçoivent par toujours votre idée. Il est nécessaire d'être en accord avec soi-même, d'avoir la certitude tout en étant à l'écoute de la personne qui vous félicite. C'est une adhésion. En qualité de praticien, je ressens plutôt une approbation pour mon style, ma manière de réaliser les mets.

« Toutefois, le doute est un mal nécessaire car il faut en permanence se poser des questions sans toutefois que cela devienne maladif. Mais ce doute permet de chercher, d'avancer et de découvrir. »

Voici un plat à la carte aux saveurs transcendantales :

Pintade fermière et foie gras choucroute au paprika

L'aile de pintade est farcie de foie d'oie au naturel et rôtie au four pour être présentée à table, croustillante et moelleuse.

La préparation de la choucroute, mets typique et familier de la vallée rhénane, est agrémentée de paprika bien rouge pour obtenir une saveur plus persistante.

Le rajout de poivron rouge coupé en petits dés apporte une note de fraîcheur aussi bien en saveur qu'en couleur.

Le plaisir est prolongé, vu la garniture de petites galettes de pommes de terre dorées, tartinées de boudin noir, un complément modeste, simple et rustique qui met en valeur la finesse du foie d'oie. Boisson : Tokay-Pinot gris, cuvée du centenaire 1992.

La cuisine est composition et imagination. Chaque cuisinier apporte son écriture, qui est unique. Le fait d'utiliser la tradition et d'ajouter un élément d'ailleurs témoigne d'un esprit d'ouverture et d'évolution qui permet d'épouser la modernité. Ce chef en évolution permanente est moderne, essentiellement par le profil de ses sauces, de ses garnitures et de ses assaisonnements qui privilégient le goût originel, la finesse, et leur expression qui ne déroute par le gourmet.

Ligne pour les jeunes

Le maître Jung est net dans ses affirmations : *« Etre attentif, curieux, travailler pour connaître, ce qui permet de découvrir, de se réaliser. On obtient une aptitude et une connaissance qui donnent confiance.*
Avant tout, être élémentaire, fondamental pour pouvoir affronter les difficultés de la vie professionnelle. Ensuite, par ce biais, elle devient moins pénible, on l'accepte mieux grâce à la connaissance acquise. »

Vision futuriste

« Dans le futur, on mangera d'une autre manière, mais toujours avec joie ; simplement, on se nourrira à des heures et à des moments différents, avec d'autres coutumes. Le plaisir des sens conduira l'homme et lui dictera toujours son comportement.
« A notre époque, on nous fournit des produits supérieurs dans les meilleures conditions, et c'est ce produit qui nous permet de nous réaliser. Dans les temps à venir, on transformera de moins en moins ce produit, mais on lui donnera une note de fantaisie qui lui permettra d'être encore plus alléchant.
« Notre éducation nous a donné des racines et les voyages nous donnent d'autres méthodes ; on découvre des saveurs inconnues, ce qui nous permet de garder le fond de jeu et d'y inclure de temps en temps ce que l'on a vu ailleurs pour donner une note d'évasion. »

Loisirs

Pour s'évader, ce cuisinier d'avant-garde raisonné aime la lecture, marcher et courir. S'il devait choisir un restaurant pour sortir, il en choisirait un tenu par un patron.

La chance

Emile Jung estime avoir de la chance. Comme tous les grands chefs, il travaille intensément, mais il est conscient que certains d'entre eux œuvrent énormément et sont néanmoins défavorisés.

Souhait

Assurer l'acquis en épousant l'évolution du temps. Etre entouré de jeunes pour garder un enthousiasme intact.

Emile Jung représente la matière première et symbolise l'initialité de toutes les substances terriennes ; il est une masse enracinée. Il est inventif, capable d'avoir des idées véritablement originales et dispose, de surcroît, de tout l'enthousiasme nécessaire à leur concrétisation. Indépendant, il aime agir à sa façon. Imprévisible et séduisant, gourmand de la vie, il rationalise ses émotions avec toutefois une attirance pour le prestige et le romanesque.

Ancré sur quatre côtés, il est l'arrêt ou l'instant prélevé, la solidification dans la perfection. C'est le reflet dynamique d'une dialectique entre le céleste transcendant et le terrestre où il se situe actuellement. L'homme et le carré sont l'image pure de l'humain spiritualisé sans être désincarné.

Portrait de femme : *Monique Jung*

"La fée du Crocodile"

Adolescence

Née à Sainte-Marie-aux-Mines dans le Haut-Rhin, Monique Jung est attirée par la médecine. Œuvrer pour autrui est la motivation de sa vie, mais le ciel en a décidé autrement et l'adolescente se laisse entraîner par une très bonne amie dans la grande aventure de l'hôtellerie.

Elevée chez les sœurs, elle se retrouve à l'école hôtelière de Strasbourg, malgré son véritable manque de motivation. Son père, intraitable et déterminé, l'incitera à persévérer dans cette voie. Nécessité oblige, peu à peu ce métier commence à l'intéresser… et puis l'hôtellerie et la restauration ne sont-ils pas destinés à servir les autres ?

Vie active

En 1959, la jeune fille prend possession de son premier poste de réceptionniste au Maroc, une année qui fut très difficile. Puis Courchevel et l'Angleterre lui donneront les compétences nécessaires pour travailler auprès de Raymond Vidal, dans l'un des plus beaux hôtels de la Côte d'Azur de l'époque, *Le Club* à Cavalière où elle restera trois ans.

Son goût pour les voyages lui donne envie de se rendre aux Etats-Unis. Rentrée en Alsace pour les formalités administratives, le destin ira contre sa volonté. Au cours d'une visite à l'un de ses anciens professeurs, ce dernier lui propose d'effectuer un remplacement pour dépanner un ami. Cet ami était celui qui allait devenir son mari !

Mariage

Après leur rencontre, Emile Jung propose à Monique de venir travailler dans l'affaire de sa mère, veuve, à Masevaux, une petite ville entre Mulhouse et Belfort. Lorsque Emile eut terminé ses déplacements, il épousa Monique et ils commencèrent à travailler avec acharnement pour l'affaire familiale. Après sept années passées dans cette petite ville, ils décident de chercher une affaire ailleurs, souhaitant créer leur propre restaurant.

C'est alors qu'en 1971 ils reprennent *Le Crocodile* et s'évertuent à faire briller ses écailles de tous ses feux. Leur travail est reconnu, ils obtiennent un second macaron Michelin en 1979.

Dame de cœur

L'histoire du *Crocodile,* pour Monique, est une grande leçon de vie. Chaque jour, elle réalise la chance qu'elle a et souhaite surtout la partager avec ses collaborateurs en les aidant à s'élever un peu plus quotidiennement.

Pour réussir à créer l'harmonie dans sa maison et entre ses employés, elle écoute, explique, dialogue et partage en privilégiant les rapports humains. Sa dimension psychologique et pédagogique est innée. Sa grande expérience lui a appris à réagir vite et bien, quelles que soient les circonstances. *« Nous sommes ici sur terre pour transmettre et donner à notre prochain,* dit-elle. *Pour recevoir, il faut savoir donner. Notre mission est de confier les clefs du monde à ces très jeunes apprentis qui arrivent chez nous sans rien connaître ni de la vie, ni du métier. »*
Monique nous confie qu'elle considère ses employés comme sa petite famille, et que son rôle est de les aider à grandir. D'ailleurs, lorsqu'on pénètre au *Crocodile,* un esprit maison est très présent ; dans l'atmosphère plane une âme véritable, chaleureuse et vivante. A qui est en mesure de les sentir, de bonnes ondes circulent et mettent en confiance.

Monique a un grand cœur, mais elle est également une grande professionnelle et sait aussi quand il le faut être rigoureuse, n'ayant qu'un seul but : la satisfaction optimale de ses clients. Elle essaie toujours d'être volontaire et de rester digne. Son objec-

(Suite p. 160)

Sandre et anguille à l'oseille des bateliers du Rhin

Ingrédients (pour quatre personnes) :
- 120 g de champignons de Paris moyens
- 4 ronds de pâte à nouilles crues de 12 cm de diamètre
- 4 filets de sandre de 80 g
- 8 écrevisses
- 1/2 citron
- 1 botte d'oseille
- 1 dl de fumet de poisson
- 2 dl de crème
- 4 filets d'anguille de 70 g
- 5 g de beurre
- 1/2 botte de cresson
- 2 dl de Riesling d'Alsace
- 4 échalotes
- sel, poivre, cerfeuil

Préparation :

1. Emincez le cresson, l'oseille, les échalotes et mettez-les dans une casserole avec le Riesling d'Alsace et le fumet de poisson. Laissez cuire quinze minutes.

2. Mettez les filets de sandre et d'anguille dans un plat beurré ; arrosez avec la cuisson et laissez cuire doucement au four pendant huit minutes à 200°. Passez la cuisson, ajoutez la crème, laissez réduire de moitié, passez la sauce.

3. Faites cuire à l'eau salée les huit écrevisses et décortiquez-les. Gardez un coffre d'écrevisse pour la présentation de chaque portion.

4. Faites cuire à l'eau salée et citronnée les champignons coupés en quartiers.

5. Faites cuire les ronds de pâtes à nouilles. Mettez un rond de pâte cuite sur une assiette avec les filets de sandre et d'anguille.

6. Garnissez avec les queues d'écrevisse, les champignons, le coffre d'écrevisse, nappez avec la sauce et décorez avec des pluches de cerfeuil.

Vin conseillé : Riesling d'Alsace « Les Pierrets », Jos. Meyer (Wintzenheim).

Foie d'oie et reine des reinettes poêlées au gingembre

Ingrédients (pour quatre personnes) :

- 4 escalopes de foie d'oie cru de 50 g
- 8 reines des reinettes moyennes
- 8 cl de Riesling d'Alsace
- 3 cl de jus de citron
- 5 g de brunoise de racine de gingembre
- 12 cl de jus d'orange
- 10 g de sucre cristallisé brun
- pluches de cerfeuil
- sel, poivre, farine, huile

Préparation :

1. Epluchez et coupez le gingembre en brunoise. Epluchez et coupez les reines des reinettes en quartiers.

2. Salez, poivrez et farinez les escalopes de foie d'oie. Poêlez à l'huile dans une poêle anti-adhésive. Déglacez la poêle avec le Riesling d'Alsace, le jus d'orange, le jus de citron. Laissez réduire au tiers avec la brunoise de gingembre. Salez, poivrez.

3. Colorez les quartiers des reines des reinettes au beurre saupoudrés de sucre brun.

4. Dressez en rosace les pommes, nappez avec la réduction. Décor : airelles et pluches de cerfeuil.

Vin conseillé : Gewurztraminer d'Alsace, de chez Léon Beyer (Eguisheim).

Monique Jung (suite) :

(Suite de la p. 157)

tif : être toujours disponible pour tous et avancer les bras ouverts, en étant attentive et efficace.

Le message qu'elle souffle à ses collaborateurs – dont elle aime parler avec passion – est simple : le beau et le bien, l'art du travail bien fait. *« L'élégance, l'éthique, la morale, le respect, le savoir vivre… toutes ces valeurs aujourd'hui en complète perte de vitesse sont indispensables à préserver pour nos générations à venir. Notre rôle, à nous, restaurants trois étoiles, bastions de la tradition française, est de sensibiliser nos jeunes à cet art de vivre, en leur conseillant des ouvrages et en leur faisant partager nos expériences. »*

Cuisine

Selon elle, l'évolution de la cuisine gardera les bases de la cuisine classique, *« comme la mode,* dit-elle, *car rien ne se démode plus que la mode ! »*. En cette fin de siècle où tout s'effondre et où les certitudes disparaissent, la grande tendance revient aux valeurs classiques connues et reconnues. Ce qui n'empêche pas pour autant la créativité, mais avec davantage de subtilité.

« Ainsi, je vois l'avenir de la cuisine évoluer vers un savant compromis mêlant le classicisme et le modernisme, c'est-à-dire des bases solides et plutôt conventionnelles, rehaussées d'un grain de génie par une alliance ou un mélange inattendu, le tout présenté de façon esthétique et recherchée. »

Femme de chef

Dans cet univers plutôt masculin de la restauration haut de gamme, Monique cultive sa différence de femme. Elle s'évertue à peaufiner sa double personnalité professionnelle et chaleureuse, relevant le même défi chaque jour, essayant d'être l'ambassadrice exemplaire des trois étoiles qui scintillent au-dessus du *Crocodile*.

Quelle femme sait mieux qu'elle ouvrir sa maison et son cœur à tous ceux qui rentrent au *Crocodile* ?

Projets

Monique nous avoue : *« Quand je n'aurai plus* Le Crocodile, *j'aurai de nombreuses occupations… Ayant passé la totalité de ma vie à orchestrer mon équipe et à développer* Le Crocodile, *je n'ai jamais eu le temps de m'accorder de vraies parenthèses de liberté. J'ai quelques rêves que je caresse depuis des années, du bout de mon esprit. Je ne vous les livre pas, car ils me sont très chers et j'ai peur qu'ils ne se réalisent si je vous les divulgue. Cependant, je vous promets que dès qu'ils prendront forme, je vous en informerai… »*

MAÎTRESSE de la magie, Monique possède les capacités prestigieuses de l'imagination. Elle opère les plus extraordinaires transformations et, en un instant, comble les désirs les plus ambitieux.

Capable de compenser les aspirations frustrées, elle est l'expression de la terre-mère. Sa vie est continue et non discontinue, elle n'apparaît pas mais elle existe toujours… Immortelle messagère céleste, elle symbolise l'âme individuelle active et l'esprit universel qui va chercher le soma sur une montagne inaccessible afin de le donner aux hommes.

Recette "coup de cœur" de Monique Jung

Gratin de nouilles au foie d'oie, champignons et volaille à la strasbourgeoise

Ingrédients (pour quatre personnes) :

- 160 g de nouilles
- 200 g de blanc de volaille
- 1 petite échalote
- 10 g de chapelure
- 120 g de foie d'oie cuit
- 200 g de champignons de Paris
- 15 g de beurre

Sauce velouté de volaille :

- 25 g de beurre
- 2 dl de fond blanc de volaille
- sel, poivre, muscade
- 25 g de farine
- 5 cl de crème fraîche

Préparation :

1. Faites fondre dans la casserole le beurre sans le laisser brûler. Ajoutez la farine, laissez cuire doucement trois minutes en remuant avec la spatule de bois.

2. Versez le fond de volaille et portez à ébullition ; ajoutez la crème, salez, poivrez, muscadez.

3. Faites cuire les nouilles à l'eau bouillante salée. Dans un récipient, versez la sauce, ajoutez les nouilles et mélangez pour lier.

4. Laissez fondre le beurre dans une petite poêle, ajoutez et laissez suer l'échalote hachée, ajoutez les champignons et le blanc de volaille coupé en cubes, laissez cuire 5 minutes.

5. Dans un plat à gratin beurré, mettez la moitié des nouilles liées ; ensuite, étalez toute la garniture de foie d'oie cuit, blanc de volaille et champignons. Recouvrez avec l'autre moitié de nouilles, saupoudrez avec la chapelure.

Gratinez au four à 200° pendant vingt-cinq minutes.

Vin conseillé : Tokay-Pinot gris d'Alsace, de chez Zindt Humbrecht (Wintzenheim).

Jean-Paul Lacombe

"Léon de Lyon" (Relais gourmands – Traditions et qualité)
1, rue Pleney (angle rue du Plâtre) – 69001 LYON
Tél. : 04 78 28 11 33 – Fax : 04 78 39 89 05

ENTRE Rhône et Saône, inattendu, surprenant, Léon de Lyon *a presque des allures d'outre-Manche. Hormis les vitraux qui, en filigrane, peuvent nous rappeler la belle époque d'Emile Gallé, en fond de toile c'est toujours un bistrot. Rien n'est plus chaleureux que cette atmosphère rendue par l'alliance du bois et du cuir. Du sous-sol au 1er étage, il n'est que dédales de salles et salons où partout l'œil est surpris par les impressionnantes collections de notre amphitryon. On découvre, des amours de tableaux du XIXe siècle sur le thème du « Marmiton », des porte-menus en porcelaine, des menus sur soie et des moules en cuivre. Dans cet endroit très particulier, on peut imaginer pouvoir rester toute une journée sans en être lassé. Y déjeuner, pourquoi pas jouer aux cartes avec un verre de cognac et un bon cigare, prendre le thé et faire un léger dîner. L'ambiance est tout simplement celle d'un « club ».*
De l'est, de l'ouest, clans opposés d'une même ville se rejoignent, principe sec et mâle ou humide et femelle dont l'union, comme l'âme végétative et l'âme subtile forment l'homme. Se retrouver en ces lieux est le préalable nécessaire à la réunion, c'est-à-dire à la fécondité du monde. L'action y est magique, elle éveille la vie. On jette un pont entre la fantaisie et la réalité par l'efficacité de sa propre libido. C'est un rite d'entrée qui prépare le chemin vers l'adaptation à l'objet réel.
Pour l'émotion gustative, l'esprit du temps présent nous apporte des saveurs nouvelles et délicates propres à la réconciliation du corps et de l'intelligence.

"Lug"

Chambre-cuisine

Lyonnais depuis sa naissance, Jean-Paul Lacombe a grandi chez *Léon de Lyon* appartenant depuis 1949 à Paul et Gisèle, ses parents. C'était le *Bouchon* de l'époque, comme il en existe encore deux ou trois.

Jean-Paul se souvient être obligé de traverser la cuisine pour aller se coucher. L'appartement est divisé en deux. La partie habitation et la partie cuisine. Il s'endort, bercé par les odeurs de pâtisserie.

La décision

L'enfant est très attiré par la nature et la campagne. Son désir profond est d'être vétérinaire. Mais ce projet est trop ambitieux pour un garçon aussi dissipé. Il change d'école tous les deux ans et son passage chez les curés n'améliore pas son comportement.

Jean-Paul Lacombe (suite) :

Un jour, son père frappe le poing sur la table et lui demande de choisir un métier sur-le-champ. Imaginez la joie de ce papa désespéré lorsque Jean-Paul lui répond : « Je serai cuisinier ! » Pourtant, sa mère l'incitera à changer d'avis : *« Maman avait terriblement souffert d'être dans l'obligation de me mettre en pension. Mes parents travaillaient trop et, à l'époque, c'était encore plus dur qu'aujourd'hui. Ma mère lavait le linge à la cave, mon père tirait le vin, c'était une activité plus physique. Maintenant, c'est la gestion, les banquiers et les comptables qui nous stressent. On n'a plus le droit de faire de mauvaises affaires ! »*

Son tour chez les grands

En 1976, Jean-Paul a 16 ans. Pour être cuisinier, il est préférable de faire un apprentissage chez un patron, mais Paul Lacombe souhaite que son fils étudie l'anglais et lui fait passer le concours d'entrée à l'école hôtelière de Grenoble, qu'il réussit au grand soulagement des parents. Ses études terminées, son esprit est plus ouvert, il est prêt à entrer dans la vie active.

Jean-Paul suit des cours chez Louis Perrier à Lyon et chez Claude Marret. Il fait des extras le week-end chez Brazier et Paul Blanc. Un lien d'amitié se crée avec Charles Berrot de Carry-le-Rouet qu'il admire pour sa bonté et sa générosité.

Il fait aussi ses classes chez Michel Lorain, au *Club* de Cavalière (deux étoiles) dans le Var, avec Roger Vergé, chez Maxim's puis chez Lasserre où il rencontre Michel Rostang qui, à ce jour, est toujours son grand ami.

Etoile filante

De retour dans l'affaire familiale, le jeune chef est prêt pour œuvrer dans cette maison qui possède une étoile Michelin depuis 1955. Mais à 23 ans, il se trouve contraint d'être à la tête de l'entreprise, à la suite du décès brutal de son père alors âgé de 59 ans. Du jour au lendemain les clients disparaissent.

Secondé par sa mère et sa sœur, soutenu par les amis de son père : Paul Bocuse, Christian Bourrillot et Gérard Nandron, le « petit Léon » (comme on le surnomme) grandit.

En 1978, une deuxième étoile vient briller au firmament.

1992 sera pour *Léon de Lyon* une année terrible. C'est l'envol de la deuxième étoile. Jean-Paul nous dit : *« J'ai pris une énorme gifle ! J'ai bien cru ne pas m'en relever. Mais, progressivement, j'ai réalisé que pendant toutes ces années j'avais dû m'endormir sur mes lauriers. Alors, on a décidé d'investir. On a agrandi l'affaire, tout repensé, tout redécoré, on a en partie renouvelé le personnel et deux ans après, cette "star" nous était rendue bien plus étincelante ! »*

Le frein

On peut se poser la question : après ces épreuves, Jean-Paul est il croyant ? *« J'ai une certaine foi, mais avec des réserves. Quand je vois un attentat dont les victimes sont quinze enfants, je dis merde, s'il y a un bon Dieu, ça ne va pas… Quant au domaine ésotérique, je trouve le monde de la voyance très passionnant, mais je n'ai pas le temps de m'y intéresser et cela m'arrange bien, car étant sensibilisé par le sujet, j'aurais crainte d'agir et de réagir en fonction de certains éléments… Je suis cuisinier, restaurateur, chef d'entreprise et je n'ai pas le droit de prendre certains risques ! »*

Les pendules à l'heure

Jean-Paul fait preuve de fermeté : *« Il faut replacer les choses à leur juste valeur. Tous les gens dont on parle dans notre milieu sont médiatisés (on a d'ailleurs l'impression que ça commence à se calmer). La haute gastronomie concerne 0,5 % de la population française qui a les moyens de venir chez nous. Il faut relativiser les choses, démystifier; nos clients nous choisissent pour passer un moment très agréable, et ça coûte cher. En général, ils n'ont pas une recherche particulière. Il viennent pour un ensemble : le voiturier, le décor, l'accueil, le service, la cuisine. On n'a pas le droit de les décevoir. C'est un métier où il faut beaucoup donner et aimer ça. »*

Liaison

« La cuisine c'est intuitif, sensuel et intime. J'ai besoin de voir les produits, d'aller au marché pour sentir les tendances et vivre en fonction des saisons. Je fais participer mon équipe. C'est un travail de collaboration. Chaque plat a son histoire. »

Jean-Paul pense qu'une maison et son décor ressemblent à son cuisinier. Il aime satisfaire ses clients en allant régulièrement les voir en salle. C'est pour lui riche d'enseignement. *« En Province, à Lyon en particulier, les clients sont très sensibles à la présence du "Chef-Patron". Et vis-à-vis de leurs invités c'est très important. Ils leurs disent : "Vous allez voir, le chef va faire son tour." Pour eux, c'est une sécurité. »*

Famille

Etant jeune, Jean-Paul a souffert des transferts d'écoles. Ses parents travaillaient trop. *« J'ai programmé des plages de temps pour m'occuper de mes enfants. Tous les matins je déjeune avec eux. Je leur consacre mes samedis après-midi et les dimanches. Fabienne les occupe pendant les vacances scolaires. »*

Gastronomie, le monde, les jeunes

« Parmi la nouvelle génération, on trouve des 25-30 ans qui sont très solides et très compétents. Je pense que le rayonnement de la cuisine française à travers le monde va continuer, mais les grands restaurants gastronomiques vont avoir quelques problèmes ; une "clarification naturelle" se fera. Nous n'avons jamais eu autant de bons produits et de bons ouvriers. Si cette sélection se réalise, ces jeunes vont devoir aller à l'étranger, prendre des gérances ou trouver des accords avec des groupes. Malheureusement, ces groupes financiers vont grignoter la gestion de nombreuses affaires. C'est déjà le cas dans des maisons de grande renommée. »

Hier, aujourd'hui et demain

« Au début de la nouvelle cuisine, j'étais commis chez Lasserre et Maxim's, puis est arrivé Guérard qui a fait un malheur avec ce concept et qui a réussi à attirer les gens à Eugénie-les-Bains. Mais autour de cette tendance, il y a eu des abus. Je me souviens avoir mangé un "sorbet au camembert avec des framboises autour". Il y a eu une médiatisation énorme et comme en tout, les extrêmes ne sont jamais le bon balancier. Cette cuisine était à l'opposé de celle des années 50, 60 qui était lourde, masquée par des sauces en liaison de fécule. Heureusement tout a évolué. Aujourd'hui, ça commence à s'équilibrer. Mais tant qu'on n'aura pas de nouveaux produits et de nouveaux légumes, il faudra garder les bases. »

A Lyon, les cuisiniers ne sont pas (selon l'avis de Jean-Paul) tombés dans certains excès. *« Dans le futur, on ne peut pas prévoir ce qui va arriver. Il y a 50 ans, on n'imaginait pas ce que serait la cuisine de 1996. Néanmoins, je crois que notre métier évoluera vers plus de qualité. Je vais vous donner l'exemple d'un plat qui est notre "best-seller". Il est le type même de la "cuisine lyonnaise revue et corrigée". C'est une recette qui se faisait du temps de mon père. Je l'ai réalisée pendant vingt ans. Elle a fait la réputation du restaurant. Ma grande joie est de « relooker » les plats. »*

« Avec l'évolution du monde, les gens recherchent la convivialité, et les restaurants en vogue seront entre 150 et 200 F. Les jeunes chefs de talent garderont la quintessence de leur expérience gastronomique pour l'appliquer dans ce créneau de prix. » Jean-Paul La-

combe est bien placé pour nous tenir ce langage, il est « l'avant-gardiste de la haute restauration populaire ». Cet « enjoué-queux » est bien dans sa peau et dans sa tête. Il fait son métier avec passion. Il aime aussi bien toucher les produits que diriger son équipe, faire ensemble des plats avec amour, recevoir les compliments de ses clients et passer à la télévision. Ses deux enfants le comblent de joie. Il vit à 200 km à l'heure et adore ça. A l'image de Mercure, il a des « ailes aux talons ».

Les femmes

« Il faut avoir la franchise et la clairvoyance de s'arrêter parfois et dire : J'ai de la chance que ça n'aille pas trop mal et surtout d'avoir une femme qui me seconde merveilleusement. D'ailleurs, nous, cuisiniers, ne serions rien sans les femmes. Elles sont extraordinaires d'amour, de courage et de patience à notre égard. »

Compassion

« J'ai beaucoup de chance car je connais des gens qui ont travaillé autant que moi, qui ont pris des risques identiques et qui n'ont pas aussi bien réussi ! »

Loisirs

Jean-Paul consacre beaucoup de temps à ses enfants. Il fait un peu de sport. Une de ses folies est la « collectionnite ». Il aime manger avec ses copains le cochon qu'ils tuent eux-mêmes et le saucisson qu'on ne trouve plus. Il préfère recevoir chez lui qu'être reçu.

Pour sortir, il choisit de temps en temps un grand restaurant mais son goût va vers l'ambiance des petits bistrots. Pour faire plaisir à sa progéniture, il fréquente quelquefois les fast-food...

Amélioration

Son souhait : que tout continue ainsi, en ayant l'ambition de toujours améliorer son travail. *« Si le train-train s'installait, ça ne me conviendrait pas très longtemps ! »*

Jean-Paul Lacombe, sous ses airs narquois, son côté d'éternel adolescent, espiègle et taquin, éprouve un besoin permanent de stimulation. Ce funambule a su trouver l'équilibre dynamique par l'intégration des forces contraires. Son rêve d'enfant était de faire danser au son de sa lyre, comme le fit P'Ao-pa, les oiseaux et les poissons, mais par son aptitude aux déplacements rapides il rassemble désormais autour de sa baguette magique ses multiples pôles d'attraction culinaire.

Il évoque une forme statique et une structure active plus haute et plus forte. Il est le symbole de l'énigmatique complexité humaine et des possibilités infinies de son développement. Il pénètre un monde connu dans le monde inconnu, à la recherche d'un message spirituel de délivrance et de guérison. Il charme à son gré les yeux des mortels ou réveille ceux qui dorment.

Les œufs assassins

Ce sont des œufs au plat et au vinaigre.

1. Cassez les œufs délicatement dans un petit récipient de façon à éviter qu'ils ne se percent. Mettez-les dans une poêle non adhésive avec un tout petit peu de beurre. Pour qu'il fassent le miroir, couvrez-les, ce qui permet de cuire rapidement le blanc et d'avoir le jaune suffisamment moelleux.

2. Juste avant de servir, déglacez avec du vinaigre de vin (jetez deux jets de vinaigre dans la poêle qui est chaude). Rajoutez un petit peu de sel de guérande.

3. Pour déguster ces œufs, faites des mouillettes grillées avec du pain de campagne.

Vin conseillé : un beaujolais de chez Georges Dubœuf.

Mousse au chocolat sans œufs

1. Faites fondre au bain-marie ou sur la porte du four, 250 g de chocolat-couverture pour 1/2 l de crème chantilly pas trop ferme (astuce pour crème fouettée : la crème doit sortir du réfrigérateur, il faut un récipient froid; monter en chantilly).

2. Après avoir retiré le chocolat, il est encore chaud et entièrement fondu; versez en deux fois la crème fouettée dans le chocolat, remuez bien et, la deuxième fois, versez d'un seul coup. Vous obtenez alors une crème liquide. Transvasez-la dans un récipient en raclant un peu, puis mettez-la au réfrigérateur pendant douze heures.

Vin conseillé : un banyuls du docteur Parcé.

Poularde de Bresse genre « demi-deuil »

Ingrédients (pour quatre personnes) :

- 1 poularde de Bresse « Miéral » de 1,8 à 2 kg
- 20 g de truffes
- 1 céleri-rave
- 1 navet long
- 5 dl de fond blanc réduit (cuisson)
- 100 g de beurre
- 3 l d'eau
- 1 clou de girofle
- sel et poivre du moulin.
- 2 carottes
- 1 branche de céleri
- 3 pommes de terre
- 25 cl de crème liquide
- 50 g de foie gras
- 1 cube de bouillon Maggi
- 1 bouquet garni

Poularde de Bresse genre « demi-deuil » *(suite) :*

Préparation :

1. Faites préparer votre poularde de Bresse par votre volailler en lui précisant de bien lui laisser la peau du cou.

2. Sortez-la du réfrigérateur au moins trente à quarante minutes avant de la cuire.

3. Epluchez, lavez les légumes, plongez-les dans 3 l d'eau en ébullition avec un cube de bouillon Maggi, le clou de girofle, le poivre en grain, les 50 g de gros sel, le bouquet garni (thym, laurier, queue de persil), le cou, les ailerons et le gésier.

4. Mettez la poularde devant vous en retroussant la peau du cou sur la poitrine et également sur les cuisses. Pour vous permettre de décoller facilement la peau, mettez un morceau de papier film autour de votre index et faites-le passer entre la peau et la chair de la poularde.

5. Coupez la truffe en lamelles de 2 mm d'épaisseur, passez-les à l'huile d'olive et glissez-les sous la peau. Assaisonnez de sel et poivre à l'intérieur. Ficelez la poularde comme un rôti sans serrer fort en prenant soin de faire passer la peau du cou sous la ficelle.

6. Immergez cette poularde truffée dans le bouillon frémissant (réduisez le feu). Durée de cuisson : quarante-cinq minutes. Au bout de trente minutes, coupez la ficelle.

7. Au terme, arrêtez la cuisson, versez dans une casserole 1/4 l du bouillon de cuisson et faites réduire aux trois quarts ; ajoutez 25 cl de crème, faites bouillir, ajoutez les 100 g de beurre et les 50 g de foie gras, mettez le tout dans le bol du mixeur et faites tourner.

8. Rectifiez l'assaisonnement. Retirez la poularde du bouillon, présentez-la sur un plat de service entourée avec les légumes de cuisson et servez avec la sauce au foie gras à part.

Présentation et conseils de *Sucré-salé* :

– Hors saison, si vous n'avez pas de truffes, remplacez-les par des herbes fraîches (estragon, cerfeuil, persil) ou encore par des champignons légèrement saisis auparavant).

– « Miéral », installé à Montrevel-en-Bresse est le fournisseur de Léon de Lyon.

– Il faut farcir la poularde 24 heures à l'avance en prenant soin de bien la couvrir avec du papier film et la laisser au réfrigérateur, ainsi la truffe pourra diffuser tout son parfum à la poularde.

– Les jours de fête : glisser une truffe entière à l'intérieur de la volaille. De décembre à fin mars : utiliser des truffes fraîches. Eugénie Brazier, la célèbre mère lyonnaise, installée au col de la Luère et rue Royale à Lyon, a fait connaître ce plat au monde entier.

Vin conseillé : ce plat pour l'hiver demande un vin à la fois charnu et souple pour une volaille tendre et savoureuse, tel que le Regnié. Ou bien un Mâcon classé : un beau Chardonnay aux nuances d'agrumes avec un bel équilibre entre gras et minéralité. Et pourquoi pas également, un Saint-Joseph blanc, aux senteurs très florales à dominante de tilleul, s'exprimant parfaitement sur cette sauce au foie gras.

Portrait de femme : *Fabienne Lacombe*

"Cérès"

Vins et gastronomie

Fabienne Dubœuf est, comme son nom l'indique, la fille du célèbre Georges Dubœuf. *« Les parents de Jean-Paul étaient en relation d'affaires avec les miens. Je connaissais la famille Lacombe mais pas leur fils qui avait la réputation d'un garçon turbulent ne tenant pas en place, ce qui suscitait une certaine envie de le rencontrer. Cela se fit assez rapidement. Etant l'attachée de presse de mes parents, j'étais obligée d'avoir des contacts avec les cuisiniers. Entre nous, les choses n'ont pas très bien marché, elles se sont faites et défaites. Il y a dix ans, Jean-Paul est venu me chercher, m'a épousée et nous avons deux enfants. »*

Palais de femmes

« Mon chef-mari estime que le palais des femmes est différent de celui des hommes. Je goûte ses nouvelles créations et souvent il tient compte de mon avis. Une nouvelle carte c'est comme une collection de mode, on est tous inquiets et satisfaits après... » Pour Fabienne, être l'épouse d'un grand chef est un très beau rôle. Elle est consciente d'avoir la chance de vivre dans une belle maison avec une clientèle agréable. Elle n'oublie pas Jean-Paul qui a su la seconder pour élever leurs enfants, sans jamais les délaisser.

Le respect

Les qualités essentielles des épouses de cuisiniers sont la passion, la tolérance et le respect. *« Il faut respecter le chef car c'est lui qui amène le prestige dans une maison, il ne faut jamais l'oublier et dans une entreprise il ne peut pas y avoir deux têtes. Pour nous c'est complémentaire, lui étant fils de cuisinier et moi fille de vigneron. J'ai une maman très efficace, très importante pour mon père et pour son travail. Il n'aurait pas pu devenir ce qu'il est sans ma mère, et je pense que c'est valable dans tous les couples. »*

L'ascenseur

« Je dis toujours qu'une femme est un ascenseur ; soit elle fait monter, soit elle fait descendre ! De toute façon, elle agit sur un homme et sur sa personnalité. En gastronomie, l'équilibre dans une union est hyper important. Un couple peut tenir uniquement s'il y a "passion" et une "passion commune" avec une dose d'intelligence et de bon sens pour discerner l'essentiel. »

Lumière et sagesse

Fabienne est croyante pratiquante. Pas assez en fonction de ses ressentis intérieurs. *« Si quelqu'un a la foi, il doit avoir besoin d'aller à l'église. Ne pas participer à la grande famille, c'est un arrangement avec soi-même. »* La foi étant la première des trois vertus théologiales, Fabienne, soyons-en sûrs, doit posséder les deux autres...

Education culinaire

« La haute gastronomie va se restreindre, elle coûte trop cher. Cependant, elle sera encore présente car elle est l'image de la France, de la fête, du bonheur partagé et d'un agréable moment. Il y aura toujours des amateurs de bonne chère, des connaisseurs prêts à dépenser au-delà de la fête pour la connaissance du produit et la reconnaissance de ce qui a été fait. C'est ça l'évolution. Il faut se battre pour que les produits d'origine restent et que les gens apprennent à les goûter et à les connaître. C'est comme le vin et le poisson. Il est nécessaire d'arriver à une éducation du consommateur qui ne fait a priori *pas la différence entre un saumon à 50 F et l'autre à 250 F s'il n'a pas reçu l'information des origines. »*

Clairvoyance

L'ambition de la belle et sage Fabienne c'est de conserver l'harmonie familiale et maintenir la réussite sociale pour ne pas chuter comme certains restaurateurs en haute gastronomie. Penser à l'avenir et prévoir une éventuelle « porte de sortie... ».

Fabienne Lacombe (suite) :

FABIENNE représente une phase capitale dans l'organisation de la terre : le passage de la nature à la culture, du sauvage au civilisé. Elle donne la libération à l'égard de toute exaltation. Elle est le symbole des désirs terrestres justifiés, trouvant satisfaction grâce à l'effort ingénieux de l'intellect serviteur, lequel, tout en cultivant la terre, demeure accessible à l'appel de l'esprit. Elle évoque la fécondité pour garantir une régénération dans un au-delà de lumière et de bonheur.

«Une bonne épouse est pour son mari comme une vigne féconde» (Psaumes, CXXVIII, 3).
«La sagesse est une vigne aux pourpres charmants.»

Recette "coup de cœur" de Fabienne Lacombe

Cake aux pralines de Saint-Genix

Ingrédients pour un cake :

– 110 g de beurre
– 2 œufs
– 5 g de levure chimique
– 90 g de Saint-Genix concassées
– 10 g de beurre (pour beurrer le moule)
– 110 g de sucre glace
– 115 g de farine tamisée
– 35 g d'amandes effilées
– 5 cl de Grand-Marnier

Préparation :

1. Concassez les pralines. Tamisez la farine et la levure. Faites ramollir le beurre à température ambiante. Beurrez un moule à cake avec les 10 g de beurre pommade et mettez dedans le papier sulfurisé beurré. Dans un saladier froid, mettez le beurre et le sucre glace, mélangez à la spatule jusqu'à ce que l'appareil blanchisse.

2. Incorporez les œufs un à un, tout en continuant de mélanger vigoureusement entre chaque œuf pour que l'appareil soit bien homogène. Mélangez la farine, la levure, les pralines concassées et les amandes effilées. Incorporez ceci (en pluie) dans le premier appareil tout en mélangeant délicatement pour ne pas faire retomber le cake et incorporez le Grand-Marnier.

3. Moulez et laissez reposer cinq heures au réfrigérateur et faites cuire à 200° (thermostat 8) pendant dix minutes environ, puis faites la cuisson à 180° (thermostat 7) environ cinquante minutes. Sondez avec la pointe d'un couteau. Démoulez aussitôt; laissez refroidir.

Le Saint-Genix est une friandise régionale d'origine dauphinoise et savoyarde. Les pralines sont souvent à base d'amandes. Celles de Saint-Genix, colorées rouge vif, peuvent aussi être faites avec des noisettes. Ce cake est excellent à l'heure du thé, sur un buffet de dessert, pour un goûter d'enfants mais aussi en accompagnement de n'importe quel dessert ou au petit déjeuner.

Vin conseillé : Grand-Marnier «cuvée du centenaire», ou un Crémant de Bourgogne Georges Dubœuf, ou bien un muscat de Beaumes de Venise, bien concentré en fruits et très élégant.

Jacques Lameloise

"Jacques Lameloise" (Traditions et qualité – Relais et châteaux)
36, place d'Armes – 71150 CHAGNY
Tél. : 03 85 87 08 85 – Fax : 03 85 87 03 57

CHAGNY est un modeste village devenu un aimant pour quiconque est à la recherche de l'« encoconnement » des sens. Poutres, pierres et tentures fleuries, la Bourgogne profonde vous accueille chez Lameloise. *C'est le repos forcé de l'esprit et l'apaisement de l'âme, transmis par l'équilibre familial terrien où l'amour est inconscient d'être amour. Du monde entier, les fous des meilleurs crus de cette région bénie se rendent en ces lieux pour y trouver les présents de la nature, une douceur de vivre dans la tradition évolutive et déguster les mets emplis de saveurs connues et inconnues, rassurantes et surprenantes, issues de l'imagination du maître queux. Seigneur de l'arbre, il est celui qui répand la joie à profusion, génie des jeunes pousses et de la sève qui se coule souriante.*

Le roi des Burgondes, Gondebaud, aurait pu y faire escale en compagnie de Clovis, oublier leurs différends et porter à son comble ce qu'il faut pour délivrer leur âme, témoignage d'un violent effort pour rompre la barrière qui les séparait du divin. Et cet élan de spiritualisation à partir de la plante jusqu'à l'extase leur fit apercevoir Dionysos à travers les vapeurs du Népenthès, au-delà des trois étoiles.

"Le cèdre bourguignon"

Chahuteur

Issu d'une famille de restaurateurs depuis trois générations, Jacques Lameloise est né à Chagny dans les lieux mêmes de l'établissement d'aujourd'hui. L'adolescent poursuit ses études jusqu'en 4e, mais ses pôles d'intérêt sont surtout le football et le vélo. Il est chahuteur en diable et ce qu'il aime essentiellement, c'est la plaisanterie. Il fallait trouver une solution et, à 14 ans, il réussit l'examen d'entrée à la Chambre de commerce de Paris.

Jacques nous raconte : *« Dans cette école, je n'étais pas plus motivé que dans l'autre. J'ai surtout accepté parce que mes parents possédaient cette affaire, c'était une continuité logique et mon amour pour ce métier est venu plus tard, grâce aux personnes avec qui j'ai travaillé sur le tas. »*

Le métier entre dans la peau

« A partir de là, je me suis pris au jeu. J'ai eu de la chance d'entrer dans certaines cuisines parisiennes, telles : Le Fouquet's, Lucas-Carton, Lasserre… *»*

Cette époque est celle de sa rencontre avec Nicole qui devient rapidement son épouse. Il est alors commis et cet événement ainsi que son goût pour le travail bien fait vont progressivement lui faire aimer cette profession. Il a amplement prouvé son talent depuis cette période.

Jacques Lameloise (suite) :

Gentleman's agreement

Madame Mère est catholique, croyante et pratiquante.

La religion de Jacques, c'est la droiture intérieure : *« J'essaie d'être pratiquant dans ma vie de tous les jours et d'être honnête envers moi-même. »*

Problème créatif

« Quand je cuisine, je donne tout ce que j'ai d'amour en moi. Après, il y a une autre démarche. Je pourrais aller plus loin, mais les gens ne sont pas toujours prêts à découvrir, et je sais qu'en allant plus loin je vais prendre des risques. Je vais enthousiasmer quatre personnes et six ne vont pas comprendre. Alors, quand je réalise un plat qui me plaît, je me dis : Attention ! C'est valable aussi pour les appellations. En ce moment, c'est le début de l'hiver, j'ai fait une sauce à base de crème de lentilles que j'aime beaucoup mais, malheureusement, commercialement les clients n'accrochent pas. En revanche, si je la mets dans un menu ou dans une composition, il vont me dire que c'est bien, mais pas avec un nom ronflant. Il faut savoir allier l'ensemble. »

Communion

La création d'un plat c'est une technique, des assemblages, des précisions de cuisson, des assaisonnements. Ce perfectionniste nous explique son idéal : *« Si je pouvais parler avec les gens avant le service seulement cinq minutes, je pourrais alors leur faire la cuisine qu'ils attendent et qui leur convient. C'est quelquefois possible quand il n'y a pas trop de couverts. »*

Evolution

« Ce qui fait beaucoup évoluer le monde – et en particulier la cuisine – c'est la technique et l'électricité. Cela contribue à faire avancer la civilisation. Par contre, s'il y a une panne je n'ai plus de réfrigérateur, donc plus de produits, plus d'aspirations, plus de gaz. Imaginez l'évolution depuis 1901 lorsque nos grands-pères allumaient un poêle dans chaque chambre ! »

Il y aura toujours une clientèle attirée par la gastronomie et les créations d'un chef.

« L'évolution est perpétuelle. On essaie de faire de plus en plus de choses à goûter et de la cuisine plus saine. Les sauces et les confits étaient adaptés à l'époque, pour garder les produits. Les cuisiniers les salaient, les mettaient dans du saindoux, dans de la graisse et, lorsqu'ils faisaient des daubes, on pouvait en manger pendant une semaine. Ils n'avaient pas de conservateurs de froid. Aujourd'hui, j'ai passé ma commande de coquilles Saint-Jacques, demain elles seront là.

« Dans les années 1960, il n'y avait pas de camions réfrigérés. Je me souviens en 1964, quand les Saint-Jacques arrivaient, on mettait du beurre, des échalotes on les enfouissait immédiatement dans la crème, on les traitait et cela se passait pourtant dans un restaurant étoilé très connu, mais tout le monde faisait ainsi. »

Camping, luxe et vérité

« Je vais souvent au Japon où j'ai découvert un restaurant qui m'a marqué au plus haut point : dans cet endroit, les tables se présentent avec du sable à la place du plateau et, au centre, il y a un foyer. La personne fait la cuisine avec un gant en amiante et met tous les produits sur des brochettes : la dorade, la viande, les carottes, les navets, qu'elle pique ainsi dans le sable. On se croirait sur une plage. Il y a environ quinze places autour de ce camping-table. Alors, on réalise qu'on peut faire une super-cuisine sans poêle, sans matières grasses. Il reste seulement le goût du produit, on mange naturel, c'est extraordinaire ! »

Sagesse futuriste

Ce queux très sage estime que dans tous les domaines, comme en haute couture, il y aura toujours des personnes qui utiliseront les plus beaux produits. Dans le monde agro-alimentaire, en France, les gens sont prêts à se battre pour faire de la qualité. Dans le futur, nous dit Jacques, et même aujourd'hui, il y a plusieurs chefs qui sont dans le haut de la pyramide et qui font des choses différentes parce qu'ils ont des sensibilités différentes.

« Il ne suffit pas de faire des mélanges, c'est le cuisinier qui doit s'exprimer. La tendance va vers une cuisine plus diététique, moins lourde. Dans les vins également, on essaie de mettre plus de fruits. Il faut tout de même garder une base classique, mais il y aura toujours des chefs qui feront des créations insolites. »

Jacques Lameloise réalise une cuisine de base traditionnelle, mais bourrée d'imagination créative avec une justesse dans les cuissons qui la rend rassurante et attrayante. On peut la classer aujourd'hui parmi les plus vraies de France.

Une création

Voici un exemple moderne d'un plat ne figurant pas encore à la carte :

Langoustines rôties avec un croustillant aux noisettes.

Ce sont des langoustines au jus de pommes vertes passées à la centrifugeuse, montées au beurre avec une étuvée de légumes un peu craquante et de l'estragon. On peut boire avec un Chassagne 1991.

Jacques continue pour nous son exposé sur l'évolution culinaire à travers les âges : *« La cuisine évolue avec la technique et le matériel. Dans cinq ans, les fourneaux seront peut-être à induction électrique, ils ne dégageront plus une telle chaleur. Tout évolue perpétuellement et c'est à nous d'aider les agriculteurs, les éleveurs et les producteurs pour leur permettre de toujours nous fournir les meilleurs produits, qui deviendront pour cette ère nouvelle, de vrais trésors.*

« Dans le monde du vin, la technique aussi à son importance. Il y a quelques années, le vin fermentait trop et de nos jours on utilise des serpentins qui rafraîchissent sans rien changer à la nature du cru. »

Les études

« Il faut dire aux jeunes que c'est un métier d'assemblage, d'équipe et de dialogue où il faut faire passer le message. Il y a des moments difficiles, stressants, mais il faut toujours conserver un groupe soudé performant. Il faut avoir ça dans la peau… »

Jacques nous rapporte ce que Paul Bocuse dit au sujet des jeunes élèves de son école : *« C'est moi qui ai mis les cuisiniers à la tête des affaires. Dans les années 50,* Lasserre, Le Doyen *et* La Marée *étaient tenus par des anciens maîtres d'hôtel. Le chef ne se montrait pas en salle. Maintenant, je vais faire des cuisiniers bacheliers qui pourront diriger des hôtels à travers le monde entier. »*

Loisirs

Les passions de Jacques sont les promenades en voitures anciennes et visiter les antiquaires. S'il doit réaliser un plat pour se faire plaisir, ce sera « les écrevisses à la nage ».

Il aime recevoir ses amis, mais aussi être invité pour se détendre. Et découvrir toutes sortes de restaurants l'amuse.

Cuisine et famille

Concernant l'évolution de son affaire, Jacques Lameloise est satisfait, mais toutefois l'ombre au tableau est d'avoir été pris dans un système pendant trente-cinq ans, d'avoir consacré toute sa vie à cette entreprise et ne pas avoir pu octroyer assez de temps à ses enfants.

Grâce à Dieu, Nicole était davantage présente auprès d'eux. Mais l'absence du père a contribué à les éloigner de cette profession. Ils ont deux filles et un garçon qui réussissent leurs études et orientent leur vie différemment.

Future équipe

« Je désire maintenant améliorer mon entreprise. Pouvoir rembourser les emprunts en cours et garder la merveilleuse équipe qui m'entoure, ne pas licencier, continuer, travailler, me structurer et tenir le mieux possible mon établissement à son niveau actuel. Me faire plaisir toujours à travers mon métier. »

Jacques Lameloise est un homme de la terre dont les qualités contrastent avec sa fougue. Il réagit aux situations de manière à la fois constructive et réfléchie. Il n'a aucune difficulté à maîtriser un certain sentiment d'urgence ou de précipitation et souhaite toujours examiner en détail la situation. Emotif, il lui sera aisé de dominer ses épanchements affectifs ainsi que son expression.

Il est un symbole intimement lié à la nature du feu originel éclatant au premier temps de la manifestation. Cœur vaillant, il clôt heureusement les guerres, soutien la justice, maîtrise l'adversaire, dirige les hommes ; il est dispensateur de la jeunesse pleine de courage.

« Le cèdre ne pourrit pas ; faire de cèdre les poutres de nos demeures, c'est préserver l'âme de la corruption. »

Cantique des Cantiques, I, 17.

Recettes “coup de cœur”...

Tomates farcies aux escargots

Ingrédients :

– petites tomates du Midi
– sel, poivre
– échalotes
– crème fraîche
– huile d’olives
– escargots
– ciboulette
– citron

Préparation :

1. Prenez des petites tomates grappes de la grosseur d’un œuf. Evidez, laissez la peau, mettez une petite pincée de sel.

2. Au fond de la plaque du four mettez un peu d’huile d’olives. Faites sauter les escargots au beurre, mêlez-y un peu d’échalotes et un peu de ciboulette. Farcissez les tomates avec cette préparation.

3. Passez au four pendant cinq minutes, les tomates vont être confites.

4. Préparez une sauce très simple avec une cuillerée de crème, du sel et du poivre, un petit jus de citron et une poignée de ciboulette.

5. Faites bouillir un coup et versez sur les escargots.

Vin conseillé : Rully blanc «Lameloise».

Compote de queue de bœuf

Ingrédients (pour six à huit personnes) :

– 3 queues de bœuf
– 450 g d’oignons
– 2 poireaux
– 1 tête d’ail
– sel, poivre
– 100 g de moelle
– 300 g d’échalotes
– 4 branches de céleri
– 1 bouquet garni
– 1 cuillerée de baies de genièvre
– 600 g de carottes

Préparation :

1. Blanchissez les queues coupées en deux. Rafraîchissez. Ajoutez la garniture.

2. Faites cuire doucement environ quatre heures. Laissez refroidir dans la cuisson.

3. Egouttez. Défaites des os. Enlevez la peau et la graisse. Gardez dans la cuisson.

4. Pochez la moelle deux minutes à l’eau salée.

Sauce vin rouge

Ingrédients :

– 1 l de vin rouge
– 1/2 l de fond de veau
– 12 échalotes grises

Préparation :

1. Faites réduire le litre de vin rouge avec les échalotes grises émincées. Réduisez aux trois quarts.

2. Ajoutez le fond de veau, réduisez de moitié. Utilisez une cuillère à soupe de cette sauce par personne et montez au beurre.

Vin conseillé : Château-Rully (rouge) 1990, de chez Antonin Rodet.

Portrait de femme : *Nicole Lameloise*

"La sève de Chagny"

Rencontre

La belle et élégante Nicole est parisienne depuis plusieurs générations. Rien ne la prédestine à rencontrer un homme du monde culinaire. Elle poursuit ses études d'anglais et, à 18 ans, Jacques Lameloise entre dans sa vie. Ses qualités intérieures et sa prestance la séduisent.

C'est en douceur qu'elle s'intègre à la vie familiale de l'auberge à Chagny. Nicole et Jacques ont trois enfants qui, grâce à l'organisation de leur maman, ne seront pas perturbés.

Au restaurant et à l'hôtel, Nicole s'occupe de la gestion, du personnel et de la décoration.

Gourmandise

« Je ne suis pas une grande cuisinière car j'ai connu Jacques très jeune. Je cuisinais pour les enfants lorsqu'ils étaient petits ; j'aime bien faire des pâtisseries, en particulier la tarte Tatin. Je suis très gourmande et je goûte la première les nouvelles créations de mon mari qui tient toujours compte de mon avis. »

Patience

Nicole Lameloise est une femme simple et équilibrée. Selon son expérience, la qualité essentielle pour être épouse de chef est la patience.

Introspection

Etant enfant, Nicole a souffert de ne pas avoir une direction religieuse à suivre. *« Cette recherche intérieure permanente m'a beaucoup gênée. Je me suis toujours posée beaucoup de questions et, à ce jour, je n'ai encore pas trouvé la solution. »* Cela n'est pas très grave. Nicole traverse la vie de manière aérienne ainsi que les salons pour prendre soin de ses visiteurs.

Loisirs

Toutefois, quelques loisirs supplémentaires seraient les bienvenus dans le programme chargé de cette intellectuelle qui s'intéresse au cinéma, au théâtre, aux spectacles de danse classique, aux arts en général et qui est passionnée de lecture.

Evolution culinaire

« On arrivera à plus de simplicité et tout reposera sur la qualité du produit. »

Demain

Nicole ne se préoccupe pas de l'avenir. Son seul désir est de conserver l'acquis et de progresser au fil des ans.

Nicole Lameloise (suite) :

NICOLE LAMELOISE est le symbole du dépouillement de l'enveloppe corporelle, de la libération, du jaillissement du soi hors de son écorce. Elle représente la liqueur de vie, le suc de la fleur. Selon Krishna : « Soutiens par ma force tous les êtres, moi qui nourris toutes les plantes, je suis le soma, la sève par excellence, perdu et remplacé par des succédanés dont le vin : lui-même essence végétale. »

« Nous avons bu le soma
Nous sommes devenus immortels,
arrivés à la lumière,
Nous avons trouvé les dieux…
Enflamme-moi comme le feu,
qui naît de la friction.
Illumine-nous, fais-nous plus fortunés… »

Veda, 77-80.

Colonne de lumière, énergie surnaturelle, dérivée du Principe suprême, de la nourriture de l'intelligence qui permet d'accéder directement à la vie divine…

Recette "coup de cœur" de Nicole Lameloise

Gâteau au thé brun

Ingrédients (pour six personnes) :

- 1 boîte de gâteaux secs, marque Thé brun (important)
- 2 œufs
- 125 g de beurre
- 100 g de sucre
- café très fort
- chocolat noir

Préparation :

1. Faites une crème au beurre. Mélangez le sucre avec les jaunes d'œuf, puis avec le beurre ramolli. Ensuite, incorporez très doucement les blancs d'œuf battus en neige.

2. Faites un café très fort. Trempez les gâteaux dans le café un à un et montez le gâteau.

3. Faites une couche de gâteaux, recouvrez d'une couche de crème au beurre et ainsi de suite. Recouvrez le tout de chocolat noir râpé et mettez au réfrigérateur douze heures avant de servir.

Vin conseillé : pour accompagner ce gâteau familial, on peut servir un Montlouis du Val de Loire, un Crémant de Bourgogne ou bien un Champagne demi-sec.

Jacques Le Divellec

“Le Divellec”
107, rue de l’Université – 75007 PARIS
Tél. : 01 45 51 91 96 – Fax : 01 45 51 31 75

FLUCTUAT nec mergitur. *La devise de Paris indique que cette capitale peut être secouée par les tempêtes, mais qu’elle ne sombre jamais. Agitée mais insubmersible. Sur la majestueuse esplanade des Invalides, la mer est à Paris chez* Le Divellec. *Bleu marine et vapeurs d’algues émergent en un raffinement stimulant, apaisant, et le gotha de la politique vient y prendre un bain de paix.*
Tout sort de la mer et tout y retourne ; lieu des naissances et des renaissances, elle jouit de la propriété divine de donner et de reprendre la vie. En ces lieux, le poisson est roi, il devient le symbole du repas eucharistique et figure à côté du pain.
L’ancêtre spirituel du commandant est Vincent de la Chapelle ; également grand cuisinier voyageur, il était précurseur du dépouillement culinaire dans ses ouvrages sur la cuisine en mer, et put ainsi échapper au naufrage de la vie. Le chef, après avoir jeté et rempli son filet dans l’océan, recueille, pour notre plus grand bonheur, les meilleurs poissons et crustacés qui soient au monde.
La nature est alors réunie dans l’assiette, l’iode envahit violemment les sens olfactifs et gustatifs et les saveurs issues de la chair deviennent plus justes et plus vraies. Le poisson est alors associé à la naissance ou à la restauration cyclique, à la fois sauveur et instrument de la révélation.

“Le Poséidon parisien”

Gourmandise

Né à Paris, comme beaucoup de ses confrères, Jacques Le Divellec est marqué dès son enfance par les femmes. Mère et grand-mère passent leur temps dans la cuisine et, malgré la guerre qui met dans l’obligation de manger des ragoûts, des pommes de terre et des rutabagas, c’est toujours un peu la fête chez les Le Divellec où les invités impromptus se succèdent.
Originaire de Bretagne et du Limousin par sa mère, ses vacances se passent dans ces deux régions qui sont des occasions de grands repas. Voilà notre Jacques bien rodé à la gourmandise !

Les clochards

Son goût pour la restauration est probablement dû à la rencontre de son père avec sa mère qui est aubergiste. Ils décident de changer d’horizon et montent à Paris. Ils font l’acquisition d’un premier bistrot fréquenté par des clochards, dit *A La Fourchette*.
Puis un deuxième avec toujours les clochards. On est en 1914, et papa Le Divellec part faire la guerre. Au bout de cinq ans il revient et

achète son troisième bistrot-restaurant. Les premiers étaient fréquentés par les « petits clochards », mais celui-ci attire une clientèle qui est, selon la hiérarchie de l'époque, composée de « clochards argentés ».

Raymond Olivier

« Mon père ne voulait pas que je sois cuisinier, j'ai donc choisi la cuisine. » A 15 ans, il réussit le concours de l'école hôtelière de Clermond-Ferrand. Il y reste trois ans, entrecoupés de stages et de parties de rugby.

En sortant de cette école, Jacques travaille dans plusieurs petits restaurants, puis chez *La Pérouse*. Sa dernière place est au *Grand Véfour* avec Raymond Olivier. Il est commis et devient cuisinier demi-chef deux ans après. *« J'ai vécu de très agréables moments ; je prenais tous les matins le harnais du diable pour aller faire les achats aux halles. J'aimais tremper dans cette ambiance. C'est Raymond Olivier qui m'a donné le goût de parler avec les médias. Un jour, j'ai dit au grand chef que je souhaitais partir pour m'installer à mon propre compte ; il m'a répondu : "Tu seras le meilleur !" »*

La gitane

Jacques se souvient d'une histoire assez drôle qui lui est arrivée lorsqu'il était cuisinier à Saint-Nectaire au *Castel Marguerite*. Il traverse la salle vers minuit pour aller se coucher. Une diseuse de bonne aventure anime la soirée et l'arrête au passage.

« Elle me dit : "Ça t'intéresse de savoir ?" Je répond négativement mais elle insiste et prend ma main. "Tu seras toujours attiré par l'eau. Tu vas acheter une affaire au bord de la mer, tu partiras et tu reviendras." A l'époque, j'étais loin d'envisager de m'installer à La Rochelle, mais c'était vrai, j'ai vendu La Rochelle pour venir à Paris et j'ai racheté mon ancienne affaire qui était en mauvaise posture il y a huit ans. D'autre part, je ne supporte que l'"altitude en mer" et je suis malade en montagne. »

Le Yachtman

« J'ai acheté mon premier restaurant, Le Chat noir *à La Rochelle. J'en ai fait, comme disaient les pêcheurs, une boîte de nuit. C'est une image, car c'est le côté neuf de la chose qui leur faisaient dire ça. Je l'ai baptisé* Le Yachtman *parce que, dans mon imagination, je voyais en face deux ou trois yachts qui étaient mouillés. En réalité, ce n'étaient que des chalutiers désaffectés.* Le Chat noir *est devenu un petit hôtel-restaurant.*

« Au bout de cinq ans j'ai obtenu ma première étoile et une clef d'or. Ensuite, j'ai fait des transformations pour créer un véritable complexe hôtelier (quatre étoiles). Peu de temps après, la deuxième étoile Michelin arrivait. Raymond Olivier m'est resté fidèle et m'honorait de sa présence lors des manifestations que j'organisais. Ce fut un soutien considérable. »

Retour aux sources

Après vingt-cinq ans d'exploitation, Jacques vend tout, décide de revenir à Paris et le destin le propulse dans son ancien quartier, le VIIe arrondissement, où il retrouve ses amis d'école.

« Je suis resté sept ans à La Rochefoucaut qui est une école chrétienne et j'étais enfant de chœur à l'église du Gros Caillou, à 300 m d'où je suis actuellement. Ça me plaisait de servir la messe. Je suis très respectueux du monde religieux mais non pratiquant. Lorsque j'ai envie de me recueillir et me retrouver moi-même, j'entre dans une église. »

Notre chef breton a la nostalgie de ses parents et prie très souvent au pied de leur tombe. Ce sont eux qui, retraités, lui ont prêté l'argent nécessaire pour s'installer.

L'enseignant

Le queux est responsable de régions d'enseignement technique et forme beaucoup d'apprentis. Il sillonne le monde en qualité de conseiller culinaire du groupe Hilton et de quarante chaînes S.A.S. Nul n'est plus qualifié que lui pour guider les gens dans ce métier.

« Il leur faut être sûrs de leur choix, être travailleurs car c'est un métier ingrat, mais avec du courage et de la volonté on peut y arriver. J'ai gardé un garçon vingt-trois ans qui a deux étoiles aujourd'hui, et Alain Reix qui était mon second est au Jules Verne *à* La Tour Eiffel. *Je respecte les idées des jeunes, c'est la seule façon de leur donner de la personnalité. Cette profession, c'est l'amour du prochain. Faire un plat est une communion. »*

La communion des grands

Le restaurant *Le Divellec* est un rendez-vous pour hommes politiques et hommes d'affaires. Ici, ils font un break, discutant du plat de poisson qui va arriver, qui va les nourrir mais aussi leur apporter autre chose qu'une nourriture facile. Leur conversation va se faire autour d'un coquillage et de ses origines ; ils trouvent ainsi un moyen de s'évader. *« Lorsque je vais les voir, je constate qu'ils ont, l'espace d'un instant, oublié leur étiquette, ils ont une autre vision du monde. »*

« La nourriture s'apprécie d'abord par l'odorat. Un bar flambé au thym dans une salle, hum... ça sent une herbe...

« La deuxième sensation est la vue. En regardant la préparation d'un poisson ils commencent à rêver, à rêver pour leur palais, et les soucis disparaissent.

« La troisième réaction c'est le goût et l'adversaire qui est en face disparaît. A ce moment-là le client redevient l'homme que je désire servir. Les gens qui n'ont pas ces sensations de "réfléchi" ni d'être humain, ça ne m'intéresse pas.

« Pour moi, être à table avec des amis c'est partager le pain et le vin. C'est là où réside toute l'humanité. Un jour, les gens pourront se mettre autour d'une table et dire : on a pensé à nous, on a valorisé pour nous ce que la terre nous offre qui est la magnificence de la vie et on met notre esprit hors de tout ce qui est mauvais. »

Jacques a fait son service militaire dans la marine et, en qualité de cuisinier, a eu l'honneur de servir le maréchal Juin, Montgomery, Eisenhauer... Il se souvient, encore avec émotion, de la demande régulière de Montgomery de lui réaliser une dinde à l'amande.

A Paris, tous les présidents sont venus chez lui goûter aux transports de la bouche. De Gaulle, Mitterrand, les ministres... tous ont occulté la politique pour revenir à l'initialité, la communion.

Les démunis

Chaque année, Le Divellec organise un repas dans le VIIe arrondissement pour cent cinquante personnes du troisième âge. Cela représente pour elles, juste avant Noël, une évasion avec de la musique et des chants. *« Il y a plein de gens qui vivent avec 1 000 F par mois, dans des greniers, abandonnés par leurs enfants, leur famille ; on va les chercher pour ce dîner dans une salle de l'église du Gros Caillou ; c'est avec le concours de quelques amis commerçants que cette distraction a pu être réalisée. J'ai souffert pendant des années du manque d'argent, alors si je peux aider modestement... »*

Les charges

« Le monde culinaire survivra tant qu'il aura des hommes dont l'intelligence sera de vivre, d'aimer la vie et non la détruire. Tant que ce genre d'humanité existera, il faudra toujours une table avec des gens autour et quelque chose pour leur faire oublier les mauvais moments.

« Même si les jeunes vont dans les fast-food, ils sortent et ça provoque en eux l'envie un jour de connaître une autre restauration. Bien sûr, il existera toujours des fins gourmets qui auront les moyens de venir chez nous,

mais cela va devenir de plus en plus difficile, compte tenu des charges, du personnel, qui sont d'un coût supérieur à la marchandise.
« Une sélection naturelle va s'effectuer ; seuls survivront ceux qui emploient les meilleurs produits en donnant du rêve à leurs clients et en éliminant tout esprit de faire du bas de laine. »

Saveurs franco-marocaines

Jacques nous donne un aperçu original d'une de ses créations qui est une synthèse de la cuisine française et de la cuisine marocaine. *« Je suis allé au Maroc faire la cuisine pour le roi et j'ai réalisé une vingtaine de vidéos sur le poisson. Voici un plat qui est un clin d'œil et une évasion dédiée à J.-P. Elkabach qui me demandait, depuis longtemps, de lui faire quelque chose d'étonnant :*

Saint-pierre braisé au citron confit, safran et cumin.

Après l'avoir désarêté, le saint-pierre reste entier. Il est juste passé au four, déglacé ensuite avec un jus de moules et la peau des citrons confits auparavant qui finit de cuire avec le poisson aromatisé avec safran et cumin.
J'enlève le Saint-Pierre pour qu'il ne soit pas trop cuit, mais en laissant la peau des citrons. Quand la cuisson est bien avancée, j'ajoute les pommes de terre en tranches dans ce jus.
Lorsque tout est au point, je sers l'ensemble avec le poisson recouvert de coriandre frais.
Boisson : un vin blanc corsé, Pouilly fumé ou Bordeaux blanc, un Grave par exemple.

Loisirs

On ne s'en douterait pas, Jacques aime la pêche et les croisières en mer. Il est également un excellent chasseur. Son grand plaisir est de convier ses amis sur un bateau pour leur faire déguster un merlan qui sort de l'eau.
Pour aller au restaurant, il choisit la simplicité : une auberge.

Simplicité

Jacques Le Divellec estime avoir réussi sa vie professionnelle parallèlement à sa vie familiale, mais pour un métier qui le passionne et lui apporte tout ce qu'un homme peut désirer. Parmi ses enfants, seul son fils Yann travaille en salle avec lui ; c'est une grande satisfaction et son souhait est de garder une bonne santé ainsi que de nombreux clients pour lui permettre de faire encore et encore la cuisine.

Ce consciencieux-scrupuleux est attaché aux principes, aux règles et aux consignes. Travailleur, il est soucieux du sens civique et tourné vers les œuvres difficiles, ingrates laborieuses et pénibles. Sa curiosité d'esprit lui fait avoir une culture en mosaïque et devenir maître en l'art de convaincre par son éloquence. Sensible à l'irrationnel, sa conscience émerge à son intention de la confusion ainsi que la naissance de l'esprit.

Son jeu contribuera à se détourner de l'instinct, à réprimer la vie sensible pour assurer le monde de la raison. C'est sur ce terrain que s'affirme la socialisation de l'être humain avec l'assimilation des usages et conventions soumis aux règles de la logique. Commerce de l'esprit par les idées revêtues de mots et commerce de la matière par le système des échanges réglementés. Mais face à la double pression des pulsions intérieures et des sollicitudes extérieures, il est le meilleur agent d'adaptation à la vie.

Rôti de lotte au cumin et au safran [1]

(Préparation : 10 minutes – Cuisson : 25 minutes.)

Ingrédients (pour quatre personnes) :

– 1 queue de lotte (ou un tronçon) de 800 g à 1 kg
– 200 g de céleri en branches
– 2 citrons non traités
– 15 cl de crème fraîche
– 2 doses de safran
– sel, poivre
– 6 échalotes
– 100 g de beurre
– 25 cl de vin blanc sec
– 1 cuillerée à soupe de cumin

Préparation :

1. Mélangez le cumin, le safran, du sel et du poivre dans un plat creux, roulez la queue de lotte dedans. Epluchez les échalotes, émincez-les ; coupez les citrons en quartiers.

2. Préchauffez le four à 200° (thermostat 6), faites un lit de citrons et d'échalotes sur le plat de cuisson, posez dessus la lotte, ajoutez la moitié du beurre, arrosez avec le vin blanc et enfournez pour environ vingt minutes (piquez le poisson pour tester la cuisson).

3. Faites étuver les céleris dans le beurre restant à feu doux. Quand la lotte est cuite, réservez-la au chaud sur le plat de service avec les céleris cuits.

4. Passez la cuisson du poisson au chinois, faites-la réduire un peu, ajoutez la crème, rectifiez l'assaisonnement (ajoutez éventuellement un peu de cumin et de safran dans la sauce). Nappez la lotte et servez.

Vin conseillé : Pouilly fumé, 1992, « La Doucette ».

Vous ne verrez jamais de tête de lotte sur les étais des poissonniers ; elle est tellement laide qu'on la coupe toujours pour donner meilleur aspect au « diable de mer », avant de la vendre. La lotte est facile à préparer et se prête à une multitude de recettes ; il faut se dépêcher d'en profiter, car elle est tellement pêchée qu'elle va peut-être finir par se raréfier sérieusement.

1. Recette extraite du livre de Jacques Le Divellec : *Les Bons plats de la mer* (Solar, 1994).

Grondin au beurre de bigorneaux [1]

(Préparation : 20 minutes – Cuisson : 15 minutes.)

Ingrédients (pour quatre personnes) :
– 4 grondins «portion» (250 à 300 g chacun, le grondin comporte beaucoup de déchets) ou 2 plus gros.
– 1/2 l de bigorneaux vivants, gros de préférence
– 20 cl de vin blanc sec
– 100 g de beurre
– gros sel
– 6 échalotes
– jus d'un demi-citron
– sel, poivre

Préparation :

1. Lavez les bigorneaux à l'eau courante en les brassant bien, puis mettez-les à cuire dans l'eau très salée frémissante (comptez 30 g de gros sel par litre d'eau) ; laissez cuire deux minutes, pas plus, égouttez-les et décoquillez-les.

2. Ecaillez les grondins, coupez-leur la tête, videz-les, ôtez l'arête centrale en les fendant latéralement (laissez la queue attenante), salez et poivrez. Epluchez les échalotes émincez-les.

3. Préchauffez le four à 180° (thermostat 5), mettez les poissons à cuire avec les échalotes et le vin blanc pour environ dix minutes (quinze minutes pour des plus gros).

4. Quand les poissons sont cuits, réservez-les au chaud sur le plat de service, passez le jus de cuisson dans une casserole, faites-le éventuellement réduire un peu, ajoutez le jus de citron, puis le beurre en morceaux, en fouettant. Chauffez les bigorneaux une minute dans cette sauce, nappez les grondins et servez immédiatement.

Vin conseillé : Châteauneuf du Pape, 1992, «domaine de Beaucastel».

---

1. Recette extraite du livre de Jacques Le Divellec : *Les Bons plats de la mer* (Solar, 1994).

Portrait de femme : *Micheline Le Divellec*

"Gaïa"

Coiffure et milk-bar

Fille unique, gâtée bien que d'origine modeste, Micheline habite avec ses parents dans un petit village proche de Montargis. Le métier de coiffeuse l'attire, et c'est à Paris qu'elle obtient son C.A.P. de coiffure. Elle revient alors au pays, mais pour très peu de temps car son père est monté dans la capitale.

Les temps sont durs et la profession de coiffeuse, à cette époque, n'est pas très lucrative. Elle entre alors comme hôtesse chez Kodak puis, quelque temps après, obtient un poste de caissière dans un « milk-bar ». Cette expérience va se prolonger pendant dix années avec, toutefois, une évolution très positive qui l'amène au niveau de directrice de l'établissement.

Le verre de lait

Un jeune homme vient, chaque soir, boire un verre de lait après son travail et, petit à petit, Micheline se laisse séduire par ce garçon dont la verve est déjà brillante. Il n'est autre que Jacques Le Divellec, commis dans le grand restaurant d'en face, apprentissage obligatoire des élèves sortant de l'école hôtelière.

Durant une année les jeunes gens se fréquentent, à la suite de quoi un heureux événement est attendu. Heureux… Pas vraiment pour les parents de Jacques ! Mais très vite les jeunes régularisent leur situation, ce qui a pour effet d'adoucir l'humeur du père de Jacques qui, en homme de cœur, propose alors à ses enfants de reprendre son petit hôtel dans le VIIe arrondissement.

L'air du large

« A 20 et 23 ans, notre tâche ne fut pas facile. Pour cinquante chambres nous n'avions qu'une seule femme de chambre, et Jacques se démenait comme un beau diable derrière son fourneau à charbon. Il y avait le bébé à élever et un autre qui allait suivre… Imaginez la performance ! »

Cette situation va durer quelque temps, mais Jacques a l'obsession d'un retour aux sources du côté de La Rochelle, et c'est l'aventure bretonne qui démarre, avec un minuscule restaurant qui devient rapidement la « fureur du coin ». Ils acquièrent ensuite *Le Chat noir* qui sera le marche-pied de leur réussite.

Le don

Micheline est une femme généreuse. Elevée religieusement, elle n'est pas pratiquante et reporte sa foi sur ses parents disparus qui l'aident spirituellement.

« J'ai une crainte bizarre qui est d'être enterrée vivante, mais j'ai trouvé une solution utile à la société et rassurante pour moi : je vais faire don de mes organes. »

Mise au point

L'élaboration de la carte du restaurant se fait verbalement autour d'une table. Vient ensuite la dégustation. *« Nous goûtons les plats avec mon fils Yann, le maître d'hôtel, le chef de rang, et chacun donne son avis. Mais rien n'est définitif et Jacques rectifie ses mets en fonction des observations de nos clients. »*

La grande joie de Micheline est de travailler avec Yann. *« Il est mon bâton de vieillesse. Les clients l'adorent et il parle plusieurs langues, ce qui est indispensable compte tenu de notre clientèle internationale. »*

Evolution

« A l'heure actuelle, les femmes qui travaillent n'ont plus guère le temps de cuisiner, et les enfants manquent d'éducation culinaire mais, chose curieuse et qui n'était pas le cas il y a quelque temps, les jeunes entre 20 et 30 ans qui viennent chez nous s'intéressent à la composition des plats et nous questionnent. Je trouve cela assez positif pour l'avenir. »

Micheline Le Divellec (suite) :

L'œil

La clientèle, chez Jacques Le Divellec, est en majorité composée d'hommes politiques. Micheline est très à l'aise dans ce contexte et nage comme un poisson dans l'eau entre les tables, attentive aux moindres désirs de ses visiteurs. *« Ils parlent beaucoup et je suis parfois obligée de les rappeler à l'ordre pour les inciter à manger pendant que leur assiette est encore chaude. »*

Trois mots clefs

Micheline est catégorique, trois mots suffisent pour énoncer les qualités des épouses des grands chefs : patience, persévérance et confiance.

Loisirs

La nature, la campagne et les voyages, mais une absence de quelques jours est, pour elle, quasi impossible. *« Nos habitués désirent nous voir. Ce sont des enfants gâtés, ils veulent sentir notre présence. »*

Semi-retraite

Micheline est satisfaite de sa réussite professionnellle et, pour le futur : *« Je ne voudrais pas cesser complètement mon activité, mais prendre une semi-retraite pour visiter Paris à fond. »*

Son grand souhait : voir son fils assurer la pérennité de cette affaire.

Micheline Le Divellec est une enveloppe des eaux célestes. Elle représente l'activité vitale terrestre, l'aspect fixateur et séparateur de l'individualisation. Elle est l'effervescence chaotique et indifférenciée. Etant le nœud de l'onde stationnaire, un nouveau départ serait organisé et ordonné.

Elle prend nettement conscience d'elle-même dans l'instant où elle prend conscience des rapports de causalité de la délimitation des êtres et des choses qu'elle saisit dans leurs analogies et leurs différences. Sa nature profonde est une prolongation éternelle de la fonction de nourrice et de guide.

Recette "coup de cœur" de Micheline Le Divellec

Le caviar du pêcheur

Ingrédients :

- sardines crues
- beurre
- gros sel, citron
- pain grillé

Préparation :

1. Prenez des sardines très fraîches, coupez-leur la tête, enlevez leur peau, videz-les et mettez-les tout simplement dans un plat avec du gros sel dessus.

2. Faites griller de grandes tranches de pain, beurrez-les et, lorsqu'elles sont encore chaudes, mettez dessus vos filets de sardines avec un léger jus de citron.

C'est très fréquemment le repas des pêcheurs quand ils vont en mer. C'est délicieux.

Vin conseillé : un Muscadet ou un Sauvignon.

Philippe Legendre

"Taillevent" (Traditions et qualité)
15, rue Lamennais– 75008 PARIS
Tél. : 01 44 95 15 01 – Fax : 01 42 25 95 18

LE temple Taillevent *est, à Paris, un triomphe, ainsi que l'est son arc dont le champ symbolique va de l'acte créateur à la recherche de la perfection. Attribué aux pasteurs des peuples, aux souverains pontifes, aux détenteurs de pouvoirs divins, il est aussi la tension d'où jaillissent nos désirs. Si près l'un de l'autre, tous deux sont riches en symboles. Le temple est l'axe et le centre du monde. Il est le reflet des répliques terrestres et des archétypes célestes. Cosmologie et théologie sont ainsi solidaires dans l'esprit des hommes comme dans leurs œuvres dédiées à Dieu, et chaque objet qu'il contient s'y trouve ordonné.*

En ce point par lequel passe la résultante des forces internationales de l'art culinaire, Guillaume Tirel, dit Taillevent, premier grand chef français au Moyen Age, eût aimé prendre possession du sanctuaire pour procéder à son alchimie des fourneaux, mais son esprit vibre dans les compositions du chef Legendre, transfert de conscience permettant la maîtrise de saveurs puissantes et subtiles à l'infini...

Cette ambiance d'un luxe un peu austère aide à la pénétration d'une paix intérieure et permet de découvrir les nourritures ennoblies. La probité du maître des lieux, Jean-Claude Vrinat, son autorité paternelle et spirituelle créent une harmonie reliant nutrition et immortalité. Mais le corps n'est-il pas le temple du Saint-Esprit ?

"Pégase"

Vocation

Né aux Essarts, en Vendée, Philippe est, dès l'âge de 7 ans, fasciné par sa grand-mère qui travaille dans un restaurant de foire. Sur sa cuisinière mijotent en permanence des petits plats dont les saveurs excitent les papilles de ce jeune garçon gourmand. C'est sa première découverte gustative.

Sa seconde expérience lui est donnée par une grand-tante qui avait dû fêter Sainte-Catherine il y a des lustres et n'avait jamais trouvé son idéal à travers un homme… mais en revanche, quel amour dans sa cuisine ! Cuisinière dans un château, elle demeure dans un moulin retiré en Loire-Atlantique. Le jeune Philippe va vendanger avec ses parents dans cette région où ils possèdent un peu de terrain. Sa tante les reçoit chez elle et leur concocte des plats succulents d'antan. Elle cuit son pain dans un vrai four à pain et fait des rillettes de lapin dont le goût chaleureux ne l'a jamais quitté.

Mais la véritable vocation se révèle à lui à travers les secrets culinaires d'un bourrelier. *«J'ai*

Philippe Legendre (suite) :

vécu quelque temps avec mon grand-père qui a beaucoup marqué mon enfance. J'étais un peu l'enfant gâté. Mon grand-père était bourrelier et, l'hiver, il allumait son poêle qui était à la hauteur de son petit établi. Il élevait des lapins et conservait dans le sable des pommes de terre. Après avoir choisi les plus petites, il les faisait cuire dans une grosse bouilloire toute la journée pour nourrir ses lapins durant l'hiver.

« Le jeudi matin, je n'avais pas classe et mon premier geste était de prendre un gros morceau de pain pour aller rejoindre mon grand-père dans son atelier. J'étalais du beurre sur mon pain, il prenait son couteau avec lequel il taillait le cuir et m'épluchait les pommes de terre des lapins. Je mangeais ainsi sur l'établi, le pain beurré avec des pommes de terre chaudes des lapins, enveloppé des émanations de cuir.

« C'était toute une ambiance créée par la visite des paysans et agriculteurs qui venaient voir mon grand-père et buvaient du vin tiré directement des barriques entreposées dans la cave. Ils parlaient, riaient, c'était une communion parfaite, réunissant tous les éléments de la terre. C'est un grand souvenir de ma vie. »

Expériences

C'est ainsi que démarre pour lui la profession de cuisinier. Dès l'âge de 11 ans il cuisine pour sa famille, surtout pour ses deux petites sœurs car sa mère tient un commerce et le temps lui manque.

Le jeune adolescent quitte l'école et entre en apprentissage chez un maître cuisinier de Saint-Gilles-Croix-de-Vie. Apprentissage très dur, mais qui lui *« ouvre les yeux sur le métier, un côté sain de la vie »*, se plaît-il à souligner. Ce chef cuisinier est d'une droiture absolue, ce qui permet à Philippe d'œuvrer en toute sérénité dans une ambiance familiale. La cuisine y est simple mais de très grande qualité, d'ailleurs assez proche de ce qui est recherché à notre époque. Cette période s'avère très pénible pour ce garçon de 17 ans qui ne peut aller jouer sur la plage en compagnie de ses amis, mais il n'en gardera aucune amertume.

Evolution

Puis, c'est l'enchaînement classique des génies nés en province : la « montée sur Paris ». Le coup de tête, la valse des grands établissements : *Sheraton, Lucas-Carton* et le *Ritz* qui s'avère, pour ce futur chef, être la véritable école de cuisine, du classicisme et de la perfection. La différence entre l'école de campagne et celle du *Ritz* se situe uniquement, nous dit-il, dans les moyens dont on dispose pour travailler les produits nobles.

C'est au *Ritz* que Philippe Legendre comprend qu'il faut avoir « l'amour » de la profession pour apprendre à travailler ces produits. Sa devise pour la réussite est : *« On se dérobe ou bien on met toute son affection dans le travail. »* C'est, avec l'arrivée au *Ritz* du chef Guy Legay, l'épanouissement des qualités intérieures de Philippe Legendre.

Jean-Claude Vrinat, le « pasteur de la gastronomie parisienne », ne s'est pas trompé en offrant à Claude Deligne, le chef de son temple, un second à la hauteur de cette institution qu'est l'ex-hôtel particulier du duc de Morny devenu *Taillevent,* ce second devant avoir les qualités nécessaires pour assurer une continuité empreinte d'un « panache discret » qui est l'éthique de cette grande maison. Philippe Legendre se lie rapidement d'amitié avec Deligne qui lui transmet la geste nécessaire pour conserver toutes les qualités requises à un trois étoiles Michelin.

Ce jeune élu se montre digne de la confiance investie en son talent et devient, à force d'amour, de patience et de fidélité, « chef créateur » chez *Taillevent,* avec tout ce que cela comporte d'abnégation pour faire corps avec une équipe habituée à être dirigée de « main de maître ».

Désormais, chez *Taillevent* il y a deux amphitryons : l'amphitryon de Grimod de la Reynière en la personne de Jean-Claude Vrinat, et Philippe Legendre, l'amphitryon-chef.

Fatalité

En 1989, parallèlement à son entrée chez *Taillevent,* une période noire s'abat sur notre héros. Catholique depuis l'enfance, pratiquant, il est effondré et anéanti par une succession de décès : père, belle-mère et le fils de son meilleur ami. Il oublie sa religion, ne baptise pas son dernier fils (il en a trois) pour le laisser libre de son choix.

Cette période lui donnera la force de vivre pour son métier, sa femme et ses enfants. Quand tout va mal, il rentre chez lui sur sa moto pour se regonfler d'amour auprès des siens.

Liberté

Pour Philippe Legendre, le lien qui peut établir une liaison entre la nourriture et le spirituel c'est le naturel réalisé avec le cœur, car sans une liberté intérieure il y a complication dans la réalisation. « *Il faut,* dit-il, *la libération par le vide.* » « *Se sentir bien c'est être ailleurs. Etre libéré complètement, c'est une ouverture pour le travail et pour toute la vie.* »

Parfois, il part sur sa moto (sans sa toque), s'arrête sur le périphérique et ne sait plus où il se trouve. Viendrait-il d'ailleurs ?

Faux départ

En 1994, Philippe Legendre croule sous le poids de ses énormes responsabilités. Un jour, épuisé, il fonce sur sa moto pour embrasser les siens quand soudain une voiture brûle un feu rouge : voltige, cris de femmes, vrombissements de moteur… il se retrouve à terre avec seulement la cheville fracturée mais, l'espace d'un instant, il a vu sa dernière seconde arriver. Transporté dans l'au-delà, il nous décrit sa sensation d'être parti « léger » dans le vide, sans réfléchir, sans aucun poids sur les épaules, rien ne pouvant le retenir. Mais son ange Hahaiah veillait sur lui et l'a pris sous ses ailes pour notre plus grande joie…

Générosité

Pour consolider son équipe : des cadeaux, des attentions… Pour Noël, des couteaux pour chacun (du plongeur au second), un pique-nique organisé de manière imprévisible d'où, en retour de son équipe, un casque de moto pour le chef.

L'objectif : la « communion », toujours.

Communion

Philippe Legendre est convaincu de la nécessité de communier pour bien cuisiner. Le plus important dans la vie est un grand rassemblement à table. C'est le rapprochement des êtres par les gestes. « *Passer un morceau de pain à quelqu'un c'est communier.* » Cette certitude lui est venue à travers la chasse qu'il apprécie surtout pour la table et la convivialité. Et, dans le milieu de la restauration, il est certain d'avoir beaucoup de choses à transmettre.

Ses affirmations : « *Ceux qui aiment la table, aiment la vie. Ceux qui n'aiment pas la table, n'aiment pas la vie. Un refus catégorique de certains mets ou de certains vins représente un refus de la société. Une bonne table est l'endroit qui fait avancer l'homme dans le bon sens.* »

Libre créativité

Si notre chef est bien en lui, en harmonie, il dit : « *Je crée les plats avec amour, tout naturellement ; les plats les moins pensés sont les plus réussis. Quand je cherche sans rechercher, si je base mon idée sur un produit je peux entièrement dériver. Je me libère et cette liberté me transporte dans un autre monde.* »

Composition

Il en résulte souvent, tel ce plat présent sur la carte, quelque chose de très particulier. *« Lorsque j'étais apprenti, je m'amusais à travailler le cresson qui n'est pas un aliment très utilisé habituellement. Je voulais l'associer à des oursins, mais cette combinaison ne fut pas concluante, aucune saveur ne lui correspondait. Soudain, une lumière : le caviar. J'ai trouvé ainsi l'accouplement idéal par la grande pureté des deux produits. L'un vit les pieds dans l'eau et l'autre est un noble produit de la mer. Le résultat est simple et plein de saveurs naturelles. C'est une recette "coup de cœur" qui m'a flashé, et si je veux ravir mes amis c'est avec un grand sourire que j'apporte ce plat. Je sais par avance qu'ils auront plaisir à le déguster, même ceux qui n'aiment pas le caviar.*

« C'est donc une crème de cresson présentée avec du caviar incorporé. Ce qui est superbe, c'est de mettre très peu de crème et beaucoup de caviar ! Cette entrée est baptisée "Crème de cresson au caviar". »

Jeunesse et avenir

Le conseil de ce maître cuisinier concernant les jeunes voulant embrasser cette carrière est de se battre et de travailler dur. Apprendre en France dans les bonnes maisons pour communiquer ensuite le savoir culinaire français dans les autres pays.

« La France restera le fleuron de la gastronomie sur notre globe grâce à la qualité supérieure de ses produits, encore faut-il les gérer convenablement. Mais dans tous les pays du monde, quand on est à table tout se passe bien ! »

Cuisine du futur

« En cette époque tourmentée, nous dit Philippe, *les gens se cherchent, il y a un manque de racines. La cuisine du futur verra le retour des traditions. Les plats régionaux vont refaire surface, mais retravaillés, allégés et personnalisés par le chef. La tendance sera de réduire l'utilisation des produits importés et des épices. »*

Bonheur confiant

Philippe Legendre est arrivé au sommet de son art ; il n'en tire aucune gloire et reste humble devant les honneurs dans sa profession. Seuls comptent pour lui la bonne entente en cuisine et la joie que lui procure sa famille. Il pense néanmoins être un privilégié par rapport à certains restaurateurs.

Pour son évolution intérieure, Philippe souhaite conserver une équipe harmonieuse basée sur la confiance, libérer et responsabiliser ; c'est également ce qu'il désire maintenir au sein de sa famille et de ses amis. Ses trois mots clefs sont : amour, confiance et liberté.

PHILIPPE, c'est l'exaltation de la terre vers des vibrations cosmiques d'amour et de beauté. Son esprit est enfoui dans un corps qui n'est pas lui. Il est tiraillé entre s'abandonner à la convoitise et à l'enivrement des nourritures terrestres pour s'effrayer lui-même, ou se perdre à une hauteur de pensée jusqu'à en oublier l'enveloppe charnelle. Mais son imagination créatrice et son élévation réelle sont capables de faire s'envoler l'homme au-dessus des dangers du pervertissement.

Symbole de l'imagination sublimée, objectivée, *« il n'obéit qu'à son caprice, buvant à la source ailée du royaume des fables, ses pieds sont couverts d'or et ses rênes sont des colliers de perles qu'il laisse joyeusement flotter »* (extrait du poème d'Henri Heine).

Bar aux petits légumes confits

Ingrédients (pour dix personnes) :

- 10 tronçons de bar de 180 g
- 1 pièce de poivron rouge en brunoise
- 1 pièce de poivron vert en brunoise
- la peau d'une aubergine en brunoise
- la peau d'une courgette en brunoise
- 1 fenouil en brunoise
- 2 bottes de civette
- 1/2 l de sucre de canne
- 0,25 l d'huile de homard
- vinaigre de Xérès
- huile d'olive

Préparation :

1. Dans une russe, blanchissez tous les légumes après les avoir taillés ; rafraîchissez-les puis égouttez-les.

2. Faites cuire les légumes au sucre de canne trente minutes environ dans un four à 160° puis égouttez-les.

3. Poêlez les filets de bar côté peau après les avoir assaisonnés (sel, poivre) ; tenez-les bien moelleux.

4. Faites sauter à sec dans une poêle chaude les brunoises de légumes ; assaisonnez-les et déglacez-les au vinaigre de Xérès.

5. Dressez au centre des dix assiettes les tronçons de bar poêlés, puis disposez les légumes et la civette hachée autour, qui seront saucés avec l'huile de homard chaude.

Boisson : Puligny Montrachet, 1989, Domaine Etienne Sauzet.

Crème de cresson au caviar Sevruga

Ingrédients (pour vingt portions) :

- 1,5 l de fond de blanc de volaille
- 1,5 l de crème
- 500 g d'oignons
- 5 bottes de cresson
- 500 g de poireaux
- 20 g de beurre

Crème au caviar :

- 20 cl de crème montée
- 1 jus de citron
- 400 g de caviar
- sel, poivre

Préparation :

1. Mettez à suer dans une casserole le beurre, les poireaux, les oignons hachés ; mouillez avec le fond blanc de volaille et la crème.

2. Faites cuire le tout environ trente minutes, puis passez au chinois en foulant légèrement.

3. Faites cuire la purée de cresson dans une eau bien salée ; dès la cuisson terminée, rafraîchissez la purée dans la glace, égouttez-la et passez-la au tamis.

4. *Crème au caviar.* Montez légèrement la crème en incorporant le jus de citron, le sel, le poivre et le caviar. Servez en saucière à part.

5. Au dernier moment, chauffez bien la base crémeuse et incorporez la purée de cresson.

6. Servez dans une tasse bien chaude, saucière de crème au caviar à part.

Vin conseillé : Deutz Blanc de blancs, 1988.

Portrait d'amphitryon : *Jean-Claude Vrinat*

"Le pasteur de la gastronomie"

H.E.C. et la cuisine

La direction professionnelle choisie par Jean-Claude Vrinat est due à la conjonction d'une enfance vécue au sein d'une famille empreinte de raffinements culinaires et d'événements survenus au moment précis de certaines décisions à prendre à la fin de ses études (H.E.C., promotion 1959).

Amour et crescendo

En 1962, Jean-Claude Vrinat entre chez *Taillevent* pour y travailler avec son père. Son esprit spirituel et religieux lui donne l'ouverture de cœur nécessaire pour aimer les êtres à la recherche d'ascension permanente de leurs sens.

Aucun plat n'est inscrit sur la carte avant que son palais ne fasse la liaison entre l'attente gustative de ses clients et l'harmonisation de la création du chef.

Réunion des sept

La gastronomie et l'œnologie sont entièrement maîtrisées par l'amphitryon et, par conséquent, son conseil donné aux jeunes se résume par ces sept mots : aimer, servir, travailler, persévérer, conscience professionnelle, communication et partage.

Le retour du respect

« L'avenir de la cuisine à travers le monde sera axé sur la convivialité : un moment de plaisirs partagés. Et la cuisine du futur sera tournée vers le terroir, la simplicité et la mise en valeur des saveurs.

« La création culinaire ne s'est pas faite du jour au lendemain ; elle est le reflet d'une histoire qu'il faut retrouver et respecter. »

***Jean-Claude Vrinat** est rattaché à des fonctions solaires de fécondation, de gouvernement et de continuité dans la succession des règnes comme des saisons. Il représente un principe de concentration, de contraction et d'inertie. Sa force tend à cristalliser, à fixer dans la rigidité des forces existantes, mais son influence cosmique provoque en son intérieur des changements, des bouleversements imprévus, des interventions et des créations originales pour un progrès dans le monde moderne.*

C'est l'éveil du feu primordial pour monter, s'élever et se tendre en hauteur comme pour s'individualiser au maximum. Il est l'homme du progrès en quête d'un âge nouveau. Au fond du processus se dégage l'archétype de l'hyperindividualisation, qui particularise l'être humain dans une originalité surpersonnalisante, cela généralement dans le paroxysme du Moi, en quête de l'unité la plus explosive, et tendu vers un absolu.

Portrait de fille : *Valérie Vrinat*

"Une perle"

L'éducation Vrinat

Valérie Vrinat est une très jolie et fine jeune femme qui parle de son enfance avec émotion et justesse. L'image *Taillevent* est une nuée enveloppante dans laquelle évolue un grand-père omniprésent. La succession est assurée par un père très pris par son activité, mais les repas familiaux sont réguliers. La maison de Valérie, c'est *Taillevent*. Elle vibre à tout ce qui la touche : au son de la troisième étoile, aux témoignages émouvants de différents clients, américains, japonais... Ce papa admiré dirige son restaurant comme une entreprise, et sa présence dans les lieux est constante. De ce fait, la jeune fille se promet de ne pas épouser un restaurateur et de ne jamais travailler avec son père !

« Mes parents m'ont éduquée de manière intelligente, et bien que cette maison soit de très haut de gamme, ils m'ont appris à être impressionnée par ce luxe. Je n'ai pas été habituée à déjeuner ou à dîner fréquemment au Taillevent, *ainsi je ne l'ai jamais considéré comme un dû. »* Cela étonne certaines de ses amies, mais Valérie est satisfaite ainsi et cette éducation lui permet de ne jamais être blasée, par exemple lorsqu'elle va dans un autre trois étoiles avec son mari.

« Je me souviens de la joie éprouvée lors de repas en famille le dimanche. Le restaurant était fermé, ma mère cuisinait et nous faisions des dégustations de vins. J'ai appris à m'intéresser à tout ce qui touche le culinaire. Du fait d'être baignée dans une ambiance de convivialité, de bonheur et de qualité, le goût et la sensibilité s'éveillent. Vous devenez alors plus réceptive que certaines personnes n'ayant pas eu le privilège de recevoir cette formation. »

Le virus Taillevent

Après des études sur l'histoire de l'art suivies à l'Ecole du Louvre et à la Sorbonne, Valérie entreprend d'autres études, d'histoire cette fois-ci, en institut catholique. Elle fait ensuite une expérience en créant une société d'importation de bijoux, mais ce n'est pas encore l'idéal ! Elle est dans l'expectative pour choisir une nouvelle direction concernant sa carrière.

En 1987, Jean-Claude et Sabine Vrinat ouvrent les *Caves Taillevent*. L'attraction inconsciente vers ce métier viscéral et l'influence d'une mère qui lui propose un essai dans les caves nouvellement installées incitent Valérie à accepter. Elle prolonge si bien son essai qu'il va durer sept années pendant lesquelles elle va diriger les *Caves Taillevent*.

« J'ai été prise par le virus Taillevent *et je me suis sentie investie d'une mission. J'ai retrouvé les dégustations et tout ce qui m'avait été inculqué depuis mon enfance. J'ai ainsi découvert que le domaine du vin était extraordinaire, qu'il faisait partie de notre patrimoine culturel, qu'il fallait le défendre tous les jours et ne pas craindre l'invasion des vins étrangers. »*

Nouvelles fonctions

Depuis 1994, Valérie a délaissé les caves pour rejoindre son père dans la société. Elle est aujourd'hui directrice générale du groupe *Taillevent*.

« Mon rôle est d'assister mon père et de veiller au respect de l'image Taillevent *dans nos nombreuses activités, c'est-à-dire le restaurant, les caves, les cadeaux de fin d'année, les cadeaux d'entreprises, la vente des vins en restauration et l'exportation avec les* Caves Taillevent *à Tokyo. »*

L'amour de Dieu

Valérie a reçu une éducation catholique et reste très attachée à sa religion. Elle espère transmettre sa foi à son petit garçon qui a 4 ans et à sa petite fille de 6 mois.

« J'ai la foi dans la tête vingt-quatre heures sur vingt-quatre, et je dis toujours : ma plus grande chance est arrivée quand Dieu a mis mon mari sur ma route. Nous construisons ensemble, nous transmettons nos

valeurs, notre amour et notre foi. Il est vrai que souvent cette foi est réservée à ceux qui n'ont plus rien, mais il faut être humble et reconnaître dès le départ cette force en nous. Si demain je devais perdre mon mari ou un enfant, ce serait terrible, mais je dirais : c'est mon épreuve, il faut que je l'accepte. Voilà ma conception de la foi qui fait partie de l'éthique et de l'éducation. Celle-ci m'a été donnée par mes parents, et si je ne l'avais pas eu je ne pourrais tenir de tels propos.

« Je crois beaucoup aux anges gardiens et mon petit garçon prie le sien tous les soirs. La Vierge Marie est aussi très importante pour moi, je lui parle très souvent. »

La cuisine

Le mari de Valérie est dans la communication. Sa passion : les chevaux de course. Il est très investi dans le domaine hippique mais, *« Merci mon Dieu ! »*, il est un fin gourmet et apprécie les bons vins.

Dès qu'un nouveau plat est réalisé par le chef Legendre, Valérie le déguste avec son père. Quant à la sélection des vins pour les caves, elle se fait avec l'équipe des sommeliers et la famille Vrinat.

« J'adore cuisiner et surtout faire des gâteaux ; j'ai une attirance pour le sucré. Concernant la cuisine française, je la préfère classique et traditionnelle, mais je m'intéresse aussi à la cuisine étrangère. »

Sa famille

Son unique souhait pour le futur est de garder son mari et ses enfants le plus longtemps possible à ses côtés.

VALÉRIE VRINAT symbolise la sublimation des instincts, la spiritualisation de la matière, la transfiguration des éléments, le terme brillant de l'évolution. Elle est la fécondité spirituelle qui capte le flux de l'énergie universelle.

Douée du mystérieux pouvoir de déceler l'impur, voire même la moindre menace d'altération dans l'éclat du diamant, elle transmet l'idée d'une sublimation miraculeuse de la vie charnelle et d'une force surnaturelle qui émane de ce qui est pur. Elle possède la lumière intellectuelle dans le cœur.

Dans une légende du folklore persan est un hadith du Prophète :

> *« Dieu a des serviteurs comparables à la pluie : lorsqu'elle tombe sur la terre ferme, elle donne naissance au blé, lorsqu'elle tombe sur la mer, elle fait naître les perles. »*

Recette "coup de cœur" de Valérie Vrinat

Chausson parmentier aux morilles et aux asperges

Ingrédients (pour dix portions) :

- 30 g de pulpe de pomme de terre
- 70 g de crème fleurette
- 40 g de farine
- 1 œuf
- 70 g de beurre
- sel et poivre
- 1 cl de Porto rouge
- 1,5 kg de morilles
- 100 g d'échalotes
- 500 g de crème fleurette
- 1 blanc d'œuf
- pièces d'asperges (calibre 20-25 au kg)
- 60 g de poitrine fumée
- 4 gousses d'ail

Préparation :

1. Faites cuire les pommes de terre en peau à l'eau salée. Après cuisson, égouttez-les, épluchez-les et passez-les au tamis fin. Mélangez successivement à la pulpe (à l'aide d'une spatule) le sel, le poivre, la farine, l'œuf, le blanc d'œuf et la crème fleurette. Ajoutez à la fin les 60 g de petits dés de lardons préalablement poêlés. Laissez reposer l'appareil une heure au réfrigérateur.

2. Dans une poêle, élaborez dix pièces de crêpes qui seront taillées à 10 cm de diamètre à l'aide d'un emporte-pièce. Epointez, épluchez les asperges qui seront cuites dans une eau bien salée en ébullition. Rafraîchissez-les après cuisson dans de la glace pour conserver le vert du légume, puis égouttez-les sur un linge. Taillez les pointes à 6 cm de longueur et le restant sera coupé en gros dés.

3. A l'aide d'un couteau, parez le bout des queues des morilles souillées par la terre, lavez-les plusieurs fois à l'eau sans les laisser tremper, puis égouttez-les longuement sur un linge.

4. Mettez à suer dans une casserole les 20 g de beurre et les échalotes hachées sans les colorer. Ajoutez les morilles, le Porto, assaisonnez et faites cuire à couvert cinq à six minutes, puis ajoutez la crème. Après cuisson, égouttez les morilles, laissez réduire la cuisson aux trois quarts puis incorporez, à l'aide d'un fouet, 50 g de beurre. Passez la sauce au chinois fin, et conservez au chaud.

5. *Dressage :* dans le centre de chaque assiette, dressez cinq pièces d'asperges en éventail intercalées de quatre morilles. En bout de queues d'asperges, disposez les crêpes en forme de chaussons farcis avec le restant des morilles et les dés d'asperges. Nappez les pointes d'asperges avec la sauce bien chaude.

Vin conseillé : Saint-Julien, Château Léoville Poyferré, 1988.

Bernard Loiseau

"La Côte d'Or"

2, rue Argentine – 21210 SAULIEU
Tél. : 03 80 90 53 53– Fax : 03 80 64 08 92

LA voie royale, directe, privée de toute possibilité d'égarement, va vers le soleil qui amène avec lui les hommes et guide les âmes, car celui qui fait route par cette voie ne se fatiguera pas jusqu'à sa rencontre avec le roi. La Côte d'Or *est la chair du soleil, la peau neuve de la terre, symbole du renouveau périodique de la nature selon l'*Histoire des sept époques de la nature, *rédigée en ces lieux par le prosateur comte de Buffon.*
Les prêtres de Xipe Totec, revêtus de feuilles d'or, protègent l'enceinte de la demeure qui clôt un monde privilégié, évitant les influences néfastes des non-gourmets. Mais Dan, la spirale d'or enroulée autour du soleil Dogon, assure par son principe premier l'entrée, la sécurité humaine, et devient ici le principe du bonheur quasi religieux à travers les pierres, poutres, dalles d'église et la cheminée par laquelle descendent les influx célestes et s'élèvent les âmes de la terre.
Dans ce cercle gustatif, le petit jardin paradisiaque où la vie et la richesse sont visibles de la plus merveilleuse des façons, devient la projection de la sphère et du grand « Loiseau », l'unique « ailé et zélé » des lumières et des fourneaux. Selon son enseignement, les papilles exacerbées mêlent ses subtiles préparations à l'infini pour satisfaire Mimixcoatl, dieu de l'étoile polaire, multiplié en les étoiles serpents-nuages qui servaient de nourriture au soleil.

"L'Icare des étoiles"

Inspiration

Né à Chamalières dans le Puy-de-Dôme, le petit Loiseau ne fera pas « long feu » à l'école. Son père, probablement inspiré par son bon génie, lui propose la profession de cuisinier. Le garçon accepte et, toute sa vie durant, lui sera reconnaissant de cette merveilleuse idée.

Voyageur de commerce, son père participe fréquemment à des repas chez les Troisgros qui, à l'époque, sont d'illustres inconnus. La mode est aux tables d'hôtes et les représentants sont les relations publiques inconscientes de ces restaurants qui ne bénéficient pas des visites des journalistes ou du « couperet » des guides d'aujourd'hui. Au cours d'une partie de cartes avec les cuisiniers Troisgros, papa Loiseau leur suggère de prendre son fils comme apprenti ; c'est ainsi que débute la carrière de Bernard Loiseau à 17 ans, dans les cuisines de la maison qui allait devenir l'une des plus renommées de France.

Sensualité

En pleine action, le queux en herbe tombe réellement amoureux de ce métier et révèle :

Bernard Loiseau (suite) :

« Ce qui m'a séduit, c'est le contact, le côté sensuel avec le produit de qualité exceptionnelle. Quand je vois et touche un aliment, je sais immédiatement s'il est vraiment frais. J'entre en transes et, en cet instant, tout comme au premier jour, j'éprouve toujours la même sensation : une véritable jouissance. »

Porte-bonheur

Avec l'arrivée de notre future « star » chez Troisgros, la troisième étoile Michelin leur est décernée. *« Depuis cet événement, j'ai décidé d'obtenir moi aussi cette distinction. J'ai tout sacrifié pour y arriver, ma jeunesse, ma vie, mais j'y suis parvenu. »* Quel acharnement !

Sacrifice

La route de Bernard Loiseau est un « chemin de halage ». Ses parents sont très sévères avec lui. Ils sont pauvres et leur appartement ne possède aucune commodité. La famille est dans l'obligation d'utiliser les douches publiques.

Trois années d'apprentissage « soutenu » chez *Troisgros* le préparent à un service militaire non moins pénible dans le 1er régiment de chasseurs à Phalsbourg, comme par hasard « semi-disciplinaire ».

Et Bernard constate : *« Une réussite comme la mienne ne peut être réalisée que par un homme parti de rien, issu d'une famille simple. Si mes parents m'avaient offert une Porsche et si j'avais dormi dans des draps de soie, je n'aurais pas eu la hargne, cette rage de vaincre. »*

Hasard

Après son service militaire, Bernard rend visite à son oncle charcutier-traiteur à Clermont-Ferrand, où il réalise quelques créations issues de son apprentissage. En sortant de cette boutique, il rencontre un ancien de chez *Troisgros* qui l'informe de la création d'un nouveau restaurant à Paris : *La Barrière de Clichy.* Claude Verger cherche du personnel. Il n'en faut pas davantage à notre « happeur de chance » : il prend sa « valise en carton » et débarque, comme il dit, *« dans ce coupe-gorge »* de Clichy.

En retenant son souffle, il délaisse l'entrée de service et pénètre dans les lieux par la grande porte. Le jeune homme est ébahi du spectacle qui s'offre à lui : les plus belles femmes de Paris sont là, Rotschild est en belle compagnie et les manteaux d'hermine sont au vestiaire. C'est l'endroit « snob » où le Tout-Paris s'encanaille.

Recherche

Mais ce Loiseau-là ne reste pas longtemps en cage ; une année après, il se retrouve à Avallon comme cuistot et nous raconte avec son langage fleuri : *« Au bout de deux mois, je n'en pouvais plus, je nettoyais encore les culs de poulets et faisais mieux que le mec des fourneaux. J'ai demandé au patron de monter en grade, il a refusé ; je suis donc retourné à Clermont-Ferrand comme sous-chef au* Frantel. »

Premier envol

Harael, l'ange gardien de Bernard, veille sur sa destinée et Claude Verger lui propose de tenir en chef patron son deuxième restaurant : *La Barrière Poquelin,* rue Molière à Paris. *« Verger avait senti que j'étais un bon cheval qui n'aimait pas être dans l'ombre de quelqu'un et m'a donné la chance de ma vie. J'ai tout laissé au* Frantel, *même mon salaire, et à 23 ans j'avais déjà une page dans* l'Express, *une autre dans* le Point… *Cet homme-là je lui dois tout ; il fut mon Johnny Stark, il m'a toujours mis au premier rang de la scène.»* La tâche de Claude Verger dans ce domaine n'a pas dû être très ardue, notre queux étant en permanence à califourchon sur une rampe de lancement...

Prédiction

Un an après, Verger lui prédit : *«Bernard, tu seras le plus grand cuisinier de ta génération, tu auras tes trois étoiles Michelin»* et lui fait la proposition suivante : *«J'achète* La Côte d'Or *à Saulieu, tu t'y installes en maître et je te la revendrai le moment venu.»*

L'envol vers les étoiles

C'est évident, personne ne comprend cette retraite et Bernard, un peu fou mais lucide, saisit comme à son habitude cette chance qui lui est offerte. En 1975, il devient le successeur officiel d'Alexandre Dumaine qui vit passer à *La Côte d'Or* les célébrités du show-biz des belles années : Maurice Chevalier, Mistinguett, Sacha Guitry... La relève ne pouvait être mieux assurée et le «chéri des médias» réalise son karma.

L'illuminé chauve de la gastronomie nous confie : *«J'ai repris cette affaire et j'ai vécu pendant des années dans une petite piaule avec une armoire et un lavabo. La maison était entourée de H.L.M., et l'autoroute n'arrangeait pas les choses. Je n'ai écouté personne, j'ai suivi ma lumière, ma voie à moi. Au bout du tunnel, je voyais luire mes trois étoiles.*

«J'ai tout abattu à la herse, à la hache. Je suis devenu un "cuisinier bulldozer"; un seul objectif : la réussite totale dans ma profession. On ne peut rien faire dans la vie contre quelqu'un qui veut quelque chose, et par-dessus tout au monde je voulais mes trois étoiles.»

En 1991 le but est atteint. Les trois stars scintillent, la quatrième aussi : la star adulée de la presse.

Dédoublement

Tout n'est pas blanc bleu dans la vie : un divorce survient, puis un remariage. La naissance de deux enfants, être propulsé au sommet à 44 ans, être décoré de la Légion d'honneur, entrer bientôt au musée Grévin... il n'en faut pas davantage pour bouleverser un être normalement constitué.

Lors d'un voyage au Japon, à Kobé où Bernard conseille une affaire, l'incroyable se produit avec, pour témoin, son bras droit qui le suit partout, Hubert «le rouquin». Le grand chef nous raconte son aventure : *«Je suis parti très fatigué et, d'un coup, j'ai disjoncté. J'ai vécu ce que Malraux a vécu au Japon lorsqu'il a vu remonter une cascade à sens inverse. J'arrive, je m'assieds sur le lit et, soudainement, je n'étais plus dans ce monde. Devant moi il y avait un second Bernard Loiseau. J'ai eu un dédoublement de la personnalité; c'était mon double qui regardait la France avec des jumelles. Il me parlait et me disait : "Bernard, n'oublies pas, une télé de plus ou de moins, une radio de plus ou de moins, quelle importance! Tu as une femme et deux enfants qui t'aiment. Un jour tu vas rentrer à la maison et, sur le portail : Bye on est partis." Le deuxième personnage Bernard Loiseau a disparu, mais l'araignée dans la tête est restée collée dans mon cerveau.»*

Rentré en France, le mal continue à ronger cet homme-dynamite. C'est un ministre très observateur qui, lors d'un repas à Chablis, l'aide à se faire soigner sérieusement. Cela prouve que les «rois des casseroles» sont aussi des humains et peuvent être parfois mal en point sous leur toque.

Amour, Dieu et cuisine

«Je crois en Dieu, confesse Bernard. *J'ai été élevé chez des curés de Marcillon, l'éducation y est terrible et cette droiture rejaillit sur moi. Je suis clair; je ne dis pas oui par hypocrisie. Je pense que Dieu m'a envoyé un ange gardien qui, volontairement, m'a "enlevé un fusible" pour me faire comprendre que la famille, au-delà des spots, est hyper-importante. Je suis naïf; je suis certain d'avoir droit, après ma mort, à une récompense si j'ai bien réalisé ma vie en toute honnêteté, si je n'ai pas écrasé les autres; toutefois, j'ai peur de la maladie et de la mort.»*

Mais pour Monsieur 100 000 volts, l'amour et la générosité doivent en permanence être à l'ordre du jour pour un cuisinier : *« Le principe de ma cuisine vis-à-vis de Dieu c'est le respect de sa création et je ne veux pas le trahir. En clair : Dieu, par exemple, crée le persil avec toutes ses saveurs. Je retranscris donc dans l'assiette le persil avec toutes ces saveurs-là. Conclusion : je sublime le goût originel du produit sans amener d'éléments extérieurs. »*

Education gustative

« Pour moi, le goût se passe dans la bouche et non dans l'assiette. Les papilles sont dans la bouche. Tout va alors se lier entre la langue et le palais. Il faut prendre un peu de grenouille, un peu de persil, un peu de purée d'ail et tout se tourne à l'intérieur. Les saveurs originelles vont alors être retranscrites dans la bouche. Tout mon principe de cuisine est de tout cuire séparément et de réunir au dernier moment dans l'assiette pour que chaque chose apporte à l'autre sans la détruire. »

« Vous êtes dans un jardin, vous mangez du persil et vous dites : "C'est le persil de ma grand-mère" puis, quelques temps après vous êtes ici, devant votre assiette, vous prenez un coup au cœur et vous dites : "C'est pas vrai, il est fort ce Loiseau, il a donné au persil le goût fabuleux de mon enfance !" Donc je ne trahis pas Dieu.

« Voilà toute ma philosophie, et quand on parle d'amour, je dis que pour faire ça il faut beaucoup aimer les gens ; il faut avoir un cœur énorme. Si un client me dit : "J'ai bien mangé chez vous", je suis le plus heureux des hommes. Ma vie, c'est de rendre les gens heureux. C'est ça être un grand chef. Si je suis généreux, je ne trahis pas tout ce qu'a fait Dieu.

« Mon père me disait : "Tu es né sous une bonne étoile (plutôt trois)... Tu as la baraka". » Mais c'est sa mère qui lui a transmis le « savoir-manger ». Il a les goûts que lui a donnés sa mère. Ils sont dans sa tête, il les communique.

La jeunesse

Bernard Loiseau dit aux jeunes de cette profession : *« C'est le plus beau métier du monde ; tous les contacts sont possibles, du chef de l'Etat au plombier, du boulanger au grand professeur... mais la montre doit rester au vestiaire. Il faut savoir subir la fournaise derrière les fourneaux et accepter une assiette sur la tête si elle est mal présentée. Il faut une grande sensibilité et un désir de donner. »*

Le futur

La vedette ne sera plus le cuisinier, mais le produit. *« Sans un produit exceptionnel,* souligne Bernard Loiseau, *je peux avoir tous les talents du monde, il faudrait y mettre de la poudre de perlimpinpin pour en faire quelque chose de correct. Bien sûr, on peut y ajouter plein d'épices, mais je suis contre ça. J'aide le produit à monter en qualité sans éléments extérieurs. Très prochainement, nous, les chefs, serons contraints d'être derrière les paysans pour leur dire : "Faites comme vous faisiez dans le temps." Notre chance est de pratiquer des prix élevés, donc de pouvoir payer les bons produits à leur juste valeur.*

« Le monde entre dans une période sage, de paix ; l'humanité se transforme et la cuisine va vers la qualité exigeante d'un produit simple. Une sélection naturelle se met en place. Il y aura des spécialités qui marcheront parce qu'elles raconteront la vérité. Les choses vraies, on les paiera sans discuter ; fini le bluff, le cinéma. C'est l'ère de la vérité. Dans cinq ans, des maisons comme les nôtres il n'en restera que dix ou douze en France. Après, il va y avoir un trou énorme car le milieu de gamme sera ou trop cher ou pas assez. Puis on arrivera à l'ère du petit bistrot des années 50 qui a disparu (hachis parmentier, chou farci), avec la serveuse et son petit tablier, le vin sur la table que l'on sert soi-même, repas de 150 à 200 F.

« Les gens ont la nostalgie du passé. Ils veulent de l'authenticité comme dans ma maison, de la pierre et du bois. C'est le retour des vraies valeurs, le respect d'autrui, des enfants et de la religion. Les patrons de plus de la moitié des restaurants français dépendront de l'agroalimentaire, la nourriture sera sous vide, ils n'auront pas de personnel. C'est ça, à mon sens, l'avenir de la cuisine française. »

Loisirs

Bernard Loiseau aime la chasse et surtout recevoir comme un seigneur, car il sait le faire. Son style de restaurant préféré est le bistrot, par exemple chez le *Père Claude* à Paris.

Bonheur

Bernard Loiseau est un homme heureux, un homme juste en tout : dans sa cuisine, son décor, ses actes. Mais il est angoissé, inquiet, car conscient. Pour lui, rien n'est jamais acquis ; il se ronge les ongles, il est miné par sa quête permanente de la perfection. Il nous cite une réponse de Picasso à la question posée par un journaliste : « Comment définissez vous le Génie ? » – « C'est de durer. »

Pour définir son bonheur, Bernard nous parle de sa femme Dominique qui l'a épousé non pour son image, mais pour l'homme. Elle lui a donné deux enfants merveilleux, Bérangère et Bastien, qui pourront lui succéder à *La Côte d'Or* sans en changer le logo qui sera toujours B.L.

Souhait intérieur

Le souhait profond de cet aubergiste généreux est de ne plus avoir le « souci de l'argent », de pouvoir inviter des gens à sa table en permanence.

Il voudrait être millionnaire, non pour spéculer mais pour aménager merveilleusement sa maison personnelle avec une cuisine de rêve, être derrière ses fourneaux et communier avec ses amis à travers des mets réalisés avec amour pour leur plaisir. Boire ensemble de bonnes bouteilles. Inviter, inviter, inviter, c'est son vœu « au-delà des étoiles »...

La pureté et la vivacité de Bernard Loiseau brûlent dans un corps beaucoup plus chaud qu'il n'en donne l'apparence. L'amour reste la seule affaire de sa vie. Il ne se libère qu'à travers la démesure en se jetant corps et âme dans le lieu même de sa peur. Sa recherche est l'allégement, la dématérialisation de l'âme et de l'esprit, et son envol du corps subtil n'est autre que l'embryon de l'immortel.

La quête de son salut le situe dans une dimension verticale, celle de l'équilibre et de la justice qui passe par le fait de ne plus jamais regarder en bas et en arrière. Il se rêve débarrassé, libéré, détaché. Il se fait source lui-même en fécondant. Avec lui commence le sentiment de la durée qui s'écoule entre l'excitation et sa satisfaction. Son idéal est la paix d'un âge d'or où lui seul gouverne. Il symbolise la faim dévorante de la vie et le désir insatiable. Ira-t-il habiter les îles des Bienheureux ?

« C'est là qu'ils habitent, le cœur libre de soucis,
Dans l'île des Bienheureux, aux bords des tourbillons profonds de l'océan,
Héros fortunés, pour qui le sol fécond
Porte trois fois l'an, une florissante et douce récolte. »

Hésiode.

Le croustillant de crabe à la fondue de courgettes au coulis de tomates

Ingrédients (pour quatre personnes) :

- 1 tourteau de 500 g
- 600 g de courgettes
- 500 g de tomates
- 10 feuilles de basilic
- huile d'olive
- 200 g de pommes de terre bintje
- 80 g de carottes
- 80 g de cœur de poireaux
- 5 cl de beurre
- 1 dl de jus de crabe vert
- jus d'un citron
- un peu de vinaigre de Xérès
- sel fin, poivre, gros sel

Préparation :

1. *Préparation du crabe :* pochez le crabe dans de l'eau bouillante salée ; à la reprise de l'ébullition, baissez le feu et laissez cuire doucement pendant quinze minutes. Faites refroidir le crabe, puis décortiquez-le pour récupérer toute la chair d'un côté et le corail se trouvant dans la carapace de l'autre côté. Triez la chair de crabe pour enlever les petits morceaux de cartilage. Passez le corail au robot-coupe pour en faire une pâte. Mettez la chair de crabe dans un cul de poule et incorporez le corail. Assaisonnez avec du sel fin, du poivre, ainsi que quelques gouttes de jus de citron. Réservez au froid.

2. *Préparation du coulis de tomates :* émondez les tomates et mettez-en une de côté. Passez-les dans un robot-coupe, puis versez le coulis dans un chinois étamine, puis foulez-le à l'aide d'une petite louche. Assaisonnez le coulis avec du sel fin, du poivre du moulin, 3 cuillerées d'huile d'olive et quelques gouttes de vinaigre de Xérès. Réservez au froid.

3. *Préparation du croustillant de légumes :* épluchez et lavez la pomme de terre, la carotte et le cœur de poireau, puis séchez-les bien. Passez la pomme de terre et la carotte à la mandoline pour en faire une julienne très fine. Coupez le cœur de poireau en julienne à l'aide d'un éminceur. Mettez les légumes dans un cul de poule, versez dessus le beurre clarifié et assaisonnez avec du sel fin et du poivre du moulin ; mélangez bien.

Etalez l'appareil sur une feuille de cuisson ou directement sur une plaque anti-adhésive, puis mettez à cuire à four chaud à 180° pendant dix à douze minutes. Aux deux tiers de la cuisson, badigeonnez légèrement le croustillant avec un peu de jus de crabe vert réduit. Finissez la cuisson en vérifiant que le croustillant soit bien sec. Faites-le glisser sur une planche et découpez-le en triangle. Réservez dans un endroit sec.

4. *Préparation de la fondue de courgettes :* lavez les courgettes et coupez-les en dés. Mettez un peu d'huile d'olive dans un sautoir, faites-la chauffer, versez les dés dedans puis faites cuire jusqu'au moment où ils sont bien fondants. Assaisonnez (sel fin et poivre du moulin) et ajoutez 6 feuilles de basilic concassées. Egouttez et laissez refroidir.

5. *Finition :* coupez la tomate mise de côté en brunoise et assaisonnez-la. Prenez quatre cercles de 7 cm de diamètre et posez-les au milieu des assiettes. Remplissez jusqu'à mi-hauteur de fondue de courgettes, puis complétez avec les miettes de crabe. Mettez, sur le

Croustillant de crabe à la fondue de courgettes *(suite) :*

milieu, un peu de tomates concassées et une feuille de basilic frite. Retirez les cercles, nappez le tour des assiettes avec le coulis de tomates et posez en pyramide sur chaque assiette les trois croustillants de légumes.

Vin conseillé : Saint-Aubin « En Rumilly », de chez Marc Colin.

Œufs pochés à la fondue d'oignons

Ingrédients (pour quatre personnes) :

- – 8 œufs
- – vinaigre blanc
- – 50 g de beurre
- – 10 oignons
- – sel fin, poivre du moulin

Préparation :

1. *Purée d'oignons :* épluchez les 6 oignons et faites-les cuire dans de l'eau salée pendant quarante minutes environ. Egouttez-les et passez-les au mixer pour obtenir une purée bien fine. Assaisonnez et réservez.

2. *Fondue d'oignons :* Ccoupez les oignons restants en fines rondelles et faites-les compoter tout doucement au beurre jusqu'à ce qu'ils soient bien colorés.

3. *Pocher les œufs :* pochez les œufs dans de l'eau vinaigrée pendant deux minutes environ.

4. *Dressage :* dressez la purée d'oignons au fond de l'assiette. Disposez la fondue d'oignons sur le pourtour et les œufs au centre. Donnez une entaille aux œufs au dernier moment avec la pointe d'un couteau pour laisser entrevoir le jaune.

Vin conseillé : Puligny-Montrachet « les Referts », Domaine Carillon.

Portrait de femme : *Dominique Loiseau*

"Sûryâ"

Etudes

Née à Neuilly-sur-Seine, Dominique déménage avec ses parents pour s'installer dans un petit village d'Alsace, à une trentaine de kilomètres de Strasbourg. Son enfance est très simple, proche de grands-parents agriculteurs (culture et élevage).

Très jeune, elle est imprégnée par la vie campagnarde, le rythme de la nature, la faune et la flore. *«Evidemment, dans ce milieu j'ai appris à être très proche du monde culinaire familial puisque mes grands-parents faisaient tout eux-mêmes : pain, pâtes, charcuteries, fruits séchés, confitures, alcool, conserves en tout genre… Ce sont des bases très importantes dans la connaissance des produits alimentaires. Puis, comme professeur de sciences au lycée hôtelier de Paris, j'ai découvert le domaine de la restauration. Et au journal* l'Hôtellerie, *enfin, j'ai été totalement plongée dans le milieu de la restauration.»*

Dominique Loiseau ne nous a pas tout dit; elle possède un C.V. éblouissant qui passe aussi par :
– Une maîtrise de biochimie (1975) à l'Université Louis Pasteur de Strasbourg.
– Le CAPET A3 : biochimie-microbiologie-nutrition.
– Elle est aussi directrice de collection d'ouvrages scolaires destinés à l'enseignement hôtelier aux Editions BPI (Paris).
– Auteur d'ouvrages destinés aux professionnels de la restauration et à l'enseignement hôtelier (Editions BPI) et co-auteur du livre *les Dimanches de Bernard Loiseau* (Hachette).

Nouvelle vie

Dominique rencontre son mari en 1987, lors d'un concours culinaire; il fait partie du jury, elle est en reportage pour son journal *l'Hôtellerie. «Durant tout le dîner, il n'a pas cessé de me regarder… Cela se situait à une période difficile de sa vie : problèmes financiers dans son entreprise, divorce qui se passait très mal… J'ai tout fait pour l'aider à surmonter ces épreuves. Nous nous sommes mariés début 1989, mais je ne pensais pas du tout avoir besoin de quitter ma carrière de journaliste.»*

Bérangère est née en 1989. Quelques mois après, Dominique préfère rejoindre Bernard à Saulieu pour travailler avec lui. Bastien est né en 1991 (la même semaine que l'arrivée de la troisième étoile! Ce fut une période très chargée…). Une autre petite fille est attendue pour juillet 1996.

«Bien sûr, il est difficile de concilier vie familiale et professionnelle! Mais, pour moi, la vie familiale est aussi importante que la vie professionnelle. Notre établissement ne connaît actuellement aucun jour de fermeture, il n'est donc pas facile de partir en vacances tous ensemble avec Bernard. Mais avec une bonne organisation, il m'est possible de m'occuper des enfants. Et puis, notre maison est proche de l'hôtel. C'est plus compliqué pour Bernard : il est tellement médiatisé qu'il doit être omniprésent dans son établissement. Les clients veulent absolument le voir.»

Moult activités

Les fonctions de la jeune femme à *La Côte d'Or* sont multiples : rédactions en tout genre, courrier, réception, fonctionnement de l'hôtel, décoration, rénovations, création et direction de la boutique, promotions diverses (étranger, presse…). Elle seconde Bernard pour tout ce qui ne concerne pas la cuisine ni le service en salle (supervisé par le directeur du restaurant).

«Je fais du contrôle qualité en circulant dans la maison, me mettant toujours à la place du client; je recherche ainsi tout ce qui peut être imparfait et ce, quel que soit le domaine (confort, accueil, environnement notamment). Parallèlement, je continue mon activité dans l'édition (ouvrages professionnels pour les écoles hôtelières).»

Dominique Loiseau (suite) :

Le goût

Etant donné les nombreuses facettes de ses activités, Dominique n'est pas toujours présente en cuisine au moment précis de l'élaboration d'une nouvelle recette, ce qui n'empêche pas Bernard de lui faire goûter ensuite le résultat de ses mises au point.

Optimisme

« La cuisine du futur se caractérisera par divers types d'établissements : les restaurants de référence (haute cuisine, trois étoiles Michelin), de haut de gamme dans lesquels tout sera fait maison (avec beaucoup de personnel, donc relativement onéreux), les bistrots-brasseries-plats du jour et la restauration de masse (collectivités, chaînes de restauration avec leurs restaurants satellites approvisionnés par des cuisines centrales).

« Etant donné que la restauration différée (plats cuisinés à l'avance dans des cuisines centrales ou par des industriels spécialisés) se développera encore considérablement, les clients auront besoin de retourner aux sources que représentent les restaurants de type trois étoiles. Je suis confiante dans l'avenir de La Côte d'Or. »

Polyvalence

En ce qui concerne les qualités d'une épouse de grand chef, Dominique ne peut que se référer à son cas personnel dépendant de la personnalité d'un Bernard Loiseau. *« Avant tout, il faut être polyvalente, capable de s'adapter aux différents projets du chef et surtout être complémentaire afin d'apporter un "plus" ou de pouvoir partager les responsabilités. Car un chef tout seul ne peut pas s'occuper de tout ! »*

Loisirs

Dominique Loiseau a trop peu de loisirs, elle consacre son temps libre à ses enfants et à la décoration de leur maison personnelle.

Quiétude

« Mes désirs pour le futur : avoir des jours de fermeture afin de pouvoir s'absenter l'esprit tranquille ! Et que La Côte d'Or *reste au top le plus longtemps possible ! »*

Dominique Loiseau représente un lieu d'élection et de science, un centre primordial au milieu de l'ignorance et de l'agitation du monde profane. Sa couleur fondamentale est le blanc. Elle évoque le refuge où conscience et volonté s'unissent pour échapper aux assauts de l'inconscient contre les flots de l'agression.

Elle est la stabilisation, la cristallisation cyclique, et joue un rôle important entre ciel et terre, véritable instrument d'un message. Tout en elle est nouvelle naissance et conscience réintégrée, régénération par l'intermédiaire du principe cosmique féminin jusqu'à ce que, enfin, il aborde et dirige ses pas vers elle, pour être comblé de ce qu'il a et atteindre, à travers son esprit, le royaume de la grande paix.

Rhubarbe chaude et glacée au coulis de framboises

Ingrédients (pour quatre personnes) :

- 1,3 kg de rhubarbe
- 50 g de sucre glace
- un peu de beurre
- 350 g de framboises
- 50 g de sucre semoule

Préparation :

1. *Coulis de framboises :* mélangez les framboises avec 30 g de sucre semoule, écrasez-les à la fourchette et faites cuire au bain-marie pendant trente minutes. Versez la purée de framboises dans un linge posé sur une passoire. Laissez égoutter et pressez pour accélérer l'égouttage. Conservez le jus au froid.

2. *Sorbet à la rhubarbe :* centrifugez 600 g de rhubarbe, récupérez le jus et ajouter 50 g de sucre glace. Turbinez le mélange dans une sorbetière puis conservez au froid.

3. *Cuisson de la rhubarbe :* coupez la rhubarbe qui reste en petits dés que vous faites dorer dans une poêle bien chaude avec 20 g de sucre et un peu de beurre. Laissez bien colorer, retirez et gardez au chaud.

4. *Dressage :* posez un tas de rhubarbe rôtie tiède dans chaque assiette. Déposez, à côté, une ou deux boules de sorbet, et versez autour le jus de framboises.

Boisson conseillée : Banyuls « Cuvée du docteur Camou », Domaine de la Rectorie.

Jean-Michel Lorain

"La Côte Saint-Jacques"

(Relais et châteaux – Traditions et qualité)

14, faubourg de Paris – 89300 JOIGNY

Tél. : 03 86 62 09 70 – Fax : 03 86 91 49 70

BRILLAT-SAVARIN disait : « La gourmandise est une préférence passionnée, raisonnée et habituelle pour les objets qui flattent le goût. » La réunion des sens, les sens sont un. L'identification du corps humain à la maison est une « hôtellerie » qui ne peut constituer qu'un refuge temporaire. Le jeune queux Lorain prépare notre esprit en attaquant notre palais, pour l'éveil de l'ensuite infini, par des saveurs hautes en goût et riches en complémentarité. C'est une cuisine sûre, puissante et raffinée, image retrouvée à travers l'union familiale, ondes irradiantes dans une vaporisante ambiance « Diorissimo ». Univers clos à quatre dimensions dont le jardin central est une évocation édénique, ouvert en outre exclusivement à l'influence céleste.
Partons à la découverte en les labyrinthes de La Côte Saint-Jacques. *Glissons vers une mélodie en sous-sol, domaine de Bacchus enveloppé par les voûtes en pierres. Eclairées par un soleil intérieur brûlant, les femmes nues de Gonnin – réincarnation de l'argile roi gisant au cœur de l'Yonne aux crues soudaines, imprévisible féminin dont le courant va par le triple chemin parcourant le ciel, la terre et le monde souterrain – sont symboles de l'existence humaine avec la succession des désirs, des sentiments, des intentions et de la variété de leurs détours. L'enroulement de ses couloirs évoque celui des entrailles humaines, caverne propice aux initiations, à l'ensevelissement simulé, aux cérémonies qui entourent l'imposition de l'être magique. C'est la porte du soleil par où s'effectue la sortie du cosmos et la route de l'âme pour monter vers le lieu intelligible.*

"Pan"

Un mal pour un bien

Marie Lorain, grand-mère de Jean-Michel, ouvre en 1945 dans sa grande maison bourgeoise une pension de famille. Elle loge les gens à l'année et leur fait la cuisine. C'est Michel Lorain, son père, qui crée un véritable hôtel-restaurant en 1958. Jean-Michel voit le jour en 1959, quasiment avec l'ouverture de l'établissement. Situé sur la route nationale 6, route des vacances, c'est devenu « l'étape ». Mais le déclic se produit bizarrement avec l'arrivée de l'autoroute, en 1968. Plus personne n'utilise désormais cette route. Avec une baisse de fréquentation de 40 %, les Lorain doivent faire travailler leurs neurones pour trouver une orientation différente.

Imparable

Jean-Michel nous raconte son enfance : « *Je suis comme Obélix, je suis tombé dans la gastro-*

nomie quand j'étais petit et n'en suis jamais sorti. Quand on naît dans ce métier, il y a deux solutions : la passion nous gagne et l'on suit la carrière de ses parents, ou bien on déteste et c'est le refus absolu. Il n'y a pas de juste milieu. Mon choix fut viscéral et, à 17 ans, j'ai décidé de poursuivre l'œuvre familiale. »

Le bac C passé avec succès et mention incite les professeurs de Jean-Michel à échafauder certains plans le concernant : peut-être pourrait-il être ingénieur ? Mais pour notre plus grand bonheur, le plus diplômé du monde culinaire choisit de mettre ses lauriers dans notre assiette. Son tempérament aidant, le futur chef décide de brûler les étapes et d'entrer en apprentissage « sur le tas » pour rejoindre ensuite le plus rapidement possible sa tribu. Deux ans chez Troisgros, un an chez Taillevent, un an et demi chez Girardet, l'armée l'enlève puis, en 1983, c'est le retour au bercail. *« J'ai commencé comme commis. Papa était le chef, mais je ne suis pas arrivé chez moi en terrain conquis. »*

Et Jean-Michel gravit les échelons. Il est chef de partie, puis second et le tour est joué. Il n'y a pas de problèmes quand on se plie au règlement. Tout s'est déroulé en douceur sur sept à huit ans. *« Il y avait deux étoiles lors de mon arrivée et, trois ans après, ce fût la consécration avec la troisième lumière. »*

Le queux est modeste car Michelin a octroyé ce grand « plus » grâce à une cuisine aux bases classiques mais rehaussée par des associations originales et novatrices. Ce guide « loup-garou » ne pouvait que reconnaître une progression rassurante, évolutive, donc méritante. Voici dix ans que Jean-Michel n'a pas failli.

Sur le gril

« La cuisine est un acte d'amour. On taxe les chefs de susceptibilité, c'est humain ; nous faisons nos compositions avec tout notre cœur et, de l'autre côté, on ne sait pas si les gens sont tellement conscients de ce qu'on veut leur transmettre. S'il y a une erreur, on préfère le savoir, mais ça fait mal car nous vivons dans l'anxiété lors de chaque service, n'étant jamais sûrs de nous. »

Mise au point

Contrairement à ce qu'il est dit parfois au niveau de *La Côte Saint-Jacques*, la famille est très attachée aux traditions et ne balance pas de poudre aux yeux à ses clients. Même si les chambres merveilleuses et le restaurant respirent une « ultra-moderne tranquillité d'être », il en émane toujours les vapeurs ancestrales de l'Yonne et de cette Bourgogne chérie du monde entier.

« Je suis très attaché à ma clientèle régionale. Nous la chouchoutons, nous l'aimons et c'est pour cette raison que nous subissons un peu moins la crise actuelle. Nous entretenons aussi des rapports étroits avec nos producteurs. Et, voyez-vous, paradoxalement le côté médiatique nous coupe d'une certaine réalité des choses et les gens ont tendance à nous regarder à travers une certaine image donnée. »

Symphonie

Jean-Michel compare la cuisine à la musique qui est retransmise par une personne, donc un intermédiaire. *« En cuisine il y a un créateur qui réalise une œuvre qui se mange, qu'il faut refaire sans cesse et, de surcroît, surveiller avec angoisse ceux qui l'exécutent. Une pointe de sel en trop et tout est dénaturé. C'est très pointu. »*

Le contact avec les clients est essentiel. Jean-Michel est très souvent à la réception pour les saluer dès leur arrivée et se glisser discrètement vers leur table après le repas. Il estime que la présence d'un chef en salle fait partie de la fête. Venus par le biais de la presse ou par le bouche à oreille, les gens viennent aussi pour voir une personnalité et son devoir est de les satisfaire.

« Nous avons un avantage, c'est d'être deux, mon père et moi. L'un de nous est toujours présent et nos épouses aussi. Pour notre confort intellectuel, il est important de prendre la température d'une salle. Il ne faut pas réaliser ses plats dans sa tour d'ivoire. Une composition culinaire s'adapte, elle vit, c'est comme une robe de haute couture : on la fait évoluer et ce sont nos clients qui nous aident à nous parfaire. »

Inconscience

« Je suis très attentif à la nouvelle tournure d'esprit des jeunes qui sont dans notre milieu. Certains sont très compétents, mais leurs réactions ne sont pas les mêmes qu'il y a une dizaine d'années. Voici un exemple : nous avons un deuxième restaurant de l'autre côté de l'Yonne et nous ne trouvons pas de jeune chef voulant se lancer. C'est trop proche de La Côte Saint-Jacques *et, pour eux, ce n'est pas de la gastronomie. Navrant, car la sagesse est pourtant de commencer par le bas pour gravir l'échelle de la renommée, lentement. L'avenir ne passe pas forcément par les trois étoiles. »*

Tour d'horizon culinaire

En jeune chef sage, Jean-Michel nous éclaire sur la cuisine française à travers le monde. Il préconise la vigilance. *« Nous sommes en perte de vitesse. A New York, les bases culinaires sont françaises, mais avec des touches italiennes et exotiques. Un ouragan de folie italienne déferle aussi sur le Japon et c'est une mise en garde pour nos chefs qui se doivent d'évoluer en proposant une cuisine un peu moins sophistiquée.*

« Le monde change à une allure vertigineuse et, de nos jours, pour engager un collaborateur, les critères de sélection ne sont plus le Q. I., mais le Q. E. : "quotient émotionnel".

« Au congrès des Relais et Châteaux, *les données ont été les suivantes : en 1980 il y avait besoin de gros investissements et les gens voulaient trouver golf, piscine et… le meilleur, le top des trois étoiles. Aujourd'hui, les mêmes consommateurs affichent moins leurs envies et reviennent à certaines valeurs, d'où le succès de nombreuses « fermes-auberges » ou « châteaux-auberges ». C'est un retour aux sources et la cuisine doit suivre les méandres du changement. Les gens veulent trouver de l'émotion, ils veulent voir le chef, manger des plats dont ils se souviennent avec un service simple. Ils souhaitent être entourés sans être "pris de haut". C'est une tendance qui commence à s'affirmer, et il faudra évoluer dans ce sens. »*

L'équilibre des extrêmes

Notre Bourguignon pense que la cuisine de demain doit s'orienter vers le terrien ou vers l'avant-gardisme.

« On ne pourra plus faire dans la banalité, il faut trouver un équilibre, car le public a besoin d'être rassuré en cette période d'insécurité à tous niveaux. »

Jean-Michel nous propose une évasion avec une alliance de produits de la mer et de sa région :

"Huîtres chaudes en habits verts embeurrées de choux de Bruxelles et crème de lentilles"

« On cuit les choux de Bruxelles, on les mixe avec du beurre. On sert les lentilles et on récupère le jus lié légèrement avec un brin de beurre. Les huîtres sont simplement pochées dans leur jus. On sert ces huîtres posées sur la crème de choux avec la sauce des lentilles. C'est merveilleux car c'est un plat "terre-mer".

« On boit avec un bourgogne Chardonnay de La Côte Saint-Jacques. »

Terroir = France

« Il est impératif, sous prétexte d'une mode de retour à la tradition, de ne pas influencer les chefs pour prendre cette direction, car si à ce jour on mange "plus léger", c'est parce que tout le monde est stressé et que les femmes ne veulent pas grossir. Il y a trois ou quatre cents ans, on faisait une autre cuisine de terroir car, en l'absence de transports rapides, le choix était lié uniquement à l'environnement local. Aujourd'hui, si l'on

veut se référer aux produits de l'époque, les poissons de rivière, les grenouilles, les escargots... viennent des pays de l'Est! A l'heure de l'Europe, mon terroir c'est la France entière avec tous ses merveilleux produits : le poisson de Bretagne, le canard de Challans, l'agneau de lait des Pyrénées...»

Loisirs

Ses enfants et le golf. Sa plus grande joie : être en famille pour déguster le lapin au four de grand' maman. *« C'est l'ambiance qui fait le plat »*, nous dit-il avec son air de grand enfant.
Avec ses amis, Jean-Michel aime aller faire la fête en testant des tas de restaurants très divers.

Initiation

« Les enfants deviendront dans quelques années mes clients. Dans notre société, le choix des adultes est conditionné à 80 % par les jeunes. Les enfants sont devenus rois, et au restaurant c'est identique, mais fréquemment ils trouvent le service trop long et s'ennuient. Il faut les motiver pour les intéresser à la gastronomie, les éduquer pour leur faire comprendre où se trouvent les richesses de notre pays et leur montrer la possibilité de se distraire en dégustant certains mets. Si un enfant demande un steak, cela ne nous pose aucun problème mais, dans la mesure du possible, on lui propose des plats à la carte qu'il n'a jamais goûtés. J'appelle ça l'initiation. »

La fête des petits gourmands

Deux livres pour enfants ont été édités, écrits par Jean-Michel Lorain : *Desserts en fête* et *Recettes en fête ;* merveilleusement illustrés et détaillés, ils éveillent l'enfant à la découverte de ses sens visuel, olfactif et gustatif. Aimant les travaux manuels, il joue au pâtissier. On lui démontre que chaque fête du calendrier (des mères, des pères...) correspond à une saison, donc à des produits différents.

Jean-Michel est le seul chef étoilé à s'être véritablement penché sur l'éducation culinaire enfantine. Et n'oublions pas la présence de ses deux petites filles gourmandes qui ont testé les recettes des livres...

Tous à vos marmites !

Notre chef avant-gardiste a plus d'un tour dans ses casseroles ; il vient de créer une petite école de cuisine destinée aux clients de la région et à ceux qui séjournent un week-end. Les enfants y sont naturellement admis. *« Je donnerai des cours et ferai des démonstrations pour une vingtaine de personnes par cession. »*

Sous sa toque, ce jeune chef a le sens inné des responsabilités. Si le destin ne lui en envoie pas, il s'en crée ou en invente. Il possède la résistance d'un coureur de fond et atteint toujours les buts qu'il s'est fixé. Sa curiosité lui fait trouver la cause des mécanismes et des phénomènes. Il va au cœur des problèmes pour en tirer la quintessence. Le pire des châtiments à lui infliger consisterait à le condamner à des vacances éternelles.

Ses forces lui permettent d'affirmer sa valeur en lui assurant le plein gouvernement de lui-même. Cette emprise sur lui est le résultat d'un patient entraînement de la volonté exercée pour affirmer sa maîtrise sur l'instinct et la sensibilité. Jean-Michel incarne une tendance propre à tout l'univers. Il représente la course qui mène l'homme sur le chemin du progrès prédestiné (Enel), le devoir, la moralité et la conscience, le pouvoir moral et la responsabilité conférés à l'homme. Et sa personnalité extrêmement motivée ira jusqu'à décrocher d'autres étoiles.

Noix de Saint-Jacques, chanterelles et endives, jus de champignon monté en « capucino »

Ingrédients (pour quatre personnes) :

- 20 coquilles Saint-Jacques
- 400 g de chanterelles (girolles)
- 1 endive
- 1 feuille de pâte à brik
- cacao en poudre
- 1 branche de céleri branche bien blanche
- 5 cl de jus de truffe
- 150 g de beurre
- 1 dl de lait
- sel, poivre, sucre
- 2 dl de jus de volaille

Préparation :

1. Ouvrez les coquilles Saint-Jacques et récupérez la noix bien blanche à l'aide d'un couteau. Laissez dégorger les noix de Saint-Jacques dans de l'eau claire pendant une heure, puis séchez-les dans un linge et rangez-les au réfrigérateur.

2. Nettoyez et équeutez les chanterelles. Gardez les pieds et les têtes séparés. Faites fondre les têtes de chanterelles dans une petite casserole avec une noix de beurre, assaisonnées de sel et de poivre. Débarrassez-les et mettez dans la casserole les pieds de chanterelles à feu très doux. Ajoutez le jus de volaille et le jus de truffe, puis laissez réduire à faible ébullition. Passez le jus au chinois et montez au beurre. Rectifiez l'assaisonnement.

3. Taillez l'endive en julienne et faites-la cuire à feu très doux et à couvert avec une noix de beurre, une cuillerée à café de jus de citron, sel, poivre et sucre.

4. Taillez des petites étoiles dans la feuille de brik et faites-les colorer dans une poêle au beurre clarifié.

5. Lâchez quelques feuilles de céleri branche. Assaisonnez de sel et poivre, puis poêlez les noix de Saint-Jacques à feu vif au beurre clarifié. Faites chauffer le lait et mixez-le pour obtenir une crème mousseuse.

6. Dans une assiette creuse, disposez les champignons dans le fond de l'assiette. Posez les Saint-Jacques sur les champignons et ajoutez un peu de julienne d'endive et quatre étoiles de pâte à brik. Saucez largement avec le jus de champignons bien chaud. Ajoutez enfin des petits points de crème de lait, un nuage de cacao en poudre et un peu de céleri branche haché.

Vin conseillé : Chablis premier cru La-Forest, de chez R. V. Dauvisat, 1990/1992.

... de Jean-Michel Lorain

Canard rôti, sauce aux petits fruits, tarte fine de légumes printaniers au cumin et friture d'herbes

Ingrédients (pour quatre personnes) :

- 4 filet de canards + 1 carcasse de canard
- 1 bouquet garni
- 100 g de cassis en grains (surgelé)
- 30 g de céleri
- 30 g d'oignons
- 100 g de feuilletage
- 12 petites carottes fanes
- 8 petits oignons nouveaux
- sel, poivre, cumin
- huile d'arachide
- 1 gousse d'ail, sel, sucre
- 100 g de groseilles en grains (surgelé)
- 30 g de carotte
- 2 dl de vinaigre de vin
- 100 g d'épinards
- 100 g de petits pois
- 100 g de haricots verts
- estragon, aneth, basilic, persil plat
- beurre

Préparation :

1. *La sauce :* concassez la carcasse et faites-la revenir dans une sauteuse avec un peu d'huile. Ajoutez la garniture de légumes (céleri, carotte, oignon) et laissez légèrement colorer. Ajoutez une cuillerée à soupe rase de sucre, la moitié des grains de cassis et de groseille, la gousse d'ail et le bouquet garni. Laissez caraméliser. Déglacez avec le vinaigre et réduisez pratiquement à sec. Mouillez avec un demi-litre d'eau et réduisez de moitié. Passez la sauce en pressant bien avec le dos d'une cuillère pour récolter le maximum de sauce.

2. *La garniture :* faites cuire une feuille de feuilletage et découpez, après cuisson, quatre ronds de pâte feuilletée de 5 à 6 cm de diamètre. Epluchez tous les légumes et faites-les cuire séparément à l'eau bouillante salée.

3. *Friture d'herbes :* équeutez toutes les herbes séparément, faites-les frire successivement dans une huile moyennement chaude. Egouttez-les sur un papier absorbant.

4. *Finition :* faites cuire les quatre filets de canard en les tenant saignants et laissez-les reposer quelques minutes. Dégraissez le sautoir ayant servi à cuire les filets de canard et versez la sauce dedans. Laissez bouillir trente secondes et ajoutez une cuillerée à soupe de grains de cassis et autant de groseilles. Ajoutez enfin une noix de beurre en fouettant la sauce et rectifiez l'assaisonnement. Chauffez tous les légumes ensemble avec une bonne noix de beurre frais et ajoutez une pincée de cumin. Rectifiez l'assaisonnement. Répartissez harmonieusement les légumes sur les quatre ronds de feuilletage.

5. *Dressage :* disposez une tarte fine de légumes en haut de chaque assiette plate. Coupez chaque filet de canard en six morceaux et disposez-les autour des tartes fines. Saucez légèrement sur les filets de canard et autour en répartissant les fruits. Ajoutez enfin les fritures d'herbes mélangées entre le filet de canard et la tarte fine de légumes en faisant attention que les herbes ne trempent pas dans la sauce.

Vin conseillé : Savigny-les-Beaunes, premier cru, 1988, de chez Tollot-Beaut.

Portrait de femme : *Brigitte Lorain*

"Une Syrinx"

Le chant des sirènes

La jolie Brigitte est l'une des plus jeunes épouses de chefs français triplement étoilés. Toujours cette petite lumière qui vous dirige malgré vous. On choisit une voie et l'autre voix de sirène vous attire vers votre fatalité ! La première voie de Brigitte est le tourisme, mais l'enchanteresse lui susurre de manière lancinante : « Hôtellerie, hôtellerie, hôt... »

B.T.H. puis les petits stages commencent pour la jeune élève. Mais encore le clin d'œil : son premier stage en réception, où ? à *La Côte Saint-Jacques !* Le tilt des cœurs clignote, on joue les prolongations de l'apprentissage puis, sans perdre le lien établi, on termine ses études, on revient et à nouveau séparation de sept mois : Brigitte travaille en Irlande pour parfaire son anglais.

Mai 85, le fruit est mûr, l'arbre l'attend, c'est l'union définitive. Deux belles petites fleurs naîtront de ce mariage : Marine et Alexandra.

Sur le tas

« J'ai trouvé en ma belle-mère un professeur formidable. Au départ, j'assurais la réception. J'avais 21 ans et j'étais timide, mais cette dernière m'a propulsée, ce qui m'a aidée à vaincre ce handicap. J'ai donc pu aller en salle prendre les commandes et, en dix ans, je crois être allée dans tous les services. Je m'occupe toujours de la réception mais aussi de la gestion du personnel, des salaires... et pour la salle nous nous relayons avec Jacqueline ma belle-mère. Catherine, ma belle-sœur, travaillait avec nous, mais à ce jour elle est responsable de notre deuxième restaurant. »

Table ronde

La famille Lorain forme un bloc imbrisable ; chez eux il est une règle : passer tous les repas ensemble. Ils sont six avec Pascal le beau-frère de Brigitte. Ce sont deux fêtes répétées chaque jour. *« Lorsque Jean-Michel crée un nouveau plat il n'en parle pas et, un jour, il nous convoque un peu plus tôt et autour de la table ronde nous goûtons. »*

Tout coule

La croyance de la famille tient surtout en une rigueur de vie, en l'amour qui les unit et surtout en l'amour de ce métier qui est le don de soi.

Cuisine vraie

« Mon opinion sur la cuisine d'aujourd'hui et de demain : elle doit être ***vraie.*** *Je n'apprécie pas la cuisine qui est du vent avec des appellations ronflantes. L'important est la qualité des produits et la vérité dans l'assiette. Il faut qu'elle ait du goût, mais sans extravagance. »*

Admiration

Etre l'épouse d'un grand chef c'est marcher sur une corde raide. *« Il faut être à son écoute et patiente. Etre près de lui, mais pas trop collée. Avoir des goûts communs. Jean-Michel est réservé, un peu secret, il me faut donc le comprendre souvent sans parole. C'est un être qui entreprend beaucoup et j'ai une profonde admiration pour lui. »*

Simplicité

Brigitte a épousé la sagesse familiale et l'avenir appartient à ceux dont les désirs sont simples. Un seul souhait pour cette jeune femme : la continuité dans la joie d'être ensemble pour la prospérité de l'entreprise et le bonheur des visiteurs.

Brigitte Lorain (suite) :

*B*RIGITTE *entreprend une descente dans le subconscient en vue de chercher la vérité à l'égard d'elle-même, ce qui peut être l'accomplissement le plus sublime. Son être est symbole des désirs terrestres justifiés, trouvant satisfaction grâce à l'effort ingénieux de l'intellect-serviteur, lequel, tout en cultivant son environnement, demeure accessible à l'appel de l'esprit.*

De son aura émane une brise légère, des nuées colorées, qui conduisent le couple au paradis des immortels.

Recette "coup de cœur" de Brigitte Lorain

Gaspacho de langoustines à la crème de courgettes

Ingrédients (pour quatre personnes) :

- 20 grosses langoustines
- 40 g de crème fouettée
- 1 feuille de gélatine de 2 g (voir le pharmacien)
- 300 g de courgettes
- huile d'olive, sel et poivre

Pour le gaspacho :

- 1/2 poivron rouge
- 70 g d'oignons épluchés
- 1/2 gousse d'ail
- 80 g de mie de pain
- 500 g de tomates
- 1/4 de concombre
- 1 œuf
- 7,5 cl d'huile d'olive
- vinaigre de vin, sel et poivre

Préparation (2 heures) :

1. *Mise en place :* décortiquez les queues de langoustines sans les casser. Incisez la partie dorsale sur toute la longueur de façon à dégager le boyau noir.

2. *Gaspacho :* passez à la centrifugeuse les tomates, le poivron, le concombre, l'ail et l'oignon. Versez toute la mie de pain et laissez détremper dix minutes. Mixez pour obtenir un mélange homogène. Ajoutez enfin l'œuf entier monté à l'huile d'olive pour lier le gaspacho. Assaisonnez de sel, poivre et vinaigre de vin. Passez au chinois et réservez au réfrigérateur.

3. *Crème de courgette :* détaillez la courgette en pelures de 1/2 cm d'épaisseur que vous couperez finement (réservez le cœur pour une autre préparation). Faites cuire à l'eau bouillante salée pendant huit minutes puis laissez rafraîchir pour conserver la couleur. Egouttez alors les morceaux de courgette et passez-les au tamis fin.

4. Séchez la purée ainsi obtenue pendant deux à trois minutes à feu très doux en fouettant régulièrement pour éviter d'attacher. Incorporez enfin la feuille de gélatine que vous aurez trempée quelques instants dans l'eau froide pour la ramollir. Après complet refroidissement, incorporez la crème fouettée et assaisonnez de sel et poivre pour obtenir une crème de courgettes onctueuse.

Recette "coup de cœur" de Brigitte Lorain

Gaspacho de langoustines à la crème de courgettes *(suite)* :

5. *Finition :* poêlez les langoustines côté dos dans très peu d'huile d'olive environ deux minutes et réservez-les au chaud.

6. *Dressage :* dans des assiettes creuses, versez environ 1 cm de gaspacho glacé et, à l'aide de deux cuillerées à café, moulez cinq petites quenelles de crème de courgettes par assiettes que vous disposerez en étoile. Déposez les langoustines entre les quenelles.

Conseil : l'intérêt du plat est de servir le gaspacho glacé, les langoustines tièdes, le tout étant lié par la crème de courgette onctueuse.

Vin conseillé : un vin de Loire, Montlouis, Domaine Deletang, 1993.

Portrait de père : *Michel Lorain*

"Le cordeau"

Couture, cuisine et chocolat

Une mère couturière, un père dans la fonction publique, l'ambiance familiale est très étroite. Le petit Michel apprend le «point de tige» pendant que maman Lorain donne des cours de couture à des jeunes filles de bonne famille. Mais la guerre de 39/40 éclate, et la couture est remplacée par la cuisine faite pour les familles qui rendent visite aux prisonniers français; il se trouve un camp juste à côté de la maison. La petite restauration démarre ainsi, et Michel Lorain, qui a 9 ans, veut être boulanger : c'est, pour lui, l'image de celui qui, à cette époque, gagne le plus d'argent. Mais son père, qui voit les choses un peu différemment, le fait entrer en apprentissage chez un pâtissier. Le point de tige devient alors «chocolat».

Le chocolat coule de source et la source c'est la cuisine. Michel est séduit et se prend au jeu, à la suite de quoi il évolue en divers endroits réputés pour acquérir la geste sûre qui mène aux sommets. Le grand Escoffier ne disait-il pas *«qu'un bon cuisinier doit toujours commencer par s'initier à la technique de la pâtisserie parce que son art exige le sens exact des dosages et des proportions»* ?

Succession

Après le classique service militaire, notre jeune queux épouse Jacqueline en 1957, et le couple reprend l'affaire des parents Lorain. *«J'ai eu mon bâton de maréchal avec les deux étoiles et ce n'était pas encore très courant pour un chef patron. C'était, à l'époque, en général des maîtres d'hôtel qui achetaient les restaurants et qui employaient des cuisiniers. Mais tout a basculé le jour où les chefs sont devenus des amphitryons.»*

Michel a toujours travaillé sans avoir d'états d'âme mais en vibrant à l'unisson avec le désir de ses clients. Si les compliments fusent, il continue sur sa lancée; si un petit dérapage se produit, ça fait mal, mais il rectifie le tir. *«Grâce à l'amour qui est donné à travers nos plats et nos attentions, tout rentre très vite dans l'ordre. Et n'oublions pas la présence et la force de Jacqueline qui supervise l'ensemble de cette maison ainsi que les caves qui font partie de son domaine en qualité de sommelière confirmée.»*

De la cuisine aux vins

«Je suis un jeune père, j'ai 61 ans et Jean-Michel 37. Je suis encore dans la force de l'âge mais je me mets en retrait car c'est un garçon qui a énormément de talent; cependant, je ne pourrais pas vivre sans toucher les produits, c'est une véritable sensualité. Lorsque mon fils n'est pas là, je suis à nouveau le chef, mais je ne crée plus… Oh! mais si, j'ai créé un vignoble (7 hectares), c'est une compensation. On produit un Chardonnay et un vin gris qui est un vin traditionnel de La Côte Saint-Jacques. *J'ai eu l'autorisation de l'I.N.A.O. de planter des anciens cépages qui existaient il y a cinquante à soixante ans. On va donc retrouver les caractéristiques de cet ancien vin gris.»*

Dieu et Escoffier

«Les commandements de Dieu sont idéaux. S'ils étaient respectés ce serait merveilleux mais, à ce jour, les gens ne croient plus en rien. Dieu, la famille, la patrie… tout cela n'existe plus. Dieu c'était la drogue du peuple et ça permettait de faire respecter certaines valeurs. Je suis déçu, je ne crois plus en l'homme on tend la main, on donne, mais…

«Je suis idéaliste, j'aimerais que le monde soit pur. Je trouve la paix en me recueillant dans une église. Il y a un certain temps, les chefs n'avaient qu'un Dieu : il s'appelait Escoffier. Et toute la cuisine était calquée. Maintenant, les chefs personnalisent leurs réalisations. Parfois les clients étrangers sont un peu perdus, ils ont du mal à retrouver la cuisine française mais, progressivement, les choses prennent leur véritable place.

«L'essentiel est l'harmonie des goûts due au choix subtil du chef pour des produits ayant chacun une spécificité qui ne les en éloigne pas les uns des autres mais les réunit gustativement.»

Espoir

Michel espère, en conclusion, que les restaurants gastronomiques ne deviendront pas des musées dans le futur.

Son grand souhait est d'avoir une des plus belles créations de Jean-Michel, un petit-fils qui assurerait, en vrai «Lorain», la pérennité de son grand bébé : *La Côte Saint-Jacques.*

MICHEL avance avec prudence en regardant toujours où il met les pieds, mais l'entêtement étant sa force et sa faiblesse, il va toujours jusqu'au bout de ses sillons car, pour lui, il est essentiel de n'être pas victime d'une routine.

Il représente la synergie affective de sensations, de sentiments et de sensualité, l'attrait sympathique vers l'objet, la griserie, le sourire, la séduction, l'élan de plaisir, d'agrément, de joie, de fête dans l'affinité et l'harmonie de l'échange, de la communion affective ainsi que les états émotionnels que communiquent le charme, la beauté et la grâce.

Guy Martin

"Le Grand Véfour" (Relais gourmands)

17, rue de Beaujolais – 75001 PARIS

Tél. : 01 42 96 56 27 – Fax : 01 42 86 80 71

Avec la mode des cafés, le Palais-Royal devient le pôle des sphères, foyer d'intensité dynamique. Le Café de Chartres *est un lieu d'information, de discussion, de naissance et de propagation des rumeurs. On y sert les boissons prisées de l'époque : café, thé, chocolat et* shorbet *(mot arabe du sorbet).*

Sous la Restauration, qui voit la double naissance du Grand Véfour *et de la littérature gourmande, les nouveaux riches de la Révolution ne connaissent pas les règles de la gastronomie aristocratique, ni le bon usage des mets et des vins. C'est à ce nouveau besoin que répondent Grimod de la Reynière et Brillat-Savarin en ce microcosme de condensation et de coexistence des forces opposées. Comédiens, auteurs, beaux esprits, nobles et riches bourgeois ne cesseront de se contempler dans les miroirs du* Grand Véfour *jusqu'à la fin des temps, sous de multiples formes qui reflètent l'irradiation de l'être unique, spéculum destiné à regarder l'ensemble des étoiles venues avec leurs innombrables facettes faire pause et caresse, passage d'un archet liquide sur un concert d'immortalité. Flandrin y trouva l'inspiration pour peindre, en son environnement, Napoléon III où l'or, socle du savoir, vibration originelle matérialisée de l'esprit de Dieu et symbole de la lumière au regard des profanes, envahit ce point de jonction, omphalus du chef Martin, homme universel directement issu de cette œuvre au rouge, gestation de son athanor.*

"Le séraphin"

Jeunesse

Né à Bourg-Saint-Maurice (Savoie) en 1957, physique de jeune premier et langage choisi, Guy Martin est un bel adolescent joyeux qui, parallèlement à ses études, chante dans un groupe musical.

Cinq amis décident d'arrêter leurs études pour choisir une orientation qui leur tient à cœur. Deux d'entre eux se dirigent vers l'hôtellerie et Guy, qui ne sait pas encore très bien, suit la voie de ses deux meilleurs copains. Cette direction est pour lui une révélation, et le conte de fée commence. A 24 ans, il est chef des cuisines du relais *Château de Coudrée* à Thonon-les-Bains (1981-1983). En 1984, notre cuisinier en herbe devient directeur et chef du *Château de Divonne ;* il obtient sa première étoile en 1985 et sa deuxième en 1990. Il reste huit ans à Divonne.

Ascension

Mais l'ascension ne s'arrête pas là, car un merveilleux joyau lui est offert en 1991, l'une des gloires du Palais-Royal sous le Second

Guy Martin (suite) :

Empire : *Le Grand Véfour.* C'est à travers le tourbillon des grands esprits qui planent encore dans ce sanctuaire de tous les plaisirs gourmets et élégants, que Guy Martin est récompensé pour ses talents, élu deux fois « cuisinier de l'année » en 1994, puis 1995. Il est nommé président du *Grand Véfour* en 1995.

Légèreté

La foi de Guy est une recherche permanente d'amélioration personnelle ; son désir est de simplifier les choses pour aller à l'essentiel, pour *« voyager de plus en plus léger »*, selon ses propres paroles. La foi chrétienne pénètre en lui grâce à une mère catholique très pieuse. Lui-même est pratiquant. Vers l'âge de 17 ans il découvre d'autres religions et philosophies, mais la foi reste ancrée en lui. La véritable recherche commence alors.

Certitude

Guy Martin a une opinion très ferme du lien qu'établit l'acte de se nourrir entre l'homme et « l'ailleurs », inspirée du Zohar dans lequel il est écrit : « L'homme devient ce qu'il mange », et qu'il transcrit de manière personnelle par : *« L'homme devient ce qu'il mange, il mange ce qu'il cuisine »*, laissant ainsi la porte ouverte à plusieurs interprétations dont, entre autres : « L'homme devient ce qu'il fait de sa vie. »

Le chef du *Véfour* nous dit : *« Sans nourriture, pas d'homme ; la nourriture fait partie de l'univers, donc de la puissance créatrice »*, et ce fil d'Ariane venu d'ailleurs fait naître en lui une inspiration vivifiante pour créer des mets aux saveurs inattendues.

Partage

« La cuisine est un acte de partage et d'amour puisqu'elle est destinée aux autres. C'est une envie de bien faire et de donner. » Un restaurant est un système constitué d'un soleil qui est la cuisine, autour duquel évoluent des planètes qui ont pour noms : art de la table, vins, ambiance créée par le personnel, message transmis par le chef à ceux qui sont présents pour le recevoir.

Et si les journées de Guy sont parfois difficiles, son cœur est comblé par un sourire ou un regard heureux ; il oublie tout, son âme est réchauffée, il est « hors système ». *« Il est impossible d'exercer un tel métier si l'on n'aime pas son prochain et si l'on n'aime pas partager. »*

Prédictions

Guy Martin croit en des êtres ayant pour mission de lire l'avenir. *« Lorsque j'étais à Divonne, un client, pour me remercier, m'a fait rencontrer son astrologue qui a prédit l'arrivée de ma deuxième étoile. Et, de manière inattendue, une personne en train de déjeuner m'a interpellé pour m'annoncer mon départ ainsi que la naissance de mon fils… et cela n'était pas encore prévu au programme ! »* Quelle conjonction de visions justes !

La balle des jeunes

« Dans la vie rien n'est impossible, voyez-vous, en 1976 j'étais pizzaïolo… il faut donc y croire et avoir l'œil très ouvert, savoir que nos rêves peuvent se réaliser. Et, surtout, avoir de la rigueur dans l'honnêteté.

« La vie est une balle qu'on envoie contre un mur et qui revient. Il faut émettre positif pour recevoir positif. Travailler dur et intelligemment, avec plein d'amour, alors tout revient selon les désirs émis. »

Avenir

Guy pense que les épicuriens sont de plus en plus nombreux à travers le monde et que les cuisines étrangères s'affinent. Toutefois, une crainte dans son optimisme : que les législations imposent une banalisation des produits industrialisés.

« On s'aperçoit que certains pays qui avaient un peu mis de côté la cuisine française, notamment avec un phénomène de mode vers des cuisines mixtes ou italiennes, reviennent vers elle. La cuisine française a toujours traversé des périodes un peu difficiles, mais c'est une cuisine vraie et notre chance est d'avoir des produits merveilleux, des bons fournisseurs et des paysans. Je suis confiant. »

Amour et fantaisie

« La cuisine du futur sera plus segmentée en fonction des prix. Quelque part, c'est ainsi depuis toujours, mais ce sont les médias qui nous en font prendre conscience. On utilisera de plus en plus le produit pour le produit et, surtout, il faudra travailler avec amour et fantaisie sans se prendre au sérieux, car le jour où l'on ne croit plus, c'est terminé. »

Guy Martin nous explique alors le cheminement d'une de ses découvertes culinaires :

« Par exemple, partis sur une idée de travailler le poivron, on a d'abord fait un coulis, mais le résultat n'était pas satisfaisant, le poivron étant très fort pour un dessert ; alors, pour l'atténuer on a réalisé un sorbet au poivron et c'est en cherchant les produits complémentaires du poivron que l'on s'est dirigé vers le bassin méditerranéen. On a choisi le basilic, "basilic-tomate-poivron" constituant une harmonie. Le sorbet est quelque chose de froid qui coule quand on le déguste, il fallait donc une opposition : du croquant, du croustillant. On a donc fait un sablé au basilic. Il manquait un lien entre le sablé au basilic et le poivron ; il en est résulté une confiture d'agrumes avec des cédrats, des pomelos, des oranges et des citrons, et la complémentarité devient ainsi toute en chaleur méditerranéenne. Pour ajouter une note anisée à l'ensemble du plat, nous avons rajouté du fenouil. Ce dessert est un sablé au basilic et poivrons, avec une confiture de fenouil et sorbet aux poivrons rouges.

« Boisson : eau pétillante fraîche qui va être un lien sans apporter un autre goût complexe. »

Loisirs

Les promenades en forêt, jouer de la musique, le ski et tout ce qui touche à la montagne. Etre à l'écoute du temps.

Guy préfère recevoir chez lui ses amis et, bien qu'il aime être reçu, il préfère inviter car donner est un plus. Lorsqu'il doit choisir un restaurant, c'est en fonction des gens avec qui il se trouve afin de ne pas les gêner. Mais bistrot ou gastro, la cuisine doit être vérité.

La joie

Notre chef est un homme comblé. Il n'a pas l'impression de travailler. Il œuvre dans la bonne humeur et la joie d'être utile aux autres, d'aider à la vie collective et économique de la centaine de personnes qui gravitent autour de lui.

Harmonie

Pour Guy Martin et son évolution intérieure, il s'agit de continuer dans le même sens et de supprimer de plus en plus le superficiel. Travailler toujours avec autant de joie, sinon remettre sa toque dans l'armoire. Rendre sa famille heureuse pour que son environnement et lui-même marchent *« tous sur la même route »*, en harmonie.

Guy Martin nous livre, à travers ce portrait, son esprit de savoyard épris de longues balades en montage où, dit-il, *« on prend conscience d'être une infime partie pensante de l'univers »*. Sa seule certitude est d'avoir pu, grâce à sa famille proche et à sa région montagneuse, garder *« la tête dans les étoiles et les pieds sur terre »*.

Guy Martin (suite) :

SON regard étonné séduit par sa douceur. C'est un cérébral à l'âme tendre dont les vibrations convergent en celles de l'illustre Mozart. Ses jeux intellectuels sont une recherche de la vérité. Il est le témoignage d'une substance nutritive plus destinée à désaltérer l'âme que le corps, et qui évolue parmi le monde des affinités électives faisant de nous des êtres vivants dans une communauté spirituelle et en pleine sphère universelle.

Son étoffe intime est fluide, légère, éthérée, volatile, transparente, toute en limpidité, pour ainsi dire angélique. Y sont inclus le don de détachement de soi, accompagné de sérénité, et le don de soi, escorté d'altruisme, du sens amical et du dévouement social.

Recettes "coup de cœur" de Guy Martin

« Les pouvoirs cachés d'une tomate »

Ingrédients :
- tomates
- huile d'olive, gros sel

Mode d'emploi :

Si vous avez le privilège de pouvoir cueillir dans un jardin une tomate auréolée de ses belles fleurs, détachez-la délicatement et croquez à pleines dents dans sa chair ferme.

Elle sera prête alors à recevoir en elle quelques points de gros sel et un trait d'huile d'olive. « Un regard de la nature » et tout votre être sera à « l'écoute du temps qui passe ».

Cette tomate que vous allez fendre voluptueusement, dont le jus va couler le long de vos joues, de vos lèvres, avec un parfum « doux-sucré » et un soupçon d'acidité, va éveiller en vous des sensations de vacances, de soleil, de joie de vivre, et la chaleur de sa pulpe vous transportera en un monde de perfection simple, qui est le comble de l'art.

« Surprise, luxe et simplicité »

Ingrédients :
- spaghettis
- caviar
- crème fraîche

Préparation :

Pour un soir de folie, choisissez de bons spaghettis, de très belle qualité, des spaghettis bien jaunes, faits avec de bons œufs frais. Cuisez-les juste comme il faut, c'est-à-dire al dente.

Prenez du caviar bien gris et mélangez-le avec un peu de crème fraîche.

Brassez l'ensemble. La crème va imprégner les pâtes et les fines perles noires.

Si vous arrosez ce mets inattendu d'un champagne servi frais, vous aurez, l'espace d'un instant, l'impression d'avoir traversé la mer, la terre et d'être prêt à vous envoler pour rejoindre l'ange hédoniste. L'homme n'est plus qu'une bulle, rien qu'une bulle…

Marc Meneau

"L'Espérance" (Relais et châteaux)
89450 SAINT-PERE-SOUS-VEZELAY
Tél. : 03 86 33 39 10 – Fax : 03 86 33 26 15

Ce monticule de terre émergea lorsque l'air souffla en tempête au-dessus des eaux primordiales. Dieu prend pied sur la colline originelle et crée la lumière. Ainsi la colline est-elle la première manifestation de la création du monde. Elle est suffisamment en saillie pour se différencier du chaos initial, et ses lignes douces l'accordent à un aspect du sacré, qui est à la mesure de l'homme.
La vision de Marie-Madeleine plane dans les nuées encerclant la basilique de Vézelay. Les druides Eduen Diviciacus et Cathbad vinrent y donner sagesse et force ; ils étaient le reflet de la société divine. En influençant la classe guerrière, ils permirent à saint Bernard d'y prêcher la Deuxième croisade. L'esprit de saint Benoît aide au travail long, exigeant et minutieux du croyant à la recherche de la cité idéale.

Après avoir trouvé le détachement intérieur par rapport au présent et l'attachement à de lointaines matières supérieures, le pèlerin oublie à Saint-Père sa pauvreté, pose son bâton et découvre l'espérance, pierre ajoutée au tas, où l'âme collective est inséparable de l'âme sacrée du sol sur lequel on l'a dressée et qui symbolise l'union.
Dans la maison, il se dirige vers la grande salle de cristal féerique, reflet d'une verdure infinie brillant autant que le soleil. Le passé des hommes y est marqué et chacun des actes s'inscrit sur ces murs de verre. Ce palais, surgi de la terre, est l'habitacle des images gravées dans notre inconscient et que raconte à travers nous l'histoire du monde. Toutes ces conditions préparent à l'illumination gustative transmise par Marc Meneau en des mets épurés, idéalisés, propres à la révélation divine, récompense ultime du voyageur.

"Le bateleur"

Col blanc et religion

« Depuis cinq siècles, ma famille est installée à Saint-Père ; j'y ai donc une légitimité. Je suis un peu comme les animaux qui marquent leur territoire, et je le défends bec et ongles. » Fils de bourrelier et d'épicier de ce village, son enfance est chaleureuse mais relativement rustique. Orphelin de père à 7 ans, Marc Meneau est obligé de travailler pendant les vacances pour aider sa mère.

Son ambition est d'être gestionnaire ou directeur d'hôtel. Il entre alors à l'école hôtelière de Strasbourg. *« Rêve d'enfant : j'avais envie d'avoir un col blanc, je l'ai eu et je ne l'ai plus jamais quitté ! Ma mère fut déçue de mon choix professionnel. Elle souhaitait que je sois prêtre,*

Marc Meneau (suite) :

non par excès de foi, mais peut-être pour l'habit, la protection, un certain refuge, une façon de me garder pour elle toute seule… l'amour abusif d'une mère pour son fils unique.» Néanmoins, à huit ans et demi Marc va seul se faire baptiser. Il n'est pourtant pas davantage attiré par la religion que ne l'est sa mère, mais il éprouve une grande admiration pour le curé de Saint-Père, un homme exceptionnel.

Marc nous raconte les origines de la dualité entre Saint-Père et Vézelay : *«Saint-Père était le pays antérieur à Vézelay, mais s'était symboliquement fait dépasser par le mystère de Marie-Madeleine à Vézelay. Saint-Père a réagi en construisant une superbe église gothique flamboyante.»* Depuis ce temps-là, les habitants d'en bas peuvent regarder de haut les gens d'en haut !

Des crêpes aux étoiles

Après l'école hôtelière, Marc fait quelques expériences dans certaines cuisines, mais le clin d'œil du destin le met sur la route de Françoise dont il tombe éperdument amoureux. Elle est clerc de notaire, fille de restaurateurs et passionnée de cuisine. Un mariage en découle et Marc cuisine désormais pour éblouir sa femme.

Le jeune couple travaille ensemble, vendant des gaufres et des crêpes. Le soir, après la fermeture, ils vont au cinéma ou au théâtre ; c'est le bonheur. Mais, souhaitant évoluer, leur choix se porte vers la cuisine de grande qualité. *«Dans notre positionnement géographique, avec la proximité de Vézelay, c'était pour nous une façon de nous implanter en un lieu où les croisades étaient passées. Il devenait indispensable de créer un établissement agréable et confortable pour accueillir les pèlerins.»*

En trois générations, les Meneau ont parcouru cent mètres en direction de Paris. Les grands-parents de Marc y possèdent un bar que les jeunes mariés transforment en restaurant. Nous sommes alors en 1969. Ils ouvrent des livres de cuisine, apprennent par cœur vingt recettes et, en 1971, obtiennent leur première étoile !

Prise de conscience

Mais le chef se sent un peu bloqué et réalise qu'il lui faut parfaire son art. *«Nous sommes allés chez* Pic, *à Vienne, et lui avons demandé de nous indiquer un chef en retraite capable de nous apprendre véritablement la cuisine. Son choix s'est immédiatement porté sur un personnage exceptionnel, Alex Humbert, triplement étoilé, qui avait été chef chez* Maxim's *durant vingt ans. Il a exigé de manger chez nous pendant trois jours pour juger de notre degré de compétence et d'ignorance. A la fin de ce séjour, il est venu en cuisine pour voir mes fonds de sauce qui se trouvaient à l'époque dans des seaux en plastique. En deux temps trois mouvements il les a vidés dans le caniveau et m'a dit : "Quand vous saurez faire des fonds, je reviendrai ; je vous donne trois mois."»*

Décontenancés, les jeunes mariés montent à Paris, se rendent à la bibliothèque des maîtres cuisiniers et, durant huit jours, copient des recettes à la main. Dès leur retour, ils cuisinent en fonction de leur documentation. L'ami Humbert refait surface et dit à Marc : *«Maintenant, je peux commencer à t'aider.»*

Sur la rampe de lancement

«J'ai eu un deuxième maître : Guyot "le Magicien", du vieux Marly-le-Roi. C'est lui qui m'a enseigné tous les mariages, les associations de produits et m'a donné le respect ethnique de la cuisine.»

Marc Meneau (suite) :

En 1974, Marc le téméraire et son épouse achètent l'actuelle maison, mais le taux de remplissage en hiver n'est pas suffisant; ils ouvrent alors en complément un autre restaurant à Auxerre, tenu par Françoise. La brigade est alors partagée entre les deux affaires. Cette expérience dure un an et demi et, dès l'obtention de la deuxième étoile, ils se séparent de l'établissement annexe. Ils améliorent le standing de *L'Espérance* et font l'acquisition d'argenterie et d'une élégante vaisselle.

« C'est Christian Millau qui, ayant compris notre cuisine, nous a encouragés, et chaque année nous gagnions un point supplémentaire. En 1983, nous avions 19,5 et notre troisième étoile. »

Cuisine et religion

« Je pense que la nourriture a un lien étroit avec les religions ; d'ailleurs, certaines ont codifié la manière de se nourrir. Le christianisme a aussi ses règles, mais celle de saint Benoît est tellement ennuyeuse qu'elle m'incite à la réflexion suivante : si Dieu a créé des produits alimentaires, pourquoi sont-ils si mal cuisinés ? On permet à un représentant du Christ d'écouter de la belle musique, de lire de beaux textes, mais on ne l'autorise pas à manger de beaux produits. C'est pour moi une flagellation qui est excessive et me fait prendre du recul avec la religion quand je parle cuisine.

« Les produits ont été créés, ils existent sur terre et font partie de notre rythme universel. Je crois qu'il est essentiel pour l'homme d'y prêter une attention particulière, et cette fonction, qui se place juste après le travail, devient de plus en plus primordiale dans sa vie. Les civilisations les plus développées sont celles qui ont été accompagnées par l'évolution de la cuisine. On s'aperçoit que tous les peuples civilisés possèdent une culture culinaire importante. J'affirme que la nourriture est un acte fondamental de l'homme, qu'il faut entretenir et revaloriser pour notre richesse et notre indépendance intellectuelle. »

Le prêtre de la gastronomie

Imprégné de ces lieux bénis, Marc certifie que sa cuisine a évolué le jour de leur installation dans cette maison qui touche la basilique. *« Ce point du globe est très puissant. C'était un espace druidique supérieur à la religion. De tout temps, il fut un lieu de rassemblement pour des hommes à la recherche de la paix, venus puiser le courage nécessaire pour affronter la vie quotidienne. En arpentant les rues de Vézelay, on ressent les vibrations de ce lieu mystique. Ainsi, des milliers d'êtres ont pu, après s'être ressourcés, faire des guerres, des expéditions religieuses jusqu'à Saint-Jacques-de-Compostelle, et certains philosophes réécrire l'Eglise réformiste.*

« Cuisiner ici, c'est tenir compte de l'inspiration de la nature par rapport à l'homme. Ce qui a été placé sur terre l'a été pour être travaillé, utilisé, tels le vent ou les notes de musique. Le cuisinier se sert des quatre goûts principaux : l'amer, l'acide, le sucré et le salé pour en faire une symphonie. Aujourd'hui, la cuisine régionale doit avoir l'éthique de son produit et pas forcément de ses produits. Actuellement, la France n'est qu'une région dans le monde.

« La cuisine m'a donné une foi qui me permet de donner aux autres, la générosité pour les autres. Je suis un prêtre de la cuisine parce que je donne à manger aux gens. Je leur donne du plaisir et, jusqu'à ce jour, c'est ma seule religion en attendant de trouver celle qui atteindra ma sensibilité. »

Ouverture

Le queux de Saint-Père expose sa théorie culinaire dans l'optique d'éclairer les jeunes cuisiniers. En son âme et conscience, la cuisine est, depuis des lustres, un acte de générosité. A partir des Perses, des Romains, des Italiens, des Chinois et depuis deux à trois siècles, la cuisine française est l'expression de notre civilisation.

« Les chefs ont toujours connu des périodes de reconnaissance par les différentes administrations de nos pays. Mais il y a deux conditions :

Marc Meneau (suite) :

– *avoir un concept artistique ;*
– *faire une préparation artisanale.*
« Il ne faut jamais oublier ces deux pôles opposés : l'artiste et l'artisan.

« A notre époque, les jeunes doivent être réalistes, modestes et curieux de la vie. Intéressez-vous à la peinture, à la littérature, à la musique, à la sociologie, à l'agriculture, etc. Grâce à cela, vous apprendrez plein de choses en cuisine. Vous saurez comment une abeille transforme le pollen en miel, et cela peut devenir une recette. »

Mutation

Marc est inquiet de la place prise par la machine sur l'homme et des difficultés sociales créées par cette mutation. *« Je suis pessimiste concernant l'avenir de l'art culinaire. Nous allons vers une raréfaction des produits alimentaires servant à élaborer notre cuisine. Les coûts de revient vont augmenter et l'on va ainsi entrer dans un schéma élitiste excessif. »*

Loisirs

Golf et lecture. N'oublions pas l'écriture ; Marc Meneau est l'auteur des deux ouvrages : *La Cuisine en fêtes,* et *le Peintre et le cuisinier.*
Pour choisir un restaurant, c'est toujours celui des copains.

Egalement vigneron, Marc a voulu reconquérir les terres de ses ancêtres pour reconstruire le vignoble Vézelay tel qu'il était au XIXe siècle. Malgré désirs et souhaits, la vie est une immense interrogation, mais l'homme a toujours des élans. Marc suit les siens dans l'objectif de toujours améliorer le quotidien.

Désirs futurs

Concernant la cuisine française : *« Elle doit cesser de regarder son nombril et son portefeuille. Il faut continuer à construire une cuisine française qui puisse être propagée à travers le monde, lui donner une image pouvant combattre les méthodes "marketing" employées ailleurs. Elle pourra ainsi rester la première sur le plan international. Il faut aussi prier pour qu'elle ne devienne pas un musée ! »*

Sur un plan personnel : *« Je voudrais avoir la science infuse pour me libérer deux jours par semaine et les consacrer à mes recherches culinaires. Réfléchir, construire, cuisiner, cuisiner... Entouré de ma famille. »*

Marc Meneau a l'esprit rapide et se caractérise par son intelligence et sa capacité novatrice. Sa foi intense en lui-même est inébranlable et lui fait relever les défis les plus ambitieux. Ce pèlerin des temps modernes regarde continuellement vers l'avant. Jamais satisfait de ce qu'il possède, il œuvre pour la purification du monde culinaire en hommage au Créateur des produits de la terre, cherchant à s'identifier et à s'assimiler à celui qui les illustra.

Voyageur de l'antique labyrinthe, sorcier de l'impossible et génie de l'astuce, son originalité reste à jamais inégalée. Son cœur renferme une magie qui résiste à tous les maléfices. Capable de lire les plus mystérieux hiéroglyphes, il gouverne les heures ; il est le Prince des fleurs et des saveurs.

Toutes les apparences soulignent la division d'un être également produit de deux principes opposés et la domination de sa dualité par l'équilibre est la suprématie de l'esprit. Symbolisant les trois mondes, il est en tout le point de départ avec toutes les richesses ambivalentes données à la créativité pour accomplir son destin.

Feuilleté de sardines aux poireaux

Ingrédients (pour quatre personnes) :

- 20 sardines
- 100 g de mâche
- 25 cl de vinaigre de Xérès
- 25 cl d'eau
- 1 l d'huile de noix
- thym, laurier
- 30 g de sel
- 5 gros poireaux
- 1 petite boîte de sardines
- 500 g de feuilletage
- 40 g de caviar
- 200 g de beurre
- 1 jus de citron
- 6 g de poivre du moulin
- 1 cuillerée à soupe rase de moutarde de Dijon

Préparation :

1. *Le feuilleté :* préchauffez votre four à 200°. Réalisez une abaisse de feuilletage très fine que vous faites cuire au four entre deux plaques à pâtisserie, pendant quinze à vingt minutes. Découpez-la en douze rectangles de 12 x 6 cm. Réservez.

2. *Beurre de sardines :* égouttez bien les sardines de la boîte et mixez-les avec le beurre, le sel, le poivre et le jus de citron. Débarrassez et réservez à température ambiante.

3. *Les poireaux :* sur les poireaux entiers, enlevez les mauvaises feuilles. Coupez le blanc de ceux-ci en biseaux et le vert en matignon. Faites-les cuire séparément à l'anglaise. Une fois bien égouttés, réservez-les au réfrigérateur.

4. *Les sardines :* levez les sardines en filets et désarêtez-les. Disposez-les dans une plaque, couvertes avec l'huile, le thym et le laurier. Réservez au réfrigérateur.

5. Epluchez et lavez soigneusement la mâche.

6. *Montage du feuilleté de sardines :* posez un rectangle de feuilleté au fond de l'assiette. Recouvrez de poireaux matignon, légèrement tiédis, assaisonnés de vinaigrette à la noix, salée et poivrée. Posez un autre rectangle de feuilleté tartiné de beurre de sardines. Disposez dessus les filets de sardines cuits sous la salamandre (gril). Ajoutez le caviar. Recouvrez du dernier rectangle de feuilleté et posez dessus les poireaux en biseaux tièdes, assaisonnés. Mettez soigneusement la mâche autour de ce feuilleté de sardines et rectifiez l'assaisonnement.

Vin conseillé : Bourgogne blanc de Vézelay, « Marc Meneau ».

Olives vertes farcies aux truffes

Ingrédients (pour quatre personnes) :

- 32 grosses olives vertes
- 25 cl de crème fleurette
- 2 grosses échalotes
- 20 g de beurre
- 5 cl de cognac
- 120 g de blanc de volaille
- 60 g de truffes noires
- 10 cl de jus de truffes
- 10 cl de porto blanc
- sel, poivre

Préparation :

1. Dénoyautez les olives et laissez-les dégorger sous un filet d'eau froide.

2. Pendant ce temps, préparez la farce de volaille. Mixez le filet de volaille, ajoutez 5 cl de crème, mixez de nouveau. Passez au tamis, à l'aide d'une corne.

3. Réservez dans un cul-de-poule sur glace et ajoutez 5 cl de crème à l'aide d'une spatule en bois. Incorporez 50 g de truffes noires préalablement hachées finement et mélangez le tout. Mettez cet appareil dans une poche munie d'une douille unie et farcissez les olives.

4. Ciselez finement les échalotes, faites-les suer au beurre avec les olives, tout doucement, sans coloration. Déglacez avec le porto blanc, le cognac et réduisez aux trois quarts. Ajoutez ensuite 15 cl de crème. Réduisez de nouveau jusqu'à la nappe. Incorporez enfin le jus de truffes et les 10 g de truffes noires hachées. Assaisonnez.

5. *Dressage et présentation :* disposez huit olives par personne, en petite tasse, et versez dessus un peu de sauce chaude. Accompagnez ces olives de quelques toasts de pain de campagne grillé et légèrement tartiné de graisse d'oie.

Vin conseillé : Meursault ou Chassagne, vins d'Alsace ou de Loire.

Portrait de femme : *Françoise Meneau*

"Perséphone"

Tout « droit » mène à la cuisine

Dès son plus jeune âge, Françoise est initiée à la découverte des saveurs. Ses parents sont restaurateurs et sa mère fait la cuisine. Ses études de droit terminées, la jeune fille entre en qualité de clerc chez un notaire, tout près du restaurant de sa famille.

Puis, c'est la rencontre avec Marc ; ils se marient et le couple travaille dans l'ancien café-épicerie-tabac de Madame Meneau mère.

Donner

Très proche de la religion, Françoise est croyante, mais non pratiquante par manque de temps. L'amour qui est en elle, elle le donne à son petit garçon de 9 ans, à sa famille et aux clients qu'elle reçoit dans sa merveilleuse maison.

Femmes fortes

« Les épouses de chefs doivent posséder beaucoup de tonus, être courageuses et discrètes pour permettre à ces messieurs d'occuper le devant de la scène, avoir une dose de créativité et un palais affiné, parfois utile pour goûter leurs réalisations. Elles doivent avoir du caractère car ce ne sont pas des hommes faciles, et ne pas se montrer trop faibles avec eux. Il leur faut être persévérantes. »

La restauration d'aujourd'hui

Françoise adore son métier mais, actuellement, tout lui semble pénible à réussir. *« Les gens deviennent très exigeants et l'administratif passe par-dessus le manuel. »*

Les occupations de cette femme passionnée sont multiples : les clients, la mise en place des menus, le management, la décoration des chambres…

Loisirs

« J'ai très peu de loisirs mais, en général, je lis des livres anciens et de cuisine. »

Quiétude

« En analysant mon parcours jusqu'à ce jour, j'ai le sentiment d'avoir fait un métier qui me plaisait, d'avoir eu du bonheur avec mon mari et d'avoir donné un peu de mon cœur aux autres. »

FRANÇOISE MENEAU traverse des phases différentes et change de forme. Elle symbolise la dépendance et le principe féminin, la périodicité et le renouvellement, la transformation et la croissance. Sa vie est soumise à la loi universelle du devenir cyclique et, par son éternel retour à ses formes initiales, elle raréfie les réalités hétérogènes de la connaissance indirecte, discursive et progressive.

Elle se fond dans les eaux-mères, calmes et profondes, en passant par le lait et la sève végétale. Elle enveloppe, abrite, conserve, nourrit, protège, réchauffe et procède au développement de la sensibilité de l'âme ainsi qu'à la montée de l'imaginaire avec son monde de subjectivité, de romanesque, de fantaisie et de lyrisme. Sa partition s'assimile à un murmure mélodique de pénombre et un chant rêveur en clair-obscur.

Gâteau de pommes aux oranges confites [1]

Ingrédients (pour quatre personnes) :

– 6 pommes de moyenne grosseur (Granny Smith)
– 1 orange (zestes) – 100 g de sucre

Eléments du sirop (zestes confits) :

– 80 g de sucre – 1,5 dl d'eau.

Eléments du caramel :

– 150 g de sucre – 1 dl d'eau

Préparation :

La veille :

1. *Préparation des zestes confits :* pelez finement, du haut vers le bas, la peau de l'orange en zestes réguliers, à l'aide d'un couteau économe. Enlevez la peau blanche qui donnerait de l'amertume. Emincez-les soigneusement en fine julienne sur une planche à découper. Blanchissez-les puis rafraîchissez-les rapidement deux fois.

Mettez-les en cuisson avec l'eau et le sucre (sirop) et portez à ébullition. Faites refroidir aussitôt très rapidement, en posant le fond de la casserole dans un peu d'eau glacée. Répétez cette opération trois fois. Sortez les zestes de leur cuisson, égouttez-les sur une grille ou, à défaut, sur un papier sulfurisé. Laissez sécher dans un endroit tempéré.

2. *Préparation des pommes :* épluchez les pommes, évidez-les, coupez-les en deux parties égales et émincez-les finement.

3. *Préparation du caramel :* portez à ébullition le sucre et l'eau, faites cuire jusqu'à obtention d'une belle couleur ambrée (caramel). Arrêtez très rapidement la cuisson du sucre en posant la casserole dans un peu d'eau glacée. Lorsque ce caramel est tiède et qu'il est parvenu à une consistance onctueuse, chemisez rapidement le fond et les parois d'un moule à charlotte de 10 cm de diamètre sur 10 cm de haut.

4. *Montage du gâteau :* dans un moule caramélisé, montez les tranches de pommes en les faisant se chevaucher régulièrement. Entre chaque couche, parsemez légèrement de sucre et de zestes d'orange. Continuez en inversant, à chaque couche, le sens du montage des tranches de pommes, jusqu'à ce que cette préparation surmonte le moule de 5 à 6 cm. Couvrez d'un film alimentaire, laissez reposer pendant douze heures au réfrigérateur.

5. *Cuisson du gâteau :* faites cuire le gâteau au bain-marie sept heures à chaleur modérée (vérifiez la hauteur de l'eau). Laissez refroidir et mettez au réfrigérateur

Le jour même :

6. *Présentation :* après repos d'une dizaine d'heures au froid, démoulez le gâteau sur un plat. Arrosez-le abondamment du jus de pomme caramélisé, pour lui donner un aspect brillant. Il est recommandé d'accompagner ce savoureux gâteau de pommes d'une saucière de crème légère et éventuellement d'un sorbet pomme onctueux et peu sucré.

Boisson conseillée : un verre de cidre.

1. Recette extraite de l'ouvrage de Marc Meneau : *Musée gourmand* (Editions du Chêne).

Georges Paineau

"Le Bretagne" (Relais et châteaux)
13, rue Saint-Michel – 56230 QUESTEMBERT
Tél. : 02 97 26 11 12– Fax : 02 97 26 12 37

LE BRETAGNE *à Questembert s'est transformé lentement. Le merveilleux sourire de Michèle, les chaudes boiseries et le jardin d'hiver ont toujours autant de charme et d'élégance. Mais une impression étrange vous envahit et cette maison aujourd'hui, pourrait être la «villa des mystères» de Pompéi si riche en symboles. On assiste alors au «dévoilement de Mystica»; retour à la perspective centrale, c'est l'abolition de la séparation entre l'homme et le monde qui l'entoure, en fonction de quoi les énergies naturelles passent de l'un à l'autre sans écran, recherche de pureté physique, morale, intellectuelle et spirituelle.*
A travers les peintures du chef dont les coloris violents et le tracé révèlent la fougue, on découvre les supports de la pensée où dominent le rouge du soufre, du sang, de la passion jusqu'à la sublimation. Mais ici, peinture et cuisine se rejoignent. Toulouse-Lautrec, Gauguin et Van Gogh ont transmué en Georges leur talent qu'il exprime de manière personnelle, unique et, à son avis, métempsychique.
Et Joseph Favre, fondateur du journal la Science culinaire, *lui a donné le pouvoir de représenter la Bretagne par des produits ancestraux transcris au futur. Après avoir été empli de saveurs et de couleurs, vous recevrez dans votre superbe et douce chambre, la lumière issue d'une chapelle veillant sur les âmes pour vous donner la paix du cœur et de l'esprit.*

"Le Cinabre"

Des beaux-arts à la cuisine

Depuis plusieurs générations, dans la famille de Georges Paineau personne n'a été tenté par la profession de cuisinier, mais c'est malgré tout sa mère qui lui inculque le goût de la cuisine.

«Je ne suis pas une exception, car je crois que 95 % des chefs ont reçu leur vocation d'une mère, d'une grand-mère ou d'une tante, mais presque toujours par une femme et, dans la carrière d'un cuisinier, cela a beaucoup d'importance. Maman cuisinait bien. Elle aimait ça. Lorsqu'elle était dans la cuisine, j'étais dans ses jupes pour voir ce qu'elle faisait et ses tours de main culinaires me fascinaient.

«Mon attirance pour la peinture, que j'ai toujours conservée, m'a poussé à entrer aux beaux-arts. Mais à l'époque, les débouchés dans ce domaine n'étaient pas évidents. Je me suis rendu compte que l'enjeu était très risqué et j'ai bifurqué pour rejoindre ma seconde passion, la cuisine. Puis j'ai fait l'école hôtelière de Clermont-Ferrand où j'ai rencontré Madame, elle-même passionnée par ce métier.»

Georges Paineau (suite) :

Georges fait ensuite des saisons à La Baule l'été et à Megève en hiver. Une interruption de trois années survint pour défendre l'Algérie encore française. La suite de sa carrière se passe à Nantes à *La Duchesse Anne*. Ensuite, le couple prend une gérance à Redon et fait trois ans d'économies pour réaliser enfin son rêve : la maison de Questembert.

Croyance ou chimie

« La croyance est une religion en elle-même et ça s'arrête là. C'est-à-dire qu'il n'y a pas un grand "Mufti" qu'il faut adorer et auquel il faut sacrifier je ne sais quoi. Par contre, je pense que la croyance est indispensable pour l'homme. Quelqu'un comme le pape n'est rien du tout. Il n'y a pas de Dieu, et je crois que tout ce qui existe sur terre – végétal, animal et minéral – est issu de la chimie organique et biologique. L'homme, l'animal, l'environnement et ce qui compose l'univers sont issus de réactions chimiques. N'étant pas chimiste, je ne saurais pas le définir, mais cela étant dit, l'homme a un avantage qui, dans le fond, est un inconvénient : il est doté par cette chimie de l'intelligence et si à l'image de l'animal il n'avait que l'instinct, il en serait infiniment plus heureux je crois…

« La croyance est indispensable car elle est la résultante de la réflexion. L'homme, par son intelligence, en a besoin pour se raccrocher à quelque chose. C'est ce qui le fait avancer et le soutient. Le beau conte qui s'adapte aux civilisations est celui de Jésus-Christ, de Mahomet, de Bouddha, etc. »

Le culte de l'alimentation

« Le corps de l'homme est un organisme chimique qui vit de réactions chimiques. C'est une progression par rapport à ma théorie. Il faut nourrir dans tous les sens du terme cette réaction par une alimentation. Elle est alors intégrée dans l'ailleurs de l'homme, de ce qui le précède et qui lui succède, parce qu'elle est partie intégrante de l'être humain.

Elle a de surcroît développé dans certaines civilisations, notamment occidentale, une certaine philosophie que l'on appelle la gourmandise, et qui peut devenir une sorte d'ascèse applicable à beaucoup de nourritures. Chez les Egyptiens, les Grecs, les Romains, les Aztèques et les Incas existait le culte de l'alimentation. On faisait très attention à son évolution dans le sens chimique et philosophique. La nourriture est donc partie intégrante de l'individu. »

Générosité

Le chef Georges pense que le fait de cuisiner est un acte de communication, ainsi que celui de peindre, d'écrire ou de jouer d'un instrument.

« Il est absolument impossible de pérenniser cette communication si l'on n'aime pas les gens. C'est forcément un acte d'amour car c'est un don de soi par son travail, par tout ce qu'on peut y mettre comme réflexion et imagination. La première qualité d'un cuisinier est la générosité. Quand je parle de générosité ce n'est pas dans le sens de remplir les assiettes, je parle de don de soi et, jusqu'à preuve du contraire, personne ne donne sans aimer. »

Inspiration et art

« Pour créer un plat il faut revenir à des notions de simplicité et d'humilité. Un cuisinier, aussi bon soit-il, ne peut pas créer plus de cinq plats dans l'année. L'inspiration est obligatoire. On ne crée pas un plat à l'aveuglette, mais forcément en pensant à certaines personnes, à des gens qui sont proches de nous et en fonction de leur personnalité. Je ne peux rien réaliser sans un ajustement

des saveurs dédié à quelqu'un. La création est un travail de réflexion et de technique : je ne pense pas que l'on puisse travailler intellectuellement ou physiquement sans donner. A partir de là on imagine forcément celui qui va recevoir ce don.»

«Parmi tous les arts, l'art culinaire est le plus responsable et le plus fugace. Dans la peinture il y a un côté durable mais aussi exhibitionniste et provocateur. Elle parle beaucoup plus aux gens que la cuisine qui est un art plus difficile et plus suggestif. La peinture est une nourriture intellectuelle et la cuisine transmet aux autres l'aspect amour et l'aspect nourriture.»

Surnaturel

Georges nous raconte une aventure extraordinaire et complètement surnaturelle qui lui est arrivée alors qu'il avait 14 ans. Sa femme, Michèle, la découvre seulement aujourd'hui ! C'était son secret : *«Cette histoire m'a marqué pour le restant de mes jours. Je suis allé un soir au cinéma voir* Moulin Rouge, *film dans lequel est relatée la vie de Toulouse-Lautrec. Ce personnage m'a fasciné. Bien sûr, il y avait la peinture qui était déjà mon truc, mais j'ai eu l'impression de connaître sa vie, rien ne m'a surpris. Depuis ce soir-là, chaque fois que je sortais, mais seulement la nuit, il me suivait ; je le sentais derrière moi, j'entendais sa canne, c'était devenu obsessionnel. J'essayais de passer dans des rues très fréquentées car j'étais terrorisé. C'est curieusement à la même époque que je suis entré aux beaux-arts. Cette ombre cannée m'a poursuivi pendant trois années. Après tout a cessé, mais j'ai été complètement commotionné.*

«Je fais aussi une fixation sur Gauguin et Van Gogh. Sur ma table de nuit, j'ai en permanence les biographies de Gauguin et de Van Gogh. Je lis tous les soirs ; c'est ainsi que j'ai découvert l'amour désespéré de Vincent pour la brute de Paul, amour contre nature que la passion liée à la sensibilité artistique avait généré lors de leurs séjours à Arles.»

Quelle réunion bizarre que celle de ces trois esprits venus hanter la vie terrienne du talentueux Georges Paineau ! Le lien entre ces trois artistes peintres est leurs dates de naissance peu distantes l'une de l'autre et leurs morts présentant une analogie de circonstances :

– Henri-Marie-Raymond de Toulouse-Lautrec meurt syphilitique et alcoolique.
– Paul Gauguin s'éteint dans la misère.
– Vincent Van Gogh se tire une balle dans la poitrine pour mettre fin à ses jours.

D'après Paineau : *«Trois morts qui renvoient l'alchimie du talent à la chimie de la création terrestre et j'espère à la réincarnation. Trois enfants maudits de la peinture, décharnés par l'acharnement, délavés et exsangues, jusqu'à la racine à force d'avoir gerbé leurs propres couleurs de terre et de ciel. Trois créatures protéiformes, symbolistes, synthétiques, idéalistes, initiées par l'éternel oublié, leur père dépouillé : Emile Bernard.»*

On peut, en laissant voguer notre imagination, penser que le premier poète moderne, François Villon, avait visionné la dramatique issue de ces artistes avec les trois pendus de sa ballade... Mais ne noircissons pas ce portrait, car il semblerait au contraire que ces trois esprits aient transcendé ce maléfice en basculant leur génie en un être doté de bonté au point de racheter leurs fautes humaines à travers son art expiatoire.

Le mot clef : enthousiasme

Georges nous parle des jeunes d'une manière catégorique : *«Pour tous les métiers du monde, il y a un seul mot que je tiens à écrire en majuscules et lettres de feu, c'est : ENTHOUSIASME. Je suis révolté, quand j'entends certains dire : nous sommes une génération de sacrifiés. J'ai envie de leur répondre, non, vous êtes une génération de chiffes molles. Ils attendent, tout leur est dû, tout doit tomber sans aucun effort. Je tiens à leur dire : soyez enthousiastes, même à travers vos erreurs !»*

Georges est un authentique optimiste. Son assurance est que les choses vont évoluer dans le bon sens. Pour lui, l'aspect culturel de la cuisine est un peu dévié en ce moment. *«Je pense que tout va se rééquilibrer. Nous avons un devoir, nous les cuisiniers, qui est de rééduquer les gens et d'éduquer les jeunes. D'effacer les abus néfastes de la médiatisation et revenir à des valeurs plus sûres. La gastronomie est incrustée en la France et cette branche d'activité, malgré tout ce qui a pu se passer à travers les âges, s'est toujours relevée. En ce moment on est au creux de la vague, mais comme toujours la cuisine française va de nouveau être au sommet. »*

Futur : deux styles

« Dans l'ère future, il y aura deux sortes de cuisine :
– La cuisine de fonction qui sera basée sur une cuisine de synthèse, pratique et fonctionnelle, consommée par les gens à midi en coupure de leurs activités.
– La cuisine de loisirs qui va garder sa culture et sera basée davantage sur le produit.
« Nous, cuisiniers, avons encore un devoir qui est de mettre en valeur ce produit sans le masquer. Protéger les producteurs en leur maintenant la tête hors de l'eau et valoriser ces gens qui ont le même combat que nous. Désormais, la star sera le produit, bien avant le chef. »

Le bilan

La réussite est un bilan qui se fait lorsque l'exercice est terminé. *« Dix minutes avant de passer "l'arme à gauche", si je suis encore conscient, je serai en mesure de dire si je n'ai pas raté… A ce jour, j'estime avoir eu une évolution normale. »*

Loisirs

En Georges, tout coule naturellement. Il ne connaît pas l'angoisse de la feuille blanche lorsqu'il écrit, ni celle de la toile vierge lorsqu'il peint, et il est de plus l'auteur d'une thèse sur le scientisme.
Et, en parfait épicurien, Georges apprécie de manger avec les copains ses plats préférés : oursins, truffes fraîches crues, caviar et pièces d'agneau.

Il est incapable de faire la cuisine et d'être avec ses invités en même temps. Il aime davantage aller chez ses amis. Pour sortir, il choisit le restaurant en fonction des circonstances. Pour la fête, le meilleur du lieu où il se trouve. Pour la nourriture, un bistrot, un vrai qui fait une tête de veau « top », ou un très grand.

La grande joie du queue artiste peintre est d'offrir à certains de ses confrères des toiles personnalisées qui leur correspondent.

La paix

Voir évoluer sa maison toujours de manière ascendante grâce à sa fille, son gendre et peut-être ses petits-fils, pour aller jusqu'à la troisième génération. Son souhait le plus cher : cuisiner uniquement pour ses amis et, le reste du temps, s'asseoir devant son chevalet pour peindre ou derrière son bureau pour écrire.

Georges Paineau est un indomptable dompté qui se complaît dans sa prison, car son évolution spirituelle puissante lui permet de transcender sa vie. Il réalise ses fantasmes à travers ses œuvres et ses chaînes mystiques sont sa libération. Son esprit chevaleresque revalorise la Femme, lui laissant l'illusion de son pouvoir par la faiblesse feinte de l'homme.

Son évolution fût progressive mais violente. Passant par les dédales insondables de sa cuisine, l'ouverture intérieure enfin jaillit en flammes à travers sa peinture, drogue de l'immortalité. Par les calcinations successives de son être, il rend le corps rouge, couleur forte qui rajeunit le teint et lui donne la luminosité du soleil, symbole de régénération perpétuelle. Les volcans sont ses ateliers et ses peintures captent les beautés vivantes. Il a le pouvoir d'animer l'immobile et d'immobiliser le vif, et loin de l'enfermer en des liens inéluctables, il confère mouvement et vie à la matière inanimée.

Ragoût de homard avec truffes et vin de Bordeaux

Il faut une demi-bouteille de vin de Bordeaux par personne.

1. Prenez des homards bretons vivants que vous tronçonnez alors qu'ils bougent encore. Saisissez au beurre ces morceaux sur toutes leurs faces, enlevez-les du sautoir et déglacez avec le vin; faites réduire en rajoutant un peu de fond de veau, un peu de fumet, et réduisez encore.

2. Faites une liaison avec les œufs récupérés sous les carapaces des homards. Broyez ces œufs, liez-les et terminez la sauce en ajoutant du jus de truffes et un petit morceau de beurre pour faire briller la sauce et la lier.

3. Ensuite, recouvrez les morceaux de homard que vous aurez fait sauter au préalable avec cette sauce et parsemez généreusement avec les tranches de truffes fraîches.

Vin conseillé : le même Bordeaux qu'on a utilisé pour la sauce. L'idéal est un Pomerol qui tient bien la cuisson. Pour les initiés, on peut tenter un Pétrus, mais qui augmente considérablement le prix de revient et exige que l'on soit sûr de ses initiés, de leur gourmandise intelligente et… sereine.

Cette recette est le «Kama-sutra» de la cuisine, un plat «fou»!

Homards rôtis aux épices

Ingrédients (pour quatre personnes) :

- 4 homards vivants de 500 g chacun
- 1 pointe de cayenne
- 1 cuillerée à café de : cardamome, curry, paprika
- brins de persil pour décorer.
- 80 cl de crème fraîche
- 115 g de beurre

Préparation :

1. Portez de l'eau à ébullition dans un grand faitout. Plongez-y les homards pendant deux minutes. Mettez-les à cuire dans un plat à rôtir dix minutes à 220°. Sortez les homards du four et réservez au chaud.

2. Chauffez la crème dans une casserole avec les épices et un peu de sel. Laissez réduire de moitié. Versez dans le plat qui a servi à cuire les homards en raclant bien pour récupérer le jus de cuisson des homards. Ajoutez le beurre petit à petit en fouettant. Rectifiez l'assaisonnement et passez la sauce.

3. Coupez les homards en deux, ôtez la poche à pierres ainsi que le filet de l'intestin. Laissez les pinces. Posez les homards, côté coupé vers le haut, sur des assiettes chaudes. Décorez avec le persil et nappez avec la sauce.

Vin conseillé : Meursault «Les Genévrières», de chez Yves Boyer Martenot.

… de Georges Paineau

Ravioles de pétoncles aux herbes

Ingrédients (pour quatre personnes) :

– 48 noix de pétoncles
– 2 œufs
– 1/2 l de fumet de poisson réduit
– 200 g de farine
– 2 blancs d'œuf
– 50 g de beurre
– 2 cuillerées à soupe de : estragon haché, ciboulette hachée + sel et poivre

Préparation :

1. Dans un mixeur, mélangez farine, sel, œufs et blancs d'œuf de façon à fabriquer la pâte à raviole. Laissez reposer dans un linge pendant deux heures.

2. Pour préparer les ravioles, coupez la pâte en quatre et, afin qu'elle ne sèche pas, travaillez quart par quart. Etalez la pâte en une abaisse très fine et découpez 24 ronds de 6 cm de diamètre avec un emporte pièces.

3. Assaisonnez les pétoncles. Posez deux noix sur une moitié de chaque rond de pâte, mouillez le bord avec de l'eau et repliez l'autre moitié de pâte par-dessus en appuyant bien.

4. Portez une grande casserole d'eau à ébullition et plongez-y les ravioles pendant six minutes. Egouttez-les ensuite.

5. Faites bouillir le fumet, ajoutez le beurre morceaux par morceaux en fouettant et ajoutez les fines herbes.

6. Répartissez dans des assiettes et nappez de la sauce.

Vin conseillé : Saint-Joseph (blanc), de chez Bernard Faury.

Portrait de femme : *Michèle Paineau*

"L'égérie"

Amour fou

C'est à l'école hôtelière de Clermont-Ferrand que Michèle rencontre Georges. Elle a 19 ans, c'est le « coup de foudre ». *« Quelque chose de fou s'est abattu sur moi. Je ne savais plus où je me trouvais. J'ai pensé : cet homme est fabuleux, il me le faut. »* A cette époque, les jeunes filles n'osaient pas. Elevée dans une rigidité chrétienne, Michèle se trouve bloquée par ses principes, mais Georges, très vite, l'aide à balayer ses hésitations. Tout deux réussissent leurs examens et, à l'école, leur amour est tellement visible qu'on les surnomme « les amoureux de Paineau ». Ils vivent cet amour dans une chambre d'hôtel, en cachette de leurs parents. Ils sont maigres comme des « coucous », ne mangent plus.

« Nos parents nous ont fait rechercher. Quand je me suis trouvée devant ma mère, elle m'a demandé : "Qu'as-tu fait avec une tête pareille ?" J'ai répondu : "Nous avons travaillé dur pour le B.T.H. !" »

Régularisation

« Nous ne nous sommes plus jamais quittés. Notre premier emploi fût chez Point *à Vienne où je suis née, puis à Megève. Nous logions dans une petite chambre chez le facteur. Pour rester près de Georges et n'ayant pas trouvé autre chose, je suis devenue bonne à tout faire dans une pâtisserie. Lui était cuisinier au* Mont d'Arbois. *Et, c'était prévisible, je me suis aperçue que j'étais enceinte ! »* Le couple n'est pas marié, et c'est avec moult difficultés qu'il annonce la nouvelle aux parents respectifs. Pendant son service militaire, Georges épouse Michèle qui met au monde une petite Sophie. Une deuxième petite fille (Nathalie) naîtra un peu plus tard.

Questembert

Rentré d'Algérie, Georges commence aussitôt avec Michèle sa véritable carrière. *« Nous sommes à Questembert depuis 1964. Dans cette maison il fallait tout faire. Entre les biberons, je m'occupais de la gestion, de la salle, etc. Ce fût très difficile mais nous sommes arrivés à nos fins. »*

Dieu et le monde

« Malgré toutes les horreurs du monde, je crois en un Dieu merveilleux qui a créé le soleil qui se lève et toutes les beauté de la nature. Quand je regarde ces splendeurs, je suis stimulée par une foi qui me fait prier sans cesse, heureuse ou triste, mais je ne pratique aucune religion. »

Gourmandise, harmonie et légèreté

Il est loin le temps où Michèle ne mangeait pas par amour. Elle est devenue gourmande par amour et Georges lui demande souvent son avis sur ses créations.

Michèle pense que les gourmets auront toujours envie de manger des plats cuisinés, mais avec une sauce de plus en plus légère et aérienne. *« On peut manger un plat mal cuisiné qui vous reste sur l'estomac et cinq ou six absolument divins qui vous paraissent légers. La cuisine, c'est donner du bonheur et les gens recherchent ce moment. Une maison bien tenue, un accueil, ceux qui vous servent, un bel intérieur. Mais sur un plan culinaire, je ne pense pas qu'il y ait un changement fondamental. »*

L'amour, les femmes, les guides

Amour, passion, patience et tolérance.

« Il faut beaucoup d'amour pour ce chef de mari. On traverse des moments pénibles. Ce sont des artistes. Ils ont parfois des idées irréalisables et il faut avoir le courage de les contrecarrer. De plus, ils sont constamment à l'école. Un exemple : les sorties des guides. C'est un moment dramatique pour des gens qui ont 50 ans et qui sont obligés de subir ces jugements. Il n'y a que dans cette profession qu'il en est ainsi. Et nous, les femmes, il faut être là ! »

Michèle Paineau (suite) :

Inséparables

« Je suis heureuse et comblée. Je suis optimiste et désire continuer à vivre toujours aussi bien avec mon mari, le plus longtemps possible. Je suis sûrement la femme de chef la plus naïve, mais je n'imagine pas être séparée de lui. C'est pour cette raison que j'ai peur de la mort, horriblement peur et j'aimerais lâchement partir la première.

« J'ai un autre bonheur, ce sont mes deux petits-fils. Je rêvais d'avoir des garçons, je suis donc ravie. Quand Guillaume est né, j'ai eu une impression bizarre qui est celle de l'avoir enfanté. Mon souhait serait qu'il y ait beaucoup de couples à notre image. Nous sommes soudés, et quand Georges est loin de moi, c'est comme s'il me manquait un bras, je n'existe plus. »

Tout est confondu en Michèle, son miroir, c'est Georges. Dans son inconscient, c'est capter minute par minute son évolution intérieure. Elle suit ses fantasmes en épousant la forme des méandres de son esprit. Selon ses désirs de mâle, elle feint de croire en ses pouvoirs de femme pour l'en faire jouir.

Son abnégation est une force et sa faiblesse inonde de joie l'artiste, le rendant protecteur. Son avidité de plaisirs et de domination, il l'offre à Michèle. Michèle est-elle le symbole d'une « hiérogamie » qui n'est pas un rite de fécondité mais d'union avec la divinité et, dans certains cas, l'unité même des vivants dans la totalité de l'être, ou encore la participation à l'énergie du dieu ou de la déesse ? Elle est le prix du feu et, par son ambivalence, elle égare la raison de celui qui aime la foudre.

« Il a trempé d'eau un peu de terre en y mettant voix et forces d'un être humain pour l'en former à l'image des déesses immortelles. » ***Elle place son amour sur le plan le plus élevé du psychisme humain où il se complète par les deux faces de l'âme qui aurait un côté inférieur tourné vers le corps, et un côté supérieur tourné vers l'intelligence, car le corps est dans son obscurité comme le dos du miroir et l'âme est le côté clair du miroir.***

Recette "coup de cœur" de Michèle Paineau

Compotée de tous les légumes d'hiver

1. Prenez une petite cocotte dans laquelle vous mettez de l'huile d'olive, vos blancs et verts de poireaux. Laissez bien compoter tout ça et après rajoutez du céleri, de la rave, une carotte, des navets, le tout en fines lamelles.

2. Rajoutez un petit légume que j'ai trouvé : le panet, c'est un vieux légume qui ressemble un peu à un navet rustique. Mettez un petit peu de genièvre, un peu de poivre et laissez cuire le plus longtemps possible sans couvercle (1 h 30 de cuisson).

3. Au moment de servir, laissez un peu refroidir vos légumes, rajoutez une goutte d'huile d'olive, des herbes, du cerfeuil, un peu de persil plat . Bien mélanger. C'est filandreux et compoté. *Tu manges ça, c'est un bonheur !*

Vin conseillé : un Saint-Veyrant, de chez Guerrin.

Portrait de gendre : *Claude Corlouer*

"Le maillon"

Gendre et second de Georges Paineau.

Marine-cuisine

De souche bretonne, un père marin qui emmène sa femme dans ses pérégrinations, Claude Corlouer est né à Bizerte. La famille est originaire du Trégor à Lannion, dans les Côtes-d'Armor.
« Etant enfant, j'étais en permanence avec ma mère, et tout ce qu'elle réalisait en cuisine m'intéressait. C'est tout naturellement que je suis allé dans une école hôtelière et, lors du premier stage, j'ai rencontré un jeune chef qui m'a mis sur les rails. J'ai travaillé avec lui dans des petites maisons. Après mon service militaire, j'ai voulu monter à Paris, mais quand on aime la nature et qu'on ne connaît personne, on est déçu. La première place intéressante où j'ai appris ce métier, c'est à l'hôtel Hilton de Bruxelles. Ensuite, j'ai eu la nostalgie de la Bretagne. J'ai mis une annonce et la première réponse était de Questembert. »

La famille

Ce qui plaît à ce jeune queux, c'est l'ambiance familiale de la maison. Très vite, il devient le bras droit de Georges Paineau. Nathalie, la fille du chef va encore à l'école. Lors d'un repas avec le personnel, c'est la rencontre. Ils se marient un an après.

Le maître

« Georges ne travaille pas trop sur les techniques, mais sur les produits. Il a une manière très personnelle d'opérer. Le plus difficile est de comprendre ce qu'il fait. »

Clairvoyance

Par ses attaches bretonnes, Claude nous avoue être très croyant mais pas pratiquant. Cela dit, ses yeux transpercent. Il a certains dons de clairvoyance, mais sa pudeur l'empêche de « fouiller » les gens.
« J'ai des appréhensions, des angoisses, je réfléchis un peu trop, mais je devine ! »

Le sacerdoce des élèves

S'oublier, servir, penser et donner aux autres, sinon stopper. C'est un sacerdoce. *« Ce métier est ingrat. C'est un peu comme en musique, il faut apprendre les gammes avant de jouer un morceau. Cuisiner est une communion. Il faut être bien dans sa tête et bien physiquement. On peut comparer cette performance à une compétition de haut niveau. Avec, en plus, le spirituel. Il faut toujours être au sommet de sa forme. »*

Le produit

« Dans les années à venir, le choix du produit va être capital. Les restaurants gastronomiques qui survivront seront ceux qui utiliseront les meilleurs produits. Il ne faudra pas se tromper car, financièrement, ça pourra aller du simple au double. Ensuite, la créativité entrera en ligne de compte. »

Le tournant

Claude est certain que l'affaire Paineau est arrivée à une étape. L'entreprise a énormément évolué ces dernières années, il faut maintenant faire un choix.
« Doit-on prendre un second souffle et aller plus haut, ou essayer de vivre sereinement ? Allons-nous trop vite ou trop lentement ? Comment naviguer ? »

Claude Corlouer sait naviguer. Il est envoyé pour relier le corps physique au corps subtil. La famille Paineau représente des guerriers combattants enchaînés les uns aux autres. Claude, avec sa capacité d'intégration au groupe, est le maillon d'une adhésion spontanée.

« Mais si je voulais, moi, franchement tirer, c'est la terre et la mer à la fois que je tirerais avec vous, après quoi, j'attacherais la corde à un pic de l'Olympe et le tout flotterait au gré des airs. »
Extrait de l'*Iliade*.

Recette "coup de cœur" de Claude Corlouer

Mille-feuille de chocolat noir à l'orange confite

Ingrédients (pour six personnes) :

- 500 g de chocolat noir
- 2 pommes
- 5 cl d'eau
- sucre glace
- 4 oranges non traitées
- 200 g de sucre
- cacao amer en poudre
- papier aluminium

Préparation :

1. Commencez par faire confire vos oranges de la façon suivante : coupez-les en douze rondelles qui auront gardé leur peau (cette découpe se fera parallèlement à l'équateur). Dans un sautoir où vous aurez mis 200 g de sucre, faites cuire vos rondelles d'orange et les deux pommes coupées en quatre, jusqu'à ce que les oranges soient confites, c'est-à-dire cuites et presque à sec de sirop.

2. Faites fondre le chocolat au bain-marie et versez-le sur la feuille de papier aluminium que vous aurez étalée sur votre planche à découper. Introduisez le tout dans votre réfrigérateur ou dans un endroit très frais (cave, rebord de fenêtre en hiver...) de sorte que le chocolat commence à durcir.

3. Avant qu'il ne soit complètement dur, faites des découpes avec la pointe d'un couteau de façon à obtenir dix-huit carrés qui auront environ 7 cm de côté. Remettez votre chocolat à durcir et, au bout de trente minutes, décollez ces carrés de la feuille d'aluminium.

4. Etalez six carrés de chocolat, toujours dans un endroit frais et en les touchant le moins possible. Etalez une partie des oranges confites froides, recouvrez avec un autre carré et recommencez à garnir avec de l'orange. Recouvrez avec les six derniers carrés que vous décorerez en les saupoudrant alternativement et légèrement d'un peu de poudre de cacao amer et de sucre glace.

5. Répartissez dans six assiettes.

Vin conseillé : Beaume de Venise, domaine de Coyeux, « Nativelle ».

Alain Passard

"Arpège"

84, rue de Varenne – 75007 PARIS

Tél. : 01 45 51 47 33 – Fax : 01 44 18 98 39

ENTRER en Arpège, c'est être encerclé et apaisé pour y recevoir successivement un crescendo de découvertes, de douceurs et de plaisirs. Le climat intérieur de ces lieux est élégant et d'une sobriété quasi monacale. Les tons de blés mûrs des boiseries et la lumière diffusée à travers les figurines antiques – Lalique – en font un palais de cristal semblant appartenir aux archétypes du rêve et de la rêverie...

> *« Cette lumière est comme une niche dans un mur où se trouve une lampe, et la lampe est dans un verre, et le verre est comme une étoile brillante. Elle est allumée avec l'huile d'un arbre béni, un olivier qui n'est ni d'Orient, ni d'Occident ; et cette huile est allumée et (l'éclat de sa lumière) brille, sans que le feu y ait été mis. C'est lumière sur lumière. Dieu guide vers sa lumière qui il veut. »* (Le Coran.)

Lieu subtil, invisible, diamant insuffisamment mûr, attente d'un festin éthéré offert par un queux dont la transparence est l'un des plus beaux exemples d'union des contraires. Il s'est enfui par l'ouverture de la voûte céleste à l'image de Soatsak emporté dans le ciel et redescendu sur terre après avoir décroché du sommet du Sumbur l'inspiration des coordinations culinaires, dont les réactions naturelles matérialisent et traduisent les désirs inexprimés de l'artiste.

"Le grand couturier de la gastronomie"

Hérédité culinaire

Né le 4 août 1956 à Guerche-en-Bretagne, Alain Passard est doté d'un programme héréditaire prédestiné. Son arrière grand-mère est propriétaire d'un bistrot, sa grand-mère Louise est cuisinière dans une maison bourgeoise, et son père suit des cours dans une école hôtelière à Paris. Dans la famille Passard, l'histoire tourne toujours autour de la table.

C'est sur la pointe des pieds, pour voir l'intérieur des casseroles, que le petit Passard apprend la cuisson des mets avec sa grand-mère. Régulièrement, elle organise des déjeuners et des dîners. Alain nous dit : *« C'est de manière subtile que grand-mère Louise me fit comprendre qu'elle vivait une passion et voulait me la faire partager. Je me dirigeais à l'époque vers une carrière sportive, et son obstination tranquille me fit céder. Je loue aujourd'hui son acharnement. »*

Les arts

Mais cette famille est également dotée de dons artistiques. Sa grand-mère, cuisinière, restera à ses côtés jusqu'à sa trentième année, et sa mère, couturière imaginative, lui donnera le juste ton des harmonies et des couleurs. Son père abandonne l'hôtellerie pour s'adonner à sa passion : la musique; il joue de tous les instruments et inspire son fils pour l'un d'eux, le saxophone. Son frère est curé en Normandie et dirige une paroisse; il lui transmettra peut-être ce goût pour la recherche spirituelle. Pas étonnant si ce cuisinier excelle en virtuosité pour réaliser des compositions d'une subtilité particulière.

Formation

A 14 ans, le jeune Alain pénètre définitivement dans le monde de la cuisine. Apprentissage chez un restaurateur à temps complet, il suit en parallèle un enseignement scolaire par correspondance. La suite de son évolution le mènera directement vers des établissements de haut niveau :

– L'hôtellerie du *Lion d'Or* à Liffré, auprès de Michel Kerever, deux étoiles.
– *La Chaumière* à Reims, avec Gaston et Gérard Boyer, trois étoiles.
– *L'Archestrate* à Paris, trois étoiles. Alain Senderens avait pressenti que les talents de ce jeune breton le mèneraient loin, mais avait-il deviné qu'il transformerait un jour *L'Archestrate* en *Arpège ?*
– Avec la direction des *Cuisines du duc d'Enghien,* il devient, à 26 ans, le plus jeune doublement étoilé de France.
– En 1986, c'est l'ouverture de *L'Arpège* et, en 1988, il obtient sa deuxième étoile.

La perfection

Cette sensibilité pousse Alain Passard à l'approfondissement de ses sentiments intérieurs. Son impression, à ce jour, est d'avancer sans vraiment aboutir. Qui, parmi nous, est assuré d'aboutir un jour dans cette recherche de la lumière ?

Alain tente de nous expliquer le lien entre la nourriture, l'homme et l'ailleurs : *« L'inspiration est liée aujourd'hui à un certain bien-être. La machine fonctionne essentiellement avec un confort spirituel et, contrairement à ce que l'on pense, les moments d'égarement peuvent être très profitables à certaines idées. La difficulté peut engendrer une imagination un peu plus morose mais, en même temps, plus forte. Et cette dualité m'habite complètement. J'ai du mal à concevoir un geste, une finalité de plat sans élégance, sans raffinement, sans un dernier visuel de séduction. Ce regard va m'apporter une satisfaction unique : quand on réussit à atteindre la perfection par le positionnement des produits dans l'assiette, la découpe et l'assaisonnement, lorsque tout est juste, que le plat se dessine, c'est vraiment l'apothéose.*

« Chacun détient sa vérité à des niveaux différents. Pour moi, quand tout tombe comme je veux, telle mon imagination, du début jusqu'à la fin, en passant par l'achat des produits, la qualité, la cuisson, l'assaisonnement, les accompagnements... et si par magie tout se place dans l'assiette, c'est un plaisir incomparable. C'est communiquer à travers un plat. Le plaisir est partagé et, quand on partage la perfection, c'est encore mieux. »

Sur mesure

Pour ce malade du perfectionnisme, un cuisinier qui ne voit pas ses clients est un cuisinier « aveugle » parce qu'il ne sait pas à qui il destine sa cuisine. C'est très grave à son avis, car après avoir vu un visage il apporte obligatoirement des choses différentes. Il lui suffit d'échanger deux ou trois mots pour modifier divers petits éléments de sa réalisation :

« Mon système est d'aller toujours en salle pour créer un lien. Mon sixième sens me dit qui est devant moi. On trouve des hommes d'affaires

(pressés), d'autres qui ont le temps, qui sont là pour se détendre, des connaisseurs, des amoureux… Alors, vous rythmez, vous donnez une cadence au repas. Ça devient très complet. Pour cette raison, le petit tour de salle est important.

« En fonction d'une nationalité vous changez les assaisonnements, les cuissons. A la fin, si vous allez voir vos clients, vous les abordez d'une manière différente, vous n'arrivez pas comme un étranger, vous les connaissez déjà, vous les avez nourris avant, vous les avez pratiquement inondés de plaisir. La sensation n'est pas la même si vous vous présentez seulement en fin de repas, ce qui provoque une surprise réciproque ; avoir cuisiné pour "X" et avoir mangé la cuisine de "Y".

« Voyez-vous, cette méthode est fabuleuse de joies. Vous les avez pensés, imaginés, vus dans votre esprit ; leurs visages se sont ancrés dans votre mémoire et en mijotant les mets, vous avez travaillé par rapport à eux. A contrario, vous tombez dans un film complètement opaque parce que vous ne savez pas pour qui vous faites vos gestes, tel un automate. Ainsi, tout va alors être retranscrit et, au bout du compte, vous aurez adapté un plat en accord avec leur personnalité. Ensuite, en allant vers leur table, vous aurez en vous la certitude d'avoir réussi. Ils ne seront pas un numéro car, en cuisine, je dis : "Enlevez la table de Monsieur…"

« Je connais toujours le nom de mes clients. C'est évident, il y a dans mon restaurant douze tables, et je ne pourrais pas travailler de cette façon pour cent couverts. En vérité, c'est une communion, ce n'est pas uniquement du "Passard". »

Les jeunes

Pour choisir cette profession, Alain revient à l'essentiel : communiquer.

« Ce métier a une puissance dans la perfection, dans la sensibilité, le plaisir de partager les choses. Il leur est indispensable de prendre conscience que leur vie sera remplie jusqu'au bout. C'est un métier qui a énormément bougé depuis les vingt dernières années. Les choses vont encore évoluer. Les jeunes chefs devront arriver avec une cuisine encore plus créative, encore plus intéressante dans les harmonies de saveurs. »

Leçon culinaire française futuriste

Les prédictions « passardiennes » sont claires, nettes, précises : *« La cuisine sera de plus en plus réfléchie. Des jeunes sont arrivés avec des pointures différentes dans les compositions de plats et les dosages. Quand un mets est merveilleux, on en prend trois cuillères et l'on est nourri. Il faut habituer les gens avec de petites portions de différents plats. Il faut les satisfaire avec trois ou quatre bouchées pleines de saveurs, de travail, emplies de parfums.*

« Il est obligatoire, pour l'avenir de la gastronomie française, d'arriver à ce genre de cuisine. C'est très difficile, car les clients aiment en général en avoir "plein leur assiette". Bien sûr, il y en a "plein le visuel", mais c'est répugnant, rien de mieux pour couper l'appétit. Nous, créateurs, ne voulons pas tomber dans ce genre de cuisine. Je veux donner des portions réduites mais précises, avec plus de plats qui seront très aboutis ; les chefs doivent goûter leur cuisine et s'ils ne sont pas bons professeurs pour eux-mêmes, ils doivent se faire aider par des tiers qui leur diront ce qu'il faut modifier ou abandonner.

« Goûter, faire des tests, prendre du temps pour la dégustation… Il est merveilleux d'ajuster une création en fonction des variantes de produits sur les marchés, sur les bases d'une région, puis de passer sur une autre région avec le même produit ; il n'y a plus les mêmes saveurs. Un citron vert qui vient du sud de la France n'aura pas le même goût qu'un citron vert qui vient du Mexique. Tout évolue en permanence, alors c'est goûter sans cesse et regoûter… »

L'ère future mondiale

« La France sera le moteur de la cuisine à travers le monde, c'est pour cette raison qu'il s'avère indispensable de continuer notre progression. Nos créations culinaires sont copiées par l'Asie et les U.S.A., il faut donc affirmer notre position et démontrer qu'en France

la cuisine évolue à travers des personnages. Les futurs chefs doivent impérativement le ressentir, et si rien ne bouge ce sera pour eux une déception avec le risque de se faire piquer la place. Il nous faut des "drivers". »

Désir d'un visionnaire

En conclusion : « *Il faut baisser les quantités, faire des plats moins copieux mais complètement aboutis, très riches en parfums et en saveurs. Les clients doivent être nourris par une espèce de réflexion : chercher, deviner, approfondir le dialogue entre le cuisinier et le client-partenaire. Si on réussit ce pari, il n'y aura pas beaucoup d'élus… entre dix et quinze peut-être. Dans ces quelques maisons, il y aura des visiteurs qui viendront pour apprendre, pour passer un moment de découverte et ressortir en disant : "On s'est enrichis, nous sommes allés à la rencontre de la "véritable gastronomie".* »

Loisirs

Le destin n'a pas souhaité la réalisation d'Alain Passard à travers le sport, mais ce dernier s'adonne en vacances à diverses activités sportives telles le pilotage (hélicoptère), la conduite automobile ou le parachutisme. Alain se révèle être, incontestablement, un chef de « haut vol ».

Mais, pour ses amis, il transmet en toute simplicité sa sensibilité à travers les sons de son saxophone chéri. Il apprécie autant inviter qu'être reçu par ses amis, et sa cuisine préférée est celle de Sylvie, la femme de sa vie. S'il devait choisir un restaurant, pour l'y inviter, il le choisirait en fonction du lieu de la sortie prévue et en fonction de ses désirs.

Joies à travers l'amour du métier

« *Dans ce monde où les événements évoluent tellement vite, on ne sait plus, la réussite peut s'échapper. Définir mon bonheur serait communiquer sur la beauté du métier. C'est vraiment ce qui me tient à cœur, car je ne suis pas toujours d'accord avec ce qu'il se dit à ce sujet. C'est une vocation très prenante mais qui nous procure énormément de joies. Ce qui est merveilleux, c'est que chaque décennie, pour un cuisinier, apporte une nouvelle maîtrise, une nouvelle approche du produit, une autre technicité, une progression qui se fait et se fera. Si on fait la cuisine jusqu'à 80 ans, elle sera encore différente. Et toujours ce bonheur de mise au point pour procurer de la joie aux gens. C'est merveilleux, il y a très peu de métiers où l'on éprouve ce plaisir pour toute la vie.*

« *Contrairement à une carrière sportive (pauvres athlètes qui, en fin de carrière, à 25 ans, sont usés), pour la cuisine quand on a "le feu sacré" il n'y a pas d'âge, on peut être complètement inondé de plaisir, de bonheur. Je fais mon trajet tous les matins entre mon domicile et mon restaurant et je rentre dans cette maison avec ce regard, je vois mes tables prêtes et je dis : "Tout à l'heure ce sera…"* »

Souhait pour l'avenir

« *C'est d'avoir cette fenêtre ouverte devant soi, vers la créativité, de sentir que ses propres possibilités sont en plein développement. C'est transcrire cette phrase : je suis sur la carte d'automne, mais pour la carte d'hiver j'ai encore plein d'idées. Sentir que les idées vont être là c'est important, les mûrir, les faire mariner, une espèce de macération qui aboutit au fil des mois, tout naturellement. Les battants à l'horizon… un soleil… Mais trop de mots et d'émotions, je suis ivre, pardonnez-moi…* »

Merci Alain Passard pour ce témoignage émouvant et rassurant à la fois, qui représente pour nous, amoureux de la recherche, d'une perfection culinaire, l'utilité d'œuvrer encore et toujours pour l'épanouissement d'un art unique dont la lumière est de combler d'amour et de nourrir selon l'enseignement divin à travers les âges, en toute vérité.

Alain Passard (suite) :

ALAIN PASSARD a le sens de l'indépendance qui lui fait adopter un mode de vie original qu'il préserve jalousement. Sa créativité teintée de pittoresque contribue à son épanouissement. Sa musique, c'est en lui-même qu'il la saisit, elle est une harmonie des facultés de l'esprit et des éléments constructifs du corps.

.../...

Recettes “coup de cœur”...

Poulet de Janzé au foin

Ingrédients (pour quatre personnes) :

- 1 poulet de 1,6 kg
- 300 g de farine
- foin
- 1 grosse poignée d'herbes séchées de prairie
- 1 beau copeau de beurre salé
- gros sel, poivre du moulin
- 1 tige de rhubarbe

Préparation (réalisation : 25 minutes ; cuisson : 55 minutes) :

1. Garnissez de foin la cocotte en verre ou en fonte. Nichez-y le poulet de façon à ce qu'il soit entouré des herbes séchées.

2. Confectionnez un enduit avec la farine et un verre et demi à moutarde d'eau. Roulez en fin boudin la pâte légèrement souple, collez-la sur le rebord de votre cocotte et venez l'écraser avec le couvercle de manière à obtenir un joint hermétique et préserver ainsi toutes les saveurs de la volaille.

3. Enfournez à thermostat 7 pendant une petite heure. Pour servir, rompez la croûte de farine au couteau, parsemez de gros sel et de poivre du moulin.

4. Découpez le poulet, ajoutez le beurre frais salé.

5. Savourez ce plat avec une tige de rhubarbe fraîche panée et poêlée au beurre, croustillante et blonde. Sucrez-la copieusement et épicez-la.

Vin conseillé : Pessac-Leognan, Domaine de Chevalier blanc, 1982.

…/…
Il symbolise le rajeunissement de vigueur et l'activité céleste. Semblable à l'éther illimité, libéré de ses sentiments, il dissout son âme, il est le néant, il n'a plus d'âme temporelle. Planant, il retourne au principe en passant par les champs, visible, bondissant et volant. Il enveloppe son mystère d'une obscurité majestueuse en dérobant saintement aux regards indiscrets les traces de son commerce avec la divinité…

… d'Alain Passard

Tomate confite farcie aux douze saveurs

Ingrédients (pour quatre personnes) :

- 8 tomates
- 200 g de pommes + 200 g de poires
- 75 g d'ananas
- 2 g de gingembre
- 4 clous de girofle
- quenelle de glace vanille
- 15 g de raisins secs
- 2 g de zeste d'orange
- 4 g de zeste de citron
- 1 g de menthe et 1 g de cannelle
- 10 g de chaque : noix, amandes et pistache
- sucre
- anis
- 2 gousses de vanille

Préparation :

1. Ciselez les pommes, poires, ananas, gingembre, noix, amandes et pistaches, hachez les zestes d'orange et de citron; disposez dans un poêlon une fine pellicule de sucre que vous faites caraméliser à brun, mettez-y les pommes, poires, ananas et faites-les sauter à feu vif de façon à ce qu'ils soient pratiquement cuits.

2. Incorporez également dans le poêlon les zestes d'orange, de citron, le gingembre, les clous de girofle, l'anis, la cannelle, les raisins secs, la menthe ciselée, les noix, les amandes, les pistaches et 1 gousse de vanille. Mettez cette farce dans les tomates préalablement émondées et épépinées, en ayant pris soin de faire une ouverture sur le haut.

3. Saupoudrez légèrement de sucre le poêlon, faites caraméliser, mouillez d'un jus d'orange et ajoutez la gousse de vanille restante.

4. Mettez les tomates dans le poêlon et faites cuire au four à 200° en arrosant fréquemment pendant cinq à sept minutes selon la taille de la tomate (il est préférable d'utiliser des petites tomates).

5. Servez avec le jus de cuisson et une quenelle de glace vanille.

Vin conseillé : vin jaune d'Arbois, 1983, de chez Jacques Puffeney.

Alain Reix

Le "Jules Verne"

Tour Eiffel – Champ de Mars – 75007 PARIS
Tél. : 01 45 55 61 44 – Fax : 01 47 05 29 41

Il est bien malaisé de présenter ce qui n'est plus à présenter ! Un nom magique, la tour Eiffel. Telle la Ziggurat, elle rétablit par un artifice, l'axe primordial rompu, pour s'élever par lui jusqu'au séjour des Dieux. La tour sert à unir les trois mondes, ainsi que Jules Verne à la conquête du ciel, de la terre, de la mer et son monde souterrain.

Ce visionnaire savait probablement qu'en ce point du globe le monde entier viendrait escalader le ciel car, en gravissant ce temple, le pèlerin se rapproche du centre et, sur la terrasse supérieure, il réalise une rupture de niveau, transcendant l'espace profane hétérogène et pénétrant dans une terre pure, sommet recouvert d'or qui est la résidence de Samas, le dieu Soleil.

L'athanor des alchimistes emprunte la forme d'une tour pour signifier que les transmutations recherchées dans leurs opérations vont toutes dans le sens d'une élévation. Il fallait un jeune chef de grande foi pour faire oublier la grisaille intérieure, découvrir des saveurs enracinées mais aussi aériennes et être à la hauteur de la gigantesque aura qui illumine Paris.

"Eole"

Le paysan et son père spirituel

Alain Reix a le métier de cuisinier « dans la peau ». Son choix définitif date de sa cinquième année. Sa grand-mère (encore une femme), possède un restaurant dans le Périgord : *« C'est elle qui m'a donné le goût du commerce et de la restauration. Elle m'a enseigné entre autres, la fabrication des terrines avec cette base de terroir et de campagne. Je me sens très paysan dans mon comportement et mes habitudes. Il me semble qu'il faut être un peu paysan pour faire la cuisine. Il faut aimer toucher, sentir, être proche de la terre et sensible à la nature. »*

Les études d'Alain vont jusqu'à la 3e. Il passe son B.E.P.C. et entre ensuite dans le vif du sujet.

Il nous parle en termes élogieux de son père spirituel, Jacques Le Divellec : *« J'ai eu une chance inouïe de le rencontrer. Il m'a tout enseigné. Il s'est montré très dur envers moi et je ne l'en remercierai jamais assez. Nous nous connaissons depuis vingt-cinq ans et l'amitié est toujours là. J'avais 16 ans lorsque je suis entré chez Le Divellec. J'ai fait mon apprentissage uniquement chez lui, mais il m'envoyait souvent à l'étranger. Parmi ces stages, j'ai eu le privilège, à 19 ans, de réaliser des repas pour le roi de Suède. »*

Expériences

Le jeune chef rencontre alors une charmante jeune fille qui travaille à l'hôtel de La Rochelle. C'est un coup de foudre, ils se marient très vite. Le couple décide de voler de ses propres ailes et part à la conquête de Strasbourg. Ils prennent une toute petite affaire (25 couverts) dans laquelle ils travaillent seuls.
Malgré le quartier défavorisé, industriel et très noir, la presse déniche ce nouveau chef qui ose cuisiner du poisson en Alsace ! C'est après quelques articles dans les journaux que le *Guide Michelin* leur offre la première étoile. L'ascension vertigineuse commence.

« En 1987, nous avons décidé de prendre un restaurant un peu plus grand et nous nous sommes installés à 10 km au sud de Strasbourg. Nous avions une centaine de places et un effectif de vingt personnes. Cinq ans après, le contexte étant très difficile, nous avons décidé de nous rendre à Paris. » Le destin, une fois de plus, ramène Alain tout près de Jacques Le Divellec, dans le VIIe arrondissement.

L'enjeu

La tour Eiffel peut s'avérer être un rêve d'élévation pour un jeune chef ambitieux. Son ange « Hahaiah » a dû l'obliger à lever les yeux au ciel pour atteindre le Jules Verne !

La tour est un enjeu important. C'est une maison difficile. Chaque jour il est prévu cent quatre-vingts couverts environ et cela sept jours sur sept. Il est donc impératif de bien s'entourer. Grâce à Dieu, l'épouse d'Alain est directrice d'un hôtel et son fils, qui a 17 ans, suit les cours de l'école hôtelière. Il est, comme il se doit, en stage chez Le Divellec. Tous trois sont très indépendants, partagent la même passion et se retrouvent le samedi ou le dimanche.

Le déjà vu

« Je suis catholique, j'ai fait ma communion et ne suis plus pratiquant par manque de temps, mais je suis ouvert à tout. Le bouddhisme m'intéresse et je suis un passionné d'astrologie et de voyance. Je crois en une vie après la mort. Très souvent, il m'arrive d'avoir des impressions de déjà vu, déjà vécu. Il y a des endroits où je ne suis jamais allé et qui curieusement ne me sont pas inconnus. Il me semble refaire certains gestes, avoir déjà eu telle attitude. »

Réflexions

« Pour transformer un produit, il faut aimer les gens à qui on le destine. L'amour pour ses clients est nécessaire ainsi que le respect du produit que l'on travaille et de l'équipe qui vous entoure.
« L'organisation d'une cuisine est très hiérarchisée, très militaire. Il y a le chef, le sous-chef, le chef de partie, le commis. Il faut être ferme avec eux, mais ils ont besoin de ressentir l'amour que vous leur portez ; alors il y a un retour. Un journaliste me disait un jour : "Pour faire ce métier il faut avoir un don." Bien sûr, il faut inventer, goûter et savoir en l'espace de quelques millièmes de seconde si c'est réussi. Mais ce n'est pas simplement un don, c'est une passion, puis on apprend et on peaufine.

« Pour cuisiner, il faut une certaine sensibilité, c'est pour cette raison que nous sommes toujours à fleur de peau.

« Pendant quatorze ans j'ai eu des affaires qui m'appartenaient et c'est pour cette raison que je suis ici. Je suis plus tranquille, ce qui me permet d'être plus créatif. Avant, j'avais l'obsession de réaliser une nouvelle carte. Aujourd'hui l'inspiration vient naturellement. »

De nombreuses relations d'Alain l'ayant connu dans un autre contexte le trouvent entièrement transformé.

Sensibilité

« Du haut de la tour Eiffel, avec une vue aussi merveilleuse c'est pour moi fabuleux. J'aime le vent, j'en ai besoin pour exister. Habituellement, quand je descends dans la journée, il y a du monde, la pollution… Hier, à 1 heure du matin, il avait plu, j'ai senti l'odeur des feuilles humides, des champignons, c'était extraordinaire.

« Nous, les cuisiniers, sommes très sensibles aux parfums ainsi qu'au toucher. J'adore toucher le bois, c'est une si belle matière. »

Patience et persévérance

Alain conseille aux jeunes élèves : *« Pour être cuisinier, il faut être passionné, patient, persévérant et beaucoup travailler. Parmi la nouvelle génération, il y a encore de bons éléments. Dans mon équipe, j'en forme actuellement deux ou trois. Mais souvent, ils manquent de patience.*

« Si on ne réussit pas une composition, il faut persévérer et recommencer demain. Chaque jour, nous sommes obligés de refaire les mêmes gestes, les mêmes recettes. Nous sommes également des commerçants et si le client revient trois jours après, il veut retrouver le même aspect d'un plat et le même goût.

*« On revient toujours à ce mot en conclusion, il faut beaucoup d'**amour**. »*

Pessimisme

Pas très optimiste notre jeune queux !

« Malheureusement, j'ai l'impression que dans quelques années, nous serons des dinosaures, cela n'engage que moi mais, actuellement, les gens travaillent trop, ont moins d'argent et tout s'accélère. Les parents ne préparent plus les repas et les enfants n'ont plus envie de manger. A Paris, il ne restera peut-être que deux ou trois établissements gastronomiques où l'on paiera très très cher le repas. Ce sera le "top", le sommet, et en dessous on trouvera une restauration moyenne, mais la restauration gastronomique, celle qui est de plus en plus onéreuse pour le client et pour ceux qui la font, connaîtra quelques problèmes. Dans le futur, il n'y aura qu'une seule cuisine. »

Les fondations

« Pour toutes les sortes de cuisine, même la nouvelle, il faut une base classique. Sans cela, on ne peut absolument rien faire. Si vous montez sur la tour Eiffel ou dans un immeuble qui ne possède pas de fondations solides, il s'écroule. Si vous faites une daube ou un bourguignon, si vous voulez l'alléger, il faut quand même les bases du bourguignon. On dit actuellement que la cuisine du terroir est à la mode. Ce n'est pas vrai, c'est ainsi depuis toujours. Et nous les cuisiniers, même si nous réalisons parfois des plats compliqués et raffinés, nous adorons la cuisine du terroir et manger comme on mangeait il y a un siècle. »

Loisirs

Les quelques loisirs d'Alain sont la promenade en forêt, la natation et le cinéma.

Il aime faire plaisir à ses amis et les reçoit chez lui pour leur concocter les plats qu'ils aiment. Il préfère recevoir, car c'est un homme d'initiatives qui n'aime pas subir.

Ses plats préférés dans le privé sont ceux à base de tripes, les terrines, les pâtés, les saucissons, les andouillettes et la choucroute. Pour sortir, ses attirances vont vers les anciens bistrots pas bruyants et les grandes tables qui sont pour lui toujours une fête et chaque fois une découverte. Pour faire plaisir à son fils, il peut manger un hamburger, mais ce n'est pas sa tasse de thé !

La tour des étoiles

Alain Reix est satisfait de l'évolution de sa carrière et de sa vie personnelle. La direction du *Jules Verne* lui donne tous pouvoirs. Il est par conséquent maître à bord sans être perturbé par les problèmes financiers.

Alain Reix (suite) :

« J'engage le personnel nécessaire à la bonne coordination de la maison, j'effectue mes achats sans restriction et mon objectif, bien entendu, est l'obtention de la deuxième étoile. »

Le Maroc et le soleil ont donné à Alain le goût des épices. Natif d'Agadir, il continuera au cours de ses voyages à compléter sa palette des saveurs.

Ce sensuel, tactile, goûteur et jouisseur, nous étonne par ses créations culinaires sans nous éloigner de la matière première, substance initiale, assimilable à la terre maternelle. Ce fou de plein air et d'espace a trouvé le juste sens giratoire qui lui permet de nous transmettre la convoitise des nourritures terrestres et l'enivrement des enchantements dionysiaques.

Il est le fils du vent et de l'eau. L'eau se repose sur le dos du vent et le vent fut créé sous la forme d'un homme de 15 ans qui soutient l'eau, les plantes, le bétail, l'homme juste en toutes choses. Alain Reix a le sens de coagulation et de dissolution par un effort de concentration spirituelle. Il attend l'espace vide pour voir le sauvage esprit le remplir comme un véhicule magique du souffle. Seigneur de l'aube, il est le cumulus aux reflets argentés du milieu de l'été.

Dos de bar rôti, pommes de terre au roquefort

Ingrédients (pour quatre personnes) :

- 4 morceaux de bar (150 g chacun)
- 100 g de crème épaisse
- 1 botte de ciboulette
- 8 cuillerées à soupe d'huile d'olive
- sel, poivre
- 12 petites pommes de terre d'environ 8 cm de long
- 120 g de roquefort
- 100 g de fromage blanc
- 4 cuillerées à soupe de glace de viande
- 1/2 l de fond de volaille

Préparation :

1. Epluchez les pommes de terre et tournez-les façon pommes château. Evidez-les, mettez-les dans un plat puis assaisonnez-les. Rajoutez le fond de volaille et faites cuire au four une demi-heure à 200°. Réservez.

2. *Pour la farce de fromage :* écrasez le roquefort, rajoutez la crème fraîche et le fromage blanc, puis la ciboulette hachée. Malaxez bien et assaisonnez de sel et de poivre. Remplissez chaque pomme de terre de cette farce et réservez au chaud.

3. Chauffez un peu d'huile d'olive dans une poêle, puis posez dedans les filets de bar côté peau. Au bout de deux minutes, tournez-les. Finissez la cuisson dans un four à 200° pendant six minutes.

4. Pendant ce temps, chauffez le fond de volaille, assaisonnez-le puis mettez les pommes de terre au four pendant cinq minutes.

5. Dans quatre assiettes, disposez en haut les pommes de terre, les filets de bar en bas. Mettez un peu de sauce autour et terminez en rajoutant un peu d'huile d'olives.

Vin conseillé : Sancerre blanc 1994, « La Côte des monts Damnes », de chez Henri Bourgeois.

… d'Alain Reix

Mille-feuille aux abricots, glace au pain d'épices

Ingrédients :

Mille-feuille :

– 3 feuilles de pâte à phylo

– 25 g de sucre en poudre

– 40 g de beurre fondu froid

Glace au pain d'épices :

– 175 g de lait

– 60 g de sucre en poudre

– 80 g de jaunes d'œufs

– 1 demi-cuillerée à café de cannelle en poudre

– 50 g de crème

– 1 clou de girofle

– 1 tranche de pain d'épices

Poêlée d'abricots :

– 16 abricots coupés en morceaux

– 80 g de sucre en poudre

– 1 demi-cuillerée à café de cannelle en poudre

– 40 g de beurre

Préparation :

1. *Poêlée d'abricots* : mettez à fondre les 40 g de beurre et les 80 g de sucre jusqu'à légère coloration, puis mettez les morceaux d'abricots. Remuez délicatement, et ajoutez une demi-cuillerée à café de cannelle en poudre. La cuisson des abricots ne doit pas être trop longue *(al dente)*. Laissez refroidir, puis réservez.

2. *Glace au pain d'épices :* mélangez les 175 g de lait, les 50 g de crème, 30 g de sucre en poudre, la demi-cuillerée de cannelle en poudre et le clou de girofle et portez à ébullition. Ensuite, incorporez-y les 80 g de jaunes d'œufs et à nouveau 30 g de sucre en poudre que vous aurez mélangés au préalable. Faites cuire le tout à la nappe, puis chinoisez et laissez refroidir. Ensuite, mettez la crème dans une sorbetière, incorporez la tranche de pain d'épices coupée en petits morceaux et glacez.

3. *Montage du mille-feuille :* étalez 40 g de beurre sur les 3 feuilles de pâte à phylo, superposez-les et sucrez la partie supérieure, côté beurre. Déposez la poêlée d'abricots uniformément puis roulez dans le sens de la longueur. Ensuite, à l'aide d'un couteau scie, tranchez des morceaux de 3 cm. Déposez-les à plat sur la plaque de votre four et faites cuire à 230° (thermostat 8) jusqu'à obtention d'une couleur blonde.

4. *Dressage :* disposez trois morceaux sur l'assiette avec une boule de glace devant.

Vin conseillé : Gewurtstraminer, « Vendanges tardives » 1986, de chez Zino Humbrecht.

Olivier Roellinger

"Les Maisons de Bricourt" (Relais et châteaux – Traditions et qualité)
1, rue Duguesclin – 35260 CANCALE
Tél. : 02 99 89 64 76 – Fax : 02 99 89 88 47

LA mer, mot infini... symbolise la création, le monde, le cœur humain et joue un rôle important dans toutes les conceptions celtiques. C'est par la mer que l'on va dans l'autre monde et l'enchanteur Merlin est «Mori-Genos».
Venu de Saint-Malo, Jacques Cartier, occultant volontairement les prophéties d'Ezéchiel, navigua jusqu'à Tyr pour se frayer un passage vers l'Asie, mais bien plus tard le Maloin corsaire Robert Surcouf aurait très bien pu faire partie du jury dégustateur de Grimod de la Reynière au Rocher de Cancale, *pour nous ramener en cette maison illuminée par les embruns étoilés, reflétés dans une mare, centre spirituel pour les Celtes, car le passage près de cette eau se présente comme une phase de l'initiation.*
Dans un cadre de verdure, vingt-cinq canards évoluent sous le règne du mandarin japonais Oshidori, auréolé par son splendide plumage, hissant son cou majestueux de sérénité procurée par la certitude faite d'un nid douillet loin d'un ultime cuivre étincelant. Il représente, ici, l'union et la félicité conjugales auxquelles s'ajoute parfois la notion de puissance vitale. La raison en est que le mâle et la femelle nagent toujours de concert. Ce palmipède aussi à l'aise dans l'eau que dans le ciel sera le guide infaillible de vos sens. Il évitera à votre toucher de s'aventurer vers la fleur de la plante sacrée cueillie pour votre bonheur par le druide, et si la feuille de gui peut vous guérir, votre vie sera bien plus intense en vous laissant emporter à travers les pays colorés.
Les géniales réalisations culinaires, trésors des îles ramenés par la route des épices, substances aromatiques savamment dosées par le queux Roellinger vous feront garder en bouche un suspense aux enivrants parfums d'Orient.

"L'élu et son trépied"

Révélation et trahison

La vie d'Olivier Roellinger est une véritable épopée.

«L'expression de la cuisine c'est un retour. C'est essayer de bâtir le bonheur de l'enfance en qualité d'adulte sur ses racines, puisque je suis né dans la pièce d'à côté et, à 24 ans, je suis revenu à la maison.» Rien n'a changé ici depuis que les Heurteaux de Bricourt ont fait construire cette maison en 1760. C'est l'enfance qui resurgit, avec tout son imaginaire. Surcouf est né en face et les demoiselles de Bricourt cajolent l'enfant corsaire.

«Mes parents comptaient parmi la bourgeoisie de province et mon père, en qualité de médecin, ambitionnait pour moi les grandes écoles, Math sup, etc. Je voulais être ingénieur des Arts et Métiers. J'ai passé avec succès mes examens et, à

Olivier Roellinger (suite) :

20 ans, j'ai été victime d'une agression gratuite avec tentative de meurtre. Résultat : deux ans de fauteuil roulant. Depuis ce jour, j'ai toujours l'impression de faire du "rab". Je suis un miraculé. Ensuite, croyez-moi, on goûte la vie d'une autre façon, et je me suis aperçu de l'inutilité des longues études ; tout cela m'a paru froid et stérile, j'ai fait un rejet total. J'ai voulu aimer les choses, les sentir. J'ai eu une prise de conscience du bonheur de la vie et, sans cette révélation, on passe à côté de joies extraordinaires. Je me suis aussi rapproché des hommes. »

Péniblement, Olivier écarte volontairement cet épisode atroce de son esprit.

Les réceptions

Après deux années hyper-pénibles de rééducation, Olivier décide d'abandonner son projet professionnel initial et prend alors un tournant à 90°. Il a la nostalgie de cette maison, de ses racines ; à la recherche d'un bonheur de l'enfance perdue, il veut reconstruire, entouré de ses amis les pêcheurs, les ostréiculteurs, retrouver la plage, les ballades en mer et faire partager sa joie aux autres.

Cette maison est conçue pour recevoir. Après la guerre, les médecins sont considérés comme, des « docteurs-miracle » : ils ont, avec eux, la pénicilline et la Sécurité sociale ! Ils mènent une vie de réceptions et de rencontres, mais très conservatrice et conformiste. *« Mes parents allaient chez des amis ou recevaient. Ma mère cuisinait merveilleusement bien et, parfois, des femmes du port l'aidaient à préparer les homards, les turbots… Et il y avait aussi des vignerons avec leurs grands vins.*

« Je mangeais avec l'employée de maison et, comme j'étais tout petit, je me cachais dans l'escalier attendant le départ des invités. Ce qui m'excitait, c'était le bruit, les odeurs de cigares et d'eau-de-vie. Je retrouve souvent ce même brouhaha et ces mêmes parfums lorsque mes clients partent. Et, finalement, la réception continue. C'est toujours et encore la grande fête. »

Passion révélée

Le désir d'Olivier est de définitivement bannir le rationnel et le cartésien de la vie ; il cherche un moyen d'expression. Pendant un an il cuisine pour ses amis les produits qu'ils apportent : poissons, crustacés… C'est une table d'hôtes permanente.

« Ayant pris conscience d'une passion naissante, j'ai décidé de laisser ma blouse d'étudiant en chimie pour passer un C.A.P. de cuisine. Ensuite, je suis entré chez Gérard Vié comme commis et en suis sorti rôtisseur-saucier. Je suis allé après chez Guy Savoy, chez Yves Turiez et, à ce moment là, j'ai avalé, avalé, lu et relu des livres de cuisine. J'y passais des nuits. Je n'avais pas un sou, mais ce fut une période merveilleuse. »

Envoûtement

La vraie vie va commencer pour Olivier dans sa maison chérie, et c'est avec son âme de poète et tout son amour qu'il nous parle de son métier.

« L'esprit en une mémoire d'enfant, c'est d'un côté l'aventure et, de l'autre, une nostalgie, un romantisme plus profond, une mélancolie, une méditation sur cette baie, en ces endroits qui ressemblent à des déserts et imperceptiblement, c'est la mer, la mer… et un rendez-vous avec la lune. C'est un lieu où deux fois par jour, 250 millions de mètres cubes d'eau rentrent et sortent. L'organisme humain est alors travaillé par les sortilèges de la baie du Mont-Saint-Michel. Et le sommet du triangle, c'est toute la légende de l'arrière-pays breton, avec Merlin l'enchanteur, la forêt de Brocéliande et Arthur à la quête du Graal.

« Ce n'est pas une cuisine exotique, ce sont des trésors rapportés d'ailleurs, de ces soleils couchants, de cette douceur avec, en fond de toile, cet esprit maloin. Nous sommes tous pêcheurs, nous avons tous un petit canot pour aller traîner le maquereau, pour mettre quelques casiers ; nous sommes tous paysans et possédons tous notre petit clos. On va se battre pour sortir nos premières pommes de terre nouvelles, nos premiers artichauts et, si vous parlez avec un ancien, c'est la plupart du temps quelqu'un qui a fait dix, quinze, vingt fois le tour du monde. Il va vous parler de Valpareso, de la Chine, de l'océan Indien, du cabotage sur les fleuves africains… Ici, pour réussir il faut partir. Vous retrouvez des maloins dans le monde entier. Il y a aussi l'Ecole de marine marchande, Terre-Neuve et, toujours, cet esprit pêcheur, paysan et aventurier. »

La vierge

« Je suis comme tous les marins, je vénère et prie la vierge, je prie Chez nous soyez Reine ; *je ne vais pas la voir tous les dimanches matin, mais elle est très présente dans ma maison. Elle m'exauce tous les jours, les miens, mes clients. Je sais qu'elle est là. C'est merveilleux ! »*

L'enfant du pays

Nous revenons dans la maison familiale, devenue en partie restaurant, juste après l'ouverture. C'est un style nouveau qui s'implante dans la région, sans plateau de fruits de mer, sans sole meunière et sans gigot d'agneau… Mais l'enfant du pays est soutenu par les autres enfants du pays, ils viennent, ils répondent présent et vont l'aider dans cette tâche difficile.

Olivier travaille avec les produits et les gens qui l'entourent. Ils sont quatre pour démarrer l'activité. Le chef et son second qui est encore près de lui, Jane et un commis. Ils effectuent quelques travaux d'amélioration et la clientèle se construit progressivement.

Cuisine de sentiments

Pour Olivier, l'acte de cuisiner c'est d'abord nourrir l'inconnu qui passe devant sa porte. Nourrir celui que l'on aime, il le laisse aux femmes. C'est l'attribution qui est donnée à la femme. *« Quand une femme cuisine pour vous, c'est la meilleure cuisine du monde. Nourrir l'autre, c'est le soigner d'une façon préventive. En le nourrissant, on lui apporte l'énergie et l'équilibre qui le protège des agressions et des maladies.*

« Pour moi, le corps est la "maison de notre âme" et ce qu'on doit lui apporter, avant d'être bon doit être sain : des produits de la plus grande qualité et de la plus grande fraîcheur. Quand on réalise une cuisine d'expression et non pas une cuisine de recettes, ça devient une cuisine de sentiments, d'impressions, qui est le reflet de nous-même. Il m'est arrivé de courir dans le jardin me taper la tête contre un arbre et pleurer comme un enfant, estimant avoir "loupé" une table, et ma femme de venir me chercher pour me rassurer. Il est tellement important pour nous de savoir que le client a compris et reçu le message. »

Le potager de la mer

Le queux breton a une confiance immense en la jeunesse, à une condition : que la culture occidentale s'accroche à sa culture pour ne pas être avalée par la cuisine asiatique et anglo-saxonne.

« On doit parler à nos enfants d'écologie ; ils sont tous à fond dedans au sens noble du terme, et le jour où l'écologie va coller avec l'alimentaire, le grand pas sera franchi. Le Bon sera tel que nous le concevons : manger sain, frais et vrai. On doit connaître les origines des produits, de l'élevage ou de la culture.

« On peut manger vite et "grignoter" sain. Mais nous, grands chefs, avons-nous eu l'humilité de descendre dans la rue faire à manger pour 30/40 F et satisfaire toute une jeunesse ? Je travaille aussi sur un concept lié à la cuisine de l'Atlantique. Une cuisine de poissons et de légumes. Le "potager le long de la mer", c'est la cuisine du prochain millénaire. »

Olivier Roellinger (suite) :

Les Roellinger ont créé *Le Bistrot marin* et la *Maison Richeux* (qui était la villa de Mme Shalci, une amie de Léon Blum) sur 3,2 hectares surplombant la mer. La clientèle est constituée de jeunes et de gens du pays qui peuvent manger à partir de 100 F et, de surcroît, on leur offre la magie de l'immensité de la baie où ciel, terre et mer se fondent devant l'archange saint Michel. Sérénité rythmée par le souffle de vie des marées.

Bénédiction

Nul autre qu'Olivier ne mérite autant son bonheur d'aujourd'hui, car il fut par le passé deux fois excessivement éprouvé (à 13 ans par le départ de son père puis par son horrible accident). N'est-il pas dit dans la bible : *« Dieu éprouve ceux qu'il aime »* ? Sa femme fait partie intégrante de cette harmonie dans l'entreprise. C'est elle qui organise la vie privée et crée le bonheur dans cette maison dans laquelle ils reçoivent. *« Sans Jane, je ne pourrais pas ; c'est elle qui règle ma vie. »*

Ses enfants le comblent et sa mère vit encore ; elle est très heureuse et habite toujours dans sa maison. Son nom de jeune fille est Chouan, et sa famille a défendu une indépendance culturelle du côté des Messieurs de Saint-Malo. Deux fois par jour on lui monte son repas, préparé par son fils avec l'amour qu'on peut imaginer…

Loisirs

La mer. Recevoir ses nombreux amis pour manger des huîtres et des poissons rôtis.

Sa Bretagne étoilée

« J'ai chaussé mes cuissardes pour décrocher un jour les trois étoiles. Ma vie n'est pas fondée uniquement sur cet objectif, mais cette consécration serait également décernée à ma famille, l'équipe, la région, l'ensemble des cuisiniers bretons et surtout pour la Bretagne. »

L'œuvre

Olivier Roellinger désire œuvrer avec ses confrères. Apporter leurs connaissances et leur savoir-faire en matière alimentaire pour nourrir le plus grand nombre de jeunes avec le budget dont ils disposent pour manger.

La personnalité d'Olivier Roellinger est la synthèse des opposés. L'un est conformiste, avec le respect des conventions d'une certaine bourgeoisie qui lui va comme un gant, et devient, chez l'autre, un passage à la désacralisation de toutes les valeurs traditionnelles pour le rire. C'est le fou du roi qui fait exploser le pouvoir et traverse le feu sans s'y brûler parce qu'il fascine par son intelligence et sa lucidité d'esprit.

Il est l'homme physique sous son élément sauveur qui œuvre pour le bien d'autrui avec l'ultime partie de lui-même qui lui permet d'entrer en contact avec le divin. Il tient à la fois de l'eau et du feu, symbolise la conscience émergeant de la confusion pour faire éclater un univers raisonnable et passer à la démesure ; c'est ainsi que parfois il atteint au génie !

Velouté de moules au curry

Ingrédients (pour quatre personnes) :

– 2 l de moules
– crème liquide
– 1 échalote
– 1 noix de beurre
– quelques brins de menthe bleue (facultatif), cerfeuil
– 2 dl de vin blanc moelleux (coteaux du Layon)
– 1 cuillerée à café de curry (plus ou moins selon sa force)

Mélange d’épices pour le curry (rapide et facile) : 20 g de curcuma, 22 g de coriandre, 10 g de cumin, 10 g de poivre blanc, 5 g de girofle, 5 g de poivre de Cayenne, 5 g de macis, 5 g de fenouil, 5 g de fenugrec, 3 g de badiane.

Préparation :

1. A l’avance : préparez le mélange d’épices. Il suffit de les chauffer ensemble, à sec dans une sauteuse, puis de laisser mûrir ce mélange dans une boîte en bois pendant quinze jours au moins, avant de l’utiliser.

2. Un peu plus d’une heure à l’avance, grattez les moules au couteau, débarrassez-les de leur byssus (lien qui leur permet de se fixer aux rochers ou aux bouchots), lavez-les à grande eau sans les laisser tremper.

3. Epluchez et ciselez l’échalote. Dans une grande casserole (surtout pas en aluminium), faites revenir l’échalote dans le beurre. Ajoutez le vin blanc, donnez un bouillon et versez les moules en maintenant la cuisson à couvert sur feu vif. Après deux minutes, secouez le contenu de la casserole, attendez deux minutes encore, vérifiez que toutes les moules sont ouvertes et stoppez immédiatement la cuisson. Les moules ne doivent absolument pas cuire après leur ouverture.

4. Mettez quelques moules entières de côté pour la garniture, décoquillez les autres, réservez.

5. Filtrez le jus de cuisson. Ajoutez la même quantité de crème. Amenez vivement à ébullition. Lorsque le jus commence à devenir onctueux, ajoutez une cuillerée à café de curry (mélange d’épices) et laissez infuser ce velouté pendant cinq minutes.

6. Dernière minute : donnez un nouveau bouillon au velouté, filtrez-le, ajoutez moules décoquillées et moules entières. Servez en soupière ou dans des bols bien chauds, avec un peu de cerfeuil et peut-être même quelques feuilles de menthe bleue.

Vin conseillé : Vouvray (demi-sec).

Poêlée de bouquets royaux à la Malouine

Ingrédients (pour quatre personnes) :

- 600 g de bouquets royaux vivants
- sel fin
- pointe de poivre de Cayenne
- 80 g de beurre salé
- 5 cl de whisky pur malt iodé des îles
- poivre du moulin

Réalisation (facile et rapide) :

1. Dans une très grande poêle bien chaude, amenez le beurre salé à la couleur noisette. Toujours sur feu très vif, ajoutez les bouquets vivants en prenant garde aux gouttes de beurre brûlant qui vont sauter. Attendez, sans les remuer, qu'ils deviennent très légèrement dorés sur une face, puis retournez-les vivement. L'opération doit être menée rapidement.

2. Enfin, lorsqu'une bonne odeur de chair légèrement grillée se répand, déglacez avec le pur malt. Attendez qu'il s'évapore, assaisonnez de poivre de Cayenne. Débarrassez sur du papier absorbant. Saupoudrez d'un peu de sel fin.

3. Dernières secondes : disposez sur un linge blanc. Servez avec un pain tiède aux algues, ou un pain de campagne grillé d'un seul côté et puis, bien sûr, du bon beurre salé. Et ne pas oublier les rince-doigts !

Vin conseillé : Savennières, Clos de Coulaine, 1993.

Portrait de femme : *Jane Roellinger*

"Une sibylle"

Les sentiers de l'amour

Jane et Olivier sont tous deux nés à Saint-Malo. Ils vont en classe ensemble et leurs goûts sont assez similaires. Ils se découvrent réellement après le secondaire. Elle est étudiante en pharmacie, lui en chimie. Un mariage en découle.
Rien ne laissait prévoir une bifurcation vers la restauration. C'est après l'accident d'Olivier qu'un choix devient indispensable : ouvrir une officine ou un restaurant. Mais la passion de la cuisine s'empare du futur chef et Jane, un an après, devient restauratrice par amour pour son époux.

L'organisation et le génie

« Nous avons créé ce restaurant dans la maison bourgeoise de ma belle-mère qui nous a accordé le rez-de-chaussée et nous avons ouvert les deux salles principales. On a transformé les parties communes en cuisine et le bouche à oreille a fonctionné très vite... »

Le couple a deux enfants, une fille de 11 ans, un garçon de 7 ans, et, comme tous les restaurateurs, l'obligation d'avoir une bonne organisation. Progressivement, Jane prend de plus en plus de responsabilités en fonction des transformations et, à ce jour, elle s'occupe de la salle et de l'hôtel (19 chambres).

« Olivier est assez spécial : il imagine sa carte avec beaucoup de concentration, pense longuement ses nouveaux plats mais les expérimente finalement peu ; ils sont dans sa tête complètement ficelés. Il goûte à peine ses sauces et ses préparations. Il a vraiment un don, son goût est sûr, c'est assez magique. »
Chacun s'occupe de sa partie, ils se croisent mais se rencontrent peu pendant la journée de travail.

Confiance

« Pour être une excellente femme de chef, il faut de la patience, beaucoup d'amour et une grande confiance. Depuis cinq ou six ans, la clientèle est plus jeune, entre 25 et 30 ans ; on trouve de nombreux gourmets, c'est même étonnant et assez encourageant pour l'avenir. Il y a quinze ans, à cet âge-là ils avaient d'autres pôles d'attraction qui n'étaient pas le restaurant. »

Le désir de cette jeune femme est de continuer d'œuvrer sur la même lancée : *« Mon mari a toujours mille projets en tête et je le suivrai toujours. »* Pour Olivier, elle souhaite l'aboutissement, la plus belle récompense d'un cuisinier : trois étoiles.

Jane reste attachée aux traditions qu'elle a connues dans sa jeunesse et garde un sûr instinct des choses de la terre. Par son silence, elle est le prélude d'ouverture à la révélation et lui ouvre le passage. Le silence étant avant la création, il y aura silence à la fin des temps. Elle enveloppe à travers lui les grands événements qui marquent le progrès.

C'est une cérémonie. Dieu arrive dans l'âme qui fait régner en elle le silence. Par sa protection, l'homme est élevé à une condition transnaturelle qui lui permet de livrer les messages du divin. Dépositaire de la révélation primitive, elle en devient le symbole.

Recette "coup de cœur" de Jane Roellinger

Crumble acidulé aux pommes
(glace d'épices venus d'Orient)

Le *crumble,* ce mets anglais délicieux, peut être rangé dans la catégorie des gâteaux impossibles à rater tant sa préparation est facile. On peut le faire aux poires, aux pommes, à la rhubarbe. Le voilà accompagné d'une crème glacée et d'une sauce acidulée aux pommes.

Ingrédients (pour quatre personnes) :

- 50 g de farine
- 30 g de beurre
- 200 g de sucre
- jus de 2 citrons
- 25 cl de lait, 3 jaunes d'œuf
- 50 g de vergeoise (sucre roux)
- 1 pincée de sel
- 1/2 gousse de vanille
- 250 g de jus de pomme
- 1/8 l de crème liquide
- 1/2 cuillère à café de cannelle en poudre
- 2 cuillères à soupe d'amandes hachées
- 1 kg de pommes (rouges de Dol de préférence, sinon des pommes reinettes d'Armorique)
- Prévoir quatre cercles de 10 cm de diamètre sur 3 cm de hauteur.
- Mélange d'épices : 1 cm de cannelle en bâton et une cuillerée à soupe de chaque : macis, muscade, coriandre et poivre de Jamaïque.

Préparation (facile et assez rapide) :

1. A l'avance, faites le mélange d'épices : mixez 1 cm de cannelle en bâton et une cuillère à soupe de macis, de muscade, de coriandre et de poivre de Jamaïque.

2. *La crème :* mettez le lait dans une casserole avec la demi-gousse de vanille fendue dans le sens de la longueur et égrenée. Versez ce lait bouillant sur les 3 jaunes d'œuf et 50 g de sucre blanchis au fouet dans un saladier. Versez à nouveau le tout dans la casserole et faites cuire la crème anglaise «à la nappe», à l'aide d'une spatule en bois. Veillez à ne pas faire bouillir. Hors du feu, ajoutez le mélange d'épices et la crème liquide. Réserver au réfrigérateur. Une fois bien refroidie, turbinez, puis réservez au congélateur.

3. *La pâte de crumble :* dans un saladier, mettez 50 g de farine avec 2 cuillerées à soupe d'amandes hachées, une pincée de sel et 50 g de vergeoise. Mélangez le tout et ajoutez le beurre fondu. Malaxez du bout des doigts en égrenant l'appareil. Réservez au réfrigérateur.

4. Dernière minute : *le crumble.* Epluchez les pommes puis coupez-les en petits dés. Ensuite, mettez-les dans une casserole avec 50 g de sucre, jus d'un citron et 1/2 cuillerée à café de cannelle en poudre. Faites cuire durant dix minutes puis versez les pommes dans les cercles. Remplissez aux 7/8ᵉ du cercle. Finissez avec l'appareil à crumble bien égrené. Mettez au four durant quinze minutes environ à 180 ° (thermostat 6).

Pendant ce temps, la sauce aux pommes : dans une casserole, mettez 100 g de sucre, mélangez à la spatule. Lorsque le sucre atteint une couleur blonde, ajoutez le jus d'un citron et le jus de pommes. Faites bouillir durant 1 minute. Réservez au chaud.

Pour servir, lorsque les crumbles sont cuits, placez-les sur des assiettes avec une cuillerée de sauce aux pommes et une cuillerée de glace aux épices.

Boisson conseillée : Calvados (hors d'âge) 1980, ou Coteaux de l'Aubance 1978.

Michel Rostang

"Michel Rostang" (Traditions et qualité – Relais et châteaux)
10, rue Gustave Flaubert – 75017 PARIS
Tél. : 01 47 63 40 77 – Fax : 01 47 63 82 75

CHAUDES boiseries à la robe châtaigne, éclairages irradiants de subtilité, captation «couettante» d'un accueil prolongé jusqu'à la fin du repas, les arts de la table amplement représentés... rien n'est omis pour vous faire occulter le monde extérieur. On pourrait penser, en admirant les petites vitrines intelligemment illuminées pour valoriser l'importante collection de Robj – design d'une grande pureté – trouver une ambiance arts déco, mais il n'en est rien; des années 30 n'émanait pas l'exaltation chaleureuse qu'on trouve ici, pouvant être comparée à celle d'un cercle d'amis.
Personne ne s'y trompe, les jeunes cadres et les plus avancés dans le temps retrouvent leurs marques de vérité familiale empreinte de distinction.
Le Dauphiné natal du maître des lieux est en filigrane représenté à travers la base classique de ses mets, les saveurs riches et marquées ainsi que les épices omniprésentes pour nous faire rêver. Peut-être est-ce un long retour en les années moyenâgeuses, règne de Taillevent où les épices étaient un signe de distinction sociale. Par leur rareté, ils étaient alors une monnaie d'échange, d'où l'expression «payer en espèces».
Espérons que Michel Rostang, par sa présence rassurante, son œil aux aguets et son esprit en ébullition, à l'image de son ancêtre Philippe VI, pour redresser la barre de la gastronomie ne nous impose pas une nouvelle gabelle !

"Guéno"

Les œillères du goût

Parisien d'adoption depuis une vingtaine d'années, Michel Rostang est né à Pont-de-Beauvoisin, dans le Dauphiné. Il fait partie de la cinquième génération de cuisiniers chefs originaires de la même région.
Bercé depuis l'enfance par les brouhahas de l'auberge et les émanations évadées des casseroles et des marmites, l'être ne peut se réaliser qu'irrémédiablement par un prolongement du goût et de l'odorat, univers unique des «faiseurs de bonheur».

Ensuite, parcours classique. Jo Rostang, son père, doublement étoilé dans sa *Bonne Auberge* à Antibes, le fait entrer à l'école hôtelière de Nice. Des passages pour peaufiner son art, chez *Lasserre, La Marée, Lucas-Carton...*

Michel ouvre son restaurant à Paris en 1978 (anciennement *Chez Denis*). Un an après, la première étoile fait son apparition, suivie de très près par la deuxième.

Mais la folie des *Bouchons* lyonnais atteint ce queux novateur pour notre plus grande joie. Ce sont alors cinq établissements qui surgissent comme des champignons à travers Paris.

Michel Rostang (suite) :

Le respect de ce chef pour la nourriture est infini. Il est «devenu parisien», mais garde des réactions «France profonde» pour parler des produits.

Le lien

«Le pain et le vin ont toujours été la base des religions. C'est un acte de vie. Au départ, il faut se nourrir pour vivre, mais vivre pour se nourrir implique une différence. C'est à nous qu'il appartient de transformer cette nécessité en plaisir de chaque jour. C'est un acte d'amour pour la passion qu'on éprouve pour ce métier.

«On ressent une certaine puissance en goûtant les produits et le summum est de connaître la personne qui donne vie à ces produits car on l'a en tête quand on les travaille. C'est ça l'amour, c'est plus facile en province, mais je m'arrange pour le faire à Paris. J'imagine toujours la personne derrière le produit. C'est un lien.

«Nous sommes des transformateurs ayant pour devoir de transmettre le message du producteur au consommateur, qui sera plus ou moins réceptif suivant l'instant. Un plat peut être bon si la recherche du produit de qualité est réussie. Un poulet de Bresse rôti à la broche c'est fantastique, et ce n'est plus une question de prix.

«Chez nous viennent des gens qui veulent fêter un événement, qui aiment vivre et recherchent la joie. Un médecin est passionné par son métier mais, quand on va chez lui, ce n'est pas de manière décontractée. Chez nous, on vient pour le plaisir car la table est la plus belle image du monde.»

Nouvelles cuisines

Ce chef moderne est conscient de l'évolution professionnelle. *«A mon époque, le métier était dur, mais la passion nous aidait, il fallait y consacrer tout notre temps. Aujourd'hui, il est mis en avant par les médias. Mais avec les nouvelles lois sociales les conditions de travail sont meilleures. Maintenant les cuisines ne sont plus en sous-sol avec un fourneau au charbon. Elles sont étincelantes, claires et super équipées.*

«Souvent les jeunes sont faussés dans leur vision par les lectures sur le vedettariat des chefs et, quelquefois, ils s'aperçoivent au bout d'un mois qu'il ne tiendront pas le choc. Mais si la flamme est en eux pour les aider à faire abstraction de certaines sorties ou divertissements, ils auront gagné la partie. Dans cette catégorie haut de gamme, les nouveaux sont quand même assez mordus et motivés.»

Economie

Michel nous dit qu'en France le monde culinaire a une créativité commerciale. Mais la main d'œuvre est prohibitive, d'où les prix élevés. Selon certains sondages, 2 % seulement de la population peut dépenser 200 F et plus au restaurant. Pour maintenir le niveau haute gastronomie, il est nécessaire d'avoir le meilleur service, les plus beaux verres, les plus belles argenteries, le plus beau décor. Mais, dans l'avenir, y aura-t-il encore un public pour suivre ?

«Un artiste peintre ou un sculpteur peut travailler seul. Pendant dix ans il va crever la faim mais il sera seul. Dans nos maisons, nous faisons vivre entre vingt et cent personnes et nous serons en permanence confrontés avec ce problème commercial. Et déjà, certains grands chefs connaissent de graves difficultés financières.

«La question est : "Sommes nous en phase avec notre temps ?" Est révolue l'ère ou Fernand Point disait à son personnel : "Si un client commence à fumer après le fromage, portez-lui l'addition." Maintenant, un client…»

Michel Rostang (suite) :

Michel Rostang est précurseur dans la création de bistrots. Il propose une grande qualité de repas pour environ 200 F. Et son défi est de pouvoir continuer à donner du top à petits prix. *« Dans le futur, il faudra cesser de rêver, car la réalité économique n'est pas dans la parole des chefs à la télévision. Mais, tous unis, nous représentons une force. Nous trouverons des solutions. Nous garderons la qualité en accompagnant nos producteurs, car ils font partie d'un tissu économique et social qu'il est nécessaire de maintenir. »*

La chartreuse

Ce cuisinier dauphinois innove à travers ses racines.

« On faisait des essais sur l'agneau de lait et, soudain, une idée jaillit. Elle était de réunir cent quarante plantes à travers la chartreuse, liqueur bénie de mon pays, en substitution des herbes classiques. On a fait un braisage d'agneau avec cette chartreuse. Au début, avec la cuisson l'alcool disparaît et ne reste plus que le goût des plantes sauvages. Ce plat n'est pas encore au point, mais j'ai été surpris du premier jet intéressant au niveau des saveurs. C'est un assemblage qui traverse les siècles. Il faudra boire un vin assez neutre pour ne pas dénaturer la subtilité des parfums. »

Loisirs

La collectionnite. Des boîtes à poudre pour femme des années 30, des statuettes publicitaires de Robj et des bibelots d'inspiration culinaire.

Sa préférence est de recevoir ses amis pour manger un poulet de Bresse pommes purée... Et pour sortir, les bistrots.

Evolution de l'homme

Michel Rostang travaille au jour le jour avec l'entrain qui le caractérise. Epanoui il est satisfait de son évolution. Son but est de continuer dans le même état d'esprit et de trouver des solutions allant avec l'évolution de l'homme. Si la passion devait s'atténuer, il cesserait son activité sur-le-champ.

Michel Rostang représente la force maîtrisée et disponible comme la flamme irradiante dans le plein de la chaleur. Malgré sa nonchalance étudiée, son intelligence vibrante lui permet d'appréhender les problèmes immédiatement et son esprit de synthèse le fait être gagnant du pouvoir matériel.

Sa forte nature est faite pour chanter la vie à pleine voix. Il figure le visage qu'offre sa personnalité au niveau de ses plus grandes exigences, de ses aspirations les plus élevées, de sa plus forte individualisation.

Il représente aussi cet être dans ses fonctions réalisatrices de mari et de père ; dans le succès vécu comme une augmentation de valeur personnelle ; au faîte de sa réussite dans une incarnation d'autorité ou de pouvoir l'apparentant à la scolarisation du guide, du chef.

Les petits œufs de cailles en coque d'oursins

Ingrédients (pour six personnes) :

- 36 petits oursins violets
- 3 dl de crème fleurette
- 1 botte de cerfeuil
- 36 œufs de caille
- sel, poivre du moulin
- 1 sac d'algues

Préparation :

1. Ouvrez les oursins sur la partie dentée à l'aide d'une paire de ciseaux à bouts pointus. Récupérez le jus et passez-le dans une passoire fine. Enlevez le corail orangé à l'aide d'une cuillère à café, puis lavez les coques d'oursins avec une petite brosse et égouttez-les.

2. Disposez dans chaque coque le corail d'oursins, cassez un œuf de caille dans chacune d'elle et rajoutez un peu de jus d'oursins.

3. Faites cuire à four chaud 4 minutes.

4. Ajoutez ensuite une cuillère de crème que vous aurez réduit de moitié auparavant et assaisonnée. Passez un tour de poivre moulin sur chaque oursin et ajoutez une pluche de cerfeuil.

5. Dressez sur un lit d'algues.

Vin conseillé : Saint-Joseph (blanc), de chez Pierre Gonon, 1994.

La galette d'artichauts aux truffes fraîches et foie gras chaud de canard, crème réduite au vinaigre

Ingrédients (pour six personnes) :

- 5 kg d'artichauts
- 150 g de truffes
- 2 dl de vinaigre de vin
- 300 g de foie gras
- 1 l de crème fleurette

Préparation :

1. Faites cuire les fonds d'artichauts dans un blanc. Passez au tamis une partie puis réservez-en une autre pour la décoration que vous découperez en huit triangles par artichaut.

2. Réduisez le vinaigre aux deux tiers puis ajoutez la crème et réduisez d'un tiers. Assaisonnez de sel et poivre. Découpez le foie gras en petite brunoise et les truffes en fine julienne.

3. Faites chauffer la purée avec un peu de crème fleurette, faites poêler les dés de foie gras puis versez le tout dans la purée avec la graisse. Chauffez les artichauts dans un peu de blanc et faites bouillir la sauce vinaigre.

4. Dressez la purée dans un cercle moyen (mélangez préalablement avec la moitié du poids des truffes), lissez bien avec une spatule, ôtez les cercles, puis disposez 5 cuillerées de sauce mixée autour, intercalées d'artichauts.

5. Parsemez le tout de truffes et d'une pluche de persil plat.

Vin conseillé : Hermitage blanc, de chez Gérard Chave.

Portrait de femme : *Marie-Claude Rostang*

"Ino"

Une famille étoilée

Née au bord du lac d'Annecy, tout près de chez Marc Veyrat, Marie-Claude est fille et petite-fille de restaurateurs. Ses parents ont une étoile Michelin à Grenoble et son oncle deux à Bourg-en-Bresse. Des liens professionnels unissent la famille Rostang et la sienne. La rencontre entre les adolescents à lieu lors d'une soirée. Ils se marient à Grenoble en 1973 et reprennent Sassenage. Ils y restent cinq ans.

Leur fille Carole est née en 73, suivie de Sophie en 75. Carole est à l'école hôtelière de Lausanne et Sophie prépare un B.T.S. d'action commerciale.

« Pour une fille seule, la restauration est difficile. Le milieu est assez misogyne à moins d'être soi-même en cuisine, mais l'hôtellerie, pour une femme, c'est assez satisfaisant.

« Pour travailler avec mon mari, ce fut facile, compte tenu d'une origine professionnelle identique. Nous sommes très complémentaires. J'adore manger et je teste toutes ses créations ; mon opinion est importante pour lui ».

Aucun faux pas

Les fonctions de Marie-Claude sont l'accueil, la décoration et la comptabilité de base pour faciliter le travail du comptable et de l'expert-comptable.

« Mon mari c'est la tête et je suis les jambes pour l'ensemble de ses affaires. Pour être une parfaite épouse de grand cuisinier, il faut avoir une excellente santé, être patiente et avoir bon caractère car les chefs ont tendance à s'exciter pendant le service.

« Nous sommes chaque jour au théâtre. Il faut être fou de ce métier. Il y a des soirs où l'on ressent bien la salle, les clients sont réceptifs, mais à certains moments ça ne passe pas. S'il y a une cassure à notre niveau, ça rejaillit sur toute la maison et les gens le ressentent. C'est un métier très agréable, qui impose beaucoup de contraintes mais qui permet d'avoir des ouvertures et des contacts privilégiés. »

La différence

Marie-Claude pense que la société est en pleine mutation, mais qu'il existera toujours une clientèle de fins gastronomes fidèles au « top niveau ».

« Les femmes n'ont plus le temps de cuisiner et la cuisine fait partie d'un apprentissage au même titre que le reste. Les maisons gastronomiques seront moins nombreuses. Il va y avoir une sélection. Il va falloir se battre au niveau des produits avec nos agriculteurs.

« Les journalistes nous reprochent d'être chers mais, à l'heure actuelle, il est impossible d'agir autrement. On se bat sur la différence qui existe avec les "sous vide". »

Loisirs

Le golf et la montagne pour le ski. Le couple est originaire de cette région, mais dispose de très peu de temps pour l'évasion.

Les femmes et le vin

« Nous avons réussi notre vie et nos filles sont sur la bonne voie. Mon désir est de partir à la retraite dès que cela sera possible, essayer de passer la main pour faire autre chose ; on rejoint la politique de Robuchon qui dit : arrivé à un certain âge, on est moins compétitif. J'aimerais continuer à faire des dégustations de vins dans les régions françaises avec mes amies restauratrices. Il y a sûrement un débouché pour nous, femmes, dans cette profession ! »

Marie-Claude Rostang (suite) :

MARIE-CLAUDE est une femme active, travailleuse, solide et stable. On peut compter sur elle. Elle symbolise le dépouillement, la rétraction et la concentration. La vie déserte souvent l'extérieur de cette personne qui a l'attitude de la simplicité, de la sobriété et de l'effacement qui peut surprendre les autres.

En lutte permanente contre l'injustice et le mensonge, elle croit en la sincérité des autres et tient en toutes circonstances à ne jamais tricher. Sans juger, elle percevra la moindre fausse note, la moindre dissonance.

L'humour la sauve en un mode de protection, une sorte de contre-feu qui la défend un peu d'une sensibilité extrême. Elle se lie facilement avec les êtres simples et les gens vrais. Et son désir de se rendre indispensable la fera toujours trouver des nourrices aux infortunés.

Recette "coup de cœur" de Marie-Claude

Tarte chaude au saumon mariné à l'aneth, crème d'oignon

Ingrédients (pour douze personnes) :

- 1 saumon de 2 kg
- 240 g de sel
- 20 g de poivre en grains
- 1 dl d'huile d'olive
- 2 bottes d'aneth
- 180 g de sucre semoule
- 50 g d'oignons
- 500 g de crème épaisse

Préparation :

1. Préparez le saumon en filets, faites-le mariner avec le sucre, le sel et le poivre concassé et une botte d'aneth ciselé grossièrement pendant 32 heures en le tournant et le frottant toutes les huit heures.

2. Ciselez finement les oignons et les deux tiers de la botte d'aneth restante, mélangez le tout et assaisonnez.

3. Taillez des cercles de 12 cm de diamètre dans le feuilletage au beurre (épaisseur 2,8 cm), et mettez à cuire à 230°.

4. Une fois le feuilletage cuit, incisez le chapeau, farcissez de crème et recouvrez de saumon finement tranché.

Vin conseillé : Chignin Bergeron, de chez René Quénard (vin blanc de Savoie).

Guy Savoy

"Guy Savoy" (Relais gourmands – Traditions et qualité)
18, rue Troyon – 75017 PARIS
Tél. : 01 43 80 40 61 – Fax : 01 46 22 43 09

La « Planète » de Guy Savoy est une sphère qui comprend en soi tout ce qu'il y a de figures, centre équidistant de tous les points superficiels qui l'arrondissent. Elle est, de toutes les figures, la plus parfaite et la plus complètement semblable à soi-même car il jugea qu'il y a mille fois plus de beauté dans le semblable que dans le dissemblable. Elle symbolise, dès le niveau des cultures archaïques, la perfection et, couplée avec le cube, la totalité terrestre et céleste, finie et infinie, créée et incréée.
Ici est représenté l'art nègre qui a contribué à la naissance du cubisme où l'on décèle l'influence de Cézanne qui traite la nature par le cylindre, la sphère, le cône, jusqu'à la sculpture d'Afrique noire.
De Juan Gris qui, partant du cylindre « fait une bouteille », en passant par Picasso et son « Pigeon aux petits pois », terminant par Braque avec sa « Symphonie en violon et cruche », sa « Nature morte au compotier », son « Compotier et serviette », cet ensemble nous ramène vers ce mouvement artistique, le « constructivisme », recherches d'avant-garde qui animèrent les arts en Russie. Au temps de la révolution soviétique, Antonin de Cruze disait être le triomphe des trois sauces dont on tire sept moutures, comme avec les trois couleurs fondamentales on obtient les sept couleurs du prisme.
Son « régionalisme de la table » rejaillit sur le maître de maison qui, par une réécriture savante de la nature et de la culture, englobe les raffinements culinaires des civilisations pour en faire un hédonisme érotico-gastronomique.

"L'homme de la septième porte"

La buvette, source d'inspiration

Guy Savoy est né à Nevers. Son père est d'origine suisse et sa mère dauphinoise. Lorsqu'il a 2 ans, sa famille s'installe à Bourgoin-Jaillieu, dans l'Isère. Maman Savoy tient la buvette municipale ; elle régale la région avec ses fameux déjeuners et le jeune garçon est très tôt initié aux affinités électives. Parents et professeurs s'opposent à l'attirance qui est sienne : la cuisine, mais rien ne pourra entraver sa décision et, à 16 ans, il quitte le milieu scolaire pour sa passion. Bernachon, le chocolatier du village, l'initie alors à la pâtisserie et à la confiserie. Il travaille la nuit pour faire les croissants et la dure école se poursuit chez les frères Troisgros où il entre comme apprenti cuisinier. Rigueur, courage et amour du métier sont définitivement ancrés en lui.

Ensuite, c'est la grande restauration parisienne avec Lasserre. Et les chasseurs alpins lui font découvrir les cuisines de l'armée. Après cette

Guy Savoy (suite) :

expérience obligatoire, il est chef saucier au *Lion d'Or* à Genève et se lie d'amitié avec Bruno Gensdarmes qui deviendra plus tard le chef patron de son *Bistrot de l'Etoile*.

Il consacre une année au restaurant *L'Oasis* à La Napoule où il coiffe une double toque.

Enfin, Claude Verger lui met le pied à l'étrier pour devenir maître à bord, en lui confiant cuisine et salle de l'une de ses *Barrières* à Clichy. C'est en 1980 qu'il ouvre son premier restaurant, rue Duret à Paris et, très vite, une étoile arrive dans ce *Couloir* merveilleusement aménagé où le Tout-Paris se bouscule pour obtenir une place.

1987 sera l'année tremplin pour la grande ascension rue Troyon. Depuis, tous les grands noms défilent pour satisfaire leurs sens chez Guy Savoy ; c'est l'endroit où il « faut aller » et « être vu ». Hormis le restaurant gastronomique, six bistrots « sympas » ont vu le jour et font la une des chroniques à l'étranger.

Le chef et sa paroisse

Guy est catholique non pratiquant. Il n'est pas antireligieux mais en opposition spirituelle avec les représentants de l'Eglise. *« Ma confession est quotidienne et je prétends consacrer plus de temps dans ma paroisse que n'importe quel curé. Partant de là, on ne joue pas dans la même division. »*

Toutefois, Guy croit au surnaturel et la voyance l'impressionne. Sans être allé consulter, certains clients, experts en cette discipline, lui ont prédit des événements qui se sont révélés être exacts :
- le feu dans son restaurant ;
- une fuite dans sa piscine ;
- une voiture qui tombe en panne, lui faisant rater un rendez-vous important ;
- une vitrine brisée au restaurant, bizarrement...

Don de soi

« On ne peut pas donner autant de soi, y passer autant de temps, être autant la cible de personnes négatives, sans avoir en retour des choses formidables. L'homme en blanc qui arrive dans une salle pleine, c'est magique !

« Je ne pourrai jamais cesser de cuisiner malgré d'autres pôles d'intérêt : musique, peinture... Ce métier est une drogue. Deux fois par jour, je rencontre la terre entière. Je les vois heureux. Pour moi, le restaurant est le dernier endroit civilisé du monde où toute l'équipe présente fait en sorte que les gens passent un moment de rêve dans leur vie quotidienne. Il n'existe aucun autre commerce dans lequel on trouve cette disponibilité.

« Dans un garage, il faut attendre quinze jours pour une réparation. En confection, le vendeur lit le Figaro... *On a vraiment l'impression de l'ennuyer ! Chez nous, une table est réservée pour deux personnes et ils arrivent à trois, on se démène comme des fous pour les satisfaire et avec le sourire. Nous sommes des dinosaures dans cette civilisation de dingues. Même si des clients ne sont pas très aimables dans la vie, ici, sur ma planète, je les vois sous leur beau visage. »*

La chaîne

« La première phase qui m'a incité à faire ce métier, c'est l'amour du bien-manger et, pour moi, c'est toujours l'envie de manger quelque chose qui me donne l'idée du plat qui va être créé, mais le bonheur de rencontrer les gens et l'ambiance de la salle sont la phase finale.

« Nous sommes le dernier maillon d'une chaîne formidable qui passe par les éleveurs, les producteurs, les viticulteurs qui, sans nous, ne pourraient exister. Nous sommes les derniers défenseurs des

vrais artisans. Nous sommes la seule vitrine, le seul endroit où l'on peut consommer tous les produits d'un véritable artisanat de l'agro-alimentaire. Ce ne sont ni les charcutiers, ni les boulangers, mais les cuisiniers qui donnent la possibilité aux gens, à leur table, de pouvoir goûter… On a la chance de pouvoir magnifier les produits. La bouteille qui va être servie sera à bonne température, à bon escient, dans de beaux verres, dans un bel environnement. Autour du cuisinier, il y a tout l'aspect économique qui se passe en amont et qui est d'une importance capitale. Un cuisinier est capable, à travers sa notoriété, de faire travailler son environnement dans le monde entier.»

La maison

Le queux pense que la nouvelle cuisine a été une étape. Elle se faisait chez Troisgros, Guérard, Chapel. Gault et Millau ont concrétisé un mouvement qui était en route. *«Le grand public n'étant pas initié a été obligé de tâtonner pour faire la différence entre Véronique du XVI*[e] *arrondissement qui ouvre un restaurant en faisant n'importe quoi, et la véritable cuisine.»*

«Maintenant, c'est un autre problème ; je ne dis plus "restaurant", je dis "maison" ! Un restaurant est une maison qui doit ressembler au maître des lieux avec tout ce que cela comporte. Chaque cuisinier doit trouver lui-même son alchimie et ça, c'est la deuxième étape… C'est absolument certain, dans le futur on va aller vers une personnalisation à outrance de chaque maison. Il y a de nouveau une prise de conscience des cultures régionales et aller manger des rougets à la carte dans le Périgord ou le Dauphiné, on n'en a rien à faire. Nous, pour cette raison, avons la chance d'être à Paris.»

Le feu sacré

Ce chef d'action parle aux jeunes de son expérience personnelle : *«Quand j'avais 17 ans, on me prenait pour un couillon (excusez-moi !) parce que je voulais être cuisinier. Alors, s'ils ont le feu sacré pour faire ce métier, s'ils aiment ce que ça représente, c'est-à-dire aimer manger, aimer les gens (mais toutes sortes de gens), s'ils aiment le mec qui fait pousser les carottes, le vigneron… c'est ainsi que ça commence, car sans eux on n'existe pas.*

«Si un homme a mis tout son amour, s'est donné du mal pour trouver du fumier de cheval pour faire pousser ses carottes, nous, en cuisine, n'avons pas le droit de le saboter en quelques secondes parce que lui, il a mis des mois. Comme le vigneron qui a mis toute son année, qui a lutté encore pire que nous, nous on lutte contre la stupidité, contre le fisc… Mais eux, en plus, ils ont la météo… Pour nous, qu'il pleuve, qu'il vente, qu'il y ait de l'orage, ça ne change rien, mais celui qui a ses poireaux ou ses raisins complètement grêlés, c'est ingérable. Il faut donc avoir un profond respect.»

Sa planète

Le bonheur du chef parisien est de pouvoir pousser sa porte le matin et dire : *«J'arrive sur ma planète. C'est aussi le week-end, quand je peux aller dans ma campagne ramasser ma salade et chez moi, là-bas, je rêve d'une vie en autarcie. J'ai un étang avec des poissons, un verger, des volailles, un jardin potager, et le vrai bonheur est de faire un repas complet uniquement avec ces produits. C'est un paramètre de la sérénité. C'est la simplification des choses ; on les a comme on a envie de les avoir. Arracher ses radis, les passer sous l'eau, les manger avec un peu de beurre et du gros sel, c'est un grand moment de bonheur.*

«Il y a plein de gens qui pourraient avoir un jardin potager et qui ne l'ont même pas, et parfois si on parle de ces moments de joie on a l'air d'extraterrestres. Pour moi, bouffer est un terme noble. Bouffer mes volailles, mes légumes, mes poissons, c'est divin.»

Le produit au produit

Lorsque je vois des gens au supermarché avec un caddie plein de légumes, j'ai envie de leur dire : *«Allez donc au marché le samedi ou le dimanche matin, il y a des petites vieilles qui vendent leurs côtes de blettes, leurs épinards, c'est plein de sable, mais c'est quand même autre chose !»*

Guy Savoy (suite) :

« Un cuisinier a un rôle de plus en plus important dans l'alimentation de tous les jours. Les premiers industriels de l'agro-alimentaire qui aient compris, c'est Findus en faisant appel à Guérard. Progressivement, ils commencent à comprendre que les chefs peuvent leur apporter beaucoup. Les gens aussi deviennent plus judicieux dans leur choix et préfèrent manger un bon poulet qu'une mauvaise langouste congelée de Cuba. C'est le retour à la vérité. Mon souhait est que les habitants de cette terre deviennent civilisés comme dans un grand restaurant. »

Loisirs

La peinture, le sport, le rugby, les grands espaces, le désert ou la campagne.

Guy affectionne énormément les réunions à la montagne avec ses copains pour manger une fondue. Il préfère recevoir, il a ainsi l'assurance des choses bien faites.

Pour le choix d'un restaurant il dit : *« Il n'y a rien de plus sérieux que le plaisir. Il n'y a rien de pire que de gâcher une soirée à cause de gens qui croient bien faire par manque de simplicité ou parce qu'ils ne connaissent pas assez bien vos goûts. Mon plaisir est d'aller dans des endroits où je suis sûr de manger et boire ce dont j'ai envie et où l'on me fiche la paix, car j'ai une certaine idée de la valeur du temps libre : il est rare, donc précieux. »*

Guy Savoy est l'homme des grandes entreprises et des vastes projets. Son magnétisme personnel lui donne un puissant ascendant sur tous. Malgré une assurance candide, il est capable de grands sentiments, de noblesse extrême et son idéalisme est plein de panache et de magnanimité. C'est l'incarnation même du pouvoir, de la sagesse et de la justice car, pour lui, c'est la vérité qui triomphe.

Il réalise l'équilibre et l'harmonie des désirs, non en supprimant les pulsions humaines, mais en les orientant vers une spiritualisation progressive grâce au développement de la conscience, et sa sagesse est le fruit d'une conquête, non un héritage. Toutes les puissances de la vie se conjuguent en lui pour l'inciter à ne trouver son équilibre que sur les sommets.

Cuisses de canard en deux cuissons

Ingrédients :

- 4 cuisses de canard
- 6 baies de genièvre
- 1 tête d'ail
- 1 cuillerée à soupe de poivre en grains
- 1 cuillerée à soupe de gros sel
- 1 pincée de thym
- 1 cuillerée à café de paprika

Préparation :

1. Faites éclater l'ail en l'écrasant légèrement avec le plat de la lame d'un grand couteau. Versez dans un bol les grains de poivre et les baies de genièvre, écrasez-les au pilon ; ajoutez-y le gros sel, l'ail en chemise écrasé, le thym et le paprika. Mélangez bien.

2. Appliquez cette marinade sur chaque côté des cuisses de canard en appuyant bien avec la paume de votre main pour faire pénétrer les aromates. Laissez mariner ainsi pendant six heures.

3. *Cuisson :* versez deux litres d'eau dans un couscoussier, ajoutez les ingrédients de la marinade. Placez la grille par-dessus avec les cuisses de canard et refermez le couvercle. Faites cuire 45 minutes à une heure à petit bouillon. Les cuisses doivent être fondantes. Dix minutes avant la fin de la cuisson, préchauffez le grill du four.

4. *Finition :* sortez les cuisses et posez-les sur la plaque du four. Placez la plaque sous le grill pendant dix minutes pour colorer les cuisses.

5. *Présentation :* garnissez le fond des assiettes de salade de mesclun et posez dessus les cuisses de canard. Servez avec des croûtons aillés.

Vin conseillé : Cornas « Les Ruchets »

Pour que les fruits noirs légèrement caramélisés, les épices et les tannins très tendres du vin soient pour le canard comme un ami de toujours : un mariage brillant où jamais le raisin ne perd de sa gourmandise.

Crème de potiron et moules

Ingrédients :

- 750 g de potiron
- 25 cl de crème
- 1 pincée de persil haché
- 1 kg de moules
- 20 g de beurre
- poivre du moulin

Préparation :

1. Taillez le potiron en dés de 3 cm Nettoyez les moules, ouvrez-les. Réservez le jus.

2. *Cuisson :* mettez le beurre dans un faitout. Quand il commence à fondre, ajoutez les dés de potiron et laissez-les compoter sept à huit minutes sur feu vif en prenant soin de les tourner et d'écraser la pulpe de potiron. Ajoutez alors le jus des moules et portez à nouveau à ébullition. Incorporez la crème et cuire encore six à sept minutes.

3. Au terme de la cuisson, donnez un coup de mixer. Poivrez et vérifiez l'assaisonnement. Redonnez un petit bouillon et jetez les moules décortiquées. Attention : elles ne doivent pas bouillir !

4. *Présentation :* servez crème et moules dans des assiettes creuses, préalablement chauffées et parsemez de persil haché. La soupe peut être éventuellement accompagnée de croûtons aillés.

Vin conseillé : Riesling Muenchberg

L'élégance pour le potiron et la structure pour les moules : un mariage très tendre reposant sur une minéralité exemplaire.

Portrait de femme : *Danièle Savoy*

"Une ortyx"

Parallèle

Pareillement à Guy, Danièle est née dans l'Isère et tous deux ont 19 ans lorsqu'ils se rencontrent. En apprentissage chez Troisgros, Guy entre ensuite chez Lasserre. Les jeunes gens, à cette période, sortent ensemble ; une petite Caroline arrive et ils se marient. Caroline a aujourd'hui 20 ans et Franck, le dernier, va vers ses 17 ans.

L'inconnu

Le couple « monte à Paris ». Danièle ne travaille pas et élève tranquillement ses enfants. *« Je n'étais pas absolument préparée pour embrasser cette profession. Mon père était instituteur et ma mère femme au foyer, à Dolomien, petit village situé en pleine campagne. J'étais à mille lieues d'imaginer qu'un jour je deviendrais restauratrice. J'ai eu une enfance calme, élevée par des parents extrêmement religieux et je ne savais même pas où se trouvait Paris ! »*

Oser

Lorsque Guy ouvre son premier restaurant de la rue Duret, Danièle commence à s'occuper progressivement du courrier, de la comptabilité et de la décoration. Mais c'est rue Troyon qu'elle plonge sourire aux lèvres dans cet univers qui l'affole un peu. *« Je connaissais les clients par leur nom et j'ai enfin pu y mettre un visage. Mais les débuts furent très difficiles, car j'ai eu l'impression de prendre le train en marche. Les clients ont été adorables, ils disaient : "Tiens... Madame Savoy existe !" Ils m'ont beaucoup aidée à prendre de l'assurance. »*
Danièle est une femme de caractère qui a su s'imposer sereinement.

L'envolée

Ensuite, Guy crée ses bistrots et Danièle prend des ailes... Elle est la seule épouse de chef qui travaille pour les déjeuners dans le restaurant gastronomique et qui, le soir, suit sa clientèle à travers les six restaurants-bistrots de Paris. *« J'adore faire mon tour quotidien dans ces établissements ; j'aide là où c'est nécessaire, je m'y sens très à l'aise et nos habitués qui ne sont pas connus dans l'un d'eux sont heureux de m'y retrouver ; c'est un plus et, dans ces endroits, l'approche est différente, on arrive même à se tutoyer. »*

Assurance

Danièle goûte les plats de Guy quand l'opportunité se présente ; elle est devenue une dégustatrice avertie. *« Il y a un net retour à la cuisine traditionnelle, bien sûr allégée (pour la ligne), mais c'est fou ! Dans les bistrots, les gens sont avides de retrouver leurs marques à travers toutes ces préparations ancestrales. »*

Discrétion

« Pour être l'épouse d'un grand chef, il faut avant tout se taire, savoir écouter et être disponible à tout instant, se respecter soi-même et respecter l'autre. »

Loisirs

Très limités : *« Guy a créé une équipe de rugby dont on suit le plus possible l'évolution. Cette équipe est composée des gens de la salle et de la cuisine de tous les restaurants. C'est le G.S.G.S, le Groupe sportif Guy Savoy. Nous passons aussi quelques week-ends avec nos amis. »*

Reconnaissance

« Je suis très satisfaite de ma vie, je n'en espérais pas autant. Ce trajet est pour moi fabuleux, je ne regrette pas une seule parcelle de mon parcours. »

Assurance tranquille

« Poursuivre cette activité dans les mêmes conditions, sur la même lancée et, dans quelques temps, peut-être m'organiser un peu mieux pour profiter davantage de la vie. Mais, finalement, je ne suis pas du tout à plaindre, c'est merveilleux ! »

Danièle Savoy (suite) :

DANIÈLE ne sait pas cacher ses sentiments; saine et bien plantée, son sourire irrésistible renforce son air de jeunesse. Sa ligne de conduite est faite de droiture, rigueur, énergie et endurance.

Elle représente la mobilité et l'ubiquité spirituelle. Elle est solide, tangible et sensible. Sa plénitude et son universalité en font un symbole totalisateur.
Elle vole toujours la nuit vers Ortygie, et cette lumière libérée de la nuit n'est pas seulement celle du soleil matinal, mais aussi celle du soleil spirituel.

Recette "coup de cœur" de Danièle Savoy

Poires au poivre et menthe de Milly

Ingrédients :

- 4 poires
- 300 g de sucre
- 1/3 de litre de vin blanc sec
- 8 feuilles de menthe fraîche de Milly
- 1 citron
- 2/3 de litre d'eau
- 10 grains de poivre concassés

Préparation :

1. Pelez les poires, coupez-les en deux, évidez-les et citronnez-les aussitôt pour éviter qu'elles ne noircissent. Dans une casserole, portez à ébullition l'eau, le sucre, le vin blanc et le poivre. Plongez les poires dans ce sirop et laissez cuire à petits bouillons dix minutes. Plongez la pointe d'un couteau dans la poire pour vérifier la cuisson : vous devez sentir une résistance régulière. Au terme de la cuisson, laissez refroidir.

2. *Finition :* dans une casserole d'eau bouillante, blanchissez les feuilles de menthe. Retirez-les au premier bouillon et épongez-les sur du papier absorbant.

3. *Présentation :* disposez les poires et le sirop dans un grand saladier et décorez chaque demi-poire d'une feuille de menthe. Servez très frais.

Vin conseillé : vendanges tardives de Riesling 1990 (Heissenberg).

Michel Troisgros

"Troisgros" (Relais et châteaux – Traditions et qualité)
Place Jean Troisgros (en face de la gare) – 42300 ROANNE
Tél. : 04 77 71 66 97 – Fax : 04 77 70 39 77

La dynastie Troisgros

SOUS l'arbre généalogique culinaire de la dynastie Troisgros, l'emblème de la maison est l'arbre. Figuration symbolique d'une entité qui le dépasse et qui, elle, peut devenir objet de culte. Symbole de la vie en perpétuelle évolution, en ascension vers le ciel, il évoque tout le symbolisme de la verticalité, du caractère cyclique de l'évolution cosmique, mort et régénération. L'arbre met aussi en communication les trois niveaux du cosmos : le souterrain, la surface de la terre et la lumière du ciel. Il met en relation le monde chtonien et le monde ouranien.

Les Troisgros ont su relier les générations, transformant l'ancien bistrot pour cheminots en un bâtiment qui aurait pu abriter le groupe de Die Brücke, composé des pionniers de l'art moderne. La préparation au voyage intérieur est empreinte de gaieté pour ramener subtilement vers une certaine réalité.

Par l'œil indiscret du jardin intérieur la plongée se fait en les cuisines, vaste champ de bataille menée de main de maître par le descendant du révolutionnaire Jean-Baptiste, Michel Troisgros ouvre définitivement les portes vers de nouvelles créations insolites où saveurs et parfums venus des sous-bois s'entrelacent d'aériens embruns.

Explosion, vérité, union de l'art et de la technique. Menon disait : **« L'art culinaire participe aux progrès de l'esprit humain. »**

"L'homme de chêne"

Gourmandise utérine

Michel Troisgros fait partie de la troisième génération de cuisiniers. Tout a été dit et écrit sur ce clan. Aubergistes de la France profonde, leur renommée est internationale. Depuis l'enfance, l'hôtel-restaurant fait office de maison, terrain de jeux et lieu de travail. Faire ce métier est un aboutissement. Frères, sœurs et cousins vivent ensemble et le monde extérieur n'existe pas. Ils sont tous imprégnés de valeurs propres à rassurer les primitives angoisses des nouveau-nés faites d'avant-goût de plaisirs de bouche, jubilation à boire, téter, sucer…

A 5 ans, Michel fait des épinards et à 7 il cuisine avec Bernard Loiseau qui, à 15 ans, est apprenti chez son père. L'enseignement est sévère, et parfois ils délaissent leurs casseroles pour la fête foraine. Son éducation est basée sur la confiance, la liberté et, bientôt, la grande famille des cuisiniers n'a plus de secrets pour lui. A 16 ans, le jeune homme entre à l'école hôtelière et part en stage à travers le monde.

Michel Troisgros (suite) :

Les Troisgros n'ont pas d'œillères; ils savent se déplacer pour rester les meilleurs.

Assurance

Une mère d'origine italienne, un père bourguignon, l'éducation religieuse catholique est obligatoire. La grand-mère maternelle est une femme qui inculque à ses petits-enfants la rigueur de vie, du travail et des sentiments. Deux guerres l'ont rodée à la survie, au labeur dans les champs et son côté terrien rejaillit sur la famille. De surcroît, cette femme très pieuse cuisine comme un chef!

« Je suis croyant mais non pratiquant, peut-être par manque de temps mais aussi parce que j'ai eu la chance de ne pas avoir été éprouvé dans ma vie. Merci mon Dieu, j'ai un équilibre naturel et une certaine confiance en moi qui viennent de mes racines, de la sérénité dégagée par mon père qui me tranquillise. C'est le cas de ma femme, elle est sûre d'elle, de sa famille et de nos trois enfants qui vont dans une école privée chrétienne mais resteront libres de leur choix. Pour l'instant, c'est vrai, je n'éprouve pas le besoin de demander. »

Cohérence créative

Michel vit dans l'instant. Il est terrien dans ses entrailles. Il prend ce que la nature lui donne au fil des saisons à la recherche du meilleur produit au meilleur moment. *« Je travaille ces produits avec énormément de respect et d'amour, sans cela les journées deviendraient fades. Ce qui me fait vibrer, c'est l'amour du partage.*

« Quand on crée, c'est sur une réflexion, une recherche, mais on le fait aussi pour soi-même, pour se faire plaisir. On en fait profiter les clients mais, par l'intermédiaire d'autres personnes. Au départ, on est seul devant ses fourneaux; après, le résultat est celui d'une équipe, d'un ouvrage collectif. »

Confesseurs culinaires

Le chef roannais n'est pas timide; il évolue en salle comme un félin à l'affût d'un regard d'appel. Il veut vérifier l'impact de son œuvre, être sans cesse à l'écoute et rassurer.

Chez Troisgros, il y a toujours un membre de la famille sur le terrain.

« Nous sommes des confesseurs culinaires; le client a besoin de nous confier ses impressions. On vient chez nous comme on va à la messe. C'est un rituel. On est sûr d'y trouver une famille célèbre qui va satisfaire les sens au-delà de la cuisine. Mon père est une personnalité. C'est un homme médiatique et ceux qui viennent ont l'impression de le voir crever l'écran de leur télé. Il a une aura unique dans ce métier. »

La griffe

« Me concernant, c'est différent. Ils sont heureux de me connaître, mais ne me situent pas vraiment; et peu à peu je m'impose. C'est un travail de fond. J'ai fait un choix. Mon frère a préféré couper le fil en partant s'installer à New York où il peut cultiver sa personnalité de Troisgros.

« Moi, je dois me plier à une sorte de tradition de générations dans la personnalité comme dans la cuisine. Celle-ci n'est pas révolutionnaire, il y a la "patte" Michel Troisgros qui progresse au fil des mois. C'est un peu comme Chanel, une maison en pleine évolution : créatrice, mais dans un style particulier. On peut avoir des collections automne-hiver qui n'empêchent pas le carré Chanel, comparé chez nous au saumon à l'oseille, repris régulièrement pour renaître au goût du jour. C'est une sorte d'identité imbrisable. »

Michel qualifie la cuisine au niveau des trois étoiles de « superficielle et rassurante » à la fois.

« Il y a peu d'élus susceptibles de pouvoir fréquenter ces établissements et, pour le commun des mortels, Michelin représente des pneus.

« La période actuelle est très ardue. Les gens se posent mille questions sur la famille, le travail… On perd un peu ses marques, ses racines. »

Artistes

Férus d'art moderne, les Troisgros sont des « fous » d'artistes. *« Il est bénéfique de rencontrer des créateurs qui sont des personnages de "remise en question". Passionnés par ce qu'ils font, ils vivent à travers leur art ; leur discours est rassurant et riche en anecdotes. L'originalité prime dans leur vie et j'aime les écouter ; ils sont peintres, sculpteurs, architectes… Entre nous c'est un dialogue plein de plaisirs. »*

Innovation

La nouvelle génération de cuisiniers, selon l'opinion du chef Troisgros, doit être faite de jeunes gens gourmands, généreux qui doivent tout sacrifier jusqu'à l'âge de 30 ans. Il y a dix à douze années importantes d'apprentissage où la pendule tourne dans le sens inverse. Optimisme et humilité sont deux qualités essentielles.

« Pour s'installer, il faut bannir le "sous-produit". Etre personnel dans sa création et ne pas vouloir imiter les maîtres. La restauration de qualité et de luxe va être réservée aux établissements déjà en place. Il faut trouver un concept de restauration à thème. Nous avons créé, juste à côté, un café dans une épicerie. C'est une idée qui a germé, de reprendre des épiceries anciennes pour en faire des affaires décontractées, conçues en restauration à usage quotidien, simple, colorée, économique. On peut faire de la cuisine saine, pas chère et goûteuse. Surtout ne pas faire un faux grand restaurant ; ce n'est plus la tendance actuelle. »

Reciblage

Le queux a une expérience mondiale sur le plan culinaire. Il est catégorique sur l'étiquette de la cuisine française à l'étranger : elle représente une vitrine. C'est la haute couture, le plus beau, le meilleur et le luxe. Mais depuis cinq à six ans il y a souffrance. *« Les Italiens ont pris le pas à New York et à Tokyo. Les restaurants français existent, mais sont vides. On trouve peu de jeunes cuisiniers talentueux qui veulent partir. Il reste, pour nous représenter, une génération qui fait une cuisine bourgeoise mais démodée.*

« Les Italiens réussissent non pas à travers les pizzas et les pâtes, mais par des prix plus serrés, des endroits plus gais, conviviaux, où l'on vient dans une tenue décontractée. Il est temps de rajeunir le style, d'être plus imaginatif, de voyager, de transformer. Mais, déjà, certains jeunes l'ont compris. »

Evénement – Restaurant

Depuis douze ans, Michel a vu l'évolution de l'entreprise familiale. Jusqu'aux années 1990, la maison affichait complet midi et soir en semaine, samedi et dimanche ; mais la récession économique et l'influence de l'Amérique aidant, depuis dix ans les repas d'affaires sont réduits et les dîners en semaine également. Par contre, le week-end les gens viennent faire la fête pour célébrer un événement : anniversaire, mariage, fiançailles. Le motif doit justifier la dépense.

Cuisinier vrai

« Les clients et les modes de vie changent rapidement et ce mouvement doit nous dicter notre manière de cuisiner. La "nouvelle cuisine" c'est le passé ; ce furent, à l'époque, des personnes comme Gault et Millau qui ont capté ce qui était dans l'air et l'ont baptisé ainsi avec une poignée de chefs. Je suis affirmatif : aujourd'hui, un cuisinier qui n'est pas vrai, qui va plagier ou faire du superficiel ne réussira pas. »

Le culte de l'aubergine

« Son goût est indissociable des préparations méditerranéennes, surtout lorsqu'elle est mariée à l'huile d'olive et à la tomate. On peut la préparer de multiples façons :

– Poêlée, en purée, en beignet, en gratin, farcie et même confite.
– Confite. Il faut tailler l'aubergine en rondelles de 2 mm d'épaisseur. Les poêler à l'huile d'olive sur les deux faces. Parallèlement, faire revenir un émincé d'oignon à l'huile d'olive, aromatisé de copeaux d'ail, thym, laurier, miel, vinaigre de Xérès et concassé de tomate. Déposer les rondelles d'aubergines dessus et laisser mijoter vingt minutes. Déguster froid, tiède et chaud en accompagnement d'un poisson grillé. »

Le caviar d'aubergines

C'est en somme une purée très relevée, que l'on tartine sur des tranches de pain grillé, et que l'on grignote à toute heure ; la méthode usuelle est d'ouvrir le légume en deux, d'inciser la chair, de la nourrir d'huile d'olive et de cuire à feu doux environ 30 minutes. Récupérer la chair et, à l'aide d'un fouet, la monter au jus de citron, huile d'olive, sel, poivre, pointe d'ail, tabasco, à la manière d'une mayonnaise.
On peut boire sur cette préparation un vin rosé du Languedoc-Roussillon.

Loisirs

Le basket, le ski, le V.T.T. : *« J'aime être dans les bois. »*
« J'ai la nostalgie de la cuisine de ma grand-mère, mais j'aime manger avec mes amis une bonne salade de tomates à l'huile d'olive. J'aime bien recevoir mais aussi être reçu pour me détendre. Si je sors, je choisis un restaurant convivial, simple et sincère. »

Esprit libre

Michel a trouvé équilibre et bonheur en la satisfaction d'être entouré par une équipe de confiance.

Mon entretien avec Michel et Pierre Troisgros révèle le regard nouveau des chefs sur la cuisine française, qui est déjà le reflet du monde futur : **la "Cuisine vérité".**

Michel Troisgros est un créateur qui aime faire surgir de terre ce qui n'existe pas encore. Son épanouissement se fait lorsque corps et esprit fonctionnent ensemble comme une machine bien réglée et parfaitement huilée. Si ses réactions sont constructives et réfléchies, son besoin d'indépendance l'incite à toujours ouvrir une nouvelle porte, prendre un nouveau départ et trouver une nouvelle pulsion à assouvir.

Ses sonorités sont en rouge et or ; missionné, il est protecteur des moissons et défenseur des maisons. Ce guerrier aime se reposer dans les bois peuplés d'arbres antiques d'une hauteur inusitée où les rameaux épais superposés à l'infini dérobent la vue du ciel.
Le trouble que répand en lui cette ombre profonde aide à dissoudre son enveloppe pour s'unir à la source dont il est séparé.

Tomates perlines

Ingrédients (pour quatre personnes) :

- 12 belles tomates Roma (100 g pièce)
- 12 amandes
- 6 olives noires
- 1/4 de gousse d'ail
- vinaigre de vin
- 2 poivrons rouges
- 4 anchois au sel
- 40 câpres capucines
- huile d'olive vierge
- sel, poivre, tabasco, sucre
- 8 feuilles de basilic, cerfeuil, ciboulette, thym

Préparation :

1. *Les tomates :* sélectionnez-les de taille identique. Emondez-les et faites une petite découpe autour de l'opercule. Evidez-les avec le dos d'une cuillère. Glissez à l'intérieur des tomates thym, poivre, sel et sucre. Coincez-les dans un ramequin de leur taille, l'ouverture au dessus. Arrosez d'huile d'olive. Faites cuire cinq heures dans un four chauffé par le sol à 80°.

2. *Les poivrons :* essuyez-les et faites-les rôtir quelques minutes à four chaud. Arrosez d'huile d'olive. La peau s'enlèvera d'elle même. Détaillez la chair en brunoise.

3. *La garniture :* préparez les amandes émondées et grossièrement concassées, les olives noires hachées, les anchois découpés en petits dés, les câpres entières. Ajoutez 2 cl d'huile d'olive, 1 cl de vinaigre, quelques gouttes de tabasco et une pointe d'ail hachée. Mélangez l'ensemble avec les poivrons. Vérifiez l'assaisonnement en sel.

4. *Finition :* retirez l'eau de végétation excédentaire en inclinant les ramequins, puis garnissez délicatement l'intérieur des tomates avec le mélange aromatique.

5. *Dressage :* disposez trois tomates retournées par assiette. Décorez-les de petites feuilles de basilic, de cerfeuil et de ciboulette ; entourez d'un filet d'huile. Dégustez très frais.

Vin conseillé : Pouilly fumé, 1993, de chez Didier Dagueneau.

Omelette légère au comté

Ingrédients (pour quatre personnes) :

- 25 cl de lait
- 4 œufs
- 100 g de comté
- 60 g de beurre
- 40 g de farine
- sel

Préparation :

1. *Mise en place :* dans un cul de poule, mélangez les jaunes d'œuf avec la farine. Travaillez au fouet. Amenez le lait et 40 g de beurre à ébullition et versez-le sur le mélange précédent.

Montez les blancs en neige et incorporez-les à l'appareil ; salez légèrement. Réservez au frais.

2. *Finition :* pour quatre omelettes individuelles, prévoyez une poêle anti-adhésive de 18/20 cm de diamètre. Chauffez-la, beurrez-la, verser le quart de l'appareil à l'intérieur, démarrez la cuisson sur le feu.

Enfournez trois minutes à 180° puis parsemez 25 g de copeaux de fromage très fin. Renouvelez l'opération trois fois.

Pliez les omelettes en deux sur les assiettes bien chaudes et dégustez rapidement.

D'autres fromages peuvent être utilisés seuls ou ensemble : beaufort, parmesan, vacherin.

Vin conseillé : Saint-Joseph blanc, 1994, de chez Pierre Gaillard.

Portrait de femme : *Marie-Pierre Troisgros*

"Héra"

Boomerang

Marie-Pierre est née près de Valence. Douée pour les études, elle envisage une carrière de haut niveau. Mais certaines difficultés financières et un père assez sévère l'incitent, comme par hasard, à bifurquer vers une profession plus rentable à court terme. L'école hôtelière est le lieu prédestiné aux rencontres des futurs couples de la restauration. Marie-Pierre et Michel, après trois années d'études, vont prendre la même route pour découvrir le monde culinaire des grandes villes étrangères.

A 27 ans, riches d'enseignement, pleins de couleurs et de plaisirs dans la tête, ils rentrent à Roanne et se marient, avec toutefois un projet : ouvrir un établissement en Australie. Mais un drame survient : la mort de Jean Troisgros. Changement de cap, leur voie est désormais tracée : assurer la pérennité de l'affaire familiale.

L'engrenage

Avec le soutien de sa belle-mère, la jeune femme s'imprègne de l'ambiance en assurant la réception. Progressivement, elle va devenir un des éléments indispensables de l'énorme machine. La coordination salle/cuisine, le personnel, la comptabilité, les fleurs, la boutique... représentent au minimum dix heures de présence journalière et les enfants en sus...

Le soutien

«Je vis bien ma vie d'épouse de chef, mais le souci permanent est de concilier travail et vie familiale. Michel adore ses enfants; il s'en occupe le plus intensément possible et, heureusement, reconnaît l'importance de ma présence à ses côtés. Si parfois des problèmes surgissent entre nous, on rentre à la maison.

«Nous sommes en activité à Roanne depuis quatorze ans et j'aide mon chef de mari à innover et à avancer encore. Cette affaire a toujours été dirigée par deux cuisiniers, il faut donc préparer l'avenir d'autant plus que les clients sont devenus très exigeants. Je le seconde le mieux possible dans sa tâche, et mon grand plaisir est de goûter la première ses créations.»

Chefs-chefs

Marie-Pierre préconise, pour les femmes de chefs, l'équilibre et la prudence. *«Ces messieurs ont une forte personnalité, ils ne sont pas essentiellement chefs de cuisine mais chefs tout court dans leur esprit, ce qui les rend autoritaires et difficiles à vivre, d'où la nécessité pour les femmes de remettre souvent les choses à leur place...»*

Epuration

«La cuisine du futur sera basée sur le choix des produits mais, à l'image de la peinture et de l'architecture, la tendance est à l'épuration. La petite restauration renaît, et les chefs doivent évoluer.»

Force

Le souhait de Marie-Pierre : rester unis, pour marcher toujours dans le même sens et ne pas tomber dans la routine.

Marie-Pierre Troisgros (suite) :

MARIE-PIERRE est la force vitale qui personnifie le cercle lunaire. Souveraine et combative, elle rassure, conforte, donne force et pouvoir. C'est une sorte de matérialisation intérieure d'un engagement, d'un serment, d'un vœu.

Son énergie lui donne le mépris de toute mollesse, mais elle abandonne tout pour ceux qu'elle aime. Sa façon d'être héroïque ira jusqu'à aider ses ennemis pour leur prouver sa supériorité.

«Elle sait l'ordre des rivières
le sens des gués
et te fera passer
sans que tu te noies
et te portera
jusqu'aux froides sources
pour te rafraîchir.»

Extrait d'un chant roumain : *Poésie universelle.*

Recette "coup de cœur" de Marie-Pierre

Le gâteau aux abricots de Marie-Pierre Troisgros

Ingrédients :

- 10 abricots bergerons très mûrs
- 120 g de sucre
- 1/4 d'un sachet de levure en poudre
- 3 œufs
- 120 g de beurre fondu
- 120 g de farine

Préparation :

1. Mélangez successivement tous les ingrédients. Laissez reposer l'appareil environ une heure.

2. Faites un caramel eau et sucre. Versez-le dans un moule Téfal à manquer, puis rangez les demi-abricots, coupe en l'air.

3. Versez l'appareil dessus. Faites cuire au four statique à 200°, vingt minutes.

4. Démoulez le gâteau encore chaud.

5. Accompagnez de crème chantilly au caramel et aux amandes cristallisées.

Vin conseillé : Jurançon 1993, de chez Charles Hours.

Portrait de père : *Pierre Troisgros*

"L'axe"

L'hostie

Pierre Troisgros est non seulement un personnage médiatique, mais aussi un être sensible et généreux. Il nous parle, avec son cœur, de ses croyances personnelles et de son amour professionnel sans limites : *« Mon éducation chrétienne a créé un lien étroit avec l'art de cuisiner. Dans les rites religieux, on a le corps du Christ et le vin : le mystère de la communion est une suggestion alimentaire. Sous la forme de l'hostie, on introduit quelque chose dans la bouche, pas dans le sens nourriture terrestre, mais spirituellement. C'est un symbole qui me fait relier la nourriture et l'ailleurs. Marqués à vie, vous êtes ensuite dans la position de "respect total du produit"; cette vision des choses m'a été donnée par la foi.*

« Je m'intéresse depuis peu à l'ésotérisme. C'était lors d'une réunion du Rotary Club; un astrologue, après avoir réalisé le thème des garçons de la famille, a fait des prédictions qui se sont avérées entièrement exactes. J'en reste sidéré. »

Reflet spontané

La priorité de Pierre n'est pas dans le calcul sordide du rapport financier procuré par un client; c'est lui donner la paix pour l'ouvrir et le préparer à recevoir ce qui lui est destiné : « reflet spontané », sans arrière-pensée.

« L'acte d'amour en cuisine on le trouve par le don de la mère à ses enfants et aussi celui de nos ancêtres qui chassaient pour faire vivre leur famille. Notre rôle essentiel : être attentifs et donner le maximum de notre savoir à ceux qui croient en nous et nous font confiance. »

Overdose

Pierre Troisgros peut être pleinement satisfait de sa vie. Ses trois enfants ont suivi le chemin tracé et l'image Troisgros est implantée en la mémoire de la clientèle. Les « fous de la gueule » savent trouver ici famille, accueil, délectation papillesque, et les sommités du monde entier ont appris à manier la fourchette et goûter les meilleurs vins dans le couvent roannais. *« J'ai confessé les plus grands et je suis comblé par la vie. »*

En « overdosé » du métier, il ne faudrait pas ôter une seule aiguille, sous peine de voir notre géant basculer dans le foin pour l'éternité…

Pierre Troisgros exerce ses fonctions d'archiviste, de gardien des enseignements traditionnels, issus des premiers gastronomes. Après avoir dompté sa fougue et sublimé ses désirs instinctifs, il devient l'axe stable et immobile quand tout change et tout meurt autour de lui.

Il est le symbole d'une victoire sur la violence, d'une maîtrise de soi dans l'enthousiasme, de l'alliance de la passion et de la raison. La flamme qui vit en lui franchit l'espace pour le conduire à l'entrée de la caverne immense aux cimes des cieux.

Poulet au vinaigre

« La découverte a été faite chez Point. *La légende disait que les mariniers descendant le Rhône tordaient le cou des poulets sur la berge pour les mouiller ensuite sur leur bateau avec du vin bien souvent "piqué", d'où l'appellation poulet au vinaigre. J'aime beaucoup cette préparation dont la sauce est acidulée et nerveuse. »*

Ingrédients :

- 1 poulet
- 12 gousses d'ail
- un fond de volaille
- beurre
- 1 tomate fraîche
- pommes de terre sautées au beurre

Préparation :

1. Après avoir découpé le poulet, faites-le revenir assez brutalement au beurre pour le rendre doré et très rissolé. Rajoutez une douzaine de gousses d'ail en chemise (non épluchées) et déglacez au vinaigre dans la sauteuse où se trouve le poulet.

2. Rajoutez de la tomate concentrée et un peu de tomate fraîche, un fond de volaille ; écrasez alors les gousses d'ail qui vont lier la sauce.

3. Passez cette sauce et montez-la au beurre. Remettez les morceaux de poulet à l'intérieur, en les roulant dans cette sauce au vinaigre tomatée.

4. On mange ce plat accompagné de pommes de terre sautées au beurre.

La réalisation de ce plat dure trois quarts d'heure ; il ne nécessite aucun raffinement mais exige des gestes précis et volontaires. C'est un plat sportif !

Vin conseillé : le vinaigre entraîne des vins jeunes, légers, et je pense toujours à mes côtes roannaises. C'est donc un Gamay pouvant se boire toute l'année, un vin de copains, un vin de soif et qui va bien à la campagne.

Francis Vandenhende

"Le Manoir de Paris"

6, rue Pierre-Demours – 75017 PARIS

Tél. : 01 45 72 25 25 – Fax : 01 45 74 80 98

A l'entrée du manoir – imaginaire ou réel – le catalpa est planté sur le sol, représentation de l'été et du Sud. Foyer où Denise, principe féminin, source magique de toute transformation, ressuscite par son souffle et protège sous ses ailes. Intérieur fait de lumière irradiant de l'hélicoïde enroulé autour du soleil. Le dieu Faro perçoit à tout moment les conversations des hommes, son collier de cuivre lui transmet les paroles courantes, et le collier d'or les paroles secrètes et puissantes, émanation de la couleur verte, « maîtresse de la montagne de cuivre ».

L'ail, roi des anciennes coutumes du Var, rôti sur les feux de la Saint-Jean, fait retrouver en ces lieux les âmes de Reboul et d'Auguste Escoffier. « Martigues » et Jean-Baptiste (qui sacrifia sa vie pour sa « cuisine provençale ») perpétuent, à travers le chef Vandenhende, leur passion culinaire méridionale. En sortant, l'initié, empli des saveurs de thym et de laurier, s'élance dans les airs en un mouvement ascendant vers le soleil lorsqu'il atteint le milieu du jour, à l'heure où il n'y a plus d'ombre, culmination de la lumière amorcée par le mimosa aux fleurs jaune d'or : symbole de magnificence et de puissance, emblème de sécurité et de certitude pour la métamorphose de l'être.

"Un alcyon"

Pain, amour et cuisine

Dans la petite ville de Pont-Audemer, tous les habitants se connaissent et les commerçants sont très liés. Francis Vandenhende est né dans le « p'tit café du coin », lieu de rendez-vous où l'on « tape le carton » régulièrement. Le voisin de ce café est un boulanger pâtissier. Devant cette boutique, dès l'âge de 5 ans Francis fait du lèche-vitrines, non pour y admirer les brioches... mais pour apercevoir la fille du boulanger !

De brioches en croissants, ce métier commence à l'intéresser puisque tout se passe dans le fournil qui voit, deux à trois ans après, le jeune garçon arriver de plus en plus tôt le matin pour y passer des bouts de nuit.

A 14 ans, pas très attiré par les études, Francis doit faire un choix. Il existe trois pâtisseries à Pont-Audemer, dont l'une appartient à Gaston Lenôtre. Après un test concluant, il est engagé et prend ses fonctions au moment où le maître pâtissier ouvre sa première boutique, rue d'Auteuil à Paris. Néanmoins, l'équipe en place permet à l'adolescent d'acquérir une for-

Francis Vandenhende (suite) :

mation de haut niveau. Après trois années, il rejoint Gaston Lenôtre dans la capitale pour parfaire son apprentissage. Il y reste deux années et part ensuite faire son service militaire en Algérie. On le nomme, comme il se doit, responsable du mess à Oran.

A la fin de cet épisode, il entre dans la vie professionnelle : au *Bistrot 121,* rue de la Convention à Paris, *Chez Pauline* puis *Chez Denis* tenu par un fou génial : les additions y atteignent 1 500 à 2 000 F par personne, et la clientèle se compose du gotha international. *« Dans cette maison, j'ai vraiment découvert la "qualité des produits". »*

Après un séjour en Angleterre, Francis est nommé directeur technique chez *Lenôtre* qui crée « la grande cuisine française » avec douze chefs triplement étoilés. Cette société passe un contrat avec Air France en vertu de quoi, elle doit superviser toute la production des plateaux repas.

« En qualité de responsable de la restauration, j'ai fait ensuite l'ouverture du Pré Catelan *avec Gaston Lenôtre et Colette, son épouse qui était directrice administrative de l'établissement. »*

Denise

Nous arrivons ici au point crucial de l'histoire. La grande rencontre avec Denise Fabre qui assure une émission sur Europe n° 1. Tous les vendredis, elle reçoit Gaston Lenôtre qui parle de gastronomie. Mais le destin veille : un jour, Gaston ne peut se rendre à l'un de ces entretiens et se fait remplacer par Francis. Les événements se précipitent et les jeunes gens se marient. C'est le choc de l'année dont tous les médias de France et de Navarre s'emparent. Quelque temps après, le couple inaugure sa première affaire : *La Ferme Saint-Simon,* dans le VIIe arrondissement de Paris.

Nous sommes en pleine vogue de la nouvelle cuisine. Ce quartier donne à l'établissement une clientèle politique, et l'astucieux Francis prend le contre-pied de la tendance du jour en faisant une cuisine de terroir basée sur la tradition. C'est un énorme succès.

« Cinq ans après, nous avons ouvert Le Manoir de Paris *(ex-*Grand Veneur*) qui, comme son nom l'indique, était un restaurant de gibier. Nous en avons complètement transformé l'image et, en 1988, au premier étage,* La Niçoise *fut créée en hommage à Denise. »*

Messe et après-messe

« La cuisine est le lien entre l'enfance et la religion. C'est le dimanche, l'après-messe, le moment où la famille se réunit autour de la table pour échanger des idées et partager. Journée privilégiée pendant laquelle on prend le temps de faire le point après les occupations de chacun tout au long de la semaine.

« Les hommes d'aujourd'hui sont très intéressés par la cuisine et, parfois, ils pensent quelques jours avant à ce qu'ils vont réaliser pour leurs proches. C'est un acte d'amour, de convivialité, de retrouvailles. On oublie tout. »

Tous paysans

« Nous avons tous des racines paysannes et, si le côté superficiel a pris trop de place en cette période, les gens commencent à vouloir retrouver leurs marques et les restaurants présentent davantage de plats traditionnels proches du terroir, des mets authentiques. On est parti trop loin dans l'autre sens. »

Ouverture

« Ce métier est le plus préservé en cette époque d'incertitudes et de chômage. Il est pourvoyeur de

main-d'œuvre de manière importante. Bien entendu, les horaires sont à l'infini, mais nous avons une grande mobilité. C'est une profession pouvant être exercée dans tous les coins du monde, ce qui est rare avec d'autres activités ; elle présente des ouvertures à tous niveaux : contacts, voyages…

« On donne du plaisir et les gens redeviennent eux-mêmes, ils se confient, c'est merveilleux ! Il y a un réel avenir pour les jeunes, mais la contrepartie c'est le travail, encore le travail… »

La cote

Le chef normand est affirmatif : *« Il faut se battre pour conserver notre image internationale. Nous devons veiller au grain, car la cuisine française a un peu trop vécu sur ses acquis et l'influence de la "nouvelle cuisine" fut négative. Le fait de simplifier à outrance a donné la possibilité à d'autres de penser qu'il n'était pas nécessaire de maîtriser la technique française pour cuisiner. Il faut retrouver un équilibre. »*

Loisirs

La lecture, la natation, le foot et tous les sports en général.

Le plat élu du chef est la salade avec de bons produits qu'il cueille dans son jardin et assaisonne lui-même.

Il préfère être reçu chez ses amis pour se détendre et, pour aller au restaurant, son choix va vers les bistrots.

Demain, la Méditerranée

« Mes projets sont liés à ma vie privée ; ma femme n'est pas restauratrice bien qu'elle participe à l'activité des restaurants, mais elle a une vie professionnelle pleine et entière et nous sommes contraints de composer avec tout cela. Mais demain je serai probablement dans l'obligation, pour des raisons familiales, de m'intéresser davantage à la cuisine méditerranéenne. » Francis et Denise envisageraient-ils de quitter Paris ?

L'apparence douce et soumise de Francis Vandenhende est en contradiction avec sa détermination intérieure. Il tient à la fois du ciel et des océans, de l'air et des eaux. Il symbolise la fécondité spirituelle et matérielle. Il est le passage de la manifestation à la conscience, et représente, de façon subjective, les multiples manières dont son message est reçu, les multiples visages ou interprétations que prend sa parole dans l'esprit des gens, tous également convaincus de la bien comprendre.

Il est à la fois l'hermétisme et l'herméneutique, du mystère et de l'art de déchiffrer. Homme physique dans son élément sauveur, c'est dans cette ultime partie de lui-même qu'il attribue un bonheur qui ne peut venir que d'en haut.

« Chantez donc Alcyons, ô vous, oiseaux sacrés, oiseaux chers à Thétis, doux Alcyons, chantez… »

André Chénier (modifié).

Papillottes de lieu aux quatre épices

Ingrédients (pour quatre personnes) :

- 4 pavés de lieu de 180 g environ
- 1 poivron vert
- 20 g de gingembre frais
- 2 carottes
- sel, poivre
- 4 feuilles de papier sulfurisé
- 1 poivron rouge
- 1 poireau
- 2 cuillerées à soupe d'huile d'olive
- 4 pincées de quatre épices
- 40 g de beurre

Préparation (vingt minutes) :

1. Epluchez et émincez les carottes en rondelles, épépinez et évidez les poivrons et découpez-les en fines lanières. Epluchez et lavez le poireau et coupez-le également en rondelles. Epluchez le gingembre et taillez-le en filaments.

2. Découpez quatre feuilles de papier sulfurisé de 30 x 20 cm.

3. Déposez sur chacune un pavé de poisson, des légumes et le gingembre. Salez, poivrez et ajoutez les quatre épices, 10 g de beurre et un filet d'huile d'olive. Refermez les papillotes et faites cuire huit minutes à four préchauffé, thermostat 7 (210°).

Vin conseillé : Gewurztraminer sec, 1992.

Fruits rôtis au vinaigre balsamique

Ingrédients (pour quatre personnes) :

- 60 g de figues sèches
- 60 g de pruneaux
- 300 g de fraises
- 2 sachets de sucre vanillé
- 60 g d'abricots secs
- 4 kiwis
- 1 sachet de thé à la pomme
- 60 g de beurre
- 1 à 2 cuillerées à soupe de vinaigre balsamique (doux et sucré)

Préparation (vingt minutes) :

1. Préparez un quart de litre de thé à la pomme. Laissez tremper les pruneaux, abricots secs et figues trente minutes dans le thé.

2. Epluchez les kiwis, les fraises et coupez les fruits à l'avance en quartiers. Egouttez les fruits secs. Réservez.

3. Au moment de servir, faites fondre le beurre dans une poêle, jetez dedans les fruits secs et fruits frais, saupoudrez de sucre vanillé en enrobant les fruits et déglacez au vinaigre balsamique.

4. Servez tiède avec de la glace à la vanille ou du fromage blanc.

Vin conseillé : Maury 1989, Mas Amiel.

Portrait de femme : *Denise Fabre*

"Isis"

Roses et épines

Denise Fabre représente le soleil, le midi. Son bonheur c'est Nice, sa ville natale, une villa, un jardin, un chat, un chien. Son enfance est heureuse, mais empreinte d'un peu de solitude. Fille unique, ses parents sont commerçants, donc très occupés. Une compensation toutefois : la présence de ses grands-parents et l'environnement de mimosas et de roses…

Malheureusement, les épines arrivent avec la séparation du couple parental et la pension pour la petite fille : les sœurs Sainte-Thérèse de l'Enfant-Jésus, puis Blanche de Castille, avec une discipline hyper rigoureuse dans ces deux établissements. Les visites se font une semaine chez son père, une semaine chez sa mère. *« Maman ne s'est jamais remariée et, ce qui est courant, je ne m'entendais pas avec la nouvelle femme de mon père. »* Cette expérience marque Denise pour la vie, d'où sa phobie du divorce.

« La rigueur éducative reçue chez les sœurs forge le caractère pour plus tard et vous donne une colonne vertébrale très dure. Mais je n'avais qu'une hantise : pouvoir sortir et travailler, pour la liberté. Quand on est ainsi pensionnaire, on a tendance à repousser, à rejeter, mais après on prend conscience de l'importance d'avoir reçu le goût du travail et de toutes ces valeurs qui restent. »

De Pigier à la télé

La mère de Denise souhaite pour sa fille un avenir de secrétaire de direction et la fait inscrire chez Pigier, mais les horaires stricts lui rappellent la pension et Denise se révolte un peu. Son rêve est d'être hôtesse de l'air, mais elle n'a pas 21 ans et part en Angleterre pour parfaire son anglais. A son retour, elle est hôtesse de cars et promène les gens de Saint-Tropez jusqu'en Italie.

« Ensuite, je suis devenue mannequin-volant. Ma meilleure amie de l'époque, Colette, inspirée par une idée géniale, a insisté pour me présenter à la direction de Radio Monte-Carlo. Après un essai concluant j'ai donc été engagée par la principauté de Monaco, et c'est le mari de Colette, directeur des programmes, qui m'a appris ce métier. »

L'amour pour une mère

Trois années de radio puis Denise réussit un concours pour travailler, comme on le sait, à la télévision. *« Dès que j'ai commencé à gagner ma vie, j'ai fait venir ma mère qui était restée seule à Nice. J'étais l'essentiel de sa vie, on ne s'est plus quittées. »*

A partir de cet instant, Denise travaille comme une forcenée tout en étant vigilante quant au style d'émissions acceptées. *« Nous étions toutes les deux perdues dans cette grande ville, et le jour où j'ai rencontré Francis tout a changé. »*

Denise et Francis

Les jeunes gens sont des bosseurs, ils en veulent, ont une vision commune de la vie : fonder une famille, faire de l'authentique.

Deux ans après ce mariage naissent les jumelles et c'est à nouveau le rush des médias. La France est émue, leur speakerine préférée fait la une. *« Les téléspectateurs m'aimaient pour ma spontanéité et surtout pour mon éducation religieuse qui m'empêchait d'être provocante. »*

Denise a une profonde admiration pour les gens qui font ce métier très dur : *« C'est une remise en question quotidienne et la facilité n'est qu'apparente. »*

« La Niçoise *est née sur un coup de cœur. J'avais envie de perpétuer la tradition avec toutes les recettes de ma mère, de ma grand-mère et de mon arrière-grand-mère. Elles étaient rédigées en patois et je les ai traduites en français. Mais c'est Francis le chef, car je suis plus qualifiée pour la dégustation que pour la cui-*

sine. Ce qui est merveilleux, c'est qu'un Normand ait pu s'intéresser à la cuisine du sud de la France!»

Denise s'occupe énormément de ses filles. Elle est, selon ses affirmations, une mère poule et sélectionne ses émissions pour garder une image digne aux yeux de ses enfants.

Admiration

La femme, dans ce style de restauration, est un élément indispensable; elle est l'âme d'une maison.

«Les chefs sont des créateurs, des artistes, et il faut être près d'eux pendant leurs moments de doute. Ce qui me met dans une rage folle, c'est quand on parle de leur rôle uniquement à travers la décoration florale… Elles sont importantes du matin au soir, supervisant tout : la gestion, le personnel… et si ces femmes extraordinaires n'étaient pas là, leur chef de mari n'aurait pas la reconnaissance qu'ils ont aujourd'hui; ce sont les plus discrètes, les plus effacées, les plus humbles. Elles mettent leur mari en avant et, pour faire ça, il faut une sacrée dose d'abnégation et de grandeur d'âme. On ne parle jamais de ces femmes et je souhaite faire une émission qui les valorise.»

Pour le pire et le meilleur

En ce moment, Denise Fabre assure une rubrique radiophonique dont le thème est l'amour; elle y reçoit des couples de tous les âges. *«La facilité, aujourd'hui, est de se quitter : ça ne va plus et, hop! on se sépare. C'est plus facile, mais ça fiche des vies en l'air, surtout des vies d'enfants, alors que le plus important est d'essayer de rester ensemble, de surmonter les épreuves.»*

Evanescence

Denise est très présente au *Manoir* et à *La Niçoise*. Les clients attendent son entrée avec impatience et sont toujours éblouis par son sourire et sa chevelure de jais.

La famille

«Mon souhait le plus profond est de réussir l'adolescence de mes filles et d'en faire des femmes saines avec une colonne vertébrale. J'ai une priorité dans la vie : ma famille.»

Denise Fabre, mère de la nature, évolue dans les souffles salutaires de la mer et de la terre, les uns et les autres réceptacles et matrices de la vie. C'est l'harmonie la plus profonde de l'amour qui s'épanouit au-dessus des eaux primordiales. On découvre en elle une notion de verticalité qui est l'affirmation de soi et donne tout leur sens aux coutumes de prosternation et de redressement du corps entre hommes ou devant une représentation sacrée.

C'est elle qui donne vie et solidité à l'édifice qu'elle soutient par la vie infusée pour son épanouissement. C'est une limite protectrice à ne pas franchir qui marque le passage d'un monde à un autre, pivot du mouvement céleste, adorée dans tous le bassin méditerranéen.

«Je suis maîtresse de tous les éléments,
origine et principe des siècles, divinité suprême,
reine des mânes, première entre les habitants du ciel,
type unique des dieux et des déesses,
c'est moi qui gouverne tout au gré de ma volonté.»

Extrait du *Dictionnaire de la civilisation égyptienne.*

Marc Veyrat

"Auberge de l'Eridan" (Relais et châteaux)

15, Vieille route des Pensières – 74290 VEYRIER-DU-LAC
Tél. : 04 50 60 24 00– Fax : 04 50 60 23 63

DEVANT l'élégante demeure aux couleurs immatérielles et révélatrices, le lac d'Annecy devient un baptistère, lieu d'illumination et de transfiguration, point central d'où la vision de l'homme embrasse dans sa totalité et dans son unité le système de l'univers. Il découvre alors les secrets et l'ordre sublime de la nature qui se révèle à lui dans sa construction harmonieuse. Le reflet des montagnes savoyardes, pyramides d'émeraude verte, le bleu de la voûte céleste, la puissance, la grâce et la blancheur immaculée des cygnes font une vivante épiphanie de la lumière en ce miroir d'eau central. Symbolisme de la transcendance, la montagne est le terme de l'ascension humaine et la masse primordiale non différenciée.
L'intérieur de la maison, faite du bois de la croix et de l'arbre, recèle la sagesse et la science surhumaine d'un passé toujours présent et d'un futur éblouissant, de fêtes permanentes pour des palais avides de saveurs ancestrales, messagères des origines de la création et transmises en ces lieux, par la geste d'un maître queux venu d'ailleurs !

« Il arrivera à la fin des temps,
Que la montagne de la maison de l'Eternel
Sera fondée sur le sommet des montagnes.
Qu'elle s'élèvera par-dessus les collines.
Et que toutes les nations y afflueront. »
Esaïe, II, 2.

"Le stradivarius des alpages et des sommets"

Naissance

Né en 1950 à Manigod (petit village savoyard), Marc Veyrat ouvre les yeux sur le monde et laisse, l'espace du premier instant, pénétrer en lui pour l'éternité toutes les beautés et les vertus de sa Savoie adorée et respectée. Cet amour viscéral contribuera à hisser cet homme hors du commun tout naturellement au sommet, par des voies inconnues jusqu'alors dans le monde culinaire.

Révélation

Selon les affirmations de Marc Veyrat, son choix d'une carrière dans la cuisine est de « source spirituelle ». A l'âge de 9 ans, la révélation se produit autour d'une table, dans ses montagnes natales.
Son grand-père François fête tous les ans la Saint-François et invite uniquement les « gens de l'adroit » représentant les « riches », riches

par le soleil. Le grand-père François est « anticlérical et « communiste », où plutôt « radical de gauche » d'avant la guerre. A ce repas ne sont pas conviés les parents de Marc, les femmes, les enfants et les « gens de l'envers », les pauvres de soleil… Mais pour quelle raison ? Ce jour-là, en 1961, le grand-père François invite tous les « François de la commune » jusqu'à « l'envers » de Manigod. Et, ô surprise ! même le curé, son frère… Imaginons l'émerveillement de cet enfant comblé d'une telle faveur.

Et le curé en bout de table qui en toute solennité prononce : *« Au nom du Père, du Fils et du Saint-Esprit, bénissez Seigneur ce repas »,* et pour la première et unique fois le petit Marc voit son grand-père faire le signe de croix. Alors, il se passe quelque chose en lui : *« Mon grand-père était un homme de cœur qui avait aidé ce prêtre à faire des études de théologie en lui donnant une petite chaussette pleine d'argent. Mais, offusqué par la religion, il avait basculé de l'autre côté. »*

Revenons à ce repas déterminant pour la carrière de notre futur cuisinier : pendant les deux premiers plats, aucun mot n'est prononcé et, pour ce jeune garçon qui connaît tout le monde, ce moment prend une dimension extraordinaire dans cette maison formidable. Cette famille est heureuse mais compte, et pourtant ce jour-là, pour la plus grande réunion de l'année, les plats n'arrêtent de défiler. Sa grand-mère a tué le « meilleur canard », le « meilleur lapin », le « meilleur cabri », tout arrive sans cesse. Pour lui, depuis cet instant, le lapin n'a plus le même goût, les arômes sont indélébiles. Dès le lendemain, le petit « Veyrat » commence ses essais culinaires.

La révolte

Marc Veyrat vit avec ses parents, ses grands-parents maternels et paternels, ses deux frères et ses deux sœurs. Il est le seul à avoir choisi cette voie. La famille ramasse les plantes pour les lapins et pour son usage personnel. La mère puise dans le lot celles qui doivent être utilisées dans la ferme. La soupe est le met principal et les enfants jouent à découvrir l'herbe qui y est incorporée.

Malgré cette vocation, l'épanouissement est très long pour cet adolescent révolutionnaire qui envoie « aux calendes grecques » parents et professeurs.

Marié à 18 ans, trois enfants, Marc Veyrat retrouve son identité à 33 ans. Il revient alors travailler à la ferme du père.

La bergerie

Tout commence dans la bergerie. Une partie de l'étable est transformée en « ferme d'hôtes ». Au début, la clientèle est constituée de gens de la région qui, progressivement, apprécient les mets de plus en plus raffinés. Seul en cuisine avec son épouse, il peut servir 25 couverts environ. Puis son père lui offre la bergerie.

« Cette bergerie était une richesse du cœur où tout avait été monté pierre par pierre et l'eau amenée de la source. »

La clientèle arrive maintenant de très loin, mais il n'est plus possible de l'exploiter, compte tenu de sa situation : 1500 m d'altitude, routes enneigées et des semaines sans voir « âme qui vive », d'où l'obligation de manger en famille « l'omble » acheté pour les clients absents. L'omble prend alors un goût d'amertume…

Un jour, envoyé du ciel, un Suisse tombe amoureux de l'auberge et l'achète à un prix très intéressant, ce qui arrange les affaires de ce jeune homme passionné de gastronomie et brimé dans ses aspirations. Pour Marc la grande aventure commencera à Annecy.

Croyance

Marc Veyrat est catholique *« par obligation, comme tous les paysans de France,* nous dit-il. *Je me suis toutefois éloigné de cette religion mais, depuis l'âge de 40 ans, j'éprouve une nécessité de retour aux sources, vers cette nature tant aimée et un système dans lequel j'ai vécu, mais pas de la même façon. Mon plaisir est d'entrer dans l'église de Manigod, seul, à l'écart du monde. C'est pour moi une source d'énergie et surtout une joie de retrouver le Christ qui joue un rôle prépondérant dans ma vie. »*

La nourriture et l'ailleurs

La nourriture établit un lien avec l'ailleurs, ce chef en est convaincu. Il est aujourd'hui certain d'avoir une approche de la nourriture bien plus féminisée que son père dont les repas sont essentiellement composés de lard, d'où le paradoxe, dit-il : *« Il existe quelque chose, on va passer par quelque chose d'où va rejaillir quelque chose. Je ne crois pas au système héréditaire. Mes parents étaient très durs. Leur déontologie était la suivante : tu travailles, tu travailles, tu te tais et tu travailles ; avec aucun droit d'expression de la part des enfants. Et d'ailleurs, j'inclus tout ce manque d'expression dans mes créations culinaires au risque d'offusquer. C'est un "trop-plein" et ça offusque parce que c'est un "trop plein" ; on n'est pas dans les limites du rationnel. On est "hors normes". »*

L'amour

Pour le chef Veyrat, l'amour est essentiel dans ce métier et l'amour c'est respecter les autres au sens propre du terme. Pour lui, respecter c'est écouter. Respecter une plante c'est la regarder, la humer et après la disséquer. L'amour c'est ça, vis-à-vis des plantes mais aussi des humains.

Et ce conteur intarissable nous ramène auprès de son oncle curé de La Plagne : *« C'était un homme exceptionnel ; il n'y avait quasiment personne dans son église et, en "fou de Dieu", il avait réussi à obtenir une subvention pour créer une église souterraine à l'abri de la neige, du bruit et de la pluie, une "église-boîte de nuit". Il allait chercher les jeunes pour venir prier et son église était pleine ! »*

« Quelque temps avant sa mort, il est venu manger avec des amis. Après le repas ses propos ont été les suivants : Marc, j'ai compris, ta cuisine : c'est exactement ce que Dieu représente pour moi. » La spiritualité à travers les mets, il avait compris. Il avait analysé la composition de chaque plat. Il est mort en 1993 et Marc ajoute tristement : *« Voilà, chaque fois que je rencontre des grands hommes ayant de telles réactions, ils meurent ; ça m'ennuie et j'ai plein d'événements identiques dans ma vie ! »*

Inspiration

Les inspirations de ce Savoyard viennent de son éducation. Les actes de ses parents sont parfois de nature divine. Ils triment, sont pauvres et, pourtant, vont acheter à Annecy 25 kg de café vert qu'ils entreposent dans un grenier entre le linge du dimanche et les papiers de la famille ; pour Marc, cet acte représente la noblesse. Le summum, c'est lorsque son père lui donne la clef du grenier pour prendre le café vert et le torréfier dans sa petite machine. Les arômes qui en émanent sont, dit-il, *« complètement spirituels »*.

Marc Veyrat cite l'exemple d'un œnologue qui déguste un vin de 1850 et se gausse d'adjectifs ronflants pour définir ce vin sans en définir son histoire : *« Comment les gens vivaient-ils à cette époque, les événements, peut-être les guerres ! »* Cet œnologue à son sens est « nul ». Lorsque Marc boit une « grande bouteille », elle évoque pour lui le temps passé et l es gens qu'il n'a pas connu. C'est un film éblouissant qui défile. Goûter peut s'accomplir essentiellement de cette manière.

Les clients

Ce maître cuisinier est affirmatif en ce qui concerne la clientèle des grands restaurants qu'il classe en trois catégories :
– Le client qui a les moyens, connaisseur, perfectionniste, rigoureux. Ce client est exigeant et Marc l'adore…
– Le deuxième est celui qui a de l'argent mais pas assez de connaissances et se croit tout permis. Marc le déteste.
– Le dernier a peu d'argent, ouvert à tout, prêt à comprendre ; c'est pour lui la plus belle des clientèle (la première aussi, cela va de soi).

Les tourments

Cet alchimiste culinaire, ce magicien des fourneaux est un être tourmenté mais lucide. Il lui arrive la nuit, très souvent, une impression d'avoir « l'arrachement de sa vie par rapport au cœur » et confesse : *« Je suis prêt pour la mort. Quelqu'un vient me chercher l'âme, et l'âme part dans l'infini. C'est un détachement, mais ce n'est pas la fin. Et puis, je finis ma vie physique au milieu des festins. Des gens arrivent avec des plateaux garnis de saumon, de homards et je meurs ainsi. On m'enlève quelque chose au milieu de la poitrine qui s'envole au loin, au loin dans l'espace. »*
Il est possible qu'après nous avoir fait partir à travers les subtiles saveurs de sa cuisine, celles-ci traversent notre esprit et nous élèvent pour transcender la matière et nous combler de nourritures spirituelles.

Moins élévateur, le contraste inévitable pour Marc, son autre tourment : le saut dans le vide, le saut qui ne s'arrête pas. Une image horrible en sa mémoire : son grand-père mort dans son lit et la vision de son père qui le descend dans une caisse sous la neige, avec une luge à cordes. Et en superposition, lui, petit, dans ces mêmes champs, qui rentre de l'école et retrouve son grand-père qui porte toujours son grand chapeau. Il se jette dans ses bras et mange les fraises des bois posées pour lui dans ce chapeau pendant qu'il garde les chèvres. C'est le secret du couvre-chef de Marc Veyrat.

Les jeunes

Ses conseils pour ceux qui veulent embrasser cette profession sont : la passion, le travail, l'honnêteté du travail, l'honnêteté intellectuelle. *« Faire ce métier sans passion, c'est être un voyou. L'essentiel : pouvoir se regarder dans une glace en disant : c'est bien ! »*

La cuisine du nouveau monde

Pour cet homme « hors du commun », la cuisine des nouveaux créateurs est sous une « épée de Damoclès ». Certaines personnes mal intentionnées veulent perturber le novateur. *« Si je dérange, c'est qu'il se passe quelque chose, peut-être une certaine idée de nature dans l'assiette… »*

Marc Veyrat s'exprime ainsi : *« Je ne me permettrai pas de dire : tel cuisinier ne fait pas la cuisine qui l'inspire, je dis simplement que l'inspiration vient de la passion. On peut être inspiré par ce que l'on fait, ce que l'on a envie de faire. Ça peut devenir une vocation, un sacerdoce. Le respect de chacun commence par le fait de définir une cuisine.*
« La cuisine doit être saine et, pour cela, elle doit être allégée. On ne peut plus vivre en 96 comme on vivait en 45 ou en 60. On ne peut plus "bouffer" un litre de crème réduite pour un rognon. La cuisine doit être une hygiène de vie. C'est une des priorités, mais la priorité principale c'est la philosophie d'une vie, d'un mode de vie et la philosophie peut engendrer la spiritualité. »

La foi

On dit de Marc Veyrat qu'il est « différent des autres » et, pour lui, c'est le plus beau des compliments. Assurément, il est conscient de passer pour un fou mais il en rit. Trouver des carottes, des navets, des poireaux dans un champ !… C'est avec hargne qu'il explique : *« Aujourd'hui tout est sophistiqué, plein de maux à cause des engrais chimiques. Et avant ? D'où venaient-ils ces légumes s'il n'y avait pas eu un Créateur ? Qui les a mis en place ? Ce ne sont pas les engrais ! »*

Boîte à souvenirs

Assurément, la boîte à souvenirs de ce queux « très spécial » est inépuisable, il nous transporte à nouveau… *« Un homme de 75 ans, m'ayant connu à travers la presse, décide un jour de me rencontrer et me dit : "Viens avec moi, car je suis sûr que tu n'as jamais vu ça", et il me conduisit au mont de Charvière pour me faire découvrir une "fontaine de cresson" énorme, de deux mètres de profondeur. Le cresson pousse sur les berges, descend et remonte de l'autre côté. L'eau est limpide, dans le fond il y a un siphon naturel et au sommet de cette fontaine des sources qui coulent. Quand on mange ce cresson, c'est divin, on a les poils qui se hérissent ! »*

Loisirs

Ce solitaire affectionne particulièrement d'aller dans ses montagnes pour y faire un repas avec les produits du pays, tel un jambon frotté à l'ail. Son plus grand plaisir : manger sur le terroir, seul. Assurément, il préfère recevoir qu'être reçu et s'il devait choisir un restaurant pour sortir, il n'en choisirait aucun.

Bonheur et fête

Marc est un homme heureux, heureux de créer sans cesse comme un gamin qui a de bonnes notes. Il dit : *« Je vais encore être le premier le trimestre prochain, je veux faire plaisir à ma maman. Elle vit encore, très heureuse et fière de son fils. Ma joie est de faire plaisir à mes clients, à ceux qui croient en nous, créateurs, qui font le déplacement pour nous et viennent festoyer chez nous. »*

C'est évident, chez Veyrat il en est comme autour de cette table en 1961 : c'est une envolée permanente de mets qui flattent les sens. Par leurs compositions picturales, leurs saveurs subtiles et divines, l'impressionnant *ercheu* des fromages de Savoie et la farandole des pains coupés selon notre choix ou selon les conseils du personnel qui nous enseigne avec délicatesse à découvrir les arômes de chaque plat. Ces jeunes gens maîtrisent parfaitement leur composition, ayant chaque jour le privilège d'aller cueillir plantes et légumes dans la montagne, guidés par cet ancien berger.

Solitude

Mais, l'envers, l'« envers » comme à Manigod, l'ombre au tableau, c'est le lot de certains génies ; Marc Veyrat n'a pas d'amis : après avoir traversé de très difficiles périodes, les gens se sont détournés de lui. Aujourd'hui, selon son expression, *« tout le monde me tape sur l'épaule, mais je n'ai pas d'amis. »*

Une prière

Un souhait, cependant, chez cet être doté d'une sensibilité à fleur de peau et qui souffre de « bleus à l'âme ». Que justice lui soit rendue. Il ne veut plus de calomnies gratuites. Et de renchérir : *« Lorsqu'on est trop fragile, écorché vif, on est attaqué, on est une proie facile. Certains me disent : les chiens aboient, la caravane passe, eh bien, pour moi ça ne passe pas ! »*

Mais soyons rassurés pour lui : Dieu connaît le cœur des hommes !

LES recettes qui suivent sont le reflet de la tradition gastronomique de nos montagnes qui se transmet de génération en génération. Elles me viennent de mon ami Papi, de ma maman Lina et de ma grand-mère Caravi. A mon tour, je vous propose de les découvrir.

Marc Veyrat (suite) :

MARC VEYRAT va sur sa montagne sainte comme sur un centre de méditation, d'isolement, en opposition à la plaine où habitent les humains ; elle le conduit au sommet de son développement. Il possède la musique du monde qui correspond à l'harmonie des astres issue de leur mouvement. Il suit la succession des saisons et le mélange des éléments. Son octave est en « douze lius » *et il maîtrise la science des modulations qui commande à l'ordre du cosmos, à l'ordre instrumental et qui contribue à l'art d'atteindre la perfection.*

Il a la perception des échos de la vibration rythmée du son primordial qui correspond à l'élément Ether, manifesté par les mantras dont la monosyllable AUM lui permet de reproduire en lui-même le processus de la manifestation.

Recettes "coup de cœur" de Marc Veyrat

Raviolis de légumes aux senteurs des bois d'alpage

(raviolis sans pâte)

Ingrédients (pour six personnes) :

- 1 kg de carottes
- 100 g de truffes blanches de chêne
- 1 dl de vinaigre de framboise
- 100 g de champignons
- 1 kg de navets
- 200 g de beurre
- 1 dl d'huile d'olive
- 300 g de polenta
- Herbes : mauve, acha, menthe sauvage, thé de montagne, pimpiolet + sel, poivre, sucre.

Préparation :

1. Epluchez les carottes et les navets. Détaillez-les en lamelles et faites cuire à l'anglaise. Passez au beurre, assaisonnez de sel, poivre et sucre glace. Hachez les herbes finement et coupez les truffes en tranches fines.

2. Faites cuire la polenta dans un petit-lait.

3. Faites une duxelles de champignons.

4. Montez les raviolis : carottes avec les herbes en deux superpositions, navets avec la truffe de la même manière. Découpez à l'emporte-pièce.

5. Dressez la polenta dans un moule à dariole en incorporant au centre une cuillère à café de duxelles.

6. Démoulez au centre de l'assiette et disposez autour, en corolle, les raviolis. Nappez de vinaigre de framboise et d'huile d'olive montés au mixer et vérifiez l'assaisonnement.

Vin conseillé : deux vins possibles pour accompagner ce plat : Roussette de Savoie Marestel 1992 ou Condrieu Y. Cuillero 1994.

Pormonier à la « tomme blanche »

Ingrédients (pour six personnes) :

- 1 « tomme blanche [1] » (tomme de Savoie fraîche)
- 6 pormoniers (saucisses au chou, aux herbes et au lard maigre)
- 6 grosses pommes de terre
- 1 salade frisée
- 2 gousses d'ail
- 4 cuillerées à soupe d'huile
- 1 pincée de sucre
- 18 à 20 matafans [2]
- 200 g de mâche
- 2 cuillerées à soupe de vinaigre de vin blanc
- 1 pincée de sel
- gros sel et sel fin

Préparation :

1. Lavez soigneusement les pommes de terre, mettez-les dans une casserole d'eau froide, salez et faites cuire trente minutes à partir de l'ébullition.

2. Nettoyez soigneusement les salades, lavez-les dans trois eaux, égouttez-les et essorez-les.

3. Pelez l'ail, mettez-le dans un saladier, ajoutez du sel fin, le sucre et le vinaigre. Pilez le tout, arrosez avec l'huile et émulsionnez la sauce avec un mixer.

4. Mettez les pormoniers dans une casserole d'eau froide et laissez cuire à petits frémissements pendant six minutes.

5. Parsemez la tomme d'un peu de gros sel.

6. Mélangez la salade avec la vinaigrette au moment de servir.

7. Présentez en même temps la tomme, les pormoniers, les pommes de terre, la salade et les matafans.

Vin conseillé : Gamay de Chautagne ou Beaujolais primeur en saison.

---

1. **Reblochon blanc ou « tomme blanche » :** il s'agit de reblochon et de fromage moulé après avoir été chauffé. Vous ne le trouverez que chez votre laitier.
2. **Matafans :** petits beignets de pommes de terre à l'ancienne. Les pommes de terre sont rapées, mélangées avec du sel, du poivre et un peu de farine pour lier. Faire des petites boulettes puis les faire frire.

Farcement de robby aux atriaux du Chablais

Ingrédients (pour six personnes) :

– 6 tranches de lard fumé + 18 tranches très fines
– 1 kg de pommes de terre Bintje
– 75 g de raisins secs
– 60 g de beurre
– 2 œufs
– 200 g de pruneaux
– sel, poivre

Préparation :

1. Beurrez légèrement un moule à farcement ou, à défaut, un moule à charlotte. Tapissez le fond et la paroi avec les tranches fines de lard. Coupez les six tranches de lard en lardons.

2. Faites fondre 50 g de beurre dans une poêle et faites-y blondir les lardons. Dénoyautez les pruneaux et coupez-les en deux ou en quatre. Rincez les raisins. Pelez les pommes de terre et râpez-les. Mettez-les dans une jatte, ajoutez les lardons et leur beurre, les pruneaux, les raisins secs et les œufs. Salez, poivrez légèrement. Mélangez très soigneusement.

3. Versez dans le moule garni de lard, rabattez dessus l'extrémité des tranches. Couvrez et faites cuire le farcement dans un bain-marie frémissant de 2 h 30 à 3 heures.

On peut trouver des atriaux du haut-Chablais à Thonon, rôtis en marmite.

Vin conseillé : Mondeuse de Savoie tendre et fruitée.

Sauté de reblochon avec lardons et Chignin Bergeron

Ingrédients (pour quatre personnes) :

– 1 reblochon
– 25 cl de Chignin (vin blanc de Savoie)
– 20 g de poitrine fumée

Préparation :

1. Taillez la poitrine fumée en fins bâtonnets.

2. Faites réduire le vin jusqu'à ce qu'il n'en reste que 4 cuillerées à soupe.

3. Flambez. Grattez le reblochon et coupez-le en deux disques.

4. Faites revenir les lardons dans une poêle à revêtement anti-adhésif pendant trois à quatre minutes, sans les laisser devenir croustillants.

5. Mettez les lardons et le vin sur le reblochon, peau en dessous, dans un plat, couvrez d'aluminium ménager et faites cuire sept minutes dans le four à 210° C.

6. Otez alors l'aluminium, mélangez, vérifiez l'assaisonnement, poivrez et remettez dans le four à 200° C (ou position gril ou salamandre) jusqu'à ce que le dessus blondisse (environ cinq minutes).

Vin conseillé : Chignin Bergeron (vin blanc de Savoie).

Annexes

Le pain : Lionel Poilâne, le boulanger.
Le vin : Jacques Puisais, l'œnologue.
Témoignages :
Joseph Olivereau *(Relais et châteaux)* – Jean-Pierre Haeberlin *(Traditions et qualité)*
La femme et l'enfant : Eventhia Senderens
La presse : Monique Maine, magazine *Elle*, pour les recettes.
Message de Paul Bocuse.
Postface d'Alain Senderens.

Le pain : Lionel Poilâne

"Boulangerie Poilâne"
8, rue du Cherche-Midi – 75000 PARIS
Tél. : 01 45 48 42 59 – Fax : 01 45 44 99 80

BEITH-EL, la maison de Dieu qui est la pièce dressée de Jacob, est devenue Beith-Lehem, la maison du pain. La maison Poilâne, patinée par le temps, est faite de bois, héritier des traditions artisanales et substance universelle, et de pierres qui représentent les fidèles venus chaque jour plus nombreux franchir le passage entre les deux mondes, invitation au voyage, vers l'au-delà. La chaleur envahit cette chaîne d'amour issue de la concentration de l'esprit dans le cœur, en vue de la naissance de l'embryon d'immortalité du pain, principe de renaissance et de régénération ainsi que de communion.
La maison de pierre est transformée en maison de pain par la puissance symbolique de Dieu en présence substantielle, en nourriture spirituelle. Le Verbe et la Parole apparaissent à travers l'osier pour l'offrande du pain. Ces corbeilles accompagnent les découvertes miraculeuses et assurent protection.

Lionel Poilâne, à travers le geste du Créateur, se met en accord avec une volonté de puissance, avec la joie de pénétrer dans la substance, de palper l'intérieur de la pâte, de retrouver une force élémentaire, de prendre part au combat des éléments, de participer à une force dissolvante sans recours. Puis l'action commence et le pétrissage avec son lent mais régulier progrès. La main, directement, prend alors conscience du succès progressif, du principe actif de la purification pour la transformation spirituelle. Le feu, par ses flammes, achèvera l'action fécondante, purificatrice et illuminatrice, à l'image de l'esprit et de la transcendance.

"Attis"

Le foyer

La place Dupleix, dans le XVᵉ arrondissement de Paris, est un monde en réduction. On peut y naître et y vivre toute une vie. C'est un foyer d'où partent les mouvements de l'un vers le multiple, de l'intérieur vers l'extérieur, du non-manifesté au manifesté. On y trouve une église, une école, une maternité, une caserne, des commerces, des habitations et, au milieu du cercle, un jardin d'enfants… Et l'enfant Lionel Poilâne grandit en ce centre.

Secret du pain

« On m'a un petit peu volé ma vocation. Je n'avais absolument pas envie d'être boulanger. Ce métier représentait pour moi un cagibi intellectuel, un réduit, un réducteur d'épanouissement. J'étais le fils du patron et je travaillais dix à

Lionel Poilâne (suite) :

douze heures par jour; j'étais très malheureux. Je rêvais de découvrir le monde... j'ai découvert le travail!»
Dans le fournil, Lionel ne voit jamais personne. Son secret est ce qui se passe chaque jour avec le pain. Il ne peut parler de son mal-être à sa famille, ayant été contraint par son père d'exercer ce métier. L'envie d'une revanche le poursuit, mais cela implique un départ. Il aimerait être archéologue ou astronome, ses passions cachées, mais sa conscience lui interdit de trahir son père.

Pourtant, son ange veille et lui envoie un homme qui lui dit : *«Jeune homme, vous avez 17 ans, vous m'avez fait visiter votre fournil. Ce que vous m'avez appris sur le pain est merveilleux. Accepteriez-vous de parler des parfums du pain devant trois douzaines d'ingénieurs en cosmétologie ?» «J'ai accepté cette proposition, considérant qu'une chance m'était donnée pour travailler un sujet qui élèverait un peu le niveau quotidien.»*

Parfums du pain

Enthousiasmé par ce projet, Lionel prépare sa conférence pendant trois mois, réalisant de nombreuses expériences. *«J'ai fait cuire du pain avec une moitié farinée et l'autre non farinée pour évaluer l'influence de la farine sur la cuisson du pain; les conséquences de la torréfaction d'une farine, la captation des arômes par le chauffage au bois...»* Ses conclusions, il les livre ensuite à ses interlocuteurs, amusés de voir un apprenti leur parler ainsi des parfums du pain.

Dès cet instant, le jeune boulanger a la révélation de la valeur de ce noble métier. *«J'ai réalisé qu'il m'était possible non pas de fuir vers l'extérieur de cette profession, mais vers l'intérieur, et je me suis réjoui d'avoir l'opportunité de prouver à mon père une sorte de supériorité sur son propre terrain, à partir d'une obligation de faire ce métier que je détestais.»*

Le centre du monde

Mais ce n'est qu'un début. Lionel consulte des collections d'ouvrages anciens, réalise des objets en pain pour César et Salvador Dali qui dit de lui : *«C'est un Français vivant.»* Il fait de l'ethnologie boulangère et des films sur les pains régionaux.

«En pénétrant dans cette sphère de la création artistique, en flirtant avec le monde de l'édition, en allant plus loin dans le domaine de la gastronomie, de la science de la digestion, de la diététique, de la gastro-entérologie, j'en ai conclu : le pain est au centre du monde. Les années ont passé, et je me suis mis à considérer le pain comme le départ de l'univers; j'ai enfin aimé ce métier avec passion. C'est une alchimie mentale très curieuse, mais peu importe le métier exercé, il faut que la vibration soit d'une grande intensité.»

L'apprentissage

Lionel parle du monde de l'apprentissage comme d'un monde merveilleux qui a malheureusement été mis en marge de la société : *«Quand un homme en apprentissage est confronté à la qualité d'un produit fini, quand il est amené à associer son corps, sa main, à son esprit pour fabriquer un produit, il s'épanouit vraiment. Cet apprentissage, qui m'a fait comprendre la peine et la satisfaction des hommes et des femmes qui travaillaient avec moi, m'a fait comprendre la vie dans son ensemble. A partir de là, je crois que j'ai fait un bond en avant considérable. C'est un acquis qui ne vieillit pas et ne devient jamais obsolète.»*

Lionel Poilâne est convaincu de la supériorité de l'apprentissage comparativement aux grandes études. L'âge de l'enfant à cette période le rend perméable à la notion de plénitude de la vie et du rôle à jouer dans cette société.

« J'ai constaté, en retrouvant quelques années plus tard mes camarades qui avaient poursuivi leurs études, qu'on leur avait enseigné la technologie, l'électricité, mais rien dans le domaine humain. Il y a une erreur gigantesque dans la chronologie de l'enseignement. A partir de 10 ou 12 ans, il faudrait cesser de leur apprendre des sciences ou des disciplines qui seront dépassées dans les années suivantes. Il serait souhaitable d'exposer les jeunes à des problèmes humains qui, eux, sont impérissables. »

Religions organisées

Depuis trois générations, les « Poilâne » travaillent dans cette merveilleuse boulangerie de la rue du Cherche-Midi. Elle n'a pas changé d'un iota. Le charme ancestral qui s'en dégage est envoûtant et rassurant. Egalement ancestral et omniprésent, le besoin de recherche spirituelle, comparé par Lionel au besoin de se nourrir. L'un et l'autre sont des besoins profonds chez l'homme, et ont été repris par des grands groupes commerciaux :

« Il y a des logos : la croix du Christ, la croix de David… et le sigle Leclerc, Carrefour ! Je pense que la réalité spirituelle est ailleurs. Les religions ont, depuis des siècles, voulu prendre le pouvoir sur les êtres, j'en suis convaincu. Et jusqu'à ce jour elles l'ont eu. Lorsqu'il y a quelque part dans le monde des religions organisées, il se produit des guerres ou des tensions ; on le constate en Irlande, en Israël, dans l'Islam… On a l'impression de voir ce message d'amour universel en permanence transformé par les religieux. Les guerres de religion ont été les plus meurtrières de l'histoire.

« Les guerres industrielles profitent aux consommateurs, mais les guerres de religions tuent tout le monde. Il y a là un cynisme qui m'atteint. J'éprouve davantage d'émotions spirituelles en contemplant la voûte céleste qu'en me trouvant dans une église. Il doit y avoir une force qui nous dépasse, et j'ai le sentiment d'être nettement plus en harmonie avec cette force quand je suis dans l'observation de la nature et des étoiles qu'en regardant le décorum de nos religions organisées. »

Le pain et l'eau

La réflexion de Lionel concernant la nourriture et l'ailleurs est la suivante : *« Les atomes de notre corps existaient avant que l'homme apparaisse. Certains scientifiques ont daté notre corps de quinze milliards d'années. Tout ce qui permet de constituer notre corps est important. La symbolique de l'alimentation, dans ce contexte-là, joue à plein, et comme le pain est au centre…*

« Cela dit, le Christ n'a pas innové. Quatre siècles avant Jésus-Christ les mariages romains se faisaient à partir du pain, et les Etrusques l'utilisaient déjà dans leur religion en qualité de symbole. Jésus a emboîté le pas d'une vision millénaire, laissant ainsi supposer que le pain est le symbole de la transmission de la vie. Il l'est, en fait, car la vie biologique du pain se transmet par ensemencement, raison pour laquelle on garde toujours un morceau de l'ancienne génération de pain pour transmettre à la nouvelle. On peut vivre uniquement en se nourrissant de pain et d'eau. C'est pour cela que le pain est devenu un symbole. »

Le pain et l'espace

Lionel Poilâne donne un conseil essentiel aux jeunes boulangers : se méfier comme de la peste de la culture dominante et officielle d'un métier donné.

« Il y a deux ans, j'ai été invité au forum de l'emploi pour présenter devant cinq cents jeunes le métier de boulanger. Avant ma prestation, Patrick Baudry a fait un exposé sur son métier d'astronaute. Mais dès l'annonce de mon nom associé au mot boulangerie, la salle s'est vidée de 80 % ! J'ai réalisé, outre le côté désagréable de la chose, combien cette société se trouve dans l'erreur : sur les cinq cents jeunes présents, vingt seulement pourraient devenir astronautes, mais surtout trois cents pourraient être boulangers et faire vivre des familles honorablement dans une espèce de paix de village… »

Cohabitation

« Depuis l'Egypte ancienne et l'époque médiévale en Europe, la fabrication du pain n'a guère changé sur le fond. Dans le futur, il y aura un petit retour au niveau de la qualité et de la tradition mais, parallèlement, un développement de l'industrialisation. Les deux vont cohabiter. »

Innovation dans la tradition

Lionel Poilâne a, comme à l'accoutumée, énormément de projets qu'il garde encore secrets.

Son désir est de continuer à défendre son métier, d'innover mais en conservant des méthodes de fabrication extrêmement traditionnelles.

Lionel Poilâne voit la lumière du jour à travers lui-même. Chevalier intrépide, il aime la discussion et les débats qui permettent de montrer ses connaissances et son intelligence. Lié au secret, il marque une phase de l'évolution intérieure, l'intégration des forces chtoniennes au niveau d'une vie personnelle où esprit et matière tendent à s'équilibrer dans une unité harmonieuse.

Protecteur et gardien de la vie, il est le symbole solaire de la lumière naissante. Il célèbre le lever du jour et consacre sa fin. Il exige de la minutie et de la précision dans sa recherche de la perfection. Toute chose doit se trouver à sa place.

Il est le maître, l'administrateur vigilant. Son monde est celui de l'ordre parfait. Il symbolise le dévouement indéfectible.

Recettes "coup de cœur" de Lionel Poilâne

Petits pains au lait

Ingrédients (pour dix petits pains) :

– 500 g de farine
– 30 g de sucre
– 50 g de beurre
– 10 g de sel fin
– 1 œuf
– 1 verre de lait
– 15 g de levure fraîche (ou 7 g de levure lyophilisée délayée)
– eau en supplément, de manière à obtenir une pâte plutôt molle, mais pas trop tendre

Préparation :

1. Pétrissez la farine dans un récipient (après avoir délayé sel et levure). Attendez une heure et demi environ de fermentation.

2. Découpez la pâte en dix petits morceaux et façonnez en long ou en rond les dix petits pains au lait que vous déposez sur une plaque qui rentre au four.

3. Attendez à nouveau une heure à une heure et demi.

4. Dorez-les avec du jaune d'œuf, puis introduisez la plaque au four à 200° ; la couleur des petits pains vous indiquera la bonne cuisson. Attention : ne descendez pas au-dessous de 20-22° pendant la fermentation.

Pain au lard

Ingrédients :

– 500 g de lard fumé coupé en tranches fines comme le petit doigt
– 500 g de farine bise de blé
– 15 g de levure fraîche (ou 7 g de levure sèche lyophylisée)
– 150 cl d'eau environ (ajouter ou retrancher, de manière à obtenir une pâte souple, pas trop molle, pas trop ferme)

Préparation :

1. Faites griller le lard (de chaque côté à l'avance sur un grill), découennez-le et coupez-le en petits morceaux (lentille).

2. Pétrissez la farine avec l'eau, le sel et la levure délayée. Ajoutez le lard fumé grillé et laissez fermenter pendant une heure et demi à deux heures.

3. Déposez la pâte dans un moule (qui peut être un moule allant au four de la taille d'une terrine, ou un moule à pain de mie de 1 kg) après l'avoir façonnée. Laissez fermenter pendant une heure et demi à deux heures.

4. Faites cuire à la température d'un poulet (200-220°). A la sortie du four, laissez ressuer deux heures à l'air hors du moule.

5. Servez grillé avec de la salade ou en tranches fines à l'apéritif.

Variantes :

Pain à l'anet (Dill) : même recette que celle du pain au lard, mais remplacez le lard par de l'anet dont vous introduirez 8 à 10 branches (émincées) sans les bois. Pétrissez avec 10 g de sel fin. Excellent accompagnement grillé pour le saumon et les fromages blancs.

Pain à la menthe : même recette que le pain au lard, mais remplacez le lard par 10 branches de menthe dont vous ne garderez que les feuilles qui sont émincées. N'oubliez pas 10 g de sel. Accompagne la salade de concombres, la soupe au lait froide, etc.

Pain aux noix : même recette que le pain au lard, mais remplacez le lard par 250 g de noix pilées. Ajoutez 10 g de sel.

Les croustons Poilâne

Ce que j'appelle un « crouston » est en réalité une tartine de bon pain grillé sur laquelle on étale, quand la tartine est encore brûlante, l'une des préparations ci-dessous. Il s'agit de recettes simples, de produits cuisinés.
Les croustons peuvent être offerts en cocktail, en mélange pour un repas rapide ou en entrée. Les tartines qui en constituent la base doivent avoir de 8 à 10 mm d'épaisseur (un petit doigt de femme) et la surface de la main environ. Pour les cocktails, coupez les croustons en petits morceaux d'une bouchée et en morceaux plus gros pour un repas rapide.

Les croustons Poilâne *(suite) :*

En entrée, servez le crouston entier ; coupez-le au couteau dans l'assiette. Les produits qui se tartinent sur les croustons, dont je donne la recette ci-dessous, se conservent très bien plusieurs jours, voire une semaine, au frais. L'important est qu'il soient étalés sur la tranche très chaude, sortant du toaster.

Crouston Clamart

– 500 g de petits pois égouttés
– 2 cuillerées à soupe de menthe poivrée
– 2 branches de menthe fraîche (finement hachées)
– 50 g de beurre
– une pincée de sel

Passez les petits pois à la moulinette et mélangez avec le reste des ingrédients. Tartinez.

Crouston aux carottes

– 500 g de carottes
– 3 cuillerées de gingembre râpé frais
– 100 g de beurre
– une pincée de sel
– un morceau de sucre

Faites une purée de carottes que vous faites cuire avec du sucre ; une fois tièdes, passez les carottes à la moulinette et mélangez le beurre et le sel. Tartinez.

Crouston vert

– un petit bouquet de cresson
– un petit bouquet de persil
– une gousse d'ail
– une pincée de sel
– un petit bouquet de cerfeuil
– 5 feuilles de grande pimprenelle
– une échalote
– 100 g de beurre doux

Plongez cresson, cerfeuil, persil et pimprenelle trente secondes dans l'eau bouillante. Sortez-les et égouttez-les, puis mettez-les dans un mortier avec le sel, l'ail et les échalotes et rendez le mélange homogène. Mélangez le beurre afin d'obtenir une pâte à tartiner.

Crouston auvergnat

– 200 g de céleri cru en branche (à couper très fin au couteau)
– 100 g de bleu d'Auvergne
– 50 g de beurre

Malaxez et tartinez.

Crouston bourguignon

– 150 g d'échalote (à couper très fine)
– 1,5 verre de vin rouge
– 100 g de beurre
– une bonne pincée de sel

Faites réduire les échalotes émincées dans le vin rouge. Lorsqu'elles ont absorbé le vin rouge et que le mélange se refroidit et devient tiède, ajoutez le beurre et le sel à température ambiante. Faites ensuite une pâte de l'ensemble. Tartinez.

Les croustons Poilâne *(suite) :*

Crouston printanier

– un bouquet de cerfeuil
– un bouquet de ciboulette
– une grosse branche de basilic
– une bonne pincée de sel

Hachez finement au couteau (le cerfeuil et le basilic se coupent bien au cutter). Mélangez le tout avec 100 g de beurre et le sel. Tartinez.

Faites vos brioches

Qui peut faire son pain peut faire aussi ses brioches en suivant la procédure que je décris dans la recette qui suit. On peut d'ailleurs varier les parfums des brioches avec des abricots secs émincés ou de la banane fraîche en purée (pour les enfants). Pour les abricots, choisissez des fruits doux, sans acidité, réduisez-les en petits morceaux et incorporez-les. Pour les bananes, retirez deux œufs au profit de deux ou trois bananes écrasées.

La brioche aux truffes

(pour accompagner le foie gras)

Ingrédients :

– 500 g de farine
– 12 g de sel
– 200 g de beurre
– 15 g de levure fraîche (ou 7 g de levure sèche lyophilisée)
– 80 g de truffe émincée coupée en lamelles très fines
– 40 g de sucre
– 6 œufs

Préparation :

1. Faites une fontaine avec la farine. Déposez à l'intérieur sucre, sel séparés et œufs.

2. Délayez la levure avec un minimum d'eau tiède cinq minutes avant. Mélangez œufs, farine, sel, sucre et levure. Ajoutez le beurre et les truffes émincées.

3. Une fois pétrie, attendez une heure et demi environ, puis déposez la brioche dans une terrine qui rentre au four.

4. Attendez à nouveau un gonflement du double pour l'introduire au four (175°, un peu moins chaud que pour un poulet). Veillez à ne jamais descendre en dessous de 20-22° avant la mise au four.

Le vin : Jacques Puisais

« Noé se mit à cultiver le sol et planta une vigne.
Il but du vin. »

Genèse, IX, 8.

Noé fut le premier vigneron. Il accompagne le début d'un nouveau cycle et découvre la connaissance à travers l'ivresse. Et Dieu lui donne sa bénédiction.

« Que Dieu te donne la rosée du ciel
Et les ressources de la terre
Du blé et du vin nouveau en abondance. »

Genèse, XXVII, 28.

La vigne est l'arbre messianique et le vin symbolise la vie sacrée et secrète. Le vin est lié au sang à travers sa couleur, mais aussi parce qu'il est le sang de la vigne. Dans la Grèce antique, le vin était le breuvage de l'immortalité, mais aussi la joyeuse boisson des vivants, et c'est par lui que Dionysos enivrait ses fidèles. Dans* l'Ecclésiaste (IX, 7), *uni au pain, il représente aussi la joie :

« Va, mange avec joie ton pain
et bois de bon cœur ton vin :
car Dieu a déjà agréé tes œuvres. »

Mais il est aussi le symbole de la communion, de la convivialité et de la fête :

« En ce jour-là – oracle de l'Eternel des armées –
Vous vous inviterez les uns les autres
sous la vigne et sous le figuier. »

Zacharie III, 10.

Et Shâbestâri écrit que le vin et la beauté sont les épiphanies de Dieu.

« Le vin qui rejoint le cœur de l'homme
Et fait plus que l'huile resplendir son visage. »

Psaumes 104, 15.

Il rejoint aussi les valeurs maternelles du lait. Le « barattement de la mer de lait » est une évocation légendaire indienne. Pour reconstituer les dieux défaillants, Vishnou suggéra de verser une dose d'ambroisie dans la crème du grand océan de lait. L'océan baratté, la déesse Varuni recueillit une coupe de vin « Sura » que les dieux burent sur le champ.

En Islam, Ibn Arabi dit qu'il est le symbole de la science des états spirituels, et pour le grand poète soufi Naboulousi, le vin est « la boisson de l'amour divin ». Mahmud Shâbestâri dit encore que le vin représente l'ivresse spirituelle, le désir ardent, l'amour.

« Il m'a introduite dans la maison du vin
Et la bannière qu'il déploie sur moi,
C'est l'AMOUR. »

Cantique des Cantiques, II, 4.

"Le Noé de l'ère future"

La foi en la vigne

Jacques Puisais, né à Poitiers, est issu d'une famille poitevine depuis l'an 1500. Ses parents sont tanneurs et évoluent dans le monde du cuir. Mais, après la crise de 1936, son père effectue une conversion professionnelle pour s'orienter vers le vin. Jacques grandit dans un milieu bourgeois qui possède voiture, téléphone… et, lors des repas, on boit du vin bouché. C'est donc très naturellement que les papilles du jeune homme se peaufinent.
Le pays entre en guerre et Jacques s'inscrit dans une école de commerce à Toulouse. En 1946, il part faire des stages en Algérie. Avide de connaissances, cette époque est pour lui riche d'enseignements au niveau de la production des vins.

Elevé dans un environnement catholique, depuis quinze ans il se rapproche de la recherche spirituelle grâce à son mariage avec Maryvonne. *«Je suis de plus en plus croyant et la vigne m'aide beaucoup dans ce cheminement.»*

Analyse et chimie

La formation de Jacques est universitaire. Docteur ès-sciences de l'Université de Poitiers (1955), il prend la direction du laboratoire de Tours en 1959, mais ses titres et décorations sont à l'infini; on peut toutefois citer : président de l'Union française et internationale des œnologues, président de l'Académie internationale du vin, président de l'Institut français du goût…
Il est également l'auteur de plusieurs ouvrages, dont *le Goût juste* (Flammarion).

«Je suis chimiste. J'ai connu le vin par l'analyse, après l'avoir étudié en 1950-1952 à travers les hybrides, et à ce moment-là j'ai compris que le milieu était plus fort que la génétique. C'est pour cette raison que la Touraine était l'endroit idéal; c'est une région fidèle où l'on cultive des cépages depuis mille ans. J'ai pu ainsi développer, avec des artistes vignerons vivants, l'œnologie de terrain.

«Je suis aussi un analyste. En Touraine, il y a le jardin de la France au milieu duquel se trouvait le laboratoire. J'avais donc tout à analyser : l'air, l'herbe, la terre… et en 1964 j'ai mis en place une méthode d'analyses sensorielles qui, en 1971, m'a amené à remonter vers les cuisiniers. Pour eux et pour les sommeliers, j'ai créé le premier cours d'enseignement sur le goût et, en 1972, ce furent les premières classes pour enfants. On a touché à peu près dix mille jeunes en France par cet éveil sensoriel.»

Justesse

Jacques Puisais évolue en permanence entre deux groupes : les vignerons pour l'œnologie et les cuisiniers pour le goût. C'est lui qui les a sollicités pour cuisiner en fonction du vin. Alain Senderens est le premier à l'avoir suivi dans cette démarche.

«Le vin possède une justesse entre le ciel et la terre. Amener un cuisinier à concevoir sa cuisine pour le vin, c'est le mettre sur le chemin d'une cuisine la plus transparente possible, la plus juste possible.»

Les trois éléments du vin

«Le vin possède en lui trois éléments :

– La ***production*** *dans laquelle on trouve toute la synthèse chlorophylienne qui est la relation de la plante entre le climat et la terre. Cela va donner le style du vin qui est relativement fixé, mais chaque année le climat est différent. Tous les éléments du sol se retrouvent dans le vin : une terre siliceuse donne un vin léger et fin, une terre argileuse le rend beaucoup plus tonique et un peu plus rustre… Le changement de climat apporte une espérance de vie différente au vin. Par exemple, pendant les années très ensoleillées il aura reçu beaucoup d'énergie et sa durée de vie sera longue, ce qui prouve que le raisin nous redonne dans le temps ce qu'il a reçu.*

– La ***fermentation*** *permet au vin de rester dans un milieu naturel, car tout le système enzymatique est maintenu dans le vin. Il est donc bien un élément vivant et on peut dire qu'il est "initié" par le ferment puisque l'on passe d'un sucré infantile épais et lourd*

qui est le sucre, à un sucré spiritueux qui est l'alcool. Ce passage d'un sucré à un autre est un point capital. On est véritablement devant un produit "initié" : il a passé une porte…

*– On peut souligner que le principal constituant du vin est l'***eau,** *mais de l'eau végétale qui vient de la cellule des fruits, par conséquent une eau pure. En buvant du vin, l'eau va retourner au sol. Etant un phénomène de combustion dont la cause sont les calories, l'homme va rejeter le gaz carbonique qui retourne à la plante. En conclusion, en buvant du vin l'homme s'inscrit dans un cycle biologique total et maintient la vie sur terre.* »

Le vin, la terre, l'air et l'homme

L'opinion de l'œnologue est ferme et brutale : « *Il faut que le vin ait la gueule de l'endroit et les tripes de l'homme, car il est le messager de l'un et de l'autre.* » Si l'homme est vaniteux, orgueilleux ou s'il est simple, il ne fera pas le même vin, d'où cette définition : « *Le vin, fils de la terre, fils de l'air et enfant de l'homme.* »

« *La France rappelle au monde comment une production végétale comme le vin peut représenter un reflet fidèle du lieu où se développe la vigne. En conséquence, boire du vin c'est porter en soi une image sensorielle d'un coin de terre, avec ses sols, ses pentes, ses coteaux, avec l'air qui chaque année marque de son sceau la silhouette du vin. C'est mettre en mémoire cette image avec tous ses contours, ses limites, afin de la retrouver une prochaine fois et de la comparer aux autres images présentes ou à venir, pour ressentir le discours authentique s'installer en nous et ensuite en souffler son développement émotionnel, c'est-à-dire en parler avec les autres.*

« *Boire un vin simple ou grand, c'est goûter son image, prendre un cliché au moment où le vin, après avoir été gentiment tourné dans le palais, glisse en nous. A ce moment précis le déclic se produit et l'image est fixée, mémorisée. En buvant le vin, on mémorise donc tout ce qui vit en lui et on voit la vigne sous la conduite de l'homme.* »

Le génie

Jacques Puisais dit toujours à ses vignerons de ne pas se laisser impressionner par les moyens techniques, car ils doivent rééquilibrer en mettant leur génie dans l'autre plateau de la balance.

« *Les hommes qui, aujourd'hui, conduisent la vigne sans utiliser de produits phytosanitaires de synthèse ou d'engrais classiques, doivent oublier tout ce qu'on leur a appris et repartir à zéro, en s'appuyant sur les cycles végétatifs. Je les soutiens, car ils protègent l'environnement, le milieu, et cet acte élève l'homme qui va alors entrer dans les rythmes climatiques et les positions astrales…* »

« *Ces hommes-là,* nous confie Jacques Puisais, *sont chaque année de plus en plus nombreux à rejoindre le groupe de réflexion de l'Académie internationale du vin. C'est pour eux un nouvel apprentissage. Ce style de culture se divise en deux : la biodynamique et la culture biologique, qui permettent de ne pas encombrer la nature par des traitements inutiles.* »

La lutte

« *Les gens sont très intéressés par le vin, mais ils ont la trouille de leur corps. C'est pour cette raison que nous avons créé l'Institut français du goût. La valeur d'un aliment ou d'un vin se définit par le nombre de mots que vous allez utiliser pour traduire vos sensations. Il faut arriver à persuader les gens de ne plus employer les termes "bon" ou "mauvais". Ils doivent entrer en eux-mêmes et aller y chercher les mots qui traduiront leur émotionnel.*

« *Nous devons parvenir à ce résultat afin de ne pas prendre un retard qui serait catastrophique. Chacun doit prendre son corps en main pour ne pas rester en prison.* »

Jacques Puisais (suite) :

Jacques et son équipe luttent inlassablement contre les aliments et les boissons « muettes ».

Le plaisir et l'authentique

« Pasteur s'était occupé de l'hygiène, entre les deux guerres on s'intéressait aux valeurs caloriques de la nutrition, et aujourd'hui, en ajoutant le plaisir qui est la finalité de tout aliment ou boisson, je pense que l'on s'achemine vers un produit complet qui doit comporter l'hygiène, la nutrition et le plaisir. »

« L'humanité est en mutation et l'homme, en évoluant, va ressentir la nécessité de consommer des produits identifiés. Dans le cas contraire, il perdrait l'identité de sa terre. L'homme va désirer recevoir un réel plaisir et non pas du banal, du faux. Il voudra de l'authentique. »

L'amour

Jacques Puisais travaille en communion avec les grands chefs. *«Ce qui m'intéresse, c'est de leur faire mettre en scène, à partir du vin, des plats adaptés. Ainsi que je l'ai dit au début de cet entretien, il y a vingt-cinq ans Alain Senderens fut le premier chef trois étoiles à avoir accepté de modifier sa recette pour faire plaisir à un vin. Mais je pense que l'épice la plus importante pour un cuisinier c'est l'amour. »*

La légion de la connaissance

Le grand souhait de l'homme du vin symbolisé en la personne de Jacques Puisais est de rassembler les hommes autour du vin pour la production d'un nectar noble et naturel, dans l'esprit de l'Académie internationale du vin.

« Si l'homme de la rue construit son corps gustatif, il communiquera avec les éléments et communiquera mieux avec les autres, et c'est la qualité de la consommation qui fera la qualité des produits.
« Malheureusement, on manque de consommateurs avertis, on a des "avaleurs", et si demain les êtres ne disent plus "bon" ou "mauvais", ils s'engageront dans la légion de la connaissance. Il faut cesser d'avaler sans essayer de comprendre, même une miette de pain. C'est mon message.
« Cela dit, l'œnologie et la production françaises sont leaders et servent de modèles à travers le monde. »

Jacques Puisais possède la douceur du Verbe, les bonnes manières et la sagesse. Son éloquence calme est extrêmement persuasive, il a un bon jugement et un sens artistique très développé. Lié au symbolisme des eaux fécondantes et régénératrices de la végétation, son cœur bat en harmonie avec celui de l'univers. Dans le calme de sa solitude, il participe au renouvellement perpétuel de la vie sous toutes ses formes.

Flottant au-dessus de la cohue, il incarne la plénitude, la paix intérieure et peut devenir un héros civilisateur. Intermédiaire entre ce monde et les réalités transcendantes de l'autre, il est le préparateur de l'élixir d'immortalité.

Témoignages

*D*ANS *cet ouvrage, une grande majorité d'établissements étoilés, membres des* **Relais et châteaux** *et* **Traditions et qualités**, *représentent le prestige de la France. Les deux présidents de ces associations, Joseph Olivereau et Jean-Pierre Haeberlin, nous révèlent leurs impressions personnelles sur cette grande famille qu'est l'hôtellerie et la restauration de haut niveau, de l'avenir culinaire, et nous parlent avec leur cœur de ces chefs dont la seule vision du monde est la recherche d'un centre unificateur qui permettra de réaliser la synthèse dynamique de ses virtualités.*

« *Coincidencia contrariorum* »

Joseph Olivereau – Relais et châteaux

– 1954 : Marcel Tilloy, fondateur des Relais et châteaux.
– 1971 : Joseph Olivereau, successeur et président, aujourd'hui président d'honneur.

Les bases. Joseph Olivereau nous entretient de l'évolution de cette organisation depuis son arrivée : « *En dix-sept ans, les* Relais et châteaux *ont connu un important développement en France et hors de France. On parle d'héritage, mais c'est souvent pour donner à ce mot une connotation négative ou péjorative. Or, je pense que l'héritage reçu était basé sur deux principes solides dont la disparition serait fatale pour l'avenir de la chaîne : l'amitié entre les membres et l'obsession du client qui doit avoir la priorité sur tout.* »

Les 5 C. « *Les cinq critères de sélection sont : caractère, courtoisie, calme, charme, cuisine.* »

Cinq ingrédients. « *Pour bien exercer la profession de cuisinier, cinq ingrédients sont nécessaires : vocation, talent, courage, rigueur, respect des bons produits.* »

Vocation. « *La vocation est une forme d'amour. Si on n'aime pas son métier, si l'on n'aime pas les clients, on ne peut pas être un bon cuisinier.* »

Surprise. « *Les chefs m'ont donné beaucoup plus dans ce que je n'attendais pas (générosité, affectivité) et pas assez dans ce que j'attendais, réalisme notamment.* »

Nourriture et spiritualité. La conception de Jo est la suivante : « *Il faut soigner le corps pour que l'âme s'y plaise.* »

Star-system. « *Il faut être solide, équilibré, intelligent pour entrer dans cet engrenage sans disjoncter. N'est pas Pierre Troisgros qui veut !* »

Sérénité. Jo Olivereau définit ainsi son bonheur : « *Rester soi-même.* »

Vigilance. « *La cuisine française est la première, mais elle n'est pas la seule. Attention au réalisme de concurrents étrangers techniquement inférieurs...* »

Demain. Le président visualise, dans le futur, deux sortes de cuisine :

– la cuisine d'assemblage pour le courant ;
– la cuisine « sur mesure » pour les exceptions, basée sur le produit avec une patte personnelle.

Avenir de l'association. *« Les investissements, le service et la qualité des produits ont une incidence sur les prix de revient, donc sur les prix de vente. Pour justifier le prix du "sur mesure", le client devra être assuré de trouver :*
– un accueil simple, chaleureux, sincère ;
– un aspect festif ;
– une qualité irréprochable des prestations.
Il y aura toujours une clientèle recherchant l'exception. Aux Relais et châteaux *de savoir, au fil du temps, où se situe l'exception. »*

Relais et châteaux et **Traditions et qualité**
« A l'origine, Traditions et qualité *était – et reste – un groupement de restaurateurs de haut niveau. Les* Relais et châteaux *étaient avant tout des hôtels et, en 1972, y ont été adjoints des restaurants dont beaucoup sont également membres de* Traditions et qualité. *Cela prouve qu'il existe des passerelles entre les deux organisations. »*

Vérité. *« Ma vie professionnelle étant pratiquement derrière moi, je voudrais que les cuisiniers réalisent que la course aux étoiles n'est plus la panacée. Ils doivent désormais exercer leurs talents dans des créneaux plus adaptés aux attentes différentes d'une région à l'autre, d'une ville à l'autre. Je souhaite qu'ils soient plus à l'écoute et ne se lancent plus dans des investissements asphyxiants, afin de pouvoir rester en accord avec eux-mêmes ».*

Jean-Pierre Haeberlin (à gauche) et Joseph Olivereau (à droite).

Jean-Pierre Haeberlin – Traditions et qualité

– 1954 : Jean Barnagaud (Prunier Duphot) président, et quelques restaurateurs de prestige : Raymond Oliver, André Vrinat, René Lasserre…
– 1974 : Jean-Pierre Haeberlin président, aujourd'hui président d'honneur.

Prospection. Lorsque Jean-Pierre Haeberlin prend ses fonctions de président, il trouve le prestige de l'association en plein développement, avec une forte tendance à essaimer en province où sont les racines d'un terroir. *« Ensuite, j'ai contribué à franchir les frontières et coopter les meilleurs à travers le monde, mais toujours avec le même esprit de défense de l'art de vivre. »*

Générosité. Le chef alsacien partage l'opinion de Jo Olivereau concernant la maîtrise de l'art culinaire, ainsi que l'amour qui doit se dégager de la geste du cuisinier : *« J'ai rencontré, dans ma carrière, plus de chefs que je n'ai pu compter de poissons au bord de ma rivière depuis mon enfance, et leur qualité prédominante fut la générosité. »*

Le jeu se calme. *« Je pense que le temps des chefs-star est presque révolu. Les exubérances se calment, on entre dans une période de vérité, donc de sagesse. Il faut être un roc, tel Bocuse, pour maintenir le rythme et rester simple. »*

Communication. Après une vie aussi remplie que celle de Jean-Pierre, peut-on en définir les joies éprouvées ? *« Mon bonheur, c'est cet enrichissement artistique et spirituel avec le contact direct des clients presque quotidien. »*

Expérience. *« Pour le moment, la cuisine française garde tout son prestige international, mais l'avenir est loin d'être assuré. Il faut être plus que jamais attentif et rester créatif. Dans le proche avenir, il y aura malheureusement d'un côté l'envahissement des fast-food et assimilés et, de l'autre, une cuisine allégée avec de plus en plus de contraste des goûts où la tradition se conjuguera avec la recherche d'un équilibre des valeurs sûres et des nouveautés, sans jamais oublier que le passé éclaire l'avenir. »*

Avenir de l'association. *« Nous sommes entrés dans une période où l'on voudrait tout niveler vers le bas. Nous devons rester un bastion de ce qu'on fait de mieux en cuisine et en salle : assurer contre vents et marées le plus haut niveau de qualité qui est notre espoir d'avenir et aussi présenter à une clientèle devenue de plus en plus exigeante, ce qui est le meilleur en France et dans le monde à travers cette profession difficile, mais passionnante. Ce sont et resteront nos critères de sélection. »*

Traditions et qualité et **Relais et châteaux.** *« Au début,* Traditions et qualité *a misé exclusivement sa sélection sur la restauration, tandis que les* Relais de campagne *étaient uniquement des hôtels de charme de province jusqu'à la fusion* Relais et châteaux *où les* Relais gourmands *ont pris de l'importance, ce qui explique pour beaucoup la double appartenance à nos deux chaînes. »*

Futur, peinture. Jean-Pierre Haeberlin a tous les talents, dont celui d'artiste peintre, et dans ses tableaux transparaissent sensibilité, finesse et délicatesse jusqu'à l'ultime touche. *« Mon grand souhait est de profiter des quelques années qui me restent à vivre pour illustrer un livre artistique en prenant mes pinceaux pour faire chanter tous les villages et villes que traverse mon Ill, du sud au nord de l'Alsace, et l'offrir à tous les adhérents de* Traditions et qualité. *»*

Monique Maine

Monique Maine est à l'origine de la création des fiches-recettes du magazine *Elle*. Pendant trente ans elle a côtoyé les plus grands cuisiniers de la gastronomie française et nous confie ses impressions concernant ces chefs qui œuvrent à la recherche d'une harmonie dans les hauteurs.

« J'ai eu le grand privilège, pendant toute ma carrière à Elle, *de fréquenter la plupart des grands chefs. J'ai rencontré aussi d'autres cuisiniers, excellents, intéressants, mais moins médiatisés que les toqués ou les étoilés. Ces hommes – et parfois ces femmes – sont des gens d'une grande générosité. Rares sont les exceptions. Pourquoi ? Parce que la cuisine est avant tout une affaire de cœur et d'amour. C'est toujours avec une grande gentillesse et beaucoup de simplicité que les chefs m'ont accueillie dans leurs cuisines et m'ont livré quelques-unes de leurs recettes afin qu'elles soient réalisées par mes lectrices.*

« Pour un reportage, il faut s'installer chez eux pendant trois jours. Photographier leurs plats n'est pas toujours facile. Ils doivent d'abord nous trouver un endroit à l'écart des clients qui pourraient être étonnés du déballage de nos objets, récoltés au cours de shoppings préparatoires et du matériel photo. Tout est plus facile en province où les établissements sont plus vastes qu'à Paris.

« Ces reportages m'ont permis d'engranger de merveilleux souvenirs, aux parfums gastronomiques certes, mais aussi teintés d'amitié et de complicité dans le travail. En accord avec les chefs, je choisissais les plats à photographier en insistant sur nos impératifs de mise en page et de shopping qui vont contribuer à donner son style à la photo. C'est alors que le photographe entre en scène. Il va créer, avec sa science des lumières et sa sensibilité propre, une image, toujours très belle. Tous les chefs, quelle que soit leur réputation, se sont soumis à ces exigences. Au début, ils marquaient peut-être une certaine surprise devant nos contraintes, mais ils me faisaient confiance.

« Je crois avoir travaillé avec presque tous les grands, de Paul Bocuse, en passant par Marc Meneau, Alain Dutournier, Alain Passard, et tant d'autres que je ne peux citer. Ce sont des hommes forts, dans tous les sens du terme. Pour faire ce métier si difficile, il faut une belle santé.

« Ils sont maintenant tout à la fois cuisiniers et gestionnaires. Et c'est difficile ! Mais il est vrai qu'ils sont, en général, très bien secondés par leurs épouses. La présence d'une femme est primordiale. Son influence est ressentie dès qu'on entre dans l'établissement. Elles sont là pour l'accueil. Le décor et les fleurs, ce sont elles. Il y a d'autres tâches plus ingrates qu'elles doivent assumer. Et puis, il y a le soutien indispensable à leurs chefs de maris. N'oublions pas ces ambassadrices de charme. Discrètes mais présentes, elles contribuent pour beaucoup à la réputation d'une grande maison. »

Monique Maine.

La hauteur est plus qu'un symbole. Celui qui la cherche, celui qui l'imagine avec toutes les forces de l'imagination qui est le moteur même de notre dynamisme psychique, reconnaît qu'elle est matériellement, dynamiquement, vitalement morale.

Gâteau de pommes de terre
(recette de Marc Meneau)

Ingrédients (pour six personnes) :

- 2 kg de pommes de terre
- 50 g de parmesan râpé
- 1 l d'huile d'arachide
- 300 g de lard de poitrine fumé
- 250 g de beurre

Préparation :

1. Epluchez les pommes de terre, taillez-les en rondelles de 3 mm d'épaisseur. Plongez-les cinq minutes dans l'eau bouillante, égouttez-les et épongez-les dans un linge.

2. Coupez le lard en dés que vous mettez dans une casserole d'eau froide; amenez à ébullition, égouttez.

3. Huilez légèrement le fond et les parois d'un moule à charlotte. Montez les pommes de terre en rosace en intercalant le parmesan et les lardons. Remplissez ainsi tout le moule.

4. Clarifiez le beurre : faites-le fondre doucement. Peu à peu, un dépôt blanchâtre apparaît dans le fond de la casserole et le beurre en surface reste clair. Passez au chinois, et c'est uniquement le beurre clair comme de l'huile que vous utiliserez. Versez-le sur les pommes de terre.

5. Posez le moule sur le dessus du feu et faites cuire quatre minutes à feu moyen.

6. Mettez ensuite au four quarante minutes à 180° au bain-marie, mais en remplaçant l'eau par de l'huile.

7. Démoulez au moment de servir.

Ce gâteau de pommes de terre accompagne tous les rôtis.

Vin conseillé : Bourgogne rouge «Pinot noir» de Vézelay.

Moussaka
(recette d'Alain Passard)

Ingrédients (pour six personnes) :

- 1 épaule d'agneau rôtie hachée et son jus de cuisson
- 6 aubergines
- 50 g de persil haché
- 1 bouquet garni
- 50 g de beurre
- 5 tomates pelées et concassées
- 8 échalotes
- 50 g de ciboulette ciselée
- 3 gousses d'ail
- 1/2 l de fond de volaille ou de veau
- huile d'olive, sel, poivre

Préparation :

1. Hachez finement les échalotes. Prélevez-en la moitié, faites-les fondre dans 5 cl d'huile d'olive avec une gousse d'ail hachée, la viande, le persil, la ciboulette, le fond de volaille, les tomates et le bouquet garni. Salez, poivrez. Faites cuire dix minutes.

2. Coupez les aubergines en deux, badigeonnez-les d'huile d'olive, faites-les cuire au four quinze à vingt minutes. Prélevez la pulpe. Conservez la peau.

3. Faites fondre cinq minutes le reste des échalotes et de l'ail hachés dans 5 cl d'huile d'olive, ajoutez la pulpe des aubergines hachée. Salez, poivrez. Poursuivez la cuisson cinq minutes.

4. Disposez la peau des aubergines sur le fond et le pourtour d'un moule à manqué huilé en la laissant dépasser. Garnissez de hachis entre deux couches d'aubergines. Rabattez la peau des aubergines sur le tout.

5. Faites cuire au bain-marie à four modéré 180° (thermostat 6) pendant une heure.

6. Servez chaud, démoulé sur le plat de service et accompagné de la sauce suivante : faites chauffer le jus de la viande, montez au fouet avec le beurre coupé en parcelles.

Vin de Corse : Porto-Vecchio 1990, domaine de Toraccia.

Lièvre à la Royale

(recette d'Alain Dutournier)

Ingrédients (pour six à huit personnes) :

- 1 lièvre de 3 kg désossé
- 400 g de foie gras de canard cru
- 1 truffe
- 2 carottes
- 1 bouquet de persil
- 2 œufs
- 500 g de crépine de porc
- 3 g de poivre
- 3 cl de vinaigre
- moutarde forte, sucre
- genièvre, muscade, girofle, cannelle, cardamone
- 500 g de ris de veau blanchis
- 100 g de jambon de pays
- 100 g de cèpes
- 2 échalotes
- 1 bouquet de thym
- 50 g de mie de pain
- 12 g de sel
- 1/2 l d'armagnac
- 1/2 bouteille de Sauternes

Pour le fond :

- 2 bouteilles de Sauternes
- 2 carottes
- 1 bouquet garni
- 1 morceau de crosse de jambon
- 1 oignon
- 100 g de couenne

Lièvre à la Royale *(suite) :*

Préparation :

1. Récupérez le sang du lièvre.

2. *Le fond :* faites cuire deux heures dans le Sauternes les ingrédients cités et les os du lièvre.

3. Réduisez la demi-bouteille de Sauternes à trois cuillerées à soupe.

4. Faites revenir à l'huile les carottes, les cèpes, les échalotes et le jambon en dés. Incorporez le cœur et le foie du lièvre, les ris de veau en dés, les œufs, la mie de pain, une cuillerée à café de chacun des épices pilés, le Sauternes réduit, l'armagnac, le sang, le persil ciselé, le sel, le poivre et les deux tiers de la truffe hachée ; mélangez.

5. Etalez le lièvre désossé, badigeonnez-le de moutarde, saupoudrez de sel, de sucre et de thym.

6. Etendez une couche de farce, puis disposez tout le long le foie gras, détaillé en bandes de 1,5 cm d'épaisseur. Terminez par la farce. Refermez le lièvre, cousez et entourez-le de crépine. Ficelez.

7. Mettez à dorer dans une cocotte. Jetez le gras, mouillez avec le fond, couvrez et laissez cuire quatre heures au four à 120°.

8. Filtrez le jus, ajoutez les restes de truffe hachée.

Servez la sauce à part. Accompagnez ce plat de polenta.

Vin conseillé : Hermitage « La Chapelle », 1978.

La femme et l'enfant :
Eventhia Senderens

Nous retrouvons un autre portrait d'épouse de chef en la personne d'Eventhia Senderens, qui est la première au monde à s'être penchée sur l'éducation culinaire du bébé sous forme de recettes.

Symbole de douceur, de sécurité, de ressource lié à la fécondité et au lait – qui est la première nourriture – le sein est associé aux images d'intimité, d'offrande, de don et de refuge. Les lèvres de l'ange feront la médiation entre la situation où l'enfant se trouve et l'inconnu, pour recevoir la puissance créatrice qui deviendra la jubilation nouvelle de ses sens.

"Arianrhod"

De l'étable à la brocante

D'origines grecque par son père et corrézienne par sa mère, Eventhia Senderens vit en Corrèze, chez sa grand-mère. Elle apprend à lire dans l'étable des brebis, là où les gens se réunissent, les hommes pour jouer aux cartes et les femmes pour tricoter. *« C'est le fermier qui m'a appris l'alphabet avec les petites nouilles de la soupe. »*
Eventhia a vécu toute son enfance dans la nature. C'est viscéral, elle a besoin de toucher la terre et son éducation culinaire, bien qu'encore inconsciente, se fait à travers les meilleurs produits.

Après le décès de son père, la jeune fille poursuit ses études dans un pensionnat parisien pour entrer ensuite dans une école dentaire. Trois autres années s'écoulent pendant lesquelles ses week-end sont occupés à chiner. Ne pouvant résister à cette passion, elle décide de travailler avec une antiquaire au marché aux puces et dans une boutique du Faubourg Saint-Honoré.

Le goût du bon

Eventhia est entourée d'amis qui adorent manger. Ils sortent beaucoup et sont toujours en quête de nouveautés. L'un d'eux décide de lui faire découvrir un petit restaurant gastronomique : *L'Archestrate.* Au cours du repas, le chef vient les saluer à leur table ; son nom est Alain Senderens.

Nous sommes en 1971, et depuis cette rencontre les jeunes gens se voient régulièrement. Eventhia possède maintenant un stand à la cour des antiquaires et se rend le soir dans le restaurant de son nouvel ami pour l'aider un peu.

Leur relation devient sérieuse et, lorsque la boutique est fermée au mois d'août, Eventhia passe ses journées avec Alain, tout en promettant de ne jamais travailler avec son futur mari. Mais, bien évidemment, les choses ne se passeront pas ainsi, d'où sa réflexion : *« Avec le recul, je pense qu'il est essentiel, dans ce genre de restauration, d'œuvrer avec son époux, à la seule condition d'avoir des tâches bien compartimentées. »*

Satisfaction

Le couple a beaucoup travaillé pour atteindre le sommet ; toutefois, la jeune femme est restée humble : *« Je suis doublement baptisée orthodoxe et catholique mais, spirituellement, je suis plus proche de la religion orthodoxe. Chaque jour, je remercie le Seigneur pour ses bienfaits car, comparativement à la majorité des gens, je suis une privilégiée. »*

Intelligence

« Nous avons d'énormes responsabilités dans notre entreprise. Soixante douze personnes sont employées chez Lucas-Carton. » L'équipe est très soudée grâce à la vigilance d'Eventhia qui veille à l'harmonie de l'ensemble.

Eventhia Senderens (suite) :

« Depuis la crise nous sommes obligés d'être très prudents dans nos investissements. Mais, au bout du compte, on s'aperçoit qu'en cette période où tout allait bien on se faisait gruger, par négligence ou par habitude. Je ne parle pas des matières premières de la nourriture, mais de tout ce qui gravite autour : l'entretien, l'argenterie, la vaisselle, les fleurs et, par exemple, dans ce domaine il est agréable de fouiner aux halles de Rungis pour réaliser des assemblages originaux au meilleur prix. »

Concernant l'organisation du restaurant, la technique de cette jeune femme habile est de responsabiliser au maximum chaque personne dans son domaine : *« Il y a un responsable du fromage, un autre pour l'argenterie, la vaisselle... chacun se sent ainsi directement concerné. En fonction des résultats, des primes en fin d'année sont attribuées à ceux qui les ont méritées. Ce système crée une sorte d'émulation. »*

Frein nécessaire

La dégustation des mets chez Senderens est d'abord auditive. *« Alain me raconte ses créations qui, en général, sont réussies lorsque ça sonne bien. On les goûte ensuite avec le sommelier pour le mariage mets-vins. »*

Comme ses confrères, Alain voyage beaucoup et revient souvent avec de nouvelles idées, de nouvelles techniques. *« Mon rôle est parfois de tempérer son enthousiasme, ainsi que celui de Bertrand Gueneron, son second, lorsque ces créations sont un peu trop pointues pour la clientèle. »*

Marchandage

Eventhia considère notre époque comme étant l'ère du marchandage. Tous les commerçants diminuent leurs prix et les médias sont en partie responsables. *« Il y eut une campagne de presse dont le slogan était : discutez, marchandez... Les gens téléphonaient au restaurant pour avoir des propositions de menus, à la suite de quoi ils essayaient de négocier les prix. J'ai alors pris la responsabilité de ne pas céder et je ne le regrette pas.*

« Nous, trois étoiles, devons rester au top de la qualité dans la matière première. En diminuant nos prix, cela sous-entendrait avoir auparavant volé nos clients. Ainsi les gens sont sûrs de trouver chez nous les meilleurs produits sans jamais être déçus, ce qui n'est malheureusement pas le cas dans le milieu de gamme. »

Humilité féminine

« Une femme de chef doit être humble, bien connaître son mari et posséder des arguments suffisamment forts pour les lui faire adopter. Elle doit aussi accepter d'être en retrait pour lui laisser le devant de la scène. Et surtout, il doit pouvoir se reposer sur elle, même si, parfois, elle mérite d'être autre chose qu'un faire-valoir. »

La cuisine des tout-petits

Eventhia a plus d'un tour sous sa toque féminine. Elle est la seule personne au monde à créer des recettes de cuisine pour bébés, toutes expérimentées et réalisées par ses soins, avec les conseils d'un

La force morale d'Eventhia Senderens et la dignité de son attitude l'empêchent de recourir à des moyens injustes pour arriver à ses buts. Elle n'est pas portée à demander l'aide des autres. Son aspiration pour la permanence est innée. Prudente et consciencieuse, elle construit des choses solides. Sa vie est bâtie autour de son foyer, de son travail, de son pays et elle préfère toujours les investissements stables et à long terme.

Résolue et inattaquable, elle fait face, immobile, au défi de l'adversité, cherchant à servir l'intégrité. Elle a le pouvoir d'avancer en droite ligne et sans détour ; elle va ainsi tissant sa destinée. Elle a l'omniscience et l'omniprésence de la divinité céleste ; elle est l'emblème du devenir cyclique, résumé magique qui permet la maîtrise du temps.

pédiatre. Robert Laffont vient d'éditer son livre : *Les Recettes des tout-petits.*

« Ce fut une expérience formidable, qui m'a permis d'apprendre beaucoup de choses en les réalisant. »

Loisirs et désirs

Les antiquités et la brocante, les tapis anciens et la peinture contemporaine. *« J'aimerais devenir experte en tapis et voyager.*

« Nous avons une maison à Puy-l'Evêque, le château Gautoul, dans le Lot, au milieu d'un des plus anciens terrains viticoles de France : Cahors. Alain met aujourd'hui en pratique, comme producteur, ses années d'expérience de dégustateur.

« Je souhaiterais inverser mon genre de vie, c'est-à-dire vivre dans le Lot et venir quelquefois à Paris. Je me rapproche de la nature, j'en ai un grand besoin pour mon équilibre et je voudrais finir vigneronne. »

Ainsi que l'a dit Michel Piot : *« Le créateur du homard à la vanille, du saumon cuit dans l'argile et du canard Apicius a fait le bon choix. »* Nous sommes absolument persuadés que ce couple d'exception fera le bon choix jusqu'à la fin des temps…

Recettes pour bébés de 12 à 24 mois d'Eventhia Senderens

Spaghettis de légumes

Ingrédients :

- 50 g de carottes
- 50 g de branches de céleri
- 1 cuillerée à soupe de cerfeuil haché
- 1 noix de beurre frais
- 50 g de courgettes
- 50 g de navets longs
- 1 pincée de sel

Préparation :

1. Epluchez et essuyez les courgettes. Lavez le cerfeuil. Taillez les carottes en bâtonnets de la grosseur d'une allumette, mais le plus long possible, et faites-les cuire quatre minutes à l'eau bouillante.

2. Taillez les autres légumes de la même façon. Faites cuire les courgettes une minute dans l'eau bouillante, le céleri et les navets trois minutes dans l'eau bouillante.

3. Egouttez bien tous les légumes et mélangez-les. Ajoutez le beurre, le sel et les herbes hachées.

4. Servez aussitôt.

Boisson : jus de carottes avec un filet de citron.

Blanc de lapin au concombre et à la menthe

Ingrédients :

- 1/8 de concombre
- 2 feuilles de menthe
- 1 petite tomate
- 40 g de lapin (râble)
- 1 cuillerée à soupe de yaourt
- 1 pincée de sel

Préparation :

1. Prélevez 40 g de râble sur un lapin cuit pour la famille et coupez-le en très petits morceaux.

2. Epluchez et épépinez le concombre, essuyez-le et râpez-le.

3. Lavez les feuilles de menthe.

4. Epluchez et épépinez la tomate, puis passez-la au mixer avec la menthe, le yaourt et le sel.

5. Servez lapin et concombre. Ajoutez le coulis de tomate.

Boisson : menthe à l'eau.

Message de Paul Bocuse

La France est le pays béni des dieux par excellence. Il est en effet le seul au monde à être entouré de trois mers : la mer du Nord, l'océan Atlantique et la Méditerranée, d'où la profusion de poissons et de crustacés mis à notre disposition, sans parler des nombreuses rivières et cours d'eau également fort bien pourvus.
Les meilleurs crus de beurres et de crèmes nous sont proposés, complétés par une variété considérable de fromages issus de tout le territoire. Sans oublier que chaque région produit plus ou moins en abondance des fruits et des légumes de qualité.
Tout cela arrosé des meilleurs vins, car nous pouvons nous vanter – et personne ne pourra nous contredire – de posséder certainement les vignobles les plus prestigieux : Bordeaux, Bourgogne, Alsace, Beaujolais, Côtes-du-Rhône, Champagnes… pour ne citer qu'eux.

En résumé, il est impossible de nos jours de ne pas faire de la bonne cuisine avec l'extraordinaire gamme d'excellents produits mis à notre disposition.
Aujourd'hui, chaque cuisinier doit être fier d'avoir choisi ce métier. Un seul conseil : ayez de la rigueur aussi bien dans l'exercice de votre profession que dans votre tenue : toque, pantalon noir ou de cuisine, veste, chaussures noires.

N'oubliez pas que la France possède le plus prodigieux garde-manger du monde. Vive la cuisine de chez nous !

Paul Bocuse.

Postface, par Alain Senderens

Rêvons un peu…

La première guerre culinaire entre les Anciens et les Modernes dut éclater lorsque les premiers hommes habitaient dans les cavernes. Il y eut un jour un incendie de forêt. Un homme, tenaillé par la faim, ramena un sanglier à demi carbonisé. La moitié de la population dit : *« C'est superbe, c'est nouveau ! »*, alors que les autres rétorquèrent : *« C'est nouveau, c'est horrible ! »*. C'est ainsi, je suppose, que naquit la première querelle entre le cru et le cuit.

Le feu est à l'origine de la cuisine. Avec l'apparition des plaques électriques, on a vu la disparition de la flamme, représentation symbolique de la sexualité masculine. On est entré, à travers ce bouleversement, dans la période de l'égalité des sexes.
Ensuite est arrivé le four à micro-ondes, résultant du frottement d'une molécule dure contre une autre molécule dure, à l'image du feu pour faire le feu… et cette époque pourrait aussi marquer la liberté sexuelle.
Aujourd'hui, le « sous-vide » serait-il une interprétation des voyages dans l'espace ? Les technologies ont progressé et le cuisinier épouse les méandres de l'évolution.

Les cinq sens sublimés

Rabelais, dans *le Manoir de Gaster* (« premier maître ès arts du monde »), nous enseigne, dans la langue sacrée, que la nourriture a quelque chose à voir avec le naître. Cette longue patience est une conception civilisatrice et libératrice de l'homme, qui nous fait découvrir notre « appareil de mesure » qu'est le goût. Déguster est un ensemble constitué d'un état d'âme, de cœur et d'esprit, de gestes et de savoir. C'est interroger le verre et l'assiette. Si cuisiner ou vinifier c'est passer de la nature à la culture, déguster – de même qu'entendre ou voir – doit être une technique proche de l'éveil, et la lecture de la gastronomie n'est pas seulement le plaisir primaire de l'apaisement d'un besoin.

Science et sentiment – enfants du temps sans cesse en évolution – les agencements de saveurs n'ont peut-être rien à envier aux accords de sons, de volume, de couleurs, de mots. C'est différent : l'émotion peut y être aussi intense et transformatrice, la gastronomie contient tous les sens, c'est une somme… Ce raffinement dans l'expression de la table et de la convivialité peut et doit s'apprendre car, comme dit Brillat-Savarin, « les connaissances gastronomique sont nécessaire à tous les hommes, puisqu'elles tendent à augmenter la source du plaisir qui leur est destiné», et «la gastronomie est la connaissance raisonnée de tout ce qui a rapport à l'homme en tant qu'il se nourrit.»

En tant qu'esthétique, la gastronomie chercheuse d'harmonies n'est pas toujours liée au luxe (*luxus :* excès). Des accords, tel celui de la pomme de terre et du hareng (si on ne les accompagne pas d'un vin à 500 F), ces oubliés de la gloire (pour certains), peuvent procurer des plaisirs plus grands qu'un homard qui ne vaut plus ce qu'il coûte... De même, pour honorer son invité, il n'est pas indispensable de choisir un grand vin si le plat ne s'y prête pas. Combien de fois ai-je vu, lorsque je vais déguster un plateau de fruits de mer (iodé), servir un Gewurztraminer (floral), exemple à éviter. Tous les vins authentiques, tous les produits «vrais», d'où qu'ils viennent, quels qu'ils soient et quoi qu'ils coûtent méritent notre respect et notre attention à les bien marier. De l'harmonie instant-mets-vins naîtra la véritable émotion gastronomique, due autant au plaisir immédiat qu'à la joie future du souvenir.

La gastronomie est triplement liée au moment (sa devise pourrait être, sans ironie : «ici et maintenant»), car elle dépend de :
– L'évolution de la société, avec ses tabous, ses refus ou ses acceptations, par l'entremise du religieux, du psychologique, du culturel, du médical, de l'économique, du géographique, etc.
– La saison, pour les produits.
– La durée, pour les accords.

A l'inverse de certains arts qui ne réjouissent qu'un des cinq sens, la cuisine peut sublimer chacun d'eux : la vue par l'ambiance, le décor de la table et la présentation des plats; l'odorat par les senteurs et les fumets; le goût par les saveurs et les harmonies; le toucher en bouche par la texture de la matière qui donne le volume; l'ouïe par le croquant.
De la réunion de ces composants naît l'immense plaisir de la gastronomie, instant unique et sitôt détruit, mais plaisir temporel indéfiniment renouvelable. De cette nouvelle cuisine – qui est morte en devenant le classique d'aujourd'hui – sont issues de nouvelles harmonies d'aliments, pour remplacer le gigot aux flageolets ou le pigeon aux petits pois, chers à notre mémoire.

Laissons place à Monsieur l'Appétit – éducateur de Gargantua – ou à Panurge qui, selon l'étymologie savante, signifie «le pain urge».
Bon appétit!

Alain Senderens.

Alain Senderens – "Lucas-Carton"

(Traditions et qualité)
9, place de la Madeleine – 75008 PARIS
Tél. : 01 42 65 22 90 – Fax : 01 42 65 06 23

L'UNE des plus belles œuvres de Louis Majorelle, réalisée en 1895, est la décoration intérieure de Lucas-Carton. *L'envoûtement premier se fait à travers les lignes sinueuses des courbes et des formes organiques. Des boiseries sculptées dans l'arbre sacré – le sycomore – émanent les âmes sous forme d'oiseaux qui venaient se placer sur ses branches. Sa ramure et son ombrage apportent, dans la subtile harmonie de ces lieux, sécurité et protection, permettant de se dégager de tout intérêt terrestre.*

Le premier roi de Chypre, Cinyros, venu de Byblos, offrit à Eventhia la lumière révélatrice traversant le bronze ciselé pour devenir «Palais de Fama». Toujours ouvert, il renvoie les paroles qui lui parviennent en les amplifiant pour surveiller de son palais le monde entier, ainsi que le périptère, temple de la gloire : «La Madeleine».

Refuge des richesses et de la magnificence, lieu des secrets, il est la demeure du souverain, et son orientation s'inscrit dans un ordre cosmique. A la fois produit et source de perfection, il est bâti pour le roi qui l'habite. Alain Senderens donne aux privilégiés de l'Olympe l'ambroisie, aliment d'immortalité, et le nectar de ses vignes, symbole de la jeunesse triomphante et de la vie éternelle.

« Vous mortels qui goûterez au Soma,
pourrez parcourir le ciel, la terre et les trois mondes.
Les quartiers du ciel et le séjour de la lumière :
Ayant dénoué le tissage de l'ordre,
Ayant vu le mystère,
Vous deviendrez mystère, présent en toutes les créatures.»
Taittirya Aranyaha, X, 1.

«L'ambroisie devient l'Eucharistie,
Le corps du Dieu Sauveur.
"Vrai pain des Anges".»

Alain Senderens.

Bibliographie

Apicius : *Art culinaire,* texte établi et traduit par J. André (Les Belles Lettres; 1974; 2e tirage : 1987).
Apostolska, Aline : *Une vision inédite de votre signe astral,* en 12 volumes (Dangles; 1994).
Avicenne : *Le Livre de sciences* (Les Belles Lettres; 1re éd. tome I : 1955; tome II : 1958; 2e éd. : 1986).
Beauvilliers, A. : *L'Art du cuisinier* (Reprint Morcrettes; 1814).
Bidez, Joseph et Cumont, Franz : *Les Mages héllénistes, Zorastre, Ostanès et Hystaspe* (Les Belles Lettres; 1938; 2e édition : 1973).
Bourgaux, Albert : *Quatre siècles d'histoire du cacao et du chocolat* (Office international du cacao et du chocolat, Bruxelles; 1935).
Brillat-Savarin, Jean-Anthelme : *Physiologie du goût* (Flammarion; 1824; rééd. « Champs »; Flammarion; 1982).
Calmann-Lévy : *L'Office et la bouche* (Barbara Ketchamwheaton; 1984; « Histoire de mœurs de la table en France; 1300-1789 »).
Carême, Antonin : *L'Art de la cuisine française au XIXe siècle* (Payot; 1994).
Chevalier, Jean et Gheerbrant, Alain : *Le Dictionnaire des symboles* (Robert Laffont, Paris; 1964; éd. revue et corrigée : 1982).
Cocagnac, Maurice : *Les Racines de l'âme indienne* (Armand Colin; 1984).
Condillac : *Traité des sensations* (Fayard; 1984).
Le Coran : traduction de M. Hamidullah (Paris; 1955).
Courtine, R.-J. : *La Gastronomie* (P.U.F.; 1970).
Curnonsky et Saint-Georges, André : *La Table et l'amour* (L'Arsenal; 1994).
Dangel, Jacqueline : *La Phrase oratoire chez Tite-Live* (Les Belles Lettres; 1982).
Delebecque, Edouard : *Constructions de l'Odyssée* (Les Belles Lettres; 1980).
Deunov, Peter : *L'Art sacré de la nutrition* (Telesma; 1993).
Dumas, A. : *Le Grand dictionnaire de la cuisine* (rééd. Veyrier; 1978).
Encyclopédie photographique de l'art (Musée du Louvre, Paris; 1936).
Favre, J. : *Dictionnaire universel de la cuisine* (Paris 1883/1890).
Fitzhugh (Dr) : *Tout se joue avant 6 ans* (Marabout; 1970; trad. française Robert Laffont; 1972).
Flamel, Nicolas : *Ecrits alchimiques* (Les Belles Lettres; 1993).
Frame Janet : *Ma terre, mon île, un ange à ma table* (Les Belles Lettres; 1992).
Frazer, James-George (Sir) : *Sur les traces de Pausanias* (Les Belles Lettres; 1965; 3e tirage : 1992).
Gottschalka : *Histoire de l'alimentation et de la gastronomie* (Hippocrate, Paris; 1948).
Gouffe, J. : *Le Livre de cuisine* (1884; repris par Baudoin; 1980).
Gravelaine, Joëlle de : *Connaissez-vous par votre signe astral* (La Pensée moderne; 1975).
Haeberlin, Marc : *L'Alsace gourmande de Marc Haeberlin* (Albin-Michel; 1995).
Haziel : *Notre ange gardien existe* (Bussière; 1994).
Herbert, Thomas : *L'Homme avant l'homme : le scénario des origines* (Gallimard; 1994).
Hermès Trismégiste : *La Table d'émeraude et sa tradition alchimique* (Les Belles Lettres; 1994).
Hésiode : *Théogonie, les travaux et les jours* (Les Belles Lettres; 1928; 14e tirage : 1993).
Keyserling, Hermann : *L'Inde* (Les Belles Lettres; 1980).
Lau, Théodora : *Le Grand livre des horoscopes chinois* (Le Jour; 1982).

Bibliographie (suite) :

Lebault, A. : *La Table et les repas à travers les âges* (Laveur; 1910).
Le Divellec, J. : *Les Bons plats de la mer* (Solar; 1994).
Manta, Danièle et Semolli, Diégo : *Nos amies les plantes* (Famot; Genève; 1977).
Marin, F. : *Les Dons de Comus ou les délices de la table* (Paris; 1739).
Massialot, F. : *Le Cuisinier royal et bourgeois* (1691; Dessagnes; 1982).
Meneau, Marc : *Le Musée gourmand* (Le Chêne; 1992).
Menon : *La Cuisine bourgeoise* (Bruxelles; 1774; reprint Dessagnes; 1982) – *La Science du maître d'hôtel cuisinier* (1749; Gutenberg Reprints; 1982).
Mircea, Eliade : *Forgerons et alchimistes* (Le Livre de Poche).
N'Diaye, Catherine : *La Gourmandise* (Autrement; 1993).
Onfray, Michel : *La Raison gourmande* (Grasset 1995).
Orphée : *Poèmes magiques et cosmologiques* (Les Belles Lettres; 1993).
Ovide : *Les Amours* (Les Belles Lettres; 1930; 5e tirage : 1989).
Pellat, Charles (traducteur) attribué à Gahiz : *Le Livre de la couronne sur les règles de conduite des Rois* (Les Belles Lettres; 1954).
Petter, Germaine et Senut, Brigitte : *Histoire d'un jour* (Flammarion; 1994).
Pline l'Ancien : *Importance des plantes*, livre XXII (Les Belles Lettres; 1972).
Poilâne, Lionel : *Le Guide de l'amateur de pain* (Laffont; 1981).
Puisais, Jacques : *Fascicule de l'Institut français du goût.*
Rival, N. et Grimod de la Reynière : *Le Gourmand gentilhomme* (Le Pré aux Clercs; 1983).
La Route des épices (collectif; Bordas; 1987).
La Sainte-Bible : traduite d'après les textes originaux hébreu et grec (Alliance biblique universelle; traduction et notes : 1978).
Sechan, Louis : *Sept légendes grecques. L'Etude des sources* (Les Belles Lettres; 1967).
Saint Augustin : *Confessions,* Livres I-VIII; texte établi et traduit par Pierre de Labriolle (Les Belles Lettres; tome I : 1925; 9e tirage : 1990).
Sa Shitsu, Sen : *Le Breuvage d'immortalité* (J.-C. Godefroy; 1982).
Senderens, Eventhia : *Les Recettes des tout-petits* (Laffont; 1983; éd. revue et corrigée : 1996).
Thompson, M.-H. : *Le Scénario des origines* (Gallimard; 1994) – *Le Jardin,* traduction symbolique (Les Belles Lettres; 1960).
Tirel, Guillaume (Taillevent) : *Le Viandier de Guillaume* (Lehoucq; 1991).

Table des matières

Préface, de **Paul Bocuse** 9

PREMIERE PARTIE : **La cuisine spirituelle**

1. **« Au commencement était la faim »** 13
   a) La Préhistoire 13
   b) Le feu 13
2. **La cuisine à travers les âges** 14
   a) L'Antiquité 14
   b) Le Moyen Age 14
   c) La Renaissance 14
   d) Du XIVe au XVIIIe siècle 14
   e) La Révolution 15
   f) Le XXe siècle… et demain 15
3. **L'art de se nourrir** 16
   a) Manger est un acte sacré 16
   b) Transmutation alchimique 16
   c) Gourmand et gourmet 17
   d) Le goût et la dégustation 17
   e) Les cinq sens 17
   f) Les saveurs 17
4. **Le symbolisme des produits** 18
   a) Le pain 18
   b) Le vin 18
   c) L'œuf 19
   d) Le poisson 19
   e) Le sel 20
   f) La viande 20
   g) Le beurre 21
   h) L'huile 21
   i) Les épices 22
   j) Les plantes et les herbes 23
5. **La sociologie de la table** 24
   a) Le repas communiel 24
   b) La convivialité 24
   c) La famille réunie 25
   d) L'amour à la table 25
6. **Le fruit de l'amour** 26

Table des matières (suite) :

7. **Le cuisinier des dieux** 27
a) Le centre 27
b) Un rôle d'union 27
c) L'instrument de la maîtrise 27
d) Le geste sacré 27
e) Le tablier et la toque 28

DEUXIEME PARTIE : **Les grands chefs se dévoilent**

Ghislaine Arabian – "Le Doyen" 30
Recettes « coup de cœur » de Ghislaine Arabian 36
Jean Bardet 38
Recettes « coup de cœur » de Jean Bardet 42
Sophie Bardet 44
Trucs « coup de cœur » de Sophie Bardet 45
Georges Blanc 46
Recettes « coup de cœur » de Georges Blanc 50
Jacqueline Blanc 52
Recette « coup de cœur » de Jacqueline Blanc 53
Gérard Boyer – "Les Crayères" 54
Recettes « coup de cœur » de Gérard Boyer 58
Elyane Boyer 60
Recette « coup de cœur » d'Elyane Boyer 59
Philippe Braun – "Laurent" 62
Recettes « coup de cœur » de Philippe Braun 66
Jacques Cagna 68
Recettes « coup de cœur » de Jacques Cagna 72
Anny Logereau 74
Recette « coup de cœur » d'Anny Logereau 75
Edouard Carlier – "A Beauvilliers" 76
Recettes « coup de cœur » d'Edouard Carlier 80
Mick Ramayet 82
Jean-Paul Duquesnoy 84
Recettes « coup de cœur » de Jean-Paul Duquesnoy 88
Françoise Duquesnoy 90
Recette « coup de cœur » de Françoise Duquesnoy 91
Roland Durand – "Le Pré Catelan" 92
Recettes « coup de cœur » de Roland Durand 96
Alain Dutournier – "Carré des Feuillants" 98
Recettes « coup de cœur » d'Alain Dutournier 102

Table des matières (suite) :

Nicole Dutournier 104
Recette «coup de cœur» de Nicole Dutournier 105
Gilles Etéocle – "La Poularde" 106
Recettes «coup de cœur» de Gilles Etéocle 110
Monique Etéocle 112
Recette «coup de cœur» de Monique Etéocle 113
Pierre Gagnaire 114
Recettes «coup de cœur» de Pierre Gagnaire 118
Chantal Gagnaire 120
Recette «coup de cœur» de Chantal Gagnaire 121
Louis Grondard – "Drouant Eliance" 122
Recettes «coup de cœur» de Louis Grondard 126
Marc Haeberlin – "Auberge de l'Ill" 128
Paul et Marie Haeberlin 130
Recettes «coup de cœur» de Marc Haeberlin 132
Danièle 134
Recette «coup de cœur» de Danièle 135
Bernard Joinville – "Lasserre" 136
Recettes «coup de cœur» de Bernard Joinville 138
René Lasserre 141
Recette «coup de cœur» de René Lasserre 143
Monsieur Louis 144
Philippe Jousse – "Alain Chapel" 146
Recettes «coup de cœur» de Philippe Jousse 150
Suzanne Chapel 152
Recette «coup de cœur» de Suzanne Chapel 153
Emile Jung – "Le Crocodile" 154
Monique Jung 157
Recettes «coup de cœur» d'Emile Jung 158
Recette «coup de cœur» de Monique Jung 161
Jean-Paul Lacombe – "Léon de Lyon" 162
Recettes «coup de cœur» de Jean-Paul Lacombe 166
Fabienne Lacombe 168
Recette «coup de cœur» de Fabienne Lacombe 169
Jacques Lameloise 170
Recettes «coup de cœur» de Jacques Lameloise 174
Nicole Lameloise 176
Recette «coup de cœur» de Nicole Lameloise 177
Jacques Le Divellec 178
Recettes «coup de cœur» de Jacques Le Divellec 182

Table des matières (suite) :

Micheline Le Divellec 184
Recette «coup de cœur» de Micheline Le Divellec 185
Philippe Legendre – "Taillevent" 186
Recettes «coup de cœur» de Philippe Legendre 190
Jean-Claude Vrinat 192
Valérie Vrinat 193
Recette «coup de cœur» de Valérie Vrinat 195
Bernard Loiseau – "La Côte d'Or" 196
Recettes «coup de cœur» de Bernard Loiseau 201
Dominique Loiseau 203
Recette «coup de cœur» de Dominique Loiseau 205
Jean-Michel Lorain – "La Côte Saint-Jacques" 206
Recettes «coup de cœur» de Jean-Michel Lorain 210
Brigitte Lorain 212
Recette «coup de cœur» de Brigitte Lorain 213
Michel Lorain 214
Guy Martin – "Le Grand Véfour" 216
Recettes «coup de cœur» de Guy Martin 219
Marc Meneau – "L'Espérance" 220
Recettes «coup de cœur» de Marc Meneau 224
Françoise Meneau 226
Recette «coup de cœur» de Françoise Meneau 227
Georges Paineau – "Le Bretagne" 228
Recettes «coup de cœur» de Georges Paineau 232
Michèle Paineau 234
Recette «coup de cœur» de Michèle Paineau 235
Claude Corlouer 236
Recettes «coup de cœur» de Claude Corlouer 237
Alain Passard – "Arpège" 238
Recettes «coup de cœur» d'Alain Passard 242
Alain Reix – "Le Jules Verne" 244
Recettes «coup de cœur» d'Alain Reix 248
Olivier Roellinger – "Les Maisons de Bricourt" 250
Recettes «coup de cœur» d'Olivier Roellinger 254
Jane Roellinger 256
Recette «coup de cœur» de Jane Roellinger 257
Michel Rostang 258
Recettes «coup de cœur» de Michel Rostang 261
Marie-Claude Rostang 262
Recette «coup de cœur» de Marie-Claude Rostang 263

Table des matières (suite) :

Guy Savoy 264
Recettes «coup de cœur» de Guy Savoy 268
Danièle Savoy 270
Recette «coup de cœur» de Danièle Savoy 271
Michel Troisgros 272
Recettes «coup de cœur» de Michel Troisgros 276
Marie-Pierre Troisgros 278
Recette «coup de cœur» de Marie-Pierre Troisgros 279
Pierre Troisgros 280
Recette «coup de cœur» de Pierre Troisgros 281
Francis Vandenhende – "Le Manoir de Paris" 282
Recettes «coup de cœur» de Francis Vandenhende 285
Denise Fabre 286
Marc Veyrat – "Auberge de l'Eridan" 288
Recettes «coup de cœur» de Marc Veyrat 293

ANNEXES :

Le pain : **Lionel Poilâne,** boulanger 298
Recettes «coup de cœur» de Lionel Poilânee 301
Le vin : **Jacques Puisais,** œnologue 305
Témoignages 309
Joseph Olivereau – *Relais et châteaux* 309
Jean-Pierre Haeberlin – *Traditions et qualité* 311
Monique Maine 312
Recettes «coup de cœur» de Monique Maine 313
La femme et l'enfant : **Eventhia Senderens** 316
Recettes pour bébés de 12 à 24 mois d'Eventhia Senderens 319
Message, de **Paul Bocuse** 321
Postface, par **Alain Senderens** 323
Bibliographie 327
Table des matières 329

L'impression de cet ouvrage a été réalisée par
CLERC S.A. – 18200 Saint-Amand-Montrond
Tél. : 48 61 71 71

pour le compte des Editions DANGLES
18, rue Lavoisier – 45800 Saint-Jean-de-Braye

Dépôt légal Editeur n° 2114 – Imprimeur : 6333

Achevé d'imprimer en septembre 1996